总　序

2000 年 11 月，在 20 世纪即将结束，21 世纪即将到来之际，北京师范大学史学理论与史学史研究中心，被教育部评定为全国普通高等学校人文社会科学重点研究基地。这不仅是北京师范大学历史学科的一件大事，也是全国从事史学理论与史学史研究同仁的一件大事，因为这个重点研究基地是全国这方面研究者的共同"平台"。

六年多来，在校领导的关怀和支持下，在教育部社科司的指导下，我们凭借这个"平台"，在学术研究方面做了一些事情，取得了一定的成绩，从而深感这个"平台"设置的必要性及其对于人文社会科学研究所起到的推动作用。

六年多来，我们这个研究中心向全国同仁提出了 12 个重大研究课题进行招标，得到了热情的响应，使这些重大研究课题都一一有所归属。这些研究课题是：

(1) 中西古代历史、史学及理论比较研究
(2) 中国马克思主义史学的理论成就
(3) 中国古代历史理论研究
(4) 中国近代史学思潮研究
(5) 中国古代史学思想研究
(6) 17 世纪至 19 世纪中叶中西史学比较研究
(7) 马克思主义历史观与历史学理论和方法研究
(8) 20 世纪西方史学主要思潮及相互关系研究
(9) 20 世纪后半期中国史学研究
(10) 中国少数民族史学研究
(11) 中国古代史官制度研究
(12) 环境史研究与 20 世纪中国史学

我们设计这些重大研究课题的宗旨是：第一，有益于促进学科建设；

第二，有益于推动历史学的发展；第三，有益于建设有中国特色的马克思主义史学。目前，这些课题有的已经结项，有的近于完成，有的正着手研究。

基于上述宗旨，我们还多次主办了全国性和国际性的研讨会，它们的主题分别是：

(1) 唯物史观与 21 世纪中国史学（2001，北京）
(2) 新中国史学的成就与未来（2002，北京）
(3) 20 世纪中国史学与中外史学交流（2003，北京）
(4) 史学遗产与民族精神（2004，温州）
(5) 理论与方法：历史比较和史学比较（2005，芜湖）
(6) 走向世界的中国史学（2006，扬州）

这些主题，吸引了国内外同仁的关注，使每一次研讨会都取得了很大的收获，既广泛地沟通了学术交流，又促进了学术研究的深入，同时也提出了许多新的问题，推动大家作进一步的思考和研究。在这方面，几乎所有的与会者都感受良多。我们以及与我们共同主办研讨会的兄弟单位的同仁，更是深受教育和鼓舞。

六年多来，我们这个研究中心的专、兼职研究人员，围绕着所参与的重大研究课题和有关学术会议并结合自己的专长，撰写和发表了近千篇论文，有不少论文是作者多年思考的结晶，有突出的创见和较高的学术价值，而大部分论文的作者都能提出独到的见解。可以认为，这些研究论文，从不同的方面、不同的视角，或采用不同的研究方法和研究理念，其研究所得都对促进本学科发展，丰富本学科内涵，产生了积极的影响。

为了广泛地进行学术交流，也为了适时地积累学术成果，我们选编了部分论文，辑成"史学理论与史学史研究系列"丛书。丛书凡四种，它们是：

历史研究的理性抉择——历史学的理论、历史与比较研究
文明演进源流的思考——中国古代史学研究
历史时代嬗变的记录——中国近现代史学研究
史学理论的世界视野——外国史学研究

北京师范大学史学理论与史学史研究中心

史学理论与史学史研究系列

主　编　瞿林东
副主编　罗炳良

文明演进源流的思考

——中国古代史学研究

北京师范大学出版社
BEIJING NORMAL UNIVERSITY PRESS

图书在版编目（CIP）数据

文明演进源流的思考：中国古代史学研究/瞿林东主编.
北京：北京师范大学出版社，2007.7
（史学理论与史学史研究系列）
ISBN 978-7-303-08687-0

Ⅰ．文… Ⅱ．瞿… Ⅲ．史学史－研究－中国－古代－文集
Ⅳ．K092.2-53

中国版本图书馆 CIP 数据核字（2007）第 090736 号

出版发行：北京师范大学出版社　www.bnup.com.cn
　　　　　北京新街口外大街 19 号
　　　　　邮政编码：100875
印　　刷：北京新丰印刷厂
经　　销：全国新华书店
开　　本：155 mm×236 mm
印　　张：24.75
字　　数：403 千字
印　　数：1～2 000 册
版　　次：2007 年 7 月第 1 版
印　　次：2007 年 7 月第 1 次印刷
定　　价：50.00 元

责任编辑：李雪洁　黄晓赢　　装帧设计：孙　琳
责任校对：李　菡　　　　　　　责任印制：董本刚

　　我们以这套丛书奉献给国内外同仁，以示诚恳请教之意。同时，我们也衷心期待来自各方面读者的有益批评。

　　北京师范大学出版社为本书的出版给予有力的支持，责任编辑李雪洁女士为此书的编辑付出辛勤的劳动，提供许多有益的建议，各位作者给予积极的配合，我们表示衷心的谢意。

瞿林东

2007 年 4 月 30 日撰于

北京师范大学史学理论与史学史研究中心

目次

刘家和

论历史理性在古代中国的发生

一　弁言——略说"历史理性"

"理性"在今天已经是一个大家常用的词，但各人使用此词时取义颇有不同，所以在这里先交代一下本文使用此词的取义。按现在大家所用的"理性"，乃自外文 ①译来，就此词之多重含义概括言之，它包括两个方面：一是人对于事物的性质与功能的思考与论证，二是事物自身存在的理由与理路（或条理）。② 如果按照中国固有名词，那么此词也可以用一个"理"字来表达。《说文解字》："理，治玉也。"段玉裁注云："《战国策》：郑人谓玉之未理者为璞。是理为剖析也。玉虽至坚，而治之得其鰓理以成器不难，谓之理。凡天下一事一物，必推其情至于无憾，而后即安，是之谓天理，是之谓善治。此引申之意也。"③ 这就是说，理字本意为治玉，而治玉必依玉本身之条理，故条理亦为理。引而申之，理作为动词之意为对于事物之治理，而作为名词之意则为事物本身之条理。《广雅·释诂三下》亦云："理，治也。"④《广雅·释诂

---

① 英文之 reason，来自法文之 la raison，法文此字来自拉丁文 ratio，其动词为 re-or，意为筹算、思考、推论等。有从筹算、思考、论证到理由、理智诸义。

② 或者如黑格尔所说的"自觉的理性与存在于事物中的理性"，见《小逻辑》，43 页，贺麟译，北京，商务印书馆，1980。

③ 段玉裁：《说文解字注》，15 页，上海，上海古籍出版社，1981。

④ 王念孙：《广雅疏证》，8 页，上海，上海古籍出版社，1983。

三上》又云："理，道也。"① 道、理互训，道作为动词之意为"导"，而导必依事物之理，故道作为名词之意即为事物之理。所以，理性或道理，皆实际包括主、客观两方面而言之。

现在常说的历史理性（historical reason）实际也就包括历史（作为客观过程）的理性（the reason of history）和史学（作为研究过程）的理性（the reason of historiography），简易言之，就是探究历史过程的所以然或道理和探究历史研究过程的所以然或道理。②

在世界诸文明古国中，史学最发达者，当推中国和希腊。古代中国和希腊的历史学家都在治史求真的方法上有相当高度的自觉和自律。这当然是一种历史理性的表现。在这一方面，古代希腊人由于受哲学上的实质主义（substantialism）的影响③，以为真理只能从永恒、静止的存在中去把握，而历史变动不居，不能使人产生知识，仅能使人产生意见，故与理性无缘。古代中国人在这一点上恰恰与希腊人相反，以为真理只能从变化、运动的存在中去把握。这是两种不同的思路，很值得研究。本文所要探讨的就是古代中国人在这一方面认识的特点。

二　以人心为背景的历史理性的曙光（正）
（殷周之际与周初）

（一）对于"天命"的信与疑

《礼记·表记》："子曰：夏道尊命，事鬼神敬而远之，近人而忠焉，先禄后威，先赏而后罚，亲而不尊；其民之敝，蠢而愚，乔而野，朴而不文。殷人尊神，率民以事鬼神，先鬼而后礼，先罚而后赏，尊而不亲；

---

① 王念孙：《广雅疏证》，32 页，上海，上海古籍出版社，1983。

② 如果作进一步的思考，也许可以说，第一种历史理性所讨论的是历史本身存有方式的问题，从性质上说是属于本体论的（ontological）问题，第二种历史理性所讨论的是历史研究中人的认知能力和研究方法的问题，从性质上说是属于认识论的（epistemological）和方法论的（methodological）问题。当然，在古代中外史学史上都还没有出现这样系统而自觉的区分与探究。

③ R. G. Collingwood，*The Idea of History*，Oxford，1956，pp. 20 – 21、pp. 42 – 45；何兆武、张文杰译《历史的观念》，22 ~ 24 页、48 ~ 51 页，北京，中国社会科学出版社，1986。

其民之敝，荡而不静，胜而无耻。周人尊礼尚施，事鬼敬神而远之，近人而忠焉，其赏罚用爵列，亲而不尊；其民之敝，利而巧，文而不惭，贼而蔽。"① 其中所说夏人情况目前尚无材料为证，而所说殷人与周人情况基本符合历史事实。从大量甲骨卜辞材料可知，殷人的确敬信鬼神，以为鬼神能主宰人的命运。《尚书·西伯戡黎》记，周人已经打到距殷不远的黎国，对殷构成了威胁，大臣祖伊向纣报告，纣竟然说："我生不有命在天。"② 这也说明殷人对于天命鬼神的迷信程度是很深的。殷纣以为他的王权来自天命，天命决定历史。所以，其中没有任何理性可言。当然，并非所有殷人都是如此，祖伊就是对于天命鬼神持有怀疑态度的人；不过，这样的人在殷代不居主流地位。真正开始对天命产生深度怀疑的是后来战胜并取代了殷王朝的周人。

（二）历史发展自身理路的开始发现

殷代后期，周人逐渐兴起，不过由于殷周之间力量对比的悬殊，周人对于殷人处于某种从属地位，承认殷为天子而自己实际又保持本邦的基本独立状态。周王朝最初的奠基人文王之父王季为殷王文丁所杀，③ 文王本人也曾一度遭到纣的囚禁。周人是深知殷人实力之强大的，甚至在周取代殷之后，周人还记得殷是"大邦殷"④、"天邑商"⑤，而自己是"我小国"。⑥ 可是，历史的发展结果是，随着牧野一战的胜利，小邦周竟然取代了大邦殷或天邑商，成了诸侯的共主——天子。殷人赖以自恃的"天命"转移到了周人手中。非常难得的是，周王朝的主要领导人武王和周公旦不仅没有被胜利冲昏头脑，反而深感陷于恐惧之中。《史记·周本纪》记，武王伐纣胜利以后，忧虑得夜晚连觉都睡不着，周公

---

① 孔颖达：《礼记正义》，《十三经注疏》，1641～1642 页，北京，中华书局，1987。

② 孔颖达：《尚书正义》，同上书，177 页。

③ 方诗铭，王修龄：《古本竹书纪年辑证》，36 页，上海，上海古籍出版社，1981。

④ 见《尚书·召诰》、《尚书·康王之诰》，《十三经注疏》，212 页、244 页。

⑤ 《尚书·多士》，同上书，220 页。

⑥ 同上书，219 页。

去看武王，问他为何睡不着，武王回答说："我未定天保，何暇寐?"①
不久武王去世，周公主持周王朝大政，《尚书·周书》中的周初诸诰，大
多出自周公之手。我们只要读一读这些文诰，就可以知道周公曾经作了
多么深刻的反省，从而获得了多么难得的觉醒。按这种觉醒可以从两个
方面来说：第一，重视"天命"而又有所怀疑。《尚书·牧誓》："今予
发（武王自称名）惟恭行天之罚"②，武王自称受天命伐纣。《尚书·大
诰》："予（周公）惟小子，不敢替上帝命。天休于宁（文）王，兴我小
邦周。"③ 上帝赐命与文王，因此小邦周得以兴起，我不敢失上帝之命，
即不敢坐视武庚、管蔡之乱不予平定。《尚书·召诰》："皇天上帝，改厥
元子。兹大国殷命，惟王受命。"④ 是皇天上帝改了大国殷的命，而转交
给了周。如此等等，在《尚书》与《诗经》不胜枚举。周既胜殷而有天
下，当然知道政权的转移已经实现，或者说天命已经转移到自己手中。
但是，武王、周公（尤其是周公）深感不安的是，天命难道原来不是在
殷人手中的吗？为什么会发生这种历史性的转移呢？从前天命的转移，
使自己由无而有，如果现在再发生天命转移，那就是使自己从有变无、
由得而失了。这样一想，就感到非常可怕，所以睡不着觉。天命或王朝
历史命运的转移，原来是既存在而又不可靠的。第二，天命是不可靠的，
但也不是完全不可知。周公考察了夏、商两代王朝政权的转移，从中深
加反省，终于懂得："天棐忱辞，其考我民。"⑤ "天畏棐忱，民情大可
见。"⑥ "古人有言曰：'人无于水监，当于民监'。今惟殷坠厥命，我其
可不大监抚于时。"⑦ 这些都是极为深刻的道理。在《尚书·无逸》这篇
教导周成王的文章里，周公叙述了殷王中宗（大戊）、高宗（武丁）、祖
甲及周文王四位勤政爱民的历史事实，说明他们深得人心，因此或者能
够很好地维持王权或者能够获得王权。在《尚书·多士》这篇告诫殷遗

① 《史记》，第 1 册，128～129 页，北京，中华书局，1973。《逸周书·度邑解》
有类似记载。

② 《十三经注疏》，183 页。

③ 同上书，199 页。

④ 同上书，212 页。按传统说法，《召诰》为召公所作，于省吾先生考证结果以
为乃周公作，甚是。见《双剑誃尚书新证》，卷三，1～4 页，北平，大业印刷局，
1934。

⑤ 《尚书·大诰》，《十三经注疏》，199 页。

⑥ 《尚书·康诰》，同上书，203 页。

⑦ 《尚书·酒诰》，同上书，207 页。

民的文书里，周公又叙述了夏、殷两代失去王权的历史，指出夏朝末代君主不听天命，大肆淫逸，丧失民心，天就命令商汤取代了夏；商朝末代君主也是不听天命，大肆淫逸，失去民心，所以周就受天命而取代了殷商。类似的话在《尚书》、《诗经》里颇为不少。甚至早在武王伐纣时就说过："天视自我民视，天听自我民听。"① 周武王、周公兄弟发现了一个道理：天命的背后原来就是人心，天命的变迁原来就是人心向背的转移。

周初周公等人所发现的，从直接层面来说，只是关于政权转移的道理或理性。不过，这种转移是当时历史变迁上的大事，因此，可以说这是周公等人对于历史发展自身的理路的新认识，是中国古代对于历史理性发现的开端。

（三）历史理性与道德理性的合一

在周公等人所发现的天命人心说里，呈现出了历史理性的最初曙光。因为它是最初的曙光，所以也就具有自己的一些特色。

其一，它不是对于历史发展整体的理论概括，而只是关于政权或天命转移的历史经验的总结性的理论归纳。它的内容属于历史理性的范畴，但它还不能被说为历史理性完整的直接呈现。

其二，它的视线所及还只是历史在两极之间的运动的理路，即天命或政权在得和失两极之间的摆动。在历史的运行中的确有这样的两极之间的运动，但是这只是复杂的历史运动中的一种比较简单的形式。

其三，也是最值得注意的一点，这种历史理性已经突破了殷人对于鬼神的迷信，开始闪现出人文主义精神的曙光。在这种曙光中，我们可以看到历史理性与道德理性的最初的统一。周公说："我不可不监于有夏，亦不可不监于有殷。我不敢知曰，有夏服天命，惟有历年，我不敢知曰，不其延；惟不敬厥德，乃早坠厥命。我不敢知曰，有殷受天命，惟有历年，我不敢知曰，不其延；惟不敬厥德，乃早坠厥命。今王嗣受厥命，我亦惟兹二国命，嗣若功。"② 夏、殷王朝的统治年限长短，人们

---

① 《孟子·万章上》引《泰誓》"民之所欲，天必从之。"《左传》襄公三十一年、昭公元年，《国语·郑语》引《泰誓》。

② 《尚书·召诰》，《十三经注疏》，213 页。

都无法推定；但是它们的亡国原因是可以确实知道的，即"不敬厥德"。不仅夏殷两代如此，正在掌权的周王朝也是如此。类似的话，在《尚书》其他篇中也不少见。从周公的这一段话里，我们可以看出他战战兢兢的惶恐心态，惟恐由失德而失民心，由失民心而失天命；同时也可以看出他的道德理性与历史理性的一并觉醒。这样两种理性同时觉醒的现象，作为人的崇高理想在上天的投射，实在是中国古代文明史上的灿烂朝霞，光彩夺目。当然，我们也不能不看到其中还有其天真的一面，即以为只要人能做出最大而又正当的努力，事业就一定可以成功。殷人以为只要对鬼神进行盛大而殷勤的献祭，就能获得成功；这是一种迷信的天真——以为人的意志能够主宰历史。周公作为伟大的政治家、思想家，以其历史理性与道德理性的并现打破了殷人迷信的天真；可是，由于时代的局限，他也是以为人的意志（坚持敬德）是能够决定历史的；他还没有也不可能认识历史的某种客观的必然性，因而显现了一种最初的理性的天真。

三　与人心疏离的历史理性的无情化（反）
（西周晚期至秦）

西周自昭王、穆王以下，已经过了全盛时期，逐渐走向衰落。厉王被放逐后，虽有宣王一度"中兴"，实际上仍然不能扭转颓局，至幽王遂被犬戎灭亡。东迁以后，周王室势力日益衰落，春秋五霸迭兴。周公在周初制定的制度与思想体系，在名义上虽然还受到一定程度的尊重，而实际上已经名存实亡。所以孔子才感叹说："天下无道，则礼乐征伐自诸侯出。自诸侯出，盖十世希不失矣。自大夫出，五十希不失矣。陪臣执国命，三世希不失矣。""禄之去公室，五世矣。政逮于大夫，四世矣。"① 由春秋而战国，"及田常杀简公而相齐国，诸侯晏然弗讨，海内争于战功矣。三国（指魏、赵、韩）终之卒分晋，田和亦灭齐而有之，六国之盛自此始。务在强兵并敌，谋诈用而从衡短长之说起。矫称蜂出，盟誓不信，虽置质剖符犹不能约束也。"② 所以，到了战国时期，道德理性到底还有多大价值，大概除了儒家以外，已经没有多少人还看重了。可是，当时

①《论语·季氏》，见刘宝楠：《论语正义》，第 1 册，354～356 页，北京，中华书局，1986，《诸子集成》。以下引《论语》皆据此本，只记《集成》页数。
②《史记》，第 2 册，685 页，《六国年表·序》。

的历史却在剧烈的运动、变化之中。那么，历史运动变化的理路安在？这就使当时的学者们产生了新的思路。

（一）对于西周初期天人合一的历史理性的怀疑

西周末叶，随着统治阶层的腐化及社会问题的涌现，天灾人祸并至，社会上的怨天尤人情绪在《诗经》里的"变风"与"变雅"① 诸篇清晰地显现出来。《国语·周语（一）》在历述穆王、厉王、宣王的失政以后记："幽王二年，西周三川皆震。伯阳父曰：'周将亡矣。夫天地之气，不失其序。若过其序，民乱之也。阳伏而不能出，阴迫而不能烝，于是有地震。……山崩川竭，亡之征也。川竭，山必崩。若国亡，不过十年，数之纪也。夫天之所弃，不过其纪。'是岁也，三川竭，岐山崩。十一年，幽王乃灭。"② 这就是说，国君失德，将引起阴阳不和而生天灾。从一方面说，这一思想，是周初的天命人心说（天人相应说之一种）的继续；从另一方面说，它又不是君德影响人心、从而又影响天命之说，而是君德直接影响阴阳、从而又引起自然之灾变之说。这里出现了与人文和自然兼有关联的阴阳两极的相互作用。《国语·周语（三）》记："灵王二十二年，谷、洛斗，将毁王宫。王欲壅之。王子晋谏曰：'不可。'"③ 以下这位王子又说了一大套国君不能壅塞河流、不能违乱天地阴阳之气，否则就会导致亡国绝嗣。他说："夫亡者，岂繄无宠？皆黄炎之后也。唯不帅天地之度，不顺四时之序，不度民神之义，不仪生物之则，以殄灭无胤，至于今不祀。"④ 这里的天地阴阳之气又表现为一种客观的自然秩序，是人所不能违背的。这样，就在作为道德理性的天以外，出现了作为自然理性的天。人们终于发现，在能被道德理性影响的天以外，还有一种不能被道德理性影响的天。原来天是有道德的主宰，是顺从民意的。可是此时的君主既然已经违背了天地之度、四时之序（自然理性），那么，尽管民怨沸腾，老天爷却高高在上，纹丝不动，麻木不仁。在《诗经》变

---

① 按传统说法，"国风"中《周南》、《召南》以下邶、鄘、卫等十三国风为变风，"小雅"中《六月》以下直至《何草不黄》、"大雅"中《民劳》以下直至《召旻》为变雅。

②《国语》，《四部备要》本，卷一，10 页。

③ 同上书，卷三，5 页。

④ 同上书，7 页。

雅里多有反映这种怨天尤人情绪的篇章，这些都是对于西周初期的那种乐观而又天真的历史理性与道德理性合一的认知的否定。

（二）历史理性与道德理性的背离

到了春秋战国时期，诸子群起。除儒家基本仍守周公的理念外，道家、法家都不再相信天命，也不再相信人心。从前的观念是，天是一种道德理性的体现，所以，天能体察民瘼，把天命及时地从暴君手里转移到仁者（或圣人）手里。这就是《尚书·周书》里所显出的周公的思想，亦即道德理性与历史理性的一致。可是，道家和法家的思路就与此大不相同了。

《老子》以为："天地不仁，以万物为刍狗；圣人不仁，以百姓为刍狗。"① 古往今来，人事变化，根本没有以天或圣人为代表的道德理性在起作用。或者说，《尚书·周书》所提倡、后世儒家所推崇的德，在老子看来只不过是下德，或者根本就不是德。《老子》以为："上德不德，是以有德；下德不失德，是以无德。上德无为而无以为，下德为之而有以为；上仁为之而无以为，上义为之而有以为；上礼为之而莫之应，则攘臂而扔之。故失道而后德，失德而后仁，失仁而后义，失义而后礼。夫礼者，忠信之薄，而乱之首。前识者，道之华，而愚之始。"② 这就是说，上德不自以为德，所以能成其为德；一旦自以为德，那么德就发生异化，转化为下德，且终于成为不德。在德以下，仁、义、礼莫不如此，一旦这些品德从自在状态变为自为状态，它们就都转化到其反面。这种转化的过程，也就是一般人所说的"智"（知识）产生的过程；在老子看来这种"智"或"前识"只不过是道的美丽的幻影，而其实正是他所说的愚的开始。在这里，必须说明，老子所说的智和愚与一般人所说的智和愚的意思正好相反——"正言若反"③。如果用他自己的话来说，就是"大

---

① 王弼注：《老子道德经》，第 5 章，《诸子集成》，第 3 册，3 页。按王弼注"刍狗"不确；当从魏源《老子本义》解，见此书 4 页。

② 同上书，第 38 章，23 页。按马王堆汉墓帛书甲、乙本《老子》皆以此章居首，传世本则以此章为下篇之首，盖因此章意义十分重要。

③ 同上书，第 78 章，46 页。

巧若拙"①。故云："大道废，有仁义；慧智出，有大伪。"②知识的产生与进步既然是引起大伪的前提，那当然就正是这种"智（知识）"的进步，导致了道德本身的退步。于是，人之智日进，而人之德日退；历史进程既然与人之智俱进，那么历史进程就必然成为道德倒退之过程。于是，历史理性便与道德理性形成一种反比的函数关系。故云："不尚贤，使民不争；不贵难得之货，使民不为盗；不见可欲，使民心不乱。"③"绝圣弃智，民利百倍；绝仁弃义，民复孝慈；绝巧弃利，盗贼无有。"④那么，要维护人的道德理性将如何？他的理想是："小国寡民，使有什伯之器而不用。使民重死而不远徙。虽有舟舆，无所乘之；虽有甲兵，无所陈之。使人复结绳而用之。甘其食，美其服，安其居，乐其俗。邻国相望，鸡犬之声相闻，民至老死不相往来。"⑤所以，如果说历史理性的运行方向是向前（由古而今或化朴为智）的，那么，在老子看来，历史理性与道德理性正好背道而驰；不然，历史理性自身就必须转向其反面（由今而古或去智归朴），从而使其自身形成矛盾。按老子见及于此，可说是看到了文明社会自身所包含的内在矛盾，本身是很深刻的。不过，他的使人"复归于朴"⑥的设想实际上也只不过是一种无法实现的幻影而已。类似的思想在《庄子》里还有更充分的展开论述。

在对历史与道德的关系的问题上，法家和道家的见解上有其相似或相通之处，那就是法家也认为，在人类历史上道德的状况呈每况愈下的趋势，所以道德理性与历史理性的方向互相矛盾。在《五蠹》篇中，我们看到韩非是这样概括历史发展的趋势的："上古竞于道德，中世逐于智谋，当今争于气力。"⑦为什么会这样呢？韩非提供了两点说明：第一，他在此篇开头就说明，上古之世，人民少而不敌禽兽，有巢氏教民构巢避害；人民生食容易致病，燧人氏教民钻木取火以熟食。中古之世，洪水为灾，禹决渎以治水。近古之世，桀纣暴乱，汤武征伐以安民。在禹的时代教民构木为巢，在汤武的时代教民决渎，都会为人所笑。如果战

① 王弼注：《老子道德经》，第45章，《诸子集成》，28页。
② 同上书，第18章，10页。
③ 同上书，第3章，2页。
④ 同上书，第19章，10页。
⑤ 同上书，第80章，46～47页。
⑥ 同上书，第28章，16页。
⑦ 王先慎：《韩非子集解》，《诸子集成》本，第5册，341页。

国时期的人还想学尧、舜、禹、汤、武那样行事（重道德），那么一定也会为时人所笑。这就是说，历史随着人的智慧的进步而发展，所以才会从上古的竞于道德发展到中世的逐于智谋。① 第二，他说："古者，丈夫不耕，草木之实足食也。妇人不织，禽兽之皮足衣也。不事力而养足，人民少而财有余，故民不争。是以厚赏不行，重罚不用，而民自治。今人有五子不为多，子又有五子，大父未死而已有二十五孙。是以人民众而货财寡，事力劳而供养薄，故民争，随倍赏累罚而不免于乱。"② 这就是说，人口增多，财富相应的不足，从而引起争斗。韩非所举的第一条理由，即智的增加引起德的减退，这是与道家见解一致的；而其所举的第二条理由，即以人多财少导致从竞于道德转变为争于气力，这却是道家所不曾提到的。认为道德理性与历史理性一致的时代已成过去，这是韩非与道家相同的地方；不过他认为历史不可能倒退，则是他与道家最大的不同之处。历史既然不能倒转，时代变了，情况变了，那么该怎么办？《南面》篇云："夫不变古者，袭乱之迹；适民心者，恣奸之行也。民愚而不知乱，上懦而不能更，是治之失也。人主者，明能知治，严必行之，故虽拂于民心，立其治。"③ 时代已非竞于道德的古代，就必须改变古代的办法，如果还是走顺从民心的老路，那么就会促成奸邪横行。因为人民奋其私智而实际愚蠢，从而不明白自己奋其私智就是在作乱，所以知道治国之道的明君虽然违背民心也能做好自己的统治。这样就直接地提出了与天命人心说相对立的统治理论。这种理论的实质就是历史理性与道德理性的彻底背离。当然，法家与道家在对待历史的态度上又有很大的不同，道家主张返璞归真，回到上古时代；而法家则主张向前看，正如《五蠹》篇所说"圣人不期修古，不法常可，论世之事，因为之备。"④ 所以，在法家看来，历史理性虽然与道德理性背离，但是历史理性还是必须服从的。

（三）历史理性与自然理性的比附

上文已经说到，到了战国时期，历史理性与道德理性的背离已成事

---

① 《韩非子集解》，《诸子集成》本，第 5 册，339 页。
② 同上书，339～340 页。
③ 同上书，87 页。
④ 同上书，339 页。

实。韩非虽然对"竞于道德"、"逐于智谋"、"争于气力"的历史三段说作了论证，但是他的论证还不足以表示出历史理性所应具有的必然性。稍后于孟子、商鞅的邹衍"乃深观阴阳消息而作怪迂之变，《终始》、《大圣》之篇十余万言。"① 《终始》言五德终始之说，原书已逸，大意可见《吕氏春秋·有始览·应同》，其文云："凡帝王之将兴也，天必先见祥乎下民。黄帝之时，天先见大螾大蝼。黄帝曰：'土气胜。'土气胜，故其色尚黄，其事则土。及禹之时，天先见草木秋冬不杀。禹曰：'木气胜。'木气胜，故其色尚青，其事则木。及汤之时，天先见金刃生于水。汤曰：'金气胜。'金气胜，故其色尚白，其事则金。及文王之时，天先见火，赤乌衔丹书集于周社。文王曰：'火气胜。'火气胜，故其色尚赤，其事则火。代火者必将水。天且见水气胜。水气胜，故其色尚黑，其事则水。"② 依照这个次序：黄帝以土德王，色尚黄；夏代以木德王，色尚青；商代以金德王，色尚白；周代以火德王，色尚赤；代火德者为水德，色尚黑。这就是五行相胜说，次序为：木克土、代土，金克木、代木，火克金、代金，水克火、代火，土克水、代水，如此循环不已。五种物质按其特性，一个战胜并取代另一个，其间是有其必然性的。这种必然性所体现的正是一种自然的理性。不过，这样的自然理性虽然有其先后相代的历史顺序，但总不是历史理性的自身。拿这种自然理性作为历史理性的比方，似乎有些道理，但总不是历史本身的内在的必然性或理性，而仅仅是一种比附。所以在本质上是没有根据的。

邹衍的这一套五德终始说，如果现在说来，那么肯定不会有人相信。可是当其时，却十分流行。秦始皇也许可以说是一个不信邪的人，对于神鬼，一点也不客气。可是他偏偏相信五德终始这一套。据《史记·秦始皇本纪》记："始皇推终始五德之传，以为周得火德，秦代周德，从所不胜。方今水德之始，改年始，朝贺皆自十月朔。衣服旄旌节旗皆上黑。数以六为纪，符、法冠皆六寸，而舆六尺，六尺为步，乘六马。更名河曰德水，以为水德之始。刚毅戾深，事皆决于法，刻削毋仁恩和义，然后合五德之数。于是急法，久者不赦。"③ 秦始皇为什么要以水德王？看来不是出于对某种自然理性的尊重，而是出于一种现实的功利的考虑。

① 《孟子荀卿列传》，《史记》，第 7 册，2344 页。

② 《吕氏春秋》，《诸子集成》本，第 6 册，126 ~ 127 页。

③ 《史记》，第 1 册，237 ~ 238 页。

因为按照五德的各自特性是：木，色青，数用七，时为春，"其德喜赢，而发出节"；火，色赤，数用九，时为夏，"其德施舍修乐"；土，色黄，数用五，（时为长夏，其实不占一个季）"其德和平用均，中正无私"；金，色白，数用八，时为秋，"其德忧哀静正严顺"；水，色黑，数用六，"其德淳越温（王引之读'温'为'愠'，是。愠即怒。）怒周密"。① 按"淳（不杂为淳）越（与'于'通）愠怒周密"，意思就是纯然（行事）暴戾无情、（执法）苛刻严密。这和《史记》所说水德"刚毅戾深，事皆决于法，刻削毋仁恩和义"意思如出一辙。当然，韩非所说的"当今争于气力"，也是同样的意思，不过韩非的说法就事论事，而且说明"当今争于气力"就是放弃了"上古的竞于道德"，公开承认了这种历史理性与道德理性的背离，从而缺少某种神圣的光环。秦始皇要的也就是这种精神，不过，他知道，一旦他用五德终始之说对此加以掩饰，那么就可以满有理由地表示自己的行为准则所体现的也是一种德，而且是一种体现了时代精神的德，而他自己也只不过是在自觉地体现时代的精神罢了。当时他要以武力征服六国并巩固自己的统治，原来以火德王的周代的精神——"施舍修乐"（或以为"施"乃"弛"之讹，如是则"弛舍"即宽舒之义）与他的主张截然相反，自然是必须予以取代的。

四　天人合一的历史理性的有情有理化（合）（汉代）

秦始皇宣布以水德王，自觉地执行法家的以暴戾无情、严刑峻法治国的政治方略。应该说，他在某种程度上是感到了那是一种时代的需要。《史记·秦始皇本纪》叙述了他确定以水德王以后，接着记载了这样一段事："丞相绾等言：'诸侯初破，燕、齐、荆地远，不为置王，无以填之。请立诸子，唯上幸许。'始皇下其议于群臣，群臣皆以为便。廷尉李斯议曰：'周文武所封子弟同姓甚众，然后属疏远，相攻击如仇雠，诸侯更相诛伐，周天子弗能禁止。今海内赖陛下神灵一统，皆为郡县，诸子功臣以公赋税重赏赐之，甚足易制。天下无异意，则安宁之术也。置诸侯不便。'始皇曰：'天下共苦战斗不休，以有侯王。赖宗庙，天下初定，又

---

① 参阅戴望：《管子校正》，《诸子集成》本，第5册，238～240页、249页。

复立国，是树兵也，而求其宁息，岂不难哉！廷尉议是。'"① 从这一件事来看，秦始皇对于功臣、子弟而言是无情的；他的思想集中于一统大业，自觉地放弃周代分封功臣、子弟的办法，而代以郡县制度。他的这一思想，符合历史潮流的需要，可以说是一种历史理性的体现。他对功臣、子弟无德，却符合于历史理性；所以，从一个角度看，道德理性是可以与历史理性背离的。不过，秦始皇不封国树兵，又是为了免除诸侯混战给人民所带来的痛苦（这在战国时期已经充分被证明了），应该说，其中也有道德理性的体现。所以，从另一个角度看，秦始皇在体现历史理性的时候，也有体现道德理性的方面。

因此，只要经过具体的分析，我们便可以发现，道德理性本身也是有其历史理性的。在西周初期曾经是合乎道德理性的制度，到了战国时期就不再是合乎历史理性的了。李斯与秦始皇看到了这一点，应该说，这也是很不凡的。

可是，秦始皇在看到了这一点的同时，他便以为自己既然是时代精神的代表，就可以为所欲为，真正地按照水德的特点（刚毅戾深、刻削毋仁恩和义）行事。其他巡游天下、营造宫殿等劳民伤财之事暂且不说，就以他与二世在营造他的陵墓上的行为为例来看："始皇初即位，穿治郦山，及并天下，天下徒送诣七十余万人，穿三泉，下铜而致椁，宫观百官奇器珍怪徙臧满之。令匠作机弩矢，有所穿近者辄射之。以水银为百川江河大海，机相灌输，上具天文，下具地理。以人鱼膏为烛，度不灭者久之。二世曰：'先帝后宫非有子者，出焉不宜。'皆令从死，死者甚众。葬既已下，或言工匠为机，臧皆知之，臧重即泄。大事毕，已臧，闭中羡，下外羡门，尽闭工匠臧者，无复出者。"② 就在这样的情况下，陈胜、吴广揭竿而起，曾经强大无比的秦帝国竟然迅速地土崩瓦解了。

（一）汉初对于历史的反省

刘邦最后取得胜利，建立起汉帝国。刘邦布衣出身，毫无凭借，乃能代秦而有天下，这比"小邦周"之取代"天邑商"更为出乎人之意料。刘邦本人因其文化素养不高，未能自觉对此作深入的反省。他能认识到

---

① 《史记》，第 1 册，238～239 页。
② 同上书，265 页。

自己的胜利主要在于能任用张良、萧何、韩信，就已经沾沾自喜了。①
《史记·郦生陆贾列传》记："陆生时时前说称《诗》、《书》。高帝骂之
曰：'乃公居马上而得之，安事《诗》、《书》！'陆生曰：'居马上得之，
宁可以马上治之乎？且汤武逆取而以顺守之，文武并用，长久之术也。
昔者吴王夫差、智伯极武而亡；秦任刑法不变，卒灭赵氏（秦之姓）。乡
使秦已并天下，行仁义，法先王，陛下安得而有之？'高帝不怿而有惭
色，乃谓陆生曰：'试为我著秦所以失天下，吾所以得之者何，及古成败
之国。'陆生乃粗述存亡之征，凡著十二篇。每奏一篇，高帝未尝不称
善，左右呼万岁，号其书曰《新语》。"② 今《新语》十二篇尚存，内容
大体如上述。

在陆贾《新语》的基础上进一步作反省的是贾谊。司马迁在《秦始
皇本纪》的末尾引用了贾谊的《过秦论》，其中分析了秦之所以能战胜六
国及其后覆亡的根本原因，大意是：（1）秦胜六国不是因为其力量大于
六国，而是六国内部矛盾甚多、甚深，秦故能利用其有利地形，当六国
联合进攻时固守，待六国内部矛盾爆发时各个击破之；（2）秦一统天下
之后，已经饱受长期战乱之苦的人民本来是希望由此得到安宁的，可是
"秦王（指秦始皇）怀贪鄙之心，行自奋之智，不信功臣，不亲士民，废
王道，立私权，禁文书而酷刑法，先诈力而后仁义，以暴虐为天下始。"
二世"更始作阿房宫，繁刑严诛，吏治刻深，赏罚不当，赋敛无度，天
下多事，吏弗能纪，百姓困穷而主弗收恤。然后奸伪并起，而上下相遁，
蒙罪者众，刑戮相望于道，而天下苦之。自君卿以下至于众庶，人怀自
危之心，亲处穷苦之实，咸不安其位，故易动也。是以陈涉不用汤武之
贤，不藉公侯之尊，奋臂于大泽而天下响应者，其民危也。"③ 贾谊从秦
的兴亡历史中分析概括出了这样的结论：

> 闻之于政也，民无不为本也。国以为本，君以为本，吏以
> 为本。故国以民为安危，君以民为威侮，吏以民为贵贱。此之
> 谓民无不为本也。闻之于政也，民无不为命也。国以为命，君
> 以为命，吏以为命。故国以民为存亡，君以民为盲明，吏以民

① 《史记》，第 2 册，380～381 页。
② 同上书，第 8 册，2699 页。
③ 同上书，第 1 册，277～284 页，引文见 283～284 页。

为贤不肖。此之谓民无不为命也。闻之于政也，民无不为功也。故国以为功，君以为功，吏以为功。国以民为兴坏，君以民为弱强，吏以民为能不能。此之谓民无不为功也。闻之于政也，民无不为力也。故国以为力，君以为力，吏以为力。故夫战之胜也，民欲胜也。攻之得也，民欲得也。守之存也，民欲存也。故吏率民而守，而民不欲存，则莫能以存矣。故率民而攻，民不欲得，则莫能以得矣。故率民而战，民不欲胜，则莫能以胜矣。故其民之于其上也，接敌而喜，进而不能止，故人必骇，战由此胜也。夫民之于其上也，接敌而惧，退必走去，战由此败也。故夫灾与福也，非降在天也，必在士民也。呜呼，戒之戒之。夫士民之志，不可不要也。呜呼，戒之戒之。行之善也，萃以为福已矣。行之恶也，萃以为灾已矣。故受天之福者，天不功焉。被天之灾，则亦无怨天矣，行自为取之也。知善而弗行，谓之不明；知恶而弗改，必受天殃。天有常福，必与有德；天有常灾，必与夺民时。故夫民者，至贱而不可简也，至愚而不可欺也。故自古至于今，与民为仇者，有迟有速，而民必胜之。①

贾谊从秦亡的历史中总结出的结论是，民为国家及君主之本、之命、之功、之力，与民为敌，迟早必亡。这样的论述与《尚书》里的天命人心说道理相通，而论证则更为明确透彻。不过，贾谊在强调道德理性的同时，也没有放弃五德终始的说法。据《史记·屈原贾生列传》记："贾生以为汉兴至孝文二十余年，天下和洽，而固当改正朔，易服色，法制度，定官名，兴礼乐，乃悉草具其事仪法，色尚黄，数用五，为官名，悉更秦之法。孝文帝初即位，谦让未遑也。"② 从形式上看，建汉之土德是为了克秦之水德，所循仍然是后者战胜前者的逻辑，但从实质来看，如前所述，土德"和平用均，中正无私，"以此取代秦之"刚毅戾深、刻削毋仁恩和义"的水德，也正是当时历史的需要。《新书·时变》篇云："商君违礼义，弃伦理，并心于进取。行之三岁，秦俗日败。秦人有子，

---

① 贾谊：《新书》，见《诸子全书》，第1册，《新书》九，1页，杭州，浙江人民出版社，1984。

② 《史记》，第8册，2492页。

家富子壮则出分，家贫子壮则出赘。假父耰锄杖彗耳，虑有德色矣。母取瓢碗箕帚，虑立讯语。抱哺其子，与公并踞；妇姑不相说，则反唇而睨。其慈子嗜利而轻简父母也，念罪非有储（储一作伦）理也，亦不同禽兽仅焉耳。然犹并心而赴时者，曰功成而败义耳。蹶六国，兼天下，求得矣，然不知反廉耻之节，仁义之厚，信兼并之法，遂进取之业，凡十三岁而社稷为墟，不知守成之数、得之之术也。悲夫！"① 所以，贾谊提出以土德代替秦之水德，不仅符合以土克水的五行相胜规则，而且也是与他反对秦之暴戾刻薄（水德）的思想相符合的。

贾谊继承并发展了西周天命人心说的传统，重视道德理性的建立，同时又努力使这种道德理性和五行相胜说的历史理性尽可能地结合起来。这是汉代学者第一次使二者结合而做的努力。

（二）五行与三统

与贾谊同时，鲁人公孙臣也上书文帝建议以土德王，而丞相张苍则"推以为今水德"，主张沿用秦之水德，因此未能改为土德。② 汉武帝初年，曾以"三代受命，其符安在？灾异之变，何缘而起？性命之情，或夭或寿，或仁或鄙，习闻其号，未烛其理"等为题策问，董仲舒于对策（所谓天人三策）中反复说明，天命的转移或政权的得失，都在于君主之有德或无德，以及由此引起的人心之向背；这些都是周代天命人心说的再版，不需赘述。关于历史演进中的变化，他认为："至周末之世，大为亡道，以失天下。秦继其后，独不能改，又益甚之……故立为天子十四岁而国破亡矣。自古以来，未尝有以乱济乱，大败天下之民如秦者也。其遗毒余烈，至今未灭……故汉得天下以来，常欲善治而至今不可善治者，失之于当更化而不更化也。"③ 如何更化呢？董仲舒说："然夏尚忠，殷尚敬，周尚文者，所继之救，当用此也。孔子曰：'殷因于夏礼，所损益可知也；周因于殷礼，所损益可知也；其或继周者，虽百世可知也。'此言百王之用，以此三者矣。……由是观之，继治世者其道同，继乱世者其道异。今汉继大乱之后，若宜少损周之文致，用夏之忠者。"④ 董仲

---

① 《百子全书》，第1册，《新书》三，1～2页。
② 《史记》，第2册，429页。
③ 《董仲舒传》，《汉书》，第8册，2504～2505页，北京，中华书局，1975。
④ 同上书，2518～2519页。

舒向汉武帝所陈说的三统说大体如此。

董仲舒的比较系统的理论见于其所著《春秋繁露·三代改制质文》，即"三正以黑统初。正日月朔于营室，斗建寅。天统气始通化物，物见萌达，其色黑。故朝正服黑，首服藻黑……亲赤统，故日分平明，平明朝正。正白统奈何？曰：正白统者，历正日月朔于虚，斗建丑。天统气始蜕化物，物始芽，其色白。故朝正服白，首服藻白……亲黑统，故日分鸣晨，鸣晨朝正。正赤统奈何？曰：正赤统者，历正日月朔于牵牛，斗建子。天统气始施化物，物始动，其色赤，故朝正服赤，首服藻赤……亲白统，故日分夜半，夜半朝正。"[①] 这一理论的根据不再是五行的相胜（虽然《春秋繁露》中也有"五行相生"、"五行相胜"的篇章，不过所论皆无关于历史发展阶段），而是建立在夏商周三代历法岁首的不同上，即夏以建寅之月（正月，立春季节所在之月）为岁首，商以建丑之月（十二月）为岁首，周以建子之月（十一月，冬至季节所在之月）为岁首。春秋以下即有三代历法不同之说，《春秋》中也有"春王正月"、"王二月"、"王三月"之说，这三个带有王字的月就被认为是三代各自的正月。秦以建亥之月（十月）为岁首，不在子、丑、寅三正之列，所以不能作为一个王的统。三统说的黑（夏，其德为忠）、白（商，其德为敬）、赤（周，其德为文）三色，是比附植物根部在子丑寅三个月里的颜色而来的。

董仲舒十分重视道德理性的建立，认为天是根据国君的道德情况决定对其天命的予夺的。他的三统说的特点是：其一，引孔子话为根据，以三统代五德；其二，这种三统说以夏、商、周三代的忠、敬、文三德为标志，取代了五行说以自然界五种物质为标志的办法，使历史理性离开自然理性而与道德理性靠近一步；其三，三统的相续是生长过程中的延续，并不像五行相胜说那样是后者战胜或消灭前者，后代之继前代不是为了克服或制胜前者，而是为了救弊；其四，否认秦为一个统，以汉直接继周，因为秦未能救周之弊，反而发展了周末之弊，从而也就不具有独立的一德的资格。这样，董仲舒的历史理性里就充满了道德理性的成分。

汉武帝接受了董仲舒尊儒术的建议，但未采用其三统说。至武帝太初元年，"夏五月，正历，以正月为岁首。色尚黄，数用五，定官名，协

---

① 苏舆：《春秋繁露义证》，191～195 页，北京，中华书局，1992。

音律。"① 太初历以建寅之月为岁首，即取夏历，但是色尚黄（非如董生所云夏尚黑），遵循的仍然是五行相胜说。

到西汉中后期，这种五行相胜说渐为五行相生说所代替。原五行相生说在《吕氏春秋》的十二纪中已有陈述，唯未用于解说历史的发展。据《汉书·律历志》载："至孝成世，刘向总六历，列是非，作《五纪论》。向子歆究其微眇，作《三统历》及《谱》以说《春秋》，推法密要，故述焉。"② 按三统历在历法内容上沿袭了太初历，为八十一分历③，但是刘歆并未沿袭汉武帝定太初历时所采用的五行相胜说，而是改用了五行相生说。据《律历志》记载的刘歆所作《世经》，其所排古来帝王德的更迭，即依五行相生次序：太昊帝（伏羲氏），"为百王先，首德始于木"；炎帝（神农氏），"以火承木"；黄帝（轩辕氏），"火生土，故为土德"；少昊帝（金天氏），"土生金，故为金德"；颛顼帝（高阳氏），"金生水，故为水德"；帝喾（高辛氏），"水生木，故为木德"；唐帝尧（陶唐氏），"木生火，故为火德"；虞帝舜（有虞氏），"火生土，故为土德"；禹（夏后氏），"土生金，故为金德"；汤（商、后称殷），"金生水，故为水德"；周武王，"水生木，故为木德"；"汉高祖皇帝，著纪，伐秦继周。木生火，故为火德"。④ 如此，周当木德，（秦属闰统不计）汉承周正为火德。后来王莽篡汉，自命以土德王，其五行相生逻辑是火生土；刘秀建立东汉，又恢复以火德王。以后曹魏篡汉，还是自命为土德王；司马晋篡曹魏，则自命为金德王。于是五行相生说在中国历史上流行了相当长的一段时间。

五行相胜说与五行相生说，就其实质而言，不过是同一个魔术的两种不同玩法，其区别可以说无足轻重。如果一定要追究它们到底为何会有这样的变化，那么，我想其原因大概是：前者重相克，力图使历史理性与道德理性背离，乃战国时代法家学说与五行说结合之产物；而后者则重相生，力图使历史理性与道德理性尽量吻合，乃儒家学说与五行说相结合的结果，如此而已。

---

① 《武帝纪》，《汉书》，第 1 册，199 页。
② 同上书，第 4 册，979 页。
③ 参阅朱文鑫：《中国历法源流》，载《天文考古录》，36～39 页，上海，商务印书馆《万有文库》本，1939。
④ 《汉书》，第 4 册，1011～1023 页。

(三) 公羊家的春秋三世说

《公羊传》徐彦疏引何休著《文谥例》云:"三科九旨者,新周、故宋、以《春秋》当新王,此一科三旨也;又云,所见异词,所闻异词,所传闻异词,二科六旨也;又内其国而外诸夏,内诸夏而外夷狄,是三科九旨也。"①又《公羊传》隐公元年"所见异辞,所闻异辞,所传闻异辞"句下之何休注云:"于所传闻之世,见治起于衰乱之中,用心尚粗觕,故内其国而外诸夏;先详内而后治外,录大略小,内小恶书,外小恶不书,大国有大夫,小国略称人,内离会书,外离会不书,是也。于所传闻之世,见治升平,内诸夏而外夷狄,书外离会,小国有大夫;宣十一年秋,晋侯会狄于攒函,襄二十三年,邾娄鼻我来奔,是也。至所见之世,著治太平,夷狄进至于爵,天下远近大小若一,用心尤深而详;故崇仁义,讥二名,晋魏曼多、仲孙何忌,是也。所以三世者,礼,为父母三年,为祖父母期,为曾祖父母齐衰三月,立爱自亲始。故《春秋》据哀录隐,上治祖祢。"②

按"所见异词,所闻异词,所传闻异词"于《公羊传》中曾三见(隐公元年,桓公二年,哀公十四年),原来是说《春秋》对于不同时期的事有不同的书法措辞。为什么要三世异词呢? 何休对此作了富有创见的回答,即"所以三世者,礼,为父母三年,为祖父母期,为曾祖父母齐衰三月,立爱自亲始。"这一回答所根据的是儒家所传之礼,而儒家的礼是与儒家的核心思想——仁相表里的。③ 仁是人之所以为人的最根本的爱,亦即把人当作人来爱的人类之爱。但是,这种爱不能是墨子所说的那样无差别的兼爱,因为不符合人情之常,亦即人性的自然(nature)。一个人之所以能够作为一个具有社会性的人出现,这里实际有两个条件:第一,他必须是一个具有自己独立人格的人。第二,他必须建立起个人与所参与的社会的关系,而他自己正是这种参与的起点。因此,当个人人格建立起来,个人知道自尊和自爱的时候,他必须立即把这种自尊和自爱向外逐步拓展,这就是孔子所说的"己欲立而立人,

---

① 《春秋公羊传注疏》,《十三经注疏》,2195 页。

② 同上书,2200 页。

③ 参见拙作:《先秦儒家仁礼学说新探》,载《古代中国与世界》,377～394 页,武汉,武汉出版社,1995。

己欲达而达人"① 和 "己所不欲，勿施于人"② 的伦理原则：这个原则的起点是己，而其终点是人；把自己同样也把别人都当作人来亲爱、来尊重，这就是仁，儒家的仁。惟其这种爱必须是循序渐进，由近及远，从内向外地逐步推展的，所以，对于父母、祖父母、曾祖父母之丧服乃有等差。

何休对于《公羊传》和公羊三世说的解释，有许多精彩独到的见解，也有很多非常异义可怪之论（而且若干精彩独到之见又在非常异义可怪之论中），这些只能另外为文专论，这里只想说他在使历史理性与道德理性重新结合上的作用：其一，何休三世说不像五行相胜说或五行相生说那样假自然理性的环节以为历史理性的环节，也不像董仲舒那样假三代三正之说（其中仍然没有完全超脱自然理性）的环节以为历史理性的环节，而是纯粹以人伦的道德理性的展开作为历史理性的展开的说明。其二，人伦的道德理性也并非凭空而生，它是以人之性情为根据的，或者说以儒家的人性说为依据的，而人性也是一种自然（nature），不过它不再是外在于人或异己的自然，而是人的内在的自然。其三，何休三世说与邹衍五行相胜说、刘歆五行相生说、董仲舒三统说具有一个很大的不同之点，即前三者都以为历史理性的展开是循环的，而何休三世说则摆脱了这种循环，作为体系是开放的。其四，何休三世说虽以春秋二百四十二年分为三世作立论之凭依，但其实又不拘于也不限于此二百四十二年之历史，他实际是为人类的历史提供了一个缩小了的模型；因为他的三世说的内容具有可放大性，譬如，"天下远近大小若一"，何休心中的模型只不过是汉帝国，而汉帝国远远不是"天下"，也更谈不上"远近大小若一"。

以上概述了历史理性在中国古代的产生过程，说明了历史理性在产生过程中与道德理性及自然理性的相互关系。这样的情况在历史学和哲学都相当发达的古希腊还不曾发生过。在古代西方，历史不曾被作为理性来思考，这在弁言里已有略说。在古代希腊，是逻辑理性而不是历史理性得到了相当充分的发展，相应的是逻辑理性在与自然理性、道德理性

---

① 《论语·雍也》，《诸子集成》本，第 1 册，134 页。
② 《论语·颜渊》，同上书，第 1 册，263 页。

的相互关系中的发展。在西方，历史之被真正地当作理性来思考，那是从意大利学者维柯（G. Vico，1668—1744）所著的《新科学》开始的，到了黑格尔（G. W. F. Hegel，1770—1831）的《逻辑学》和《小逻辑》里，逻辑或理性本身也都变成历史的了。这样的历史理性与逻辑理性的结合，是中国古代的历史理性产生过程中所不曾出现的。

（原载《史学理论研究》，2003 年第 2 期）

瞿林东

略论中国古代历史理论的特点

中国古代史学的理论遗产包含两大部分，一个部分是人们关于对客观历史的理论性认识，这就是此处所说的历史理论；还有一个部分是人们关于对历史学的理论性认识，笔者称之为史学理论。由于这两个部分所要考察的对象不同，故有必要分别加以研究，以推进对它们的认识。同时，由于史学活动也是一种历史活动，所以在讨论关于认识历史时，也必然会涉及史学；而史学家是史学活动的主体，所以在讨论史学家时，也一定不能避开史学家的历史认识，可见历史理论与史学理论又是有密切联系的。[①]本文就是在这个认识的前提下，试就中国古代历史理论的特点作一初步的探讨。

一　多种存在形式

中国古代史学有没有历史理论？这是自 20 世纪 80 年代以来长期困惑着许多史学工作者的一个问题。有不少同行认为，中国古代史学长于记述而理论贫乏。对中国古代史学产生这种看法，原因是多方面的 。第一，许多史学工作者研究的领域是客观历史的某些方面，一般不太关注

①　关于这个问题，人们在理解上和解释上不尽相同。参见陈启能：《历史理论与史学理论》，载《光明日报》，1986 年 12 月 3 日；瞿林东：《史学理论与历史理论》，载《史学理论》，1987 年第 1 期；何兆武：《历史理论与史学理论——近现代西方史学著作选·编者序言》，北京，商务印书馆，1997。

作为一个学科的史学本身的问题，因而不熟悉史学自身的发展情况。第二，史学史是一门年轻的学科，而中国史学史研究者因中国历史条件和自身的原因，长期以来也未曾对中国史学上的理论遗产作深入的和有系统的历史考察与理论说明。第三，20世纪80年代以来，西方的一些历史理论与史学理论著作大量被介绍到中国来，引起人们的兴趣和关注；有些同行甚至以此为标准去反观中国古代史学，于是"理论贫乏"之感油然而生。第四，对于东西方史学在表现其"理论"的内容和形式上，未能充分考察到各自的特点；换言之，在"理论"的探讨上，尚未能着眼于从本民族的遗产出发。总之，这种情况的出现，有历史上的原因，也有专业工作者在研究上存在的不足所致。今天看来，这都是可以理解的。

笔者从20世纪80年代中期起步，开始对中国古代史学的理论遗产作探索性的工作，于1992年发表《中国古代史学理论发展大势》① 一文；1994年出版了《中国古代史学批评纵横》②；1998年出版了《史学志》③，其中有"历史观念"和"史学理论"的专章。当然，这些研究所得，都是极初步的，它们只是表明：这方面的研究是必要的，也是可以继续研究下去的。

我在起步探索中国古代史学的理论遗产的前前后后，深受导师白寿彝先生的影响。他在1981年连续发表四篇谈史学遗产的文章，涉及史学上的许多理论问题，使我深受启发，并撰写了长篇评论文章《史学遗产和史学研究——读〈谈史学遗产答客问〉书后》④。此后，我又参与了白寿彝先生主编的《史学概论》和《中国通史》导论卷的撰写，使我有更多的机会接触到中国古代史学的理论问题。这些思想上和撰述上的影响是潜移默化的，只有随着岁月的积淀，这种潜移默化的作用才会逐渐升华为一种理性的认识。在进入撰写本文论题之前，简要地勾勒这些有关学术史的问题，我以为是必要的。

中国古代史学拥有厚重的历史理论遗产，主要表现为三种形式。第一种形式，是作为史书之构成的一个部分的"史论"；第二种形式，是独立的历史评论专篇；第三种形式，是历史评论专书。多种存在形式是中国古代历史理论的一个特点。

---

① 见《历史研究》，1992年第2期。
② 中华书局1994年版，2000年第2次印刷。
③ 上海人民出版社1998年出版。
④ 见《史学史研究》，1982年第1期。

首先说第一种形式。这种形式，最早见于《左传》中的"君子曰"。《左传》叙事，间有议论，或以"君子曰"表示，或以"孔子曰"、"仲尼曰"表示，或引古书加以发挥。其中，"君子曰"更具有"史论"的特点，对后世影响也最大。"君子曰"所论，大多借史事以论人物，而又多强调以伦理为基本的评论准则。如《左传·成公二年》记：

> 君子曰："位其不可不慎也乎！蔡、许之君，一失其位，不得列于诸侯。况其下乎！《诗》曰：'不解（懈）于位，民之攸塈，'其是之谓矣。"

这是说的蔡侯、许侯因不自重而"不得列于诸侯"，进而引申到只有居高位者不懈怠，人民才能得以休息、安定。这里讲到权位的重要以及国君同民众的关系。

又如《左传·隐公四年》记：

> 君子曰："石碏，纯臣也。恶州吁而（石）厚与焉。'大义灭亲'，其是之谓乎！"

这是以下述史事发表的评论：卫国人州吁杀卫国国君而自立，卫大夫石碏之子石厚与州吁交往甚密，石碏乃用计杀死州吁，同时派人杀死本人之子石厚，故《左传》作者称石碏为"纯臣"，表彰"大义灭亲"之举。

《左传》的历史评论多类于此。因《左传》记春秋历史，而孔子为春秋末年人，故《左传》也引用孔子言论来评论史事；从孔子来说，这带有批评时事的性质，而对《左传》作者和后人来说，自也是评论历史的一部分。

《左传》的"君子曰"这种历史评论形式，在秦汉以后的中国史学上获得长足的发展。《史记》的纪、表、书、世家、列传中的"太史公曰"堪为佳作，反映了司马迁的历史见解，其中多有理论上的建树。在《汉书》等历代正史中，其纪、表、志、传中的史论亦有许多佳作，不乏理论上的创见。以《汉纪》、《后汉纪》、《资治通鉴》等为代表的编年体史书，在形式上可以说是直接继承、发展了《左传》"君子曰"的风格，所不同的是它们更着意于兴亡治乱之故的评论。以《通典》为代表的典制体史书，其历史评论涉及国家职能的各个方面，包含经济、官制、法制、地方建置、民族等。这种形式的历史评论，在中国古代其他各种体裁的史书中，也不同程度地有所反映。

其次说第二种形式。在中国古代历史文献中，独立的历史评论专篇占有重要的分量。它们多存在于各种文集、总集、文选、奏议、书信之中，有些也散见于各种史书的征引之中。就文集来说，《诸葛亮集》、《魏郑公集》、《柳河东集》、《苏轼集》、《欧阳文忠公集》、《苏天爵集》、《弇山堂别集》、《亭林文集》、《潜研堂文集》等历代文集中，历史评论的文章在在皆是，且不乏千古名篇，如诸葛亮的《隆中对》、柳宗元的《封建论》、欧阳修的《正统论》等。又如总集《文苑英华》，专立"史论"一目，所收历史评论专篇以论历代兴亡为主，其中有的原文已逸，赖此得以流传下来。有的历史评论专篇，久已遗逸，只是由于史书的引用才得以保存下来，如《国语·周语下》载太子晋谏周灵王语、《国语·郑语》载史伯论周王室行将衰落语、《国语·楚语下》载观射父对楚昭王所问语等，都是涉及历史进程大问题的重要篇章。《国语》以记言著称，所载时人问对，多含有评论历史的内容。秦汉以下，如《史记·太史公自序》载司马谈《论六家要指》；《秦始皇本纪》载贾谊《过秦论》；《后汉书·班彪传》载班彪《王命论》；《三国志·蜀书》载诸葛亮《隆中对》；《旧唐书·马周传》载马周答唐太宗问治国之方略语等，都是有名的史论和政论。此种专篇，史书中保存很多，是一笔极其重要的思想遗产。以上所举种种史论专篇，或指陈历史形势，或纵论兴亡成败，或阐说历史环境与政治体制之关系，或论述某个皇朝存在之根据，都具有鲜明的理论色彩。

现在说第三种形式。毫无疑问，历史评论专书更集中地反映了历史理论的面貌及其发展趋势。在这方面，王夫之的《读通鉴论》、《宋论》备受关注。宋人范祖禹的《唐鉴》、孙甫的《唐史论断》亦不失为名作。这几部书，包含了丰富的历史理论。那么，在中国古代史学发展史上，是否还有更多的著作，应当进入历史理论的视野呢？在这个问题上，从研究工作来看，一是要深入发掘，二是要转换视角，改变一些早已形成的观念。譬如《周易》这部书，人们可以从不同的角度去解释它。章学诚认为："六经皆史也。"他还用设问的口气，着意回答了《易》"与史同科"的问题。① 他称道唐人孔颖达对"易"的解释："孔颖达曰：'夫

---

① 《文史通义·易教上》。

易者，变化之总名，改换之殊称。'先儒之释'易'义，未有明通若孔氏者也。得其说而进推之，《易》为先王改制之钜典，事与制宪明时相表里，其义昭然若揭矣。"①综合孔、章二氏之说，可知《周易》是关于论说历史变化的著作。从前人解释《易》之三义来看，所谓"易简"、"变易"、"不易"所包含的内容，涉及天地自然、社会人事、伦理原则等②，《周易》当是一部哲学著作，而其关于历史哲学之内容则居多。又如《吕氏春秋》、《淮南子》等，历来认为是子书，但唐人刘知几说它们"多以叙事为宗，举而论之抑亦史之杂也"③。其中说理部分与历史理论颇相关联。再如《盐铁论》之论国家财政与社会生活的关系，《人物志》之论人物品评的原则与标准，《帝王略论》之评价历代帝王优劣及其根据，《贞观政要》、《通鉴直解》之论历史鉴戒与为政之道，《明夷待访录》之批判专制制度等等，都是各有特色的关于历史理论之书。

以上所举三种形式，也只是就历史理论在古代文献中的主要存在形式来说的，这里并不排除还有其他的存在形式。这份遗产的厚重，据此似可见其大概。实际上，在古代的经、史、子、集四部书中，有关历史理论的论述还存在于其他许多方面，尤其是子部书中，这方面的专文不仅数量众多，而且不乏深刻之论。这是中国古代思想史研究与中国哲学史研究已经关注到的问题，这里无须赘述。但是有一点是要说明的，即今天我们来考察子部书中的有关论述时，是把它们置于中国古代历史理论发展大势的全局来看待的，这同一般的思想史研究与哲学史研究是有所区别的。

二 深入探索的连续性

这是中国古代历史理论的又一个特点。中国古代历史理论遗产的厚重，自然也有自成体系的著作传世，显示出理论上的分量。然而，它的厚重还表现在另一个方面，即人们对重大历史问题的关注和探索累代相传，历时既久而探讨愈深，从而形成了一些理论的"重心"。以往我们对

① 《文史通义·易教中》。
② 参见蒋伯潜：《十三经概论》，302页，上海，上海古籍出版社，1983。
③ 《史通·杂述》。

于中国古代历史理论在发展上的这一特点未曾十分关注，以为中国古代史学在历史理论上只是存在一些零星的思想火花和理论片段，谈不上有什么理论体系，这是因为我们没有用连贯的和发展的眼光来看待这一领域。现在，我们改变一下视角，把"横观"变为"纵览"，就不难发现，前人对一些重大历史问题的理论探究是带有连贯性的；而这种连贯性的生成和发展，把历史理论不断推向深入。

这里，我们可以举兴亡论、君主论、封建论等一般理论层面上的几个问题来作简略的说明。

中国古代的思想家和史学家很早就有了关于君主的评论，到了东汉末年，荀悦提出"六主"① 即六种类型的君主的见解，可以认为是比较系统的关于君主的认识。唐初，虞世南著《帝王略论》，对唐朝以前的历代君主进行了全面的评价，是中国史学上较早的"君主论"专书。它采用比较的方法，且注意区分事功和德行两个不同方面，坦然评说，是一部深入浅出的评论君主的理论著作。其后司马光撰《稽古录》，提出人君的"道"、"德"、"才"三者应有的准则②，是从正面阐述了关于君主的理论。北宋李昉等编纂的《太平御览》，含"皇王部"41卷，内容近于一部历代君主简史。王钦若等编纂的《册府元龟》，其"帝王部"含81卷，分128门记君主事，是揭示君主和君主现象的综合性撰述。明末清初，黄宗羲著《明夷待访录》，其《原君》篇对君主的产生及其作用进行分析、批判，把古代的君主论推进到一个新的阶段，显示出早期启蒙思想的光焰。

朝代兴亡，社会治乱，是历史上人们最关注的问题之一。西周初年，周公就十分注重总结历史经验。从西周到春秋战国，历史的变动，王室的衰微，诸侯的兴灭，促使史学家和思想家作深入的思考，《左传》、《国语》及诸子之书，多有这方面的讨论。汉初，面对秦亡汉兴的巨大变动，政治家、思想家、史学家都在探究其中的原因。陆贾、贾谊、晁错的史论和政论，多是关于兴亡得失的名作。史学家司马迁更是明确提出了"稽其成败兴坏之理"③ 的历史撰述任务。此后，关于兴亡成败的讨论，不绝于世。如唐初史家用比较的方法探讨秦、隋兴亡的原因，朱敬则的

① 《汉纪·昭帝纪》。
② 《稽古录》，卷十六。
③ 《史记·太史公自序》。

《十代兴亡论》纵论南北朝的得失成败；宋代司马光强调，一部《资治通鉴》的主旨即在于"关国家兴衰，系生民休戚"① 之事，而范祖禹《唐鉴》一书则把揭示唐朝何以兴、何以亡，促使后人引以为鉴作为撰述的主要目的；南宋史家为时势所激，具有深刻的忧患意识，他们的撰述主旨都以兴亡盛衰为核心；明清之际，朝代更迭，社会动荡，史学家的兴亡之论继续深化，王夫之的《读通鉴论》、《宋论》是在这方面影响力最大的著作。总之，关于治乱兴衰的探讨，是中国古代史学家最为关注的问题。这是因为，从社会运行的实际轨迹来看，不论是统治集团，还是下层民众，都希望社会得以长治久安，但客观形势却并非如此，朝代更迭有之，天下大乱有之，人们不得不思考朝代何以兴、社会何以治的问题。此其一。其二，从思想传统来看，修身、齐家、治国、平天下即"修齐治平"是儒家思想的基本准则，是中国古代尤其是两汉以下士人的思想中不可动摇的信念，正是这种信念对历代史学家的撰述旨趣有极大的影响，重视关于兴亡成败的探讨乃是他们的天职和本分。

封建，即封土建国，即通常所称分封，是西周实行的政治体制。战国中期，商鞅在秦国变法，始行郡县制。秦始皇统一中国后，是推行郡县制还是实行封建制即分封制，经过激烈的廷争，秦始皇采纳了廷尉李斯的意见，在全国推行郡县制。② 西汉初年，分封、郡县两制并行，始有异姓王的谋反，继有同姓王的叛乱，一度造成政局混乱，后采用贾谊、主父偃等人之策略，使分封名存而实亡，西汉皇权乃得以稳定。但在朝代的更迭之后，人们往往追慕封建之制，如三国魏人曹冏著《六代论》、西晋陆机著《五等论》，都批评郡县制、肯定分封制。唐初魏征、李百药，中唐柳宗元等，又都是分封制的有力批评者，尤其是柳宗元的《封建论》一文，以雄辩的历史事实和透彻的理论分析，阐明了郡县制的优越和分封制的不可复，大气磅礴，前无古人，为后人大加称颂。明清之际，顾炎武纵观历史，细察现实，撰《郡县论》九篇，以超越前人的理论勇气，论述了兼采分封、郡县两制之长的主张，显示出辩证的思想和历史的智慧，把关于分封、郡县的讨论提升到了一个新的理论高度。

以上举出的几个问题，都是中国古代史上的重大问题，是人们十分关注的。此外，还有天人关系、古今关系、地理条件与社会发展的关系

---

① 司马光：《进〈资治通鉴〉表》。
② 参见《史记·秦始皇本纪》。

以及民族、国家等问题，是属于又一个层面上的历史理论问题。这里，我们举地理条件与社会发展的关系为例，纵览人们对这一问题的认识，同样是饶有兴味的。

毫无疑问，一定的历史活动，总要在一定的地域上展开。历史的发展是离不开地理条件的。中国史学家从很早的时候起，就有关于这方面的撰述。

首先，物产的地域特点及其对人们社会生活的影响，这是中国历代史学家所一向注意的，并从中产生经济区域的看法。司马迁在《史记·货殖列传》里把汉朝的统治范围分为四个大的经济区域。山西地区，即关中地区；山东地区，即崤山或华山以东直至沿海的广大地区；江南地区，即长江以南直至沿海的广大地区；龙门（在今山西省河津县西北）、碣石（在今河北省昌黎县北）以北地区，即今山西北部至河北北部一线以北直到汉朝北境的广大地区。司马迁的经济区域的观念是明确的，他对经济区域的划分，主要是从地理条件来考虑的。司马迁对一些地区的记载，着重于地理条件的状况、生产的状况以及经济生活的状况和社会风俗的表现、不同地区在这些方面的相异或相同之处。他的这种思想受到后来许多史学家的重视，并加以继承和发展。班固《汉书·地理志》在详载全国郡县建置、户口多寡后，于其篇末备言各地地理、生产、风俗等状况，比《史记·货殖列传》所记更加丰富。西晋史学家司马彪称赞说："《汉书·地理志》记天下郡县本末，及山川奇异，风俗所由，至矣。"[1] 杜佑《通典·州郡典》各篇，亦多特标《风俗》一目，略述各地地理条件及其影响下的当地经济生活和社会习俗。经济区域的观念及其在史书上的体现已成为中国史学上的一个优良传统。

其次，在人口和地理的关系上，中国古代史学家也有一些认识，这可说是人口地理思想的萌芽。司马迁已经注意到地理条件跟人口分布的关系。他讲关中人口和地理的关系比较具体：关中之地占当时全国的1/3，而人口不超过当时全国的3/10。他还注意到有的地区人民"好稼穑"，有的地区则"业多贾"。[2] 这些，涉及对人口分布的密度和人口部门构成的朦胧认识。自《汉书·地理志》以后，在《二十四史》中，有地志者计16家，"正史"或称《地理志》，或称《郡国志》、《州郡志》、

---

① 《后汉书·郡国志》。

② 以上均见《史记·货殖列传》。

《地形志》。它们或记人口的分布，或记人口的迁徙，都是以人口与地理相结合的情况着眼的，这是封建社会中劳动力与土地相结合在史书上的反映。

再次，从地理条件看政治上的兴亡得失，是中国古代一些史学家所关切的，也是古代一些政治家、思想家所关切的。《通志·都邑略·序》可以认为是从地理条件考察"建邦设都"跟政治关系的佳作，作者郑樵是从全国的地理形势和以往的历史经验出发，对地理条件与"建邦设都"的关系和政治上兴亡得失的关系作了总的考察。他的主要论点是：（1）在新的历史条件（包括地理条件和政治条件）下，长安、洛阳、建业所谓"三都"已不是理想的建都所在；（2）北宋建都于汴京是一个历史性的错误，这对"靖康之难"有直接的关系；（3）南宋建都临安是不妥当的，应采唐人朱朴之议，移都南阳。明清之际，顾炎武撰《历代京宅记》，就历代建都之制，备载其城郭宫室、都邑寺观及建置年月等史实，其总序部分亦多述前人议论，是我国古代第一部辑录都城历史资料的专书，有很高的文献价值和理论价值。

中国史学家关于地理条件跟历史发展之关系的撰述，还有一个特点，这就是重视它的社会作用。在这方面，顾炎武所编《天下郡国利病书》和顾祖禹所著《读史方舆纪要》，是其中最有成就的两部作品。《天下郡国利病书》记各地的自然环境、政区划分、经济状况和戍守形势等，且以记述各地经济状况为主，因而在地理书中独具特色。《天下郡国利病书》在篇幅上，以江南、北直、山东、陕西为最多，浙江、广东、四川、湖广次之，福建、云南、山西、河南、江西又次之，广西、贵州最少。这固然有作者在材料纂辑上的原因，但也大致反映了明代各地区在全国经济、政治中的地位的不同。这跟唐中叶以前人们讲地理、论食货必首推关中的情况相比，已不可同日而语。《天下郡国利病书》虽以辑录前人论述成编，但于选材、标目、编次之中，亦足以窥见作者开阔的视野、深刻的政治见解和经世致用的编纂目的；它虽是一部地理书，但却蕴含着编纂者丰富的经济、政治思想。《读史方舆纪要》是一部以地理为基础、以阐明军事上的成败为主要内容、以总结政治兴亡为目的的巨著。作者为各地方舆所撰的序论，最能反映出作者在这方面的造诣和旨趣。《读史方舆纪要》历来受到很高的评价。人们称赞它"辨星土则列山川之源流，详建设则志邑里之新旧，至于明形势以示控制之机宜，纪盛衰以表政事之得失，其词简，其事核，其文著，其旨长，藏之约而用之博，鉴远洞微，忧深虑广，诚古今之龟鉴，治平之药石也。有志于用世者，皆不可以无此篇"①。

　　除上述两个不同的理论层面外，中国古代历史理论在深入探索的连续性方面，还表现在范畴的层面上。在这个层面，我们也可以窥见它在发展上不断提升的境界。如司马迁论历史形势、历史环境，常用"时"、"势"的概念。如说"不令已失时，立功名于天下"②，指的是"七十列传"中的一些人物；说叔孙通"制礼进退，与时变化"③，说公孙弘"行义虽脩，然亦遇时"④，指的是一个人的经历与"时"的关系。司马迁评论项羽，说他"乘势起陇亩之中"⑤；又说虞卿"上采'春秋'，下观时势"⑥，这里说的"势"，都是指历史形势。司马迁还说到"事势"与"势理"，前者是指事物发展趋势⑦，后者指事物发展的法则⑧，等等。可见，"时"、"势"及与之相关的概念，是历史撰述中经常使用的。司马迁以下，撰史者与论史者多有沿用。至柳宗元撰《封建论》，以"势"驳"圣人之意"，说明"封建"（分封）出现的客观原因；秦废封建而设郡县，是适应了客观形势的变化的。⑨ 我们从这里可以看到，柳宗元的《封建论》，全篇都是在论证"势"在历史发展中的作用，而"势"是不以人的意志为转移的。这比之于司马迁说"势"，是更加深刻了。其后宋人曾巩、范祖禹、苏轼等都受到柳宗元《封建论》的影响并有所阐发。曾巩著《论势》一文，其见解折中于"用秦法"与"用周制"之间。⑩ 范祖禹称："三代封国，后世郡县，时也。"⑪ 苏轼认为："圣人不能为时，亦不失时。时非圣人所能为也，能不失时而已。"⑫ 这些都丰富了"时"与"势"的内涵。至明清之际，王夫之对此又有新的发展。他不仅对

　　①《读史方舆纪要》吴兴祚序。

　　②《史记·太史公自序》。

　　③《史记·刘敬叔孙通列传》。

　　④《史记·平津侯主父列传》。

　　⑤《史记·项羽本纪》后论。

　　⑥《史记·十二诸侯年表》序。

　　⑦ 参见《史记·田敬仲完世家》后论。

　　⑧ 参见《史记·太史公自序》。

　　⑨《柳河东集》，卷三。

　　⑩ 参见《曾巩集》，卷五十一。

　　⑪《唐鉴》，卷二。

　　⑫《秦废封建》，见《东坡志林》，卷五。

"势"、"时势"多有论述，而且进一步提出"势"与"理"的关系，认为"理本非一成可执之物，不可得而见也"，"只在势之必然处见理"①这无疑是在说，"势"是"理"的表现形式，"理"是"势"的内在本质。要之，从司马迁到王夫之，史学家关于"势"的观念经历了漫长而有意义的发展过程。

以上所述，分别从一般理论层面、较高理论层面和范畴概念层面，简要说明了中国古代历史理论之探索的连续性的特点。由此可以看出，中国古代历史理论的形成和发展，是历史的产物，是群体的创造。它同中华文明的连续性发展是密切相关的。

三　未尝离事而言理

"未尝离事而言理"，即"事"中有"理"，"理"不离"事"，在阐明事实中论述道理，这是中国古代历史理论的另一个鲜明特点。

司马迁在回答壶遂提出孔子为何要作《春秋》的问题时说：

> 余闻董生曰："周道衰废，孔子为鲁司寇，诸侯害之，大夫壅之。孔子知言之不用，道之不行也，是非二百四十二年之中，以为天下仪表，贬天子，退诸侯，讨大夫，以达王事而已矣。"子曰："我欲载之空言，不如见之于行事之深切著明也。"夫《春秋》，上明三王之道，下辨人事之纪，别嫌疑，明是非，定犹豫，善善恶恶，贤贤贱不肖，存亡国继绝世，补弊起废，王道之大者也。②

司马迁引孔子的话"我欲载之空言，不如见之于行事之深切著明也"，意谓发表议论不如写出事实更有说服力，而事实之中自亦不无道理，故《春秋》一书可以称得上是"王道之大者也"。这个认识，也应是促使司马迁撰写《史记》一书的思想渊源之一。但是，司马迁所处的时代跟孔子所处的时代毕竟有很大的差别：孔子所处的时代，史学尚在兴起之初，

---

① 《读四书大全》，卷九，《孟子·离娄上》。
② 《史记·太史公自序》。

孔子所见前人的重要议论，主要是《易》、《诗》、《书》等。司马迁所处的时代，史学已有了一定的发展，《左传》、《国语》及战国诸子的史论十分丰富，汉初思想家的史论、政论也十分丰富。由于时代条件的不同，决定了《史记》和《春秋》的差别：第一，《史记》不可能像《春秋》那样简略；第二，司马迁也不可能像孔子那样微言大义。因此，司马迁一方面是要把历史事实写出来，一方面也要在写出历史事实的同时表明自己的见解和思想。这就是《史记》成为既是材料翔实的历史著作，又包含有丰富的历史理论的缘故。司马迁和《史记》的这种面貌，对中国史学的发展产生了深远的影响。尽管《史记》是后人难以企及的巨制，但它始终是许多优秀史家学习的样板，从而对中国史学优良传统的形成和发展产生了重要作用。

一般说来，中国古代史家讲历史理论都不脱离讲历史事实。追本溯源，孔子开其端绪，又经司马迁加以发展，形成了这样的风格。就《史记》来说，从全局看，司马迁所关注的历史理论问题是"究天人之际，通古今之变"，而他对这个重大历史理论问题的揭示，是通过"网罗天下放失旧闻，考之行事，稽其成败兴坏之理"① 来实现的。从局部看，司马迁作十表，而于诸表序文中阐述对历史进程的认识；他作《秦本纪》、《秦始皇本纪》，而借用贾谊的《过秦论》分析秦朝兴亡的历史原因；他作《平准书》、《货殖列传》，而在相关序文中揭示出经济生活的重要和贫富悬殊的社会现象，并由此窥见社会历史变动的法则；他作《儒林列传》，而在序文中阐明了思想文化的重要性，等等。凡此，说明司马迁的历史理论都是在叙述历史事实的基础上提出来的，而不是他所说的"空言"。在司马迁之后，班固、荀悦、陈寿、范晔、魏征、杜佑、司马光、范祖禹、王夫之、赵翼等人，在历史理论上多有成就，而他们的风格，都是从司马迁那里继承下来的，并各有特色。

唐代史家刘知几对历代史家的史论有所批评，认为存在着"华多于实，理少于文"的现象，这个批评当有可取之处。但他认为史论的作用只是"辩疑惑，释凝滞"②，这就把史论的意义和价值看得过于狭隘了。其实，许多史家对史论的认识是极明确的，一般都以严肃的态度对待之。《汉书》的史论，反映了班彪、班固父子的历史观及其与司马迁的异同；

① 《报任安书》，《汉书·司马迁传》。
② 《史通·论赞》。

范晔《后汉书》的史论反映了作者的功力和见识，自谓其"有精意深旨"，有些史论"往往不减《过秦篇》"①；唐初众史家撰梁、陈、齐、周、隋"五代史"时，魏征撰《隋书》史论和梁、陈、北齐三书总论，表明当时史家对史论的高度重视；杜佑《通典》史论有多种形式（包含序、论、说、议、评等）和丰富而深刻的内容，作者对说、议、评还作了清晰的区别和解释，反映了作史论的严谨态度；② 司马光主编《资治通鉴》，其"臣光曰"意在总结历史经验教训，若无"臣光曰"，《资治通鉴》的价值将受到严重影响。这些，都表明历代史家对史论的重视，而史论的作用和价值也不仅仅是"辩疑惑，释凝滞"。同时，还应当看到，史家的史论在文化生活与社会生活中也产生了越来越大的影响。南朝萧统编《文选》，其中设"史论"一目，认为史书论赞"事出于沉思，义归乎翰藻"③，有广泛流传的价值。其后宋人编纂《文苑英华》，也设有"史论"一目。这都表明，"史论"作为史书的一部分，确有非常重要的意义。

宋人吴缜论作史的要求，意颇精粹，具有突出的理论色彩，他认为：

> 夫为史之要有三：一曰事实，二曰褒贬，三曰文采。有是事而作如是书，斯谓事实。因事实而寓惩劝，斯谓褒贬。事实、褒贬既得矣，必资文采以行之，夫然后成史。至于事得其实矣，而褒贬、文采则阙焉，虽未能成书，犹不失为史之意。若乃事实未明，而徒以褒贬、文采为事，则是既不成书，而失又为史之意矣。④

在吴缜看来，"事实"是基础，而"褒贬"、"文采"是不可缺少的。所谓"褒贬"，自然离不开史论，即史论是不可或缺的。这同孟子所说的事、文、义，同刘知几所说的才、学、识，都有相近之处，只是吴缜把这几个方面的关系解释得更明确、更中肯了。当然，并不是所有的史论都具有历史理论价值，但历史理论往往包含在史论之中，这是一个基本

---

① 《狱中与诸甥侄书》，《宋书·范晔传》。
② 参见拙文《重读〈通典〉史论》，载拙著《杜佑评传》，152～166页，南宁，广西教育出版社，1996。
③ 萧统：《文选》序。
④ 《新唐书纠谬》序。

事实。

关于史事同理论的关系，在历史上也曾有不同的认识。朱熹曾这样告诫学生们如何读书，他说："看经书与看史书不同：史是皮外事物，没紧要，可以札记问人。若是经书有疑，这个是切己病痛，如人负病在身，欲斯须忘去而不可得，岂可比之看史，若有疑，则记之纸也。"① 朱子视史书是"皮外事物，没紧要"，这话显然不对。元初胡三省批评类似观念，指出：

> 世之论者率曰："经以载道，史以记事，史与经不可同日语也。"夫道无不在，散于事为之间。因事之得失成败，可以知道之万世无弊，史可少欤！②

胡三省认为，把经与史对立起来或完全区别看待是不对的，而"道"也包含在"事"中，因而要认识"道"，是不能不重视史书的。在古代史家看来，史书中史论的目的之一，就是借史以明道，即在叙述历史的过程中，阐明对于历史的认识，而史家的历史观念是其中重要方面。胡三省对《资治通鉴》的高度评价，以及他的序文用了太岁纪年，都是包含了一定的"道"。胡氏所论，在客观上是把吴缜的见解解释得更透彻了。

值得注意的是，在中国史学上，即便是那些以"论"作为主要特点的著作，也是不脱离史事而发论的。如虞世南的《帝王略论》，有"略"，有"论"；范祖禹的《唐鉴》，也是先说事，后发论；王夫之的《读通鉴论》，是事论并举，或因事而论，或以论举事，可谓事、论交融。即使像吴兢《贞观政要》这样的书，表面上看只是记事而没有议论，但若读其书序及进书表，研究其书所设之四十个标目的名称，作者之论亦甚鲜明。类似《贞观政要》这种体例的书，在中国史学上还可举出不少。

当然，在中国古代历史理论发展史上，也并非都如以上所论，即均为依事而言理、据史而发论之作。这里所要强调说明的，是中国古代历史理论的突出特点而非着意描绘它的全貌及其每一细部。其实，在中国古代历史理论中，也有一些专篇、专书是重于思辨的。如司马谈《论六家指要》之阐说社会思潮；柳宗元《天论》、《天说》、《天对》之讨论天

---

① 《朱子语类》，卷十一。
② 《新注〈资治通鉴〉》序。

人关系和社会历史，以及刘禹锡《天论》之补充、发展柳宗元的天人关系说；顾炎武的《郡县论》、《钱粮论》、《生员论》，讨论建置、财政、取士制度等，都是此类理论文章的名篇。又如《周易》、陆贾《新语》、刘邵《人物志》、黄宗羲《明夷待访录》等都是此类专书的名著。可见，本文所说的依事言理、据史发论，并不是绝对的，这是就主要方面来说的。

清代史学理论家章学诚对中国史学在理论上的特点有深刻的揭示。他说："《六经》皆史也。古人不著书；古人未尝离事而言理，《六经》皆先王之政典也。"① 他这里说的是"古人"，指的是《六经》，但却符合自司马迁开创的史学传统。从司马迁到章学诚，前后相隔近两千年，然而他们的思想是相通的。正是由于中国古代史家"未尝离事而言理"的这一特点，从表面上看，丰富的历史叙述似乎掩盖了固有的理论色彩；然而，当人们认识到中国古代史家"不离事而言理"这一特点和传统时，中国古代历史理论的光华就会闪现在人们的面前。

中国古代历史理论因其"不离事而言理"的特点，一般说来，在思辨方面不十分突出。但由此却显示出其固有的优点：第一，是言简意赅。司马迁《史记·平准书》序，仅 400 余字，可是它包含了司马迁的经济思想、社会思想、历史思想的丰富内涵。我们姑且作一个不切合实际的设想：倘若司马迁根据他的这些认识以及他所掌握的有关资料，他不仅可以以此写成一篇大块文章，而且可以以此写成一部专书。显然，这不符合司马迁的意愿，也不符合中国古代史家的风格。一部数百万言的巨著《通典》，其引言不足 300 字，但它却反映了杜佑的治学宗旨以及杜佑撰写《通典》的逻辑方法与历史方法的一致性。此种事例，不胜枚举。第二，是平实易懂。论不离事，故这种理论不是抽象的，而是同有关的史事相联系的，因而易于为更多的人所理解、所接受，更具广泛性。第三，是实践性强。因理论不脱离事实，这使人们比较容易把理论同实际结合起来，适当运用于现实社会活动的借鉴，这也是中国史学具有经世致用传统的原因之一。

---

① 《文史通义·易教上》。

四　名篇名著的魅力

中国古代历史理论还有一个特点，这就是它的名篇、名著极具魅力，故能传之久远，为历代读者所重视。在中国古代历史理论领域中，名篇以数百计，名著以数十计，这个估计当不为过。这里，于名篇，举贾谊《过秦论》为例；于名著，举刘邵《人物志》、王夫之《读通鉴论》为例，以窥其理论上的魅力。

关于《过秦论》。司马迁在写了《秦本纪》、《秦始皇本纪》之后，发表议论说："至周之衰，秦兴，邑于西垂。自缪公以来，稍蚕食诸侯，竟成始皇。始皇自以为功过五帝，地广三王，而羞与之侔。"司马迁没有讲到秦何以兴、何以亡，只是含蓄地指出了秦始皇不可一世的心态，他只用了一句话"善哉乎贾生推言之也"，从而引证贾谊的《过秦论》，以此来评论秦国——秦朝的兴亡之故。由此可以看出，《过秦论》在司马迁思想中的分量之重。

《过秦论》分上下篇，司马迁所引为下篇，今本《史记》下篇在前、上篇在后，上篇乃后人以己意所补。[①] 这里，我们以上、下篇为序略作评析。《过秦论》上篇，叙述了秦孝公任用商鞅变法，"内立法度，务耕织，修守战之备，外连衡而斗诸侯"，逐渐强盛起来。自孝公至庄襄王，秦国处于平稳发展时期，"强国请服，弱国入朝"，指出了秦国由弱而强的原因。到了秦始皇时期，他"续六世之余烈，振长策而御宇内，吞二周而亡诸侯，履至尊而制六合，执棰柎以鞭笞天下，威振四海"，"于是废先王之道，焚百家之言，以愚黔首"，企图建立"子孙帝王万世之业"，指出了秦始皇面对成功而不可一世，以致政策失误，故始皇既没而天下大乱。其政策失误主要在于"秦王怀贪鄙之心，纠自奋之智，不信功臣，不亲士民，废王道，立私权，禁文书而酷刑法，先诈力而后仁义，以暴虐为天下始。"这种情况，秦二世非但没有革除，反而不断加剧，以致

---

① 贾谊《过秦论》为上下两篇，据《史记·秦始皇本纪》司马光《索引》："哀公以下为上篇，'秦兼并诸侯山东三十余郡'为下篇。"则司马迁所引当为下篇，现有之上篇为后人所补，非《史记》所引原貌（并见《索引》注文）。参见贾谊《新书》卷一，《汉魏丛书》本。又，也有以《过秦论》为上、中、下三篇之说者，见张大可：《史记论赞辑释》，52页，西安，陕西人民出版社，1986。

"自君卿以下至于众庶，人怀自危之心，亲处穷苦之实，咸不安其位，故易动也。"这就是为什么陈涉振臂一呼，天下响应的缘故。《过秦论》下篇指出，秦朝在二世之后，"子婴立，遂不悟"，而统治集团内部矛盾重重，危机加深，"藉使子婴有庸王之材，仅得中佐，山东虽乱，秦之地可全而有，宗庙之祀未当绝也"，但情况恰恰不是如此。总的看来，"秦王（按：指秦始皇——引者）足已不问，遂过而不变。二世受之，因而不改，暴虐以重祸。子婴孤立无亲，危弱无辅。三主惑而终身不悟，亡，不亦宜乎！"贾谊在《过秦论》最后写道：

> 是以君子为国，观之上古，验之当时，参以人事，察盛衰之理，审权势之宜，去就有序，变化有时，故旷日长久而社稷安矣。

秦汉之际的历史变动，是中国古代历史上最重大的社会剧变之一。贾谊《过秦论》的总结可以说是经典性的论断。它不仅从历史上考察了秦朝兴起、衰亡的过程和原因，而且从哲理上反复说明了"攻守之势异"，则"取之"之术与"守元"之术亦当有异。这个具有哲理性的历史经验，是汉初许多有识之士所关注的。《过秦论》成为千古名篇，在于它对如此重大历史变动作了合乎于理性的评论。

关于《人物志》。著者刘邵是三国魏初人①，曾"受诏集五经群书，以类相从，作《皇览》"，又与人合作作《新律》18 篇，著有《律略论》，还"受诏作《都官考课》"，《法论》、《人物志》是他的代表作。刘邵谙于典制，精于考课，深于品评人物，时人这样称赞他：

> 深忠笃思，体周于数，凡所错综，源流弘远，是以群才大小，咸取所同而斟酌焉。故性实之士服其平和良正，清静之人慕其玄虚退让，文学之士嘉其推步详密，法理之士明其分数精比，意思之士知其沈深笃固，文章之士爱其著论属辞，制度之士贵其化略较要，策谋之士赞其明思通微，凡此诸论，皆取适己所长而举支流者也。②

---

① 刘邵，《三国志》作刘劭，今从《隋书·经籍志》及《人物志》所署。
②《三国志·魏书·刘劭传》。

刘邵这些方面的才识，被认为是"非世俗所常有"的。他所处的时代，以及他本人的经历和才识，是他能够写出《人物志》一书的几个重要原因。

《人物志》3卷20篇：卷上包括九征、体别、流业、材理，卷中有才能、利害、接识、英雄、八观，卷下含七缪、效难、释争。《人物志》的主旨是："辨性质而准之中庸，甄材品以程其职任。"①《人物志》品评人物的理论基础，是以先秦朴素唯物思想的五行说与人体的自然本质骨、筋、气、肌、血相配，然后再与五常即仁、义、礼、智、信相结合，作为判断人物才性的根据。这是认为人的才性出于自然。《人物志》把人材分为三大类，即兼德、兼才、偏才，认为中庸是最高的品评准则，只有"兼德"才符合这一准则。其开篇《九征》具体论述了人物才性的九种表现，并由此划分出人物才性的高下区分，这就是：

> 性之所尽，九质之征也。然则平陂之质在于神，明暗之实在于精，勇怯之势在于筋，强弱之植在于骨，躁静之决在于气，惨怿之情在于色，衰正之形在于仪，态度之动在于容，缓急之状在于言。
>
> 其为人也，质素平澹，中睿外朗，筋劲植固，声清色怿，仪正容直，则九征皆至，则纯粹之德也。九征有违，则偏杂之材也。三度不同，其德异称。故偏至之材，以材自名；兼材之人，以德为目；兼德之人，更为美号。是故兼德之至，谓之中庸；中庸也者，圣人之目也。具体而微，谓之德行；德行也者，大雅之称也。一至，谓之偏材；偏材，小雅之质也。一征，谓之依似；依似，乱德之类也。一至一违，谓之间杂；间杂，无恒之人也。无恒、依似，皆风人末流；末流之质，不可胜论，是以略而不概也。

由五行而五常，由九征而三度，由三度而推崇中庸，这是《人物志》品评人物之理论的基本脉络。此外，它还以中庸为准则，剖析了十二种偏才的特点（《体别》）；指出才能无大小之分，而关键在于用其宜，分析了

---

① 郑旻：《重刻人物志跋》，见《人物志》评注本附录，北京，红旗出版社，1996。

才与能的区别（《材能》）；辨析了英与雄的两种素质的特征，认为"聪明秀出谓之英，胆力过人谓之雄"，只有"兼有英、雄"，才能"成大业"（《英雄》）；讨论了鉴定人物才性的具体方法（《八观》）；指出了品评人物的七种误区（《七缪》）；分析了知人之难与荐人之难的种种原因。

《人物志》是一部品评人物的理论著作，一般不结合具体的历史人物进行讨论，只有个别的篇章（如《流业》）采取了列举人物的表述方法。其学术思想渊源，兼有儒、道、名、法诸家。① 刘知几论此书说："五常异秉，百行殊执，能有兼偏，知有长短，苟随才而任使，则片善不遗，必求备而后用，则举世莫可，故刘邵《人物志》生焉。"② 这几句话，概括地指出了《人物志》的基本理论和撰述目的。《人物志》对于史学的关系密切，它第一次从理论上系统地分析了历史活动中的主体在才性上的种种差异，以及认识这种差异的社会实践意义。《人物志》或许受到《汉书·古今人表》启发，但它在理论上的认识已远远超出了后者。宋人阮逸称它："王者得之，为知人之龟鉴，士君子得之，为知性修身之檃栝，其效不为小矣。"③ 明人郑旻说它："三代而下，善评人品者，莫能逾之矣。"④

《人物志》强调人的才性出于自然，具有朴素的唯物思想，但书中对于人的后天培养的作用，在社会生活中会发生变化等问题，所论甚少，确如刘邵所言："人物之理，妙不可得而穷已。"⑤

关于《读通鉴论》。《读通鉴论》是王夫之阅读《资治通鉴》而撰写的一部历史评论，全书30卷，包括秦史评论一卷，两汉史评论八卷，三国史评论一卷，两晋史评论四卷，南北朝史评论四卷，隋史评论一卷，唐史评论八卷，五代史评论三卷。从理论上看，它涉及上自三代、下至明朝的许多重大历史问题。发展进化的历史观和精辟辨析的兴亡论，是它关于历史理论的两个主要方面。

先说发展进化的历史观。王夫之的历史观，贵在对历史进程有通观全局的认识，其核心是"理"与"势"的统一。《读通鉴论》开篇就指

---

① 参见《人物志》译注本附录：钱穆《略述刘邵〈人物志〉》、汤用彤《读〈人物志〉》。

②《史通·自叙》。

③《人物志》卷首阮逸序。

④《人物志》译注本附录。

⑤《人物志·七缪》。

出："两端争胜，而徒为无益之论者，辨封建者是也。郡县之制，垂二千年而弗能改矣，合古今上下皆安之，势之所趋，岂非理而能然哉！"① 他认为，郡县制"垂二千年而弗能改"，"合古今上下皆安之"，这是一个基本的趋势。接着他从理论上提出："势之所趋，岂非理而能然哉"。这就是说，这种"势"的发展，是受着"理"的支配。关于封建、郡县的讨论，柳宗元已从"势"的方面作了精辟的论述。王夫之在此基础上又提出了"理"，是对柳宗元《封建论》的发展。那么，什么是"理"呢？王夫之借用传统的术语而赋予其新意解释说："天者，理也。其命，理之流行者也。""天之命，有理而无心者也。"② 天是物质，有"理"而无"心"即没有意志。所谓"天者，理也"，是指物质自身运动的法则即是"理"。所谓"其命，理之流行者也"，说的是这种法则所表现出来的不同形式、状态。因此，"生有生之理，亡有亡之理"；而郡县制之不可废，也是"理而能然"，自有其理所致。这是一方面。另一方面，王夫之又从守令、刺史"虽有元德显功，而无所庇其不令之子孙"的特权这一历史事实指出："势相激而理随以易"③。这是指出了"理"也不能脱离"势"的变化而一成不变，此即所谓"势因乎时，理因乎势"④。时总在变化，势与理也就随之变化。这两个方面结合起来，构成了王夫之发展变化的历史观。他认为，评论历史、看待现实，只有"参古今之理势"⑤，才能得到正确的认识。

再说精辟辨析的兴亡论。一部《资治通鉴》，其旨在"论次历代君臣事迹"，以为"监前世之兴衰，考当今之得失"的根据。王夫之的论，如他自己所说："引而申之，是以有论；浚而求之，是以有论；博而证之，是以有论；协而一之，是以有论；心得而可以资人之通，是以有论。"⑥可见，王夫之的论，已远远超出了《通鉴》本身所提供的思想资料，而具有独创的性质。《读通鉴论》之论历代兴亡治乱，有这样几个重要方面。第一，认为托国于谀臣则亡，国无谀臣则存。⑦ 第二，是指出了不重

① 《读通鉴论》，卷一"秦始皇"条。
② 同上书，卷二十四"唐德宗"条。
③ 同上书，卷一"秦始皇"条。
④ 同上书，卷十二"晋愍帝"条。
⑤ 同上书，卷二"汉文帝"条。
⑥ 同上书，《叙论四》。
⑦ 同上书，卷一"秦始皇"条；卷十二"晋愍帝"条。

"积聚"、"无总于货宝"与政治统治的关系。① 第三，是指出了"风教之
兴废"与皇朝兴亡的关系。第一条是说政治上用人的问题，第二条是说
如何对待财富的问题，第三条是说社会风气的重要性。

这里，我们着重讲讲第三条。王夫之认为："风教之兴废，天下有
道，则上司之；天下无道，则下存之；下亟去之而不存，而后风教永亡
于天下。"② 这里说的"风教"，主要是指人们在政治品质上的修养和原
则。他结合东晋、南朝的历史论道：

> 大臣者，风教之去留所托也。晋、宋以降，为大臣者，恬
> 其世族之荣，以瓦全为善术，而视天位之去来，如浮云之过目。
> 故晋之王谧，宋之褚渊，齐之王晏、徐孝嗣，皆世臣而托国者
> 也，乃取人之天下以与人，恬不知耻，而希佐命之功。风教所
> 移，递相师效，以为固然，而矜其"通识"。③

这些话，很深刻地反映出东晋、南朝门阀地主的特点，即他们把家族的
存亡置于皇朝的存亡之上，而他们当中有一些人是所谓"世臣而托国
者"。这实在是当时政治的悲剧。与此相联系的，王夫之还指出自汉迄
隋，有"伪德"、"伪人"造成政治乱败的现象，也是一个重要的历史教
训。什么是"伪德"？他说："持德而之化民，则以化民故而饰德，其
德伪矣。"这种"伪德"的表现形式及其危害是："挟一言一行之循乎道，
而取偿于民，顽者侮之，黠者亦饰伪以应之，上下相率以伪，君子之所
甚贱，乱败之及，一发而不可收也。"什么是"伪人"？王夫之认为："夫
为政者，廉以洁己，慈以爱民，尽其在己者而已。"如果不能这样做，又
"持此为券以取民之偿"者，便是"伪人"。他列举的事实，自西汉便出
现这种"伪人"，而至东汉之末，则"矫饰之士不绝于策"，至隋文帝更
是"奖天下以伪"，以至于"上下相蒙以伪，奸险戕夺，若火伏油中，得
水而焰不可扑，隋之亡也，非一旦一夕之致也。其所云'德化'者，一
廉耻荡然之为也。"④ 他反复揭示了"伪德"、"伪人"对于政治的危害。
他认为，德之于政，确乎是重要的，关键在于一个"诚"字。他说："夫

---

① 参见《读通鉴论》，卷二"汉高帝"条。
② 同上书，卷十七"梁武帝"条。
③ 同上书。
④ 同上书，卷十九"隋文帝"条。

德者，自得也；政者，自正也。尚政者，不足于德；尚德者，不废其政；行乎其不容己，而民之化也，俟其诚之至而动也。"① 王夫之从"风教"论到"德化"的诚与伪，都是指出了意识形态对于政治的重要。《读通鉴论》对于历代治乱兴衰之故的辨析十分广泛，有些是针对具体问题说的，有些则是具有普遍性的认识，其中多有超出前人的地方。

中国古代历史理论的名篇与名著所论述的问题，范围恢宏，内容丰富，如将其有条理地进行整理，正确地加以解释，则其理论的魅力定会进一步显现出来，而对今人的启发所能产生的影响，也一定更加有力。当然，关于这件有意义的工作，人们只有认清了中国古代历史理论的特点之后，才有可能自觉地去研究、去发掘，并在此基础上进行新的创造。

(原载《学术研究》，2004 年第 1 期)

---

① 以上均见《读通鉴论》，卷十九"隋文帝"条。

晁福林

从上博简《诗论》对于《木瓜》篇的评析
看《诗经》编纂问题

　　上博简《诗论》是我们迄今为止所见到的对于《诗经》的最早评析，它的内容出自孔子。作为《诗》的编定者，孔子对于《诗》中诸篇的理解，应当是我们认识诗旨的标准。《诗论》评诗，惜墨如金，所提到的诗作，其评语用字之少者仅一字，多者一般是两三字或五六字。而关于《木瓜》一诗的评语则有二十字之多①，其对于此诗的重视于此可见一斑。孔子何以如此重视《木瓜》一诗呢？通过《诗论》简文我们可以找到一些理解的线索，并且可以进而分析《诗经》编纂的一些问题。不揣谫陋，试析如下。

一　关于《诗·木瓜》主旨的探寻

　　《诗·卫风·木瓜》篇共三章，多复叠重沓，应当是民歌风的短诗。此诗各章，词有换而意不移，章相似而意愈深，读后让人回味无穷。诗的全文如下：

　　　　投我以木瓜，报之以琼琚。匪报也，永以为好也。

---

　　① 上博简《诗论》关于《木瓜》一诗的评论见于第 19 号、第 18 号简，专家或将第 20 号简补上"吾以木瓜得"五字，则第 20 号简亦有论此诗的语句，但愚以为第 20 号简辞语与孔子评《木瓜》诗的思想不类，故不取专家此说。

投我以木桃，报之以琼瑶。匪报也，永以为好也。

投我以木李，报之以琼玖。匪报也，永以为好也。

诗意本来是明白的，乃得薄施而厚予回报之意。可是，《诗序》却将其联系到春秋时代史事为说，这就引起后世释解的长期纷争。《诗序》云："《木瓜》美齐桓公也。卫国有狄人之败，出处于曹。齐桓公救而封之，遗之车马器服焉。卫人思之，欲厚报之，而作是诗也。"[①] 这里所提及者，就是春秋前期齐桓公称霸时援助卫国的为史所艳称的事例。据《左传》闵公二年记载，卫为狄人攻败，卫国贵族和民众东渡黄河逃至曹地暂住，齐桓公"使公子无亏帅车三百乘，甲士三千人，以戍曹。归（馈）公乘马、祭服五称，牛、羊、豕、鸡、狗，皆三百，与门材。归（馈）夫人鱼轩、重锦三十两"，使得卫国得以复立，后来齐桓公又封卫于楚丘，使卫国民众完全摆脱了狄人威胁，达到了"卫国忘亡"的效果。唐代大儒孔颖达发挥《诗序》之意说："（《木瓜》）言欲厚报之，则时实不能报也，心所欲耳。经三章皆欲报之辞。"[②] 清儒魏源则推论此诗"正著故卫甫亡之事，则亦邶鄘遗民从徒度（渡）河者所作"。[③] 古代研诗者沿用《诗序》此说解释《木瓜》之诗，是为主流。

宋代儒学大师朱熹突破《诗序》束缚，在《诗集传》卷三里提出此诗"疑亦男女相赠答之辞，如《静女》之类"。《静女》见于《邶风》，是一篇比较典型的爱情诗，朱熹说它"盖相赠以结殷勤之意"。可见朱熹把这两篇都看成是男女相赠答以结好之诗。朱熹此说实将《木瓜》篇归于他所划定的"淫诗"范围。[④]

清儒对于朱熹的说法多所驳难，对于《诗序》之说亦有批评。其要点如下。第一，史载春秋后期晋卿聘卫时曾赋此诗，依理度之，不当以

　①《诗序》论《卫风》诸篇每每联系卫国史事为说，此将《木瓜》纳入这个模式，不足为怪。

　②　孔颖达：《毛诗正义》，卷三，《十三经注疏》，北京，中华书局，1980。

　③　魏源：《诗古微·邶鄘卫义例篇》下，《清经解续编》，卷一二九四，上海，上海书店，1985。

　④　按，朱熹对于《木瓜》诗旨初并不以为是男女相赠答之辞，而只是以为寻常报施的情意表达。《吕氏家塾读诗记》卷六引朱熹的说法是："投我以木瓜，而报之以琼瑶，报之厚矣，而犹曰'非敢以为报'，姑欲长以为好而不忘尔。盖报人之施而曰如是报之足矣，则报者之情倦而施者之德忘，惟其歉然常若无物可以报之，则报者之情施者之德两无穷也。"朱熹撰《诗集传》时改变了这个看法而另置新说。

淫诗示好。毛奇龄说："《左传》昭二年晋韩宣子自齐聘于卫,卫侯享之,赋《淇奥》,宣子赋《木瓜》。盖卫侯以武公之德美宣子,而宣子欲厚报以为好也。然而此二诗皆卫诗也,向使《木瓜》淫诗,则卫侯方自咏其先公之美诗以为赠,而为之宾者特揭其国之淫诗以答之,可乎不可乎?"①毛氏以晋卿在卫侯享宴时赋此诗,断定《木瓜》不当为"淫诗"。第二,若依《诗序》,将《木瓜》作为美桓公之诗,则于史事不合。得到齐桓公颇多恩惠的卫文公在齐桓公辞世以后不仅不帮助齐国,反而趁齐乱而伐之,以怨报德,故而卫风不当有此诗。因此,姚际恒谓"卫人始终毫末未报齐,而遽自拟以重宝为报,徒以空言妄自矜诩,又不应若是丧心。或知其不通,以为诗人追思桓公,以讽卫人之背德,益迂。且诗中皆绸缪和好之音,绝无讽背德意"②。第三,清儒或有另辟蹊径申述《诗序》之说者,方玉润《诗经原始》卷四认为此诗是讽刺卫君以怨报德,"卫人始终并未报齐,非惟不报,且又乘齐五子之乱而伐其丧,则背德孰甚焉?此诗之所以作也。明言之不敢,故假小事以讽之,使其自得之于言外意,诗人讽刺往往如此。故不可谓《序》言尽出无因也。"其说思路同于《诗序》,只不过是将诗旨由"美"变为"刺"而已。

清儒于传统两说之外提出的新说者,首推王先谦。其说以贾谊《新书·礼》篇为根据,贾谊谓:

> 礼者,所以临下也。由余曰:"干肉不腐,则左右亲。苞苴时有,筐篚时至,则群臣附。官无蔚藏,腌陈时发,则戴其上。"诗曰:"投我以木瓜,报之以琼琚,匪报也,永以为好也。"上少投之,则下以躯偿矣,弗敢谓报,愿长以为好。古之蓄其下者,其施报如此。

王先谦认为"贾子本经学大师,与荀卿渊源相接,其言可信,当其时惟有《鲁诗》,若旧《序》以为美桓,贾子不能指为臣下报上之义,是其原本古训,更无可疑"③。王氏之说,忽略这样一个问题,即古人引诗多断章取义,非为解诗而引,而是为了说明自己的言论而找根据。所引的诗

---

① 毛奇龄:《白鹭洲主客说诗》,《清经解续编》,卷二十一,上海,上海书店,1985。

② 姚际恒:《诗经通论》,卷四,91 页,北京,中华书局,1959。

③ 王先谦:《诗三家义集疏》,卷三。

句往往已非诗意原貌，此正如《左传》襄公二十八年载春秋人语"赋诗断章。余取所求焉"，贾谊《新书》引由余之语是在说明君主少施即可得臣下厚报的道理，故而引用《木瓜》之句，并非在于说明《木瓜》一诗即为臣下报君之作。《木瓜》诗中毫无君臣之迹，是可为证。

关于《木瓜》诗旨，清儒多认为是朋友相赠答之诗。如崔述谓："天下有词明意显，无待于解，而说者患其易知，必欲纡曲牵合，以为别有意在，此释经者之通病也，而于说《诗》尤甚。……木瓜之施轻，琼琚之报重，犹以为不足报而但以为永好，其为寻常赠答之诗无疑。"[1]

综合古代诸家所论，可以看出，将《木瓜》诗旨定作"美齐桓公"和"男女（或朋友）赠答"是最有影响的两类说法。现代学者的解释则多倾向于"男女赠答"之释，当代学者则多将其定为《诗经》中典型的爱情诗。闻一多先生从解释《木瓜》诗中的"好"字之义出发，申论和断定此诗非如郑笺所谓"结己国之恩"，他说：

> 好字从女从子，其本义，动词当为男女相爱，名词当为匹耦，形容词美好，乃其义之引申耳。好本训匹耦，引申为美好，犹丽本训耦俪引申为美丽也。……原始装饰艺术应用对称原则，尤为普遍，故古人言"称"即等于言"好"，而好俪诸字之所以训美，实以其本义皆为匹耦也。上列各诗好字皆用本义。《木瓜》"永以为好也者"，以为偶也。[2]

根据这个解释，可以说"永以为好"之句，意要求偶，犹《关雎》篇之"君子好逑"。依照这种解释而将此诗主旨定为爱情诗者，在《诗经》的现代各种注译本中屡见不鲜。当代研诗大家陈子展先生却不从此说，而断定此篇乃"言一投一报，薄施厚报之诗。徒有概念，羌无故实"[3]。此篇难道仅仅是徒有概念的赠答之诗吗？今得《诗论》简文启发，知道《木瓜》一诗并非如此简单，关于此诗主旨，尚有再研究的余地。

---

① 崔述：《读风偶识》，卷二，《崔东壁遗书》，550 页，上海，上海古籍出版社，1980。

② 闻一多：《诗经通义甲》，《闻一多全集》，第 3 册，294 页，武汉，湖北人民出版社，1985。

③ 陈子展：《诗经直解》，卷五，198 页，上海，复旦大学出版社，1983。

二 释《木瓜》篇的"藏愿"

上博简《诗论》第 18 号和第 19 号两简都提到《木瓜》一诗，指明诗中有"藏愿"。关于简序的排列与缀合，李学勤先生提出卓见，将第 18 简直接缀合于第 19 简之后。① 缀合后的简文如下：

> 《木苽（瓜）》又（有）藏愿而未得达也，因《木苽（瓜）》
> 之保（报）以俞（喻）其悁者也。

简文愿字从为上元下心之字，诸家皆读若愿，今径写作"愿"。所谓"藏愿"即心中埋藏的愿望。简文的"悁"字，原作上宀下悁之形，今从李学勤先生说读若"悁"，今从其说而径写之。《说文》悁字与忿字互训，段玉裁《说文解字注》十篇下说："忿与愤义不同，愤以气盈为义，忿以狷急为义。"《诗·陈风·泽陂》"有美一人，硕大且卷。寤寐无为，中心悁悁"，毛传及后来的解释皆谓"悁悁犹悒悒也"。悒，《说文》训为"不安也"。总之，"悁"意指心中不安而忧忿。简文的意思是说，《木瓜》这首诗的写作是因为心中所埋藏的愿望未能表达出来，所以就借《木瓜》诗里面的"报"来比喻他自己内心的愤懑情绪。由此我们可以看出，《木瓜》一诗之旨并非如《诗序》所言为"美齐桓公"之作，也不是如朱熹所说"男女相赠答之辞"，也不是臣子厚报于君或普通朋友的赠答之诗，而是一首表达心中"藏愿"以排泄愤懑情绪的作品。《诗论》此说，对于我们探寻《木瓜》篇诗旨，直可谓释千古之惑矣！

关于《木瓜》篇所表达的"藏愿"，由简文我们可以体会到这愿望是要表达出愤懑（"悁"）。为什么《木瓜》一诗能表达了这种情绪呢？这是我们必须深入体会此篇诗旨方可得到解决的问题。

前人理解《木瓜》之诗多循"温柔敦厚"之旨，认为此诗即为典型之作。如清代大儒戴震说：

> 诗之意，盖以薄施犹当厚报，欲长以为好而不忘，况齐桓

---

① 李学勤：《〈诗论〉简的编联与复原》，《中国哲学史》，2002 年第 1 期。

之于卫，有非常之赐乎？卫诗终《木瓜》，可为施者报者劝矣。①

他认为《木瓜》一诗充分体现了忠厚之意，无论是施者，抑或是报者皆可从中得到启发。如果依照这个思路，那么此诗作中就只有敦厚而无愤懑。但是情况并非如此。王夫之曾经揭示出《木瓜》诗的真正含义。他说：

> 《木瓜》得以为厚乎？以《木瓜》为厚，而人道之薄亟矣！厚施而薄偿之，有余怀焉；薄施而厚偿之，有余矜焉。故以琼琚絜木瓜，而木瓜之薄见矣；以木瓜絜琼琚，而琼琚之厚足以矜矣。见薄于彼，见厚于此，早已挟匪报之心而责其后。故天下之工于用薄者，未有不姑用其厚者也。而又从而矜之，曰"匪报也，永以为好也"，报之量则已逾矣。……恶仍之而无嫌，聊以塞夫人之口，则琼琚之用，持天下而反操其左契，险矣！②

此处所提到的"左契"，犹"左券"，指债权人所持的契券。这里意指《木瓜》篇报以琼琚者，非是友好为报，而是图谋取得如债权人般的优越地位而稳操胜券焉。这个说法一反传统的认识，指出《木瓜》所表现的并非忠厚之意，乃是"人道之薄"。别人薄施于我，而我却故意厚报于别人。这里面包含着一种"矜"（意即骄傲），不仅如此，而且还要让人看见对方之"薄"（"木瓜之薄见矣"）。诗中所写投"木瓜"者，是一种将利益名誉算计得特别精明的人。其品格本来是浇薄无比的，但却要摆出一副厚道的模样儿，口中念念有词，标榜自己"永以为好"，实则图谋厚报而构私。这是一种特别工于心计的做法（"工于用薄""姑用其厚"）。他将天下的事都算计透了，以"琼琚"作为塞

---

① 戴震：《毛诗补传》，卷五，《戴震全书》，第1册，229页，合肥，黄山书社，1994。

② 王夫之：《诗广传》，卷一，《船山全书》，第3册，338页，长沙，岳麓书社，1992。按，王夫之所提到的"左契"，犹"左券"，指债权人所持的契券。王氏此说意指《木瓜》篇报以琼琚者，非是友好为报，而是图谋取得如债权人般的优越地位而稳操胜券焉。按，王夫之还在《诗经稗疏》卷一中提到《木瓜》一诗"极言投赠之微，以形往报之厚"，亦揭露出此诗之旨。

别人之口实的工具，目的在于稳操胜券。其如意算盘是，算计遍天下而
无敌手（"持天下而反操其左契"）。王夫之揭露了这种人的阴险之至。
他对于这种人的剖析，可谓入木三分。我觉得，只有如此理解方可得
《木瓜》一诗的深层含义。船山先生的卓见，不禁令人击节赞叹，拍案
称奇。对于《木瓜》一诗能够有此睿识而深合诗旨，船山先生可谓千
古一人矣。今得上博简《诗论》简文，更可以确证其说之精当。

简文所谓的"藏愿"，即工于心计之人贬低别人抬高自己的心愿。他
嘴上高唱"非报也，永以为好也"，心中实隐藏着厚报于己的图谋。他的
"报"厚是假，以售其奸则是真。孔子对于此种人深恶痛绝，于《诗论》
中亦多有揭露，如第 8 号简批判"言不忠志"和"谗人之害"，第 27 号
简赞扬痛斥那些反复无常的为鬼为蜮的谗谮小人的《诗·何人斯》之篇，
皆为例证。①《诗论》简所谓的"藏愿"，即心中埋藏某种意愿，这种人
可以说是另一类谗谮小人，他们以"厚报"为幌子，一方面贬低了别人
（"投我以木瓜"的薄施者），另一方面又借以树立了自己的高大形象，把
自己扮成忠厚君子。

《诗论》第 19 号简载"《木苽（瓜）》又（有）藏愿而未得达也，因
《木苽（瓜）》之保（报）以俞（喻）其悁"，简文的意思是，《诗》的
《木瓜》篇的主旨是表现一类人心中埋藏的愿望没有得到表达时的情绪。
可以从《木瓜》篇所载的"报"看出他（诗中每每标榜自己"匪报"之
人）内心的愤懑。简文正说明了这种人之所以"厚"报的真实目的，其
内心深藏的打算之一就是对于别人没有厚施于己的愤懑（"悁"）。这类小
人颇好"面子"，为要面子光彩，他便不肯轻易说出自己的内心语言
（"有藏愿而未得达"），而以《木瓜》之诗作为表达"藏愿"发泄私愤的
绝好机会，以求不露声色地损人利己。然而这种小人再工于心计也逃不
掉孔子如炬的目光，上博简《诗论》的这段简文就是明证。孔子主张
"己所不欲，勿施于人。在邦无怨，在家无怨"②，其意思就是指仁者由
于实行了"己所不欲，勿施于人"的原则所以能够心平气和而无怨无悔。

① 关于《诗论》第 8 号、第 27 号两简的考释烦请参阅拙稿《上博简〈诗论〉
之"雀"与〈诗·何人斯〉探论》（《文史》2003 年第 3 辑）与《上博简〈诗论〉
"小旻多疑"释义》（《郑州大学学报》，2002 年第 9 期）两文。
②《论语·颜渊》。按，朱熹《论语集注》卷六发挥此处经意谓"敬以持己，恕
以及物，则私意无所容而心德全矣。内外无怨，亦以其效言之，使以自考也"，对于
敬恕之道作了很精辟的解释。

如果相反，则会"多怨"。《论语·卫灵公》篇载孔子语："躬自厚而薄责于人，则远怨矣。"认为只要严于律己，宽以待人，就是远离怨咎，自己心中亦无怨恨情绪。据《礼记·中庸》篇所论，可以知道儒家主张在处理人、我关系时，其原则应当是"正己而不求于人则无怨，上不怨天，下不尤人"。《木瓜》篇所揭露的心中愤懑不平的小人就是孔子所揭露的那种"放于利而行"者，他们厚责于人，而图谋大利，其"多怨"乃势所必然。①

三 《木瓜》与"苞苴之礼"

关于孔子论《木瓜》一诗之事，《孔丛子·记义》篇曾有这样的记载：

> 孔子读《诗》及《小雅》，喟然而叹曰：吾……于《木瓜》见包（苞）且（苴）之礼行也。②

这里表明孔子是将《木瓜》之诗与苞苴之礼联系在一起考虑的。什么是"苞苴之礼"呢？（曲礼、少仪郑笺有释）苞苴本意为包裹，指馈赠鱼肉瓜果等物品时加以包裹，后来便用它作为送礼结好乃至贿赂的代称。研诗者往往认为孔子是在赞扬《木瓜》篇所表现的馈赠之礼。其实这种理解正与孔子之意背道而驰。

先秦秦汉时期，社会舆论对于苞苴之礼是持否定与批判态度的。《庄子·列御寇》篇谓"小夫之知，不离苞苴竿牍"，指匹夫之智只限于馈赠礼物和书信致意问候这些细微末节之事。《荀子·大略》篇载：

> 汤旱而祷曰："政不节与？使民疾与？何以不雨至斯极也！宫室荣与？妇谒盛与？何以不雨至斯之极也！苞苴行与？谗夫

---

①《论语·里仁》篇载孔子语"放于利而行，多怨"，意即逐利而行必多怨，此"多怨"，不仅指别人对于逐利者之怨，而且指逐利者本人之怨气十足。

②《孔丛子》一书前人多疑其伪，但其中的许多材料经研究证明还是比较可信的。其中《记义》篇一大段关于孔子论诗的记载与上博简《诗论》颇多相似之处，上引关于《木瓜》的评析语言，毛传曾经引用，证明此段语言绝非伪作。

兴与？何以不雨至斯极也！"①

此载虽然未必为商汤时事，但是传说中的商汤此举却每为后世楷模。《论衡·异虚》篇载："汤遭七年旱，以身祷于桑林，自责以六过"。商汤将苞苴之事作为六种恶劣品行之一。可见对它是持批判态度的。《后汉纪·灵帝纪》载大臣杨赐奏语谓："夫女谒行则谗夫昌，谗夫昌则苞苴通。殷汤以此自诫，即济于旱亢之灾。"这里实认为苞苴馈赠之礼是"谗夫"行潜作恶的行径。《汉书·武帝纪》载荀悦语论风俗之坏，谓"竞趋时利，简父兄之尊，而崇宾客之礼。薄骨肉之恩，而笃朋友之爱。忘修身之道，而求众人之誉。割衣食之业，以供飨宴之好。苞苴盈于门庭，聘问交于道路。书记繁于公文，私务众于官事。于是流俗成矣，而正道坏矣。"《论衡·乱龙》篇讲"苞苴"之事，强调这种行为即为收取贿赂："居功曹之官，皆有奸心，私旧故可以幸；苞苴赂遗，小大皆有。必谓虎应功曹，是野中之虎常害人也。"将收取苞苴贿赂之官视为"野中之虎"。总之，战国秦汉时期，一直将"苞苴"之事视为贿赂恶行。

后世把投桃报李，作为朋友间的问候馈赠，自然是无可非议的事情。② 但是在孔子的时代以及战国秦汉时期，却一直将"苞苴"之事作为恶行。孔子说："吾于《木瓜》见包（苞）且（苴）之礼行也"，并不是赞扬苞苴之礼，而是喟叹贿赂公行使得社会风气败坏。春秋时人虽然并不绝对地反对贿赂，在某些礼仪场合，贿赂还是必要的仪节，但却认为如果它变成了一种收买营私的行为，则必定是败坏国家与社会的恶举，《左传》昭公六年载晋贤臣叔向对于子产之语，说明郑国政治情况，谓"乱狱滋丰。贿赂并行。终子之世，郑其败乎"。《左传》襄公十年载周臣揭露持政的周卿王叔陈生，说他"政以贿成。而刑放于宠"，可见"贿"已经是在败坏周政。儒家认为就是在普通人的交往中，如果只是重视馈赠礼品，也是不正确的做法。《大戴礼记·文王官人》谓：

① 按，此事于古代流传甚广，《说苑》卷一载："汤之时大旱七年，雒坼川竭，煎沙烂石，于是使人持三足鼎，祝山川，教之祝曰：'政不节耶？使人疾耶？苞苴行耶？谗夫昌耶？宫室营耶？女谒盛耶？何不雨之极也？'盖言未已而天大雨。"此载所述与《大略》篇所载者略同，亦将"苞苴之礼"视为恶行之一。

② 大约从隋唐时代起，投桃报李始作为朋友馈赠之美称，如白居易《岁暮枉衢州张使君书并诗，因以长句报之》谓"贫薄诗家无好物，反投桃李报琼琚"句即已用此意。

饮食以亲，货贿以交，接利以合，故得望誉征利，而依隐于物，曰贪鄙者也。

这里是说，有一种人，靠吃吃喝喝使人亲近，靠馈赠财物（"货贿"）与别人交往，以利益相接以求结合，他求得美誉名声和攫取利益，主要手段就是以财货（"物"）贿赂，这种人可以说就是贪鄙之徒。行苞苴之礼者，就是这种贪鄙之徒，《孔丛子·记义》篇说孔子见到《木瓜》一诗所记载的"苞苴之礼"，"喟然而叹"，其所感慨的就是贪鄙之徒"货贿以交"成为社会风气所带来的巨大危害。这段记载正与《诗论》所载孔子对于《木瓜》一诗的认识相互印证，对于我们理解孔子思想是很有帮助的。

以上这些分析，可以使我们看到孔子礼学思想的一个侧面，那就是孔子并非绝对地肯定所有的"礼"。他对于"礼"进行了具体而微的区分，战国时期儒家承继孔子思想，指出，对于礼要区别对待，《论语·子罕》篇载孔子语谓"麻冕，礼也；今也纯，俭。吾从众"。他认为戴麻料的礼帽是冠礼的要求，现在改为戴丝料的礼帽。这样要俭省些，虽然不合冠礼，我也跟大家一样改用丝料的礼帽。细绎其义，可知孔子认为麻冕之冠礼，就是不合适的礼，是应当加以改变的礼。关于丧礼之本，《论语·八佾》篇载孔子语："礼，与其奢也，宁俭；丧，与其易也，宁戚。"朱熹《论语集注》卷二引范氏说谓："礼失之奢，丧失之易，皆不能反本，而随其末故也。礼奢而备，不若俭而不备之愈也；丧易而文，不若戚而不文之愈也。俭者物之质，戚者心之诚，故为礼之本。"孔子并不拘泥于礼之条文，而是十分重视礼的本质内容。普通的馈赠礼品是合礼的，但像苞苴之礼这样将馈赠作为贿赂收买的手段，那就是"非礼"的行为，用孟子的话来说就是"非礼之礼"。《孟子·离娄》篇载孟子语谓"非礼之礼，非义之义，大人弗为"，所谓"非礼之礼"，赵注云："若礼非礼，陈质娶妇而长，拜之也"，"陈质"正义引周广业《孟子古注考》"疑是奠贽之义"，意即献上礼品。孟子所说的"非礼之礼"，应当包括了不正当的馈赠礼品之"礼"，如苞苴之礼、奠贽之类。这些"礼"，似礼而非礼，与儒家时常批判的"非礼"实质是相同的。

过去我们多看到孔子对于礼的重视和肯定，我们于《诗论》简关于《木瓜》一诗的评析中明确地看了孔子礼学思想的另一面，即对于礼不要盲目施行，而应当从本质上进行观察分析。判断其是非得失，对于那些属于恶俗之礼则要加以抵制。《荀子·王霸》篇说："无国而不有美俗，无国而不有恶俗。"俗与礼关系十分密切,"恶俗"犹言恶礼。尽管孔子没有提出恶礼的概念,但他在实际上对于礼是有细微区分的。孔子见到《木瓜》一诗所表现的苞苴之礼"喟然而叹",其所叹息的正是其中所表现的"人道之薄"(王夫之语)。

四 从《木瓜》看《诗经》编纂的若干问题

关于《木瓜》诗旨,古往今来,多肯定其诗中"诗中皆绸缪和好之音"(姚际恒语),而不谓它是对于那些图谋厚报而工于算计的小人的揭露。今得《诗论》可以使我们看到是诗真正的主旨。这其间的差异是巨大的。难道汉唐宋清历代诸儒的解释皆一无是处而毫不可取吗?答案应当是否定的。这个问题启发我们考虑《诗经》中许多诗篇的诗旨应当存在着不同层面。

让我们从《诗》的编纂说起。

《汉书·艺文志》说:"古有采诗之官,王者所以观风俗、知得失,自考正也。"采诗之官,在先秦两汉时代应当是存在的。《诗》的最初编纂应当出自他们之手。《诗》中有民歌风的诗作最初应当就是民歌谣谚。它们完全出自民间。民间的东西经过文人之手,就难免会渗入文人(亦即那些"采诗"的史官类的士大夫)的思想情感。可以推测,编入《诗》的诗篇与民歌谣谚两者的主旨可能是有一定距离的。《诗》中民歌风作品的编纂过程我们可以做如下的表示:

原创(民歌谣谚)——加工(史官采编)——《诗》中的民歌

认识到这一点,可以帮助我们分析在这个过程中诗旨何以变化的问题。鲁迅先生曾经注意到这类情况。他在《且介亭杂文·门外文谈》中说:

《诗经》的《国风》里的东西,好许多也是不识字的无名氏作品,因为比较的优秀,大家口口相传的。王官们检出它可作行政上参考的记录了下来,此外消灭的正不知有多少。……原都是无名氏的创作,经文人的采录和润色之后,留传下来的。

这一润色，留传固然留传了，但可惜的是一定失去了许多本来面目。①

鲁迅先生的这个论析是相当深刻的。他还在《花边文学·略论梅兰芳及其它》（上）中说：

> 士大夫是常要夺取民间的东西的，将竹枝词改成文言，将"小家碧玉"作为姨太太，但一沾着他们的手，这东西也就跟着他们灭亡。他们将他从俗众中提出，罩上玻璃罩，做起檀木架子来，教他用多数人听不懂的话，……雅是雅了，但多数人看不懂，不要看，还觉得自己不配看了。②

当然，"采诗"的"士大夫"们也有将民歌谣谚编入《诗》中从而使民歌谣谚得以保存的功劳，但也有让民歌谣谚"失去"本来面貌的遗憾。那么，这些作品中"失去"了哪些东西，又增添了些什么东西呢？大体说来，所失去的就是原创民歌的质朴，增添的往往是采编者的意识理念。

就《木瓜》一诗看，其原创应当是民歌。它复叠重沓，朗朗上口，并且，从其所表达的内容还可以看出劳动群众间的企盼和睦友好的真挚感情。劳动群众通过并非名贵之物而是普通瓜果（木瓜、木桃之类）的馈赠③，所表达的愿望（"永以为好"）应当是明确的。《礼记·曲礼》上篇说：

> 太上贵德，其次务施报。礼尚往来，往而不来，非礼也。来而不往，亦非礼也。人有礼则安，无礼则危。故曰：礼者不可不学也。夫礼者，自卑而尊人，虽负贩者，必有尊也，而况富贵乎？富贵而知好礼，则不骄不淫。贫贱而知好礼，则志不慑。

---

① 《鲁迅全集》，第6卷，100页，北京，人民文学出版社，1973。
② 同上书，第5卷，579页。
③ 按，关于木瓜、木桃、木李究为何物，前人所论不同，有以为是普通瓜果者，也有以为是"刻木为之以供戏弄"（王夫之：《诗经稗疏》，卷一）者，但无论何解，皆无损于对诗旨的推定。此处不作深究也可。

民众间真挚而素朴的馈赠是感情表达的重要方式，其所馈赠之物多为自己劳动所得的日常所用之物或时鲜果蔬，如瓜果梨桃之类，若以美玉（"琼琚""琼瑶""琼玖"）相馈赠，则不似劳动群众的作为。《木瓜》诗中的"琼琚"之类，可能就是采诗、编诗者再工的结果。这种改变，不仅变民间馈赠为贵族礼数，而且在思想意义上也有了重大变化，具体来说，就是由原来对于民众间馈赠结好情感的表达，变为对于工于心计的小人及"人道之薄"（王夫之语）的揭露。

由此说来，将此诗主旨作为馈赠结好，并不是绝对的错误，因为它毕竟说明了《木瓜》在原创民歌阶段的主题。然而，就整体而言，我们所要寻求的是《诗》中的《木瓜》之篇（而不是它的民歌形态）的主旨。所以说就不应当断定《诗·木瓜》的主旨为馈赠结好，而应该如孔子那样指出其对于工于心计的沽名钓誉之徒的揭露。要之，关于《木瓜》一诗主旨的分析，可以使我们从一个侧面看到《诗经》编纂过程的一些问题，认识到民歌由民间传唱到写入经典正经历着一个随士大夫心态而其主旨略有变化的过程，只不过不同的作品其变化情况亦自有所区别而已。

从上博简《诗论》的语言看，它完全是评诗的口吻，而不是述编诗者自己的体会，这可以让我们略微体会到《诗》应当在孔子之前就已经是一部诗歌总集，它的篇幅是比较多的，《史记·孔子世家》载：

> 古者《诗》三千余篇，及至孔子，去其重，取可施于礼义，上采契、后稷，中述殷周之盛，至幽厉之缺，始于衽席，故曰："关雎之乱以为《风》始，《鹿鸣》为《小雅》始，《清庙》为《颂》始。"三百五篇孔子皆弦歌之，以求合《韶》《武》《雅》《颂》之音。

前人对于孔子是否删诗争论颇多。由《史记》的记载看，孔子实际上是进行了选诗的工作。《论衡·正说》篇谓"《诗经》旧时亦数千篇，孔子删去复重，正而存三百篇"，孔颖达《毛诗正义》说："孔子删古诗三千余篇，上取诸商，下取诸鲁，皆弦歌以合韶、武之音，凡三百一十一篇。至秦灭学，亡六篇，今在者，有三百五篇。"这些记载表明，孔子从古《诗》中选取了三百余篇作为教授学生的教本。后世所谓的"逸诗"，应当就是没有为孔子所选中者。孔子选诗的标准依司马迁的看法就是，第一，"可施于礼义"，第二，可以配乐"弦歌之"。民歌风的作品，复叠重沓的特点决定了它比较容易配乐和演唱。"可施于礼义"，就是指诗篇的思想品格的高下区别。经士大夫"润色"之后的《木瓜》一诗合乎这两个标准，所以入选于孔子编定的作为教本的《诗》。上博简《诗论》的最初形态应当就是当年孔子授诗时学生的记录。他授诗的内容应当是广泛的，指出诗篇的思想品格可能是孔子所注目的要点之一。孔子特别关注《诗》中那些揭露和讽刺无耻小人的诗作，就是为了发挥《诗》的社会伦理教育功能，《诗论》对于《木瓜》一诗的重视，原因即在于此。

（原载《史学史研究》，2005 年第 1 期）

张子侠

孔子评价历史人物的理论与方法

孔子重视历史人物评价，对三代尤其是春秋时期各式各样的人物都有过褒贬评议。虽然他很少进行纯理论的思辨，但在实践中涉及人物评价的标准、原则和方法等问题。如果细加爬梳，不仅可以从中发现孔子的理论素养，而且蕴藏其中的许多理论也令人惊叹。

一　人物评价的标准

要正确地评价历史人物，首先要确立正确的评价标准。"孔子贵仁"①，在这种价值观的指导下，孔子在褒贬人物时形成了一个以仁为核心的、自觉的、理性的标准体系。

（一）仁

仁是孔子思想的核心，也是他褒贬人物时最高的价值尺度。他认为仁是人生修养的最高标准，强调要"据于德，依于仁"②，"里仁为美"，"君子去仁，恶乎成名？君子无终食之间违仁，造次必于是，颠沛必于是"③，甚至

① 《吕氏春秋·不二》。
② 《论语·述而》。以下凡引《论语》，只注篇名。
③ 《里仁》。

强调"志士仁人，无求生以害仁，有杀身以成仁"①。

仁最基本的含义是"爱人"②，爱人之道在于"忠恕"。"忠"是从积极方面讲的，"己欲立而立人，己欲达而达人"③；"恕"是从消极方面讲的，"己所不欲，勿施于人"④。仁是全部德性的总称，也是一切美德的源泉，刚毅、木讷、恭、宽、信、敏、惠等都是它的具体表现。

由于仁道至大，仁德至高，所以孔子很少许人以仁。《论语》谈仁的地方很多，但孔子只肯定"殷有三仁"：微子、箕子、比干。伯夷、叔齐，"求仁得仁"。管仲辅佐桓公尊王攘夷，有恩惠于民，又"九合诸侯，不以兵车"，"如其仁，如其仁"。子产为政，恭、敬、惠、义，又不毁乡校，不可谓不仁。还有颜回，"其必三月不违仁"。另外，孔子称舜能"恭己正南面"；禹能"菲饮食而致孝乎鬼神，恶衣服而致美乎黻冕，卑宫室而尽力乎沟洫"；称泰伯、周文王可谓"至德"矣，一个"三以天下让"，一个"三分天下有其二，以服事殷"⑤，这也是从仁的角度评判的。如果把仁扩充到极点，那便是"圣"，比仁又高一个层次。孔子认为不仅他自己，就连尧、舜也没完全达到圣的标准。

有些历史人物虽然有佳言善行值得肯定，但孔子认为还够不上仁。如楚令尹子文，得官不喜，丢官不怨，而且每次政务交接都非常认真，孔子许以"忠"，但还算不上仁。齐国的陈文子不居乱邦，孔子许以"清"，也够不上仁。还有冉雍、子路、冉求、公西赤等虽各有专长，但都"不知其仁"⑥。

对一些违背仁的行为，孔子也给予了严厉的斥责。如楚灵王骄侈残虐，失礼不仁，结果"辱于乾溪"⑦。臧文仲"下展禽，废六关，妾织蒲，三不仁也"⑧。齐景公"有马千驷"，"民无德而称"⑨。季氏增加赋税，而冉求"为之聚敛而附益之"，孔子大怒，称"非吾徒也，小子鸣鼓而攻之可也"⑩。

---

① 《卫灵公》。

② 《颜渊》。

③ 《雍也》。

④ 《卫灵公》。

⑤ 参见《微子》、《述而》、《宪问》、《卫灵公》、《泰伯》等篇。

⑥ 《公冶长》。

⑦ 《左传·昭公十二年》。

⑧ 《左传·文公二年》。

⑨ 《季氏》。

⑩ 《先进》。

（二）礼

礼主要是指宗法等级社会的礼仪、典制，是人们的行为准则。孔子重视仁，同样也重视礼。他认为礼是安身立命之本，"不知礼，无以立"①。因而强调要"约之以礼"②，做到"非礼勿视，非礼勿听，非礼勿言，非礼勿动"③。

由于孔子把礼视为人的行为准则，所以他常常以礼为是非，评议史事，臧否人物。如在《论语》中，孔子批评管仲"邦君树塞门，管氏亦树塞门。邦君为两君之好，有反坫，管氏亦有反坫。管氏而知礼，孰不知礼？"④ 对于季氏"以《雍》彻"、"旅于泰山"、"八佾舞于庭"等种种僭礼行为，孔子更是深恶痛绝。子贡欲去告朔饩羊，孔子大为不满，称"尔爱其羊，我爱其礼"。在《左传》中，鲁成公二年，卫与齐战于新筑，新筑大夫仲叔于奚救孙桓子，桓子以免。战争结束后，"卫人赏之以邑，辞，请曲县、繁缨以朝。许之。仲尼闻之曰：'惜也，不如多与之邑。唯器与名，不可以假人，君之所司也。名以出信，信以守器，器以藏礼，礼以行义，义以生利，利以平民，政之大节也。若以假人，与人政也。政亡，则国家从之，弗可止也'"。"曲县"是诸侯享用的乐器，仲叔于奚请"曲县"，是以大夫而僭越用诸侯之礼。孔子认为名与器体现着礼，是"君之所司"，"政之大节"，所以"不可以假人"，不然会有政亡国亡之虞。鲁昭公二十九年，晋铸刑鼎，以著范宣子所为刑书。孔子批评说："晋其亡乎！失其度矣。夫晋国将守唐叔之所受法度，以经纬其民，卿大夫以序守之，民是以能尊其贵，贵是以能守其业。贵贱不愆，所谓度也。文公是以作执秩之官，为被庐之法，以为盟主。今弃是度也，而为刑鼎，民在鼎矣，何以尊贵？贵何业之守？贵贱无序，何以为国？且夫宣子之刑，夷之蒐也，晋国之乱制也，若之何以为法？"显然，孔子认为晋铸刑鼎违背了旧礼，不仅违背了"唐叔之所受法度"，也违背了晋文公的"被庐之法"，所以要严加斥责。鲁哀公六年，楚昭王有疾，卜曰："河为祟"。昭王遵守"三代命祀，祭不越望"的旧规，拒绝祭祀河

---

① 《尧曰》。
② 《雍也》。
③ 《颜渊》。
④ 《八佾》。

神。孔子称赞说"楚昭王知大道矣。其不失国也宜哉！"在《国语·鲁语》中，孔子赞扬公父文伯之母能"别于男女之礼"，其"朝哭穆伯，而暮哭文伯"，爱而无私，上下有章，"可谓知礼矣"。

（三）孝

孔子讲伦理，很重视孝道，认为孝乃仁之本，行仁当自孝悌始。孝是指能善事父母，其中尊敬、顺从最为重要。在《论语·为政》篇，孔子针对世俗以养为孝的现象，明确了养与孝的区别。他说："今之孝者，是谓能养。至于犬马，皆能有养，不敬，何以别乎？"养与孝的差别，关键就在于一个"敬"字。他认为行孝在于"色难。有事，弟子服其劳，有酒食，先生馔，曾是以为孝乎？"孔子评"孟庄子之孝也，其他可及也，其不改父之臣与父之政，是难能也"①。闵子骞身处家庭困逆之境，能使父母昆弟皆称其孝，而人无异词，孔子赞叹说："孝哉闵子骞！"②

（四）义

"义者，宜也"③，也就是道德律令，或者说是善。孔子以义为价值取向，认为"君子义以为上"④、"君子义以为质"⑤，"君子之于天下也，无适也，无莫也，义之与比"。比，从也。他要求人们唯义是从。孔子谈义也涉及义利关系，他虽然不排斥利，但强调"见利思义"⑥，"见得思义"⑦，"君子喻于义，小人喻于利"⑧。鲁人计划改建储藏货财的长府，闵子骞认为那样劳民伤财，主张"仍旧贯"。孔子称赞他"夫人不言，言必有中"⑨。意思是言不妄发，发必当理。鲁昭公五年，叔孙氏小臣竖牛

---

① 《子张》。
② 《先进》。
③ 《礼记·中庸》。
④ 《阳货》。
⑤ 《卫灵公》。
⑥ 《宪问》。
⑦ 《季氏》。
⑧ 《里仁》。
⑨ 《先进》。

作乱，杀嫡立庶，昭子即位。叔孙昭子不以私恩恕其罪，使人杀竖牛于塞关之外。孔子认为昭子的行为合于义，称赞他"不赏私劳"，并引《诗》叹美之。① 鲁昭公二十八年，晋韩宣子卒，魏献子为政，举魏戊等为县大夫。孔子评论说："近不失亲，远不失举，可谓义矣"。鲁哀公十一年，齐伐鲁，"公为与其嬖僮汪锜乘，皆死，皆殡。孔子曰：'能执干戈以卫社稷，可无殇也'。冉有用矛于齐师，故能入其军。孔子曰：'义也'。"② 窦鸣犊、舜华皆晋之贤大夫，赵简子用此二人而从政，得志之后又杀之，孔子也斥为"不义"③。

（五）直

直即正直，有时也指真实不欺。孔子认为人之生存赖于直道，他说："人之生也直，罔之生也幸而免"④，因而特别强调人要"质直"、"好直"。在《论语》中，他称赞过柳下惠"直道而事人"，赞叹过"直哉史鱼"。微生高素有直名，但有人向他讨点醋，他不说自己没有，却到邻人那里转讨一点给人。孔子据此质问："孰谓微生高直?"⑤《左传·昭公十五年》有一段孔子对叔向的评价，他说："叔向，古之遗直也。治国制刑，不隐于亲。三数叔鱼之恶，不为末减。曰义也夫，可谓直矣!"

（六）知

知指智慧，也指经验知识。孔子答弟子问常谈到知，并且把它作为人格修养的一个重要方面。子路好勇，自以为能行三军。孔子则批评他勇力有余而智谋不足，告诫他要"临事而惧，好谋而成"⑥。子路问怎样才算是"成人"即人格完备之人，孔子认为"若臧武仲之知，公绰之不欲，卞庄子之勇，冉求之艺，文之以礼乐，亦可以为成人矣"⑦。臧文仲

---

① 《左传·昭公五年》。
② 《左传·哀公十一年》。
③ 《史记·孔子世家》。
④ 《雍也》。
⑤ 《公冶长》。
⑥ 《述而》。
⑦ 《宪问》。

"作虚器，纵逆祀，祀爰居"，孔子称之为"三不知"①。陈灵公与孔宁、仪行父淫于夏姬，洩冶正言谏止，招来杀身之祸。孔子评价说："《诗》云：'民之多辟，无自立辟'。其洩冶之谓乎！"② 惋惜他知不足，仕于乱朝而正谏危身。同类的情况还有齐国的鲍庄子。齐灵公之母声孟子与大夫庆克淫乱，被鲍庄子发现，告于国武子。声孟子诬告鲍庄子阴谋废立，灵公施以刖刑。孔子叹鲍庄子知不足以免祸，说："鲍庄子之知不如葵，葵犹能卫其足"③。公父文伯早死，其母敬姜"恶其以好内闻"，告诫其妾曰："二三妇之辱共先者祀，请无瘠也，无洵涕，无搯膺，无忧容，有降服，无加服。从礼而敬，是昭吾子也"。孔子评价说："公父氏之妇智也夫！欲明其子之令德"④。

（七）勇

勇即果敢，主要指道德实践方面的勇气。孔子认为"君子道者三……仁者不忧，知者不惑，勇者不惧"⑤。可见，勇是君子之道的一个方面。孔子所讲的勇不是一般的敢作敢为，而是让礼节制勇，以义统率勇。他以为"君子有勇而无义为乱"⑥。反过来，"见义不为，无勇也"⑦。又说"勇而无礼则乱"⑧，君子"恶勇而无礼者"⑨。在《论语》中，孔子称赞过"卞庄子之勇"，也说过"由也兼人"，其"好勇过我"。

（八）中庸

中，正也；庸，用也。中庸就是"执两用中"，即按一定标准行事，不偏激，不走极端，无过无不及。孔子很强调中庸之道，称"中庸之为

---

① 《左传·文公二年》。
② 《左传·宣公九年》。
③ 《左传·成公十七年》。
④ 《国语·鲁语下》。
⑤ 《宪问》。
⑥ 《阳货》。
⑦ 《为政》。
⑧ 《泰伯》。
⑨ 《阳货》。

德也，其至矣乎！民鲜久矣！"① 有一次，子贡问子张与子夏孰贤，孔子说子张有些过头，而子夏显得不及。子贡又问：那是否可以说子张贤于子夏呢？孔子回答："过犹不及"②。还有，子羔好仁而失于愚笨，曾参诚笃而失于迟钝，子张志高而失于偏激，子路好勇而失于鲁莽，孔子一一评其过失，称"柴也愚，参也鲁，师也辟，由也喭"③。

（九）学

孔子自称是"学而知之者"，加上他一生大部分时间在收徒讲学，所以深知学对于人在知识修养和人格完成方面的重要意义。他认为："好仁不好学，其蔽也愚；好知不好学，其蔽也荡；好信不好学，其蔽也贼；好直不好学，其蔽也绞；好勇不好学，其蔽也乱；好刚不好学，其蔽也狂"④。因而提倡"学而不厌"⑤，"博学于文"⑥。在《论语》中，孔子称赞过卫大夫孔文子"敏而好学，不耻下问"。在其弟子中，孔子多次表彰颜回"好学"，也夸奖过子贡和子夏善于学《诗》，能举一反三。

人总是复杂的，历史人物的活动也是多方面的。因此，要正确地运用评价标准，就必须正确认识和把握德与才、言与行的关系。

关于德与才的关系：孔子认为理想的人格修养应该是德才兼备的。有一次子路问怎样才算是"成人"即人格完备之人，孔子答曰："若臧武仲之知，公绰之不欲，卞庄子之勇，冉求之艺，文之以礼乐，亦可以为成人矣"⑦。这里孔子提到知（智）、廉（不欲）、勇、艺（才能）、文（礼乐），如果说廉与勇侧重于品德，而知与艺则主要是指才智。只有同时具备这四个方面，并"文之以礼乐"，才能称之为"成人"。在评价具体人物时，孔子重品德，但也不忽略才能业绩。如在分析秦穆公称霸的原因时，孔子既称赞他"处虽辟，行中正"，也强调他识贤才，"举五羖"⑧。

---

① 《雍也》。
② 《先进》。
③ 同上书。
④ 《阳货》。
⑤ 《述而》。
⑥ 《雍也》。
⑦ 《宪问》。
⑧ 《史记·孔子世家》。

评价子产，既称赞他有恭、敬、惠、义之德，同时也肯定他知人善用，长于外交，"足以为国基"①。

不过，需要强调指出的是孔子希望德才兼备但并非德才并重。如果在德、才之间进行权衡，孔子具有明显的"尚德"倾向。有一次孔子与南宫适评议古人，南宫适说：羿擅长射箭，奡擅长水战，"俱不得其死"；禹治水，稷教稼，有德于人"而有天下"。孔子很赞成南宫适的评价，称"君子哉若人！尚德哉若人！"② 孔子自己在评人议事时也往往以德为重。如他称泰伯"三以天下让，民无得而称焉"，泰伯虽无事功，就连让德也是"无得而称"，但孔子还是盛赞他"可谓至德也"。谈到有才无德，孔子说"如有周公之才之美，使骄且吝，其余不足观也已"③。

关于言与行的关系：孔子主张言行要一致，表里要如一，名实要相符，并且一再强调君子"敏于事而慎于言"④，甚至要"先行其言而后从之"⑤。为什么呢？在他看来言易而行难，"为之难，言之得无讱乎？"⑥ 他认为"古者言之不出，耻躬之不逮也"⑦。又说："君子耻其言而过其行"⑧。对于"色取仁而行违"的现象，孔子更是深恶痛绝。谈到人物评价，孔子强调要听其言观其行，反对以言貌取人。他说："论笃是与，君子者乎？色庄者乎？"⑨ 意思是说：听人议论笃实便去赞许，哪能知道他真是一个君子，还是神情上伪装庄重呢？孔子的弟子宰予能言善辩，但因反对"三年之丧"，又曾"昼寝"，受到孔子的指责。子羽状貌甚恶，孔子以为材薄，受业之后，志行高洁，名施诸侯。孔子感叹说："吾以言取人，失之宰予；以貌取人，失之子羽。"⑩ 并说："始吾于人也，听其言而信其行；今吾于人也，听其言而观其行。"⑪

此外，在评价人物时，孔子坚持不以人物的出身和境遇为标准。如

① 《左传·昭公十三年》。
② 《宪问》。
③ 《泰伯》。
④ 《学而》。
⑤ 《为政》。
⑥ 《颜渊》。
⑦ 《里仁》。
⑧ 《宪问》。
⑨ 《先进》。
⑩ 《史记·仲尼弟子列传》。
⑪ 《公冶长》。

仲弓的父亲虽为"贱人",但仲弓不仅有从政之才,而且以德行见称。孔子称赞说:"犁牛之子骍且角,虽欲勿用,山川其舍诸。"① 孔子周游列国,其师徒曾被围于陈蔡之野。子路问"君子亦有穷乎?"孔子不仅承认"君子固穷",而且举例说"譬使仁者而必信,安有伯夷、叔齐? 使知者而必行,安有王子比干?"② 意思是说:假如仁者必使四方信之,怎么会有伯夷、叔齐饿死之事? 假如智者都能事事通达,怎么会有王子比干被剖心之事? 更为生动的例子是公冶长曾因事入狱,孔子不仅没因此而厌弃他,反而认为他品德好,虽入狱而实非其罪,于是便"以其子妻之"③。

二 人物评价的原则与方法

关于人物评价的原则,孔子特别强调了以下几个方面。

(一)"唯仁者能好人,能恶人"

人物评价追求的是真实公正,而评价主体的个人需要、道德品质、思想感情和价值观念等直接影响着评价活动,决定着对人物的褒贬是否得当。孔子很重视人物评价的主观因素,尤其是评价主体的道德因素,他强调"唯仁者能好人,能恶人"④。"好人"即肯定性评价,"恶人"即否定性评价。为什么只有"仁者"才能"好人恶人"呢? 朱熹《论语集注》解释说:"盖无私心,然后好恶当于理,程子所谓'得其公正'是也"。人一旦为私欲所蔽,其好恶往往有失公正。只有仁者具有"忠恕"之德,其待人接物不仅能"周而不比",而且对天下事"无适也,无莫也,义之与比"⑤,所以其好恶能得其中。在这里,孔子对评价主体提出了较高要求,强调只有像仁者那样公正无私,才能做到褒贬得当。

---

① 《史记·仲尼弟子列传》。
② 《史记·孔子世家》。
③ 《公冶长》。
④ 《里仁》。
⑤ 同上书。

（二）不从众，不专己，毁誉"必有所试"

人们在评人议事时难免有从众心理，自觉或不自觉地以社会的舆论倾向作为评判标准。孔子对此颇不以为然，提出"众恶之，必察焉；众好之，必察焉"①。为什么呢？王符《潜夫论·潜叹篇》在引用这段话后解释说："圣人之施舍也，不必任众，亦不必专己。必察彼己之为而度之以义，或舍人取己，故举无遗失而政无废灭也"。宋人邢昺则认为："此章论知人之事也。夫知人未易，设有一人为众所恶，不可即从雷同而恶之，或其人特立不群，故必察焉；又设有一人为众所好，亦不可即从众而好之，或此人行恶，众乃阿党比周，故不可不察"②。总之，孔子认为好人恶人皆不能从众，自己必须作进一步考察，他自称："吾之于人也，谁毁谁誉？如有所誉者，必有所试矣"③。所谓"有所试"就是要有所验证，他强调毁誉要试之以事，见之于实。毁不枉毁，誉不虚誉。谈到观察和验证的具体方法，孔子首先强调要"听其言而观其行"④，不能"以言举人"⑤，然后再"视其所以，观其所由，察其所安"⑥。"所以"指一个人做事的动机，"所由"指做事的方式或途径，"所安"指做事时的心情是否安闲无变。孔子认为把这三者联系起来考察，由迹以观心，由事以窥意，一个人的是非善恶便无处藏匿了。

（三）"无求备于一人"

"无求备于一人"是周公告诫伯禽的话，孔子与其弟子言谈中常加以称述，所以列入了《论语·微子篇》。孔子在评价历史人物时也坚持这一原则。首先，孔子认为人无完人，就连尧舜在博施济众和修己安民方面也存在不足，所以评价人物不能求全责备。人各有所长，也各有所短，评人当称其所长，恕其所不能。如鲁大夫孟公绰，孔子评价他"为赵、

---

① 《卫灵公》。
② 《论语注疏》。
③ 《卫灵公》。
④ 《公冶长》。
⑤ 《卫灵公》。
⑥ 《为政》。

魏老则优，不可以为滕、薛大夫"①。其次，对存有争议的人物，孔子主张"赦小过"，论大功。如子路、子贡对管仲没能自杀以殉公子纠提出非议，而孔子认为这只是小节，管仲辅佐桓公尊王攘夷，成就霸业，这是大功，所以仍许之以"仁"。再次，对受人非议的人物，孔子坚持不以其短弃其所长。如卫灵公荒淫，孔子也批评他"无道"，但他能任用一些各有所长的大臣协助他治理国家，孔子因此肯定他能用贤。

（四）"观过知仁"

孔子认为："人之过也，各于其党。观过，斯知仁矣。"② 意思是说：人的过失，各分党类。只观某人的过失处，就可以知道他是什么样的人了。《汉书·外戚传》举了一个实例："子路丧姊，期而不除，孔子非之。子路曰：'由不幸寡兄弟，不忍除之'。故曰'观过知仁'"。功者人之所求，但成功的因素很复杂。过者人之所避，但人之过错也更容易表现其真情和本质。从这个意义上讲，"观过知仁"是一个很富有哲理的命题。

关于人物评价的方法，除归纳法和比较法之外，孔子也经常使用定性分析与价值评判、方面分析和层次分析等。

第一，定性分析与价值评判。定性分析是指确定某一历史现象所具有的性质，主要解决"是什么"的问题。价值评判则是指对某一历史现象作出有无价值、有何价值以及有多大价值的评断。在人物评价这一特定领域，定性分析与价值评价很难截然分开。孔子评人议事往往三言两语，其旨趣不在现象和过程，而是看其是非善恶。谈到历史事件，他通常要下"礼也"、"非礼"、"智也"、"不智"、"义也"、"不义"等断语。谈到历史人物，孔子运用了许多人格名词，如"圣人"、"志士仁人"、"善人"、"贤人"、"惠人"、"成人"、"智者"、"君子"、"小人"、"野人"、"佞者"等，由此对人物的品德、才智、善恶作了高度提炼和概括。

第二，方面分析与层次分析。方面分析就是对历史人物或事件的不同方面加以分析，而层次分析则是对人物事件进行区分层次的分析，这两种方法孔子都有所采用。如孔子评管仲，既谈到他相桓公、霸诸侯、

①《宪问》。
②《里仁》。

尊王攘夷等政治业绩，也谈到他生活奢侈，"不知礼"① 的一面。在评价子路时，既谈到他"喭"、"兼人"等性格特征，也谈到他"好勇"、"无宿诺"② 等个人修养情况，同时又肯定他具有从政之才。这些都属于方面分析。关于层次分析，孔子论德，以圣为第一，而仁次之。他以仁许尧舜，但认为他们尚未达到圣的层次。孔子论臣，根据德、才他分为"大臣"和"具臣"两个等次，季子然让他评价子路和冉求，孔子认为他们是具臣但还算不上大臣。

第三，归纳的方法。孔子运用归纳法有两种情况，一种是归纳若干具体人物的共性，如"微子去之，箕子为之奴，比干谏而死。孔子曰：'殷有三仁焉'。"③ 面对纣王无道，微子、箕子、比干行虽不同，但安乱爱民之心则一，所以孔子归纳为"三仁"。另一种情况是对某位历史人物的各种行为进行归纳，如孔子评臧文仲"下展禽，废六关，妾织蒲，三不仁也。作虚器，纵逆祀，祀爰居，三不知也"④。

第四，比较的方法。孔子在评价历史人物时也常常进行比较对照。有时他拿正反两方面的人物进行比较，如拿齐景公与伯夷、叔齐进行对比，"齐景公有马千驷，死之日，民无德而称焉。伯夷、叔齐饿于首阳之下，民到于今称之"⑤。南宫括拿羿、奡恃强力与禹、后稷尚道德的不同结果进行比较，称："羿善射，奡荡舟，俱不得其死然。禹、稷躬稼而有天下。"⑥ 孔子很赞成这种比较。有时孔子也拿同类人物进行比较，如齐桓、晋文都是春秋霸主，孔子认为："晋文公谲而不正，齐桓公正而不谲"⑦，这是同中求异。还有一种情况是对同类人物进行高下比较，如伯夷、叔齐、虞仲、夷逸、朱张、柳下惠、少连皆属隐士逸民，孔子将其分为三等。伯夷、叔齐"不降其志，不辱其身"，为逸民中最高者。柳下惠、少连虽降志辱身，但"言中伦，行中虑"，为逸民之次，虞仲、夷逸"隐居放言，身中清，废中权"⑧，在逸民中又次一等。

① 《八佾》。
② 参见《先进》、《公冶长》、《颜渊》、《雍也》等篇。
③ 《微子》。
④ 《左传·文公二年》。
⑤ 《季氏》。
⑥ 《宪问》。
⑦ 同上书。
⑧ 《微子》。

　　综上所述，在评价历史人物时孔子很注意取舍的价值尺度，建立了一个以仁为核心的评价标准体系。虽然这些标准显得偏重于伦理道德方面，导致客观性有所不足，但置于春秋后期的历史条件之下，应该说是比较系统、比较全面的，而且具有相当的首创性和合理性。至于人物评价的原则与方法，孔子运用了归纳法、比较法，同时也注意定性分析（价值评判）和层面分析，这在史学发展史上具有开创意义，而且其中不乏成功的范例。另外，他还强调不以出身、权势、成败论人，要"听其言观其行"，毁誉"必有所试"，"无求备于一人"，特别是他提出"唯仁者能好人，能恶人"以及"观过知仁"等命题，都具有较高的理论价值，直到今天仍具有一定的指导意义。

（原载马来西亚孔学研究会编《孔学论文集》，2004 年版）

林晓平

春秋战国史官职责与史学传统

　　春秋战国时期，中国史官作为一个群体，在政治舞台、文化领域和现实生活中，非常活跃。在此期间，史官们承担着哪些方面的职责？① 他们所承担的职责与巫、卜、祝有何异同？与中国史学传统的开创有何关系？这三个相互关联的问题，无论是从中国史学史的角度抑或是中国文化史的角度，都是很值得认真探讨的。笔者拟就此发表自己的看法，以就正于方家。

一　春秋战国史官的主要职责

　　我国古代史官设置得很早，据说在夏代，由于夏桀暴虐无道，"夏太史令终古出其图法……乃出奔如商。"② 似乎夏王朝已有了史官。在殷商甲骨文中，出现了"史"、"作册"、"内史"、"太史"等名称，参诸其他历史文献资料，我国至迟在商朝已设置了史官，当属确定无疑。王国维指出，"史为掌书之官，自古为要职，殷商以前，其官之尊卑虽不可知，然大小官名及职事之名多由史出，则史之位尊地要可知矣。"③ 可见，史官在王朝中承担着重要

---

　　① 关于先秦时期史官的职责问题，许多著名学者如江永、黄以周、章太炎、刘师培、王国维、梁启超、朱希祖、郑鹤声、曹聚仁、金毓黻、劳干、吕思勉、陈梦家、胡厚宣等人曾发表过有价值的见解，本文着重论述的是，在春秋战国这个社会大变动时期，亦即"中国史学发展的童年时期"史官的职责问题。
　　②《吕氏春秋·先识》。
　　③ 王国维：《观堂集林》，卷六，《释史》。

职责。在商代的基础上，西周王朝建立了更为发达的史官制度。及至春秋战国时期，社会剧烈动荡，王室衰微，"礼崩乐坏"，然而，"降及战国，史氏无废"①，"纵横之世，史职犹存"②，此时，史官制度不仅未被废除，而且在各诸侯国中更为普遍地兴建了起来，从《春秋战国史官职名及活动一览表》③（见文后）中，我们可看到，在当时，除了周王室之外，晋、卫、虢、邾、鲁、齐、楚、秦、赵、宋、韩、燕、魏等许多诸侯国均设有史官，且史官职名五花八门，有史、太史、内史、左史、外史、南史、董史、御史、侍史、筮史、祝史、守藏室史等等。在当时，史官职能也得到了进一步的加强，在周王朝和诸侯国，史官承担着多重职责，其职责范围颇为广泛，概而言之，主要表现在如下几个方面。

第一，记载史事，编修史册。据《说文解字》："史，记事者也，从又持中。"记事是史官最原始的职责，现存数以万计的"卜辞"，就是殷商史官"记事"的结果。在春秋战国时期，史官记事范围非常广泛，其中，统治者的言行历来是史官记载的重点④；此外，据《左传》："鲁之于晋也，职贡不乏，玩好时至，公卿大夫相继于朝，史不绝书"⑤，又据《史记》：在著名的"渑池之会"中，秦赵二国国君各令其御史记对方国君在会上或鼓瑟，或击缶之事⑥，这说明，当时国与国之间的会盟、交往，是史官必须记载的重要内容；又据《左传·宣公二年》载："乙丑，赵穿攻灵公于桃园。宣子未出山而复。太史书曰：'赵盾弑其君'。以示于朝。"可见，国中发生的大事，亦史官必须记载的内容；又据《史记》："孟尝君待客坐语，而屏风后常有侍史，主记君所与客语。"⑦ 可知，有的重要人物的府内，还有史官秉笔，载其言行。除此之外，自然界的天象异常、阴阳失衡、自然灾变等也是史官书于竹帛的内容。编修史册与记载史事关系密切，记载史事是编修史册的基础，编修史册是记载史事

①《史通·史官建置》。

②《文心雕龙·史传》。

③ 本表参考了金毓黻《中国史学史》以及刘节《中国史学史稿》中的《古代史官表》，对其遗漏部分进行了增补，并增加了"活动与表现情况"等栏目。

④《礼记·玉藻》所谓"动则左史记之，言则右史记之"，《汉书·艺文志》则曰"左史记言，右史记事"，后世学者对此多有争议，存疑。

⑤《左传·襄公二十九年》。

⑥ 参见《史记·廉颇蔺相如列传》。

⑦《史记·孟尝君列传》。

工作的延伸和结果。在春秋战国时期，史官们编修了不少国史，例如，墨子就声称"吾见百国春秋"①，并列举出其中周之《春秋》、齐之《春秋》、燕之《春秋》、宋之《春秋》等史册。②《孟子》一书中，也提到晋之《乘》、楚之《梼杌》、鲁之《春秋》等史册③，可惜，它们已基本失传。现存春秋战国时期的史册，大多数为当时史官所编撰。可见，编修史册与记载史事一样，也是春秋战国史官所承担的重要职责。

第二，掌管文献。掌管包括史籍在内的各种文献是春秋战国史官的另一职责。据《周礼》："大史掌建邦之典"、"小史掌邦国之志"④，可见史官与文献典籍的关系。又据《史记·老子韩非列传》："老子者，楚苦县厉乡曲仁里人也，姓李氏，名耳，字聃，周守藏室之史也。"唐司马贞对此"索隐"说："藏室史，周藏书室之史也。"又，《吕氏春秋·先识》："晋太史屠黍见晋之乱也，见晋公之骄而无德义也，以其图法归周。"所谓"图法"，即太史所掌管的国家的各种文献档案。又，《左传·昭公二年》："二年春，晋侯使韩宣子来聘……观书于大史氏。"以上，都是春秋战国时期史官掌各种文献典籍之佐证。史官掌管文献的职责，为编修史册提供了条件。当时的史官大多知识渊博、学贯古今，这也与史官担任掌管文献的职责不无关系。

第三，"宣达王命"、提供咨询。一个不容忽视的事实是，春秋战国史官不仅名副其实地承担着史职，而且也活跃在当时的政治舞台上。对《春秋战国史官职名及活动一览表》进行量化分析的结果显示：表中列出春秋战国史官70人，根据有关历史文献的记载，这些史官所从事的各种活动共95项次，其中，涉及政治方面的活动达51项次，占总项次的53.6%，可见，史官一职具有相当突出的政治功能。在当时，史官所担任的这方面的职责主要包括"宣达王命"、"掌书王命"，以及为统治者提供政治上的咨询。

在春秋战国时期，史官常常要代表周王出使诸侯国以宣达王命。根据有关资料记载，这种"王命"的内容主要有两种，一种是"赐命"，即在诸侯国君新立后不久，若周王认为他是承受天命、合乎天意的国君，便派史官等使臣赴该诸侯国，代表周天子赐命于他，以此表明对该国君

①《墨子》逸文，参见《墨子间诂》。

②《墨子·明鬼下》。

③《孟子·离娄下》。

④《周礼·春官宗伯》。

合法地位的承认。据《国语·周语》："襄王使邵公过及内史过赐晋惠公命。""襄王使太宰文公及内史兴赐晋文公命，上卿逆于境，晋侯郊劳，馆诸宗庙……太宰莅之，晋侯端委以入，太宰以王命命冕服。内史赞之，三命而后即冕服。"可见，史官不仅是使团的主要成员之一，而且在具体的"赐命"仪式中，还扮演着重要角色。宣达王命的另一内容是"册命"，即"策命"，亦即策封。例如《左传·僖公二十八年》："王命尹氏及王子虎、内史叔兴父策命晋侯为侯伯，赐之大辂之服，戎辂之服……"另，史官在春秋战国时期，不仅宣达王命，有时还宣达诸侯国君乃至相国之命。据《左传·襄公三十年》："伯有既死，使大史命伯石为卿，辞。大史退，则请命焉，复命之，又辞。如是三，乃受策入拜。"这里，大史宣达的就是居郑国相位的子产之命。与"宣达王命"密切相关的职责是"掌书王命"，史官既负有宣达王命之责，那么，其所宣达的王命又是由谁所书呢？君王自然不会亲自动手，书写王命之事仍是由史官来承担。参加册命仪式、宣达王命的史官多为内史，内史很可能与名为"作册"的职官是合而为一的。一般的内史又称为"作册内史"、"作册命史"，顾名思义，"作册"者应当是各种册命文书的起草者①，这就与《周礼》所说"内史掌书王命"② 正相吻合，从西周到春秋战国，内史掌书王命的职责并无大的改变。

由于史官具有丰富的历史知识，熟悉历史兴衰过程以及其中的经验教训，因而被统治者视为兴邦治国决策的重要咨询对象。《国语·周语》说："天子听政，使公卿列士献诗，瞽献曲，史献书，师箴，瞍赋，矇诵，百工谏，庶人传语，近臣尽规，亲戚补察，瞽、史教诲，耆、艾修之，而后王斟酌焉，是以行事而不悖。"《国语·楚语》说"临事有瞽、史之导，宴居有师、工之诵；史不失书，矇不失诵，以训御之。"由此可见史官在统治者听政和决策过程中的作用。在春秋战国时期，由于各种社会矛盾激化，政局动荡，历史发展的变数增大，史官在这方面的作用得到了进一步的加强，更为统治者所重视。据《左传·襄公三十年》："季武子曰：晋未可媮也。有赵孟以为大夫，有伯瑕以为佐，有史赵、师旷而咨度焉。"可知，晋国有史赵供咨询，竟是人们不敢轻视该国的重要

---

① 关于内史与"作册"职官的关系，参见晁福林：《西周时期史学的发展和特征》，《史学史研究》，1995 年第 4 期。

②《周礼·春官宗伯》。

原因之一。这方面的资料甚为丰富，其中，《国语》中的内史兴论晋文公必霸①、《左传》中的史墨答赵简子问②、大史克答鲁宣公问③等，都是史官为统治者提供政治咨询的传世名篇。

第四，祭祀与卜筮。史官在祭祀与卜筮方面的职责，也是其原始的职责，史官记事的最初内容"卜辞"，实际上就是统治者从事这方面活动的原始记录。从商、周到春秋战国，史官所担负的这方面的职责一直延续了下来。据《春秋战国史官职名及活动一览表》的统计，涉及史官祭祀与卜筮活动方面的记载有 25 项次，约占活动总项次的 26.3%，可见，这方面的职责，仍然是春秋战国史官所要承担的重要职责。

在春秋战国时期，"国之大事，唯祀与戎"，史官与祭祀活动有密切的关系。据《周礼·春官宗伯》，大史在国家将要举行大祭时，要"与执事卜日"，并要参与祭祀活动；小史的职责还包括"奠系世，辨昭穆"，在国家举行大祭时，要"以书叙昭穆俎簋"；御史在祭祀时，要"鸣铃以应鸡人"。据《左传·闵公二年》："狄人囚史华龙滑与礼孔以逐卫人。二人曰：'我，大史也，实掌其祭。'"又《吕氏春秋·当染》："鲁惠公使宰让请郊庙之礼于天子，桓王使史角往。"可见，此时的史官不仅精通祭礼，而且"实掌其祭"。在祭祀活动中担负重要职责。

卜筮，即运用龟卜与蓍筮（易筮）两种方法来占测，目的都是判断吉凶，预测未来。这一史官的传统职责，在春秋战国时期得到了继承，但在新的历史时期又具有了新的特点，例如，对于历史前途的关心和预测，在卜筮中占据了较大的比重，此外，占病、占战争、占旅行等，也是史官卜筮的常见内容。再，史官还经常要承担对统治者的梦进行占测的任务，在占梦过程中，他们有时通过卜筮手段来得出结论，有时则根据梦情来进行解释。

除了上述四方面的职责之外，春秋战国史官还要承担其他一些有关职责。例如，由于书史、祭祀、卜筮需要对历法有透彻的了解，所以，史官又具有天文和历法方面的知识，并掌管有关天文、历法事项。一旦天象有变，要及时向君王报告并做出解释，并且，要将这些情况载于史册。

---

① 参见《国语·周语》。
② 参见《左传·昭公三十二年》。
③ 参见《左传·文公十八年》。

二　春秋战国史官与巫、卜、祝的联系与区别

春秋战国时期史官与巫、祝、卜的关系问题，是一个颇为复杂的问题。有一种较为流行的看法认为，在整个先秦乃至秦汉时期，史与巫、祝、卜关系密切，其职责之间没有什么大的区别①，当然，对此也有不同的看法。史官与巫、祝、卜的关系问题，涉及史官职责以及巫、祝、卜的性质、职责与特点等问题，不仅与史学史研究有关，也与中国职官制度史及社会史研究有密切的关系，有必要认真地进行分析和探究。

在这个问题上，笔者的基本观点是：应认清史官与巫、祝、卜职责方面存在的根本性区别。在先秦时期，尤其是在进入到春秋战国时期之后，史官虽具有多方面的职责，但其最根本的，也是其他人所不能代替的职责，还是史学方面的职责。史的本义就是"记事者"，包括记言记事，编修史册，延而伸之，也包括史册及其他典籍的掌管。可以说，若脱离了史学方面的职责，则史官就不成其为史官，而这方面的职责，无论是巫也好，祝也好，卜也好，都不具备。再，从春秋战国史官大量承担的"宣达王命"、"掌书王命"和提供政治上的咨询等职责来看，"掌书王命"和"宣达王命"这两项职责是巫、祝、卜所完全不具有的，提供政治咨询的角色，卜偶尔为之，而巫、祝则与此无涉。由此可见，史官与巫、祝、卜确实具有根本性的、不可混淆的区别。

不过，也应该看到，在春秋战国时期，史官的职责的确与巫、祝、卜有着一些相同或相似之处，要注意区别这方面的"异中之同"和"同中之异"。概而言之，史与巫、祝、卜之间名称不同，职务不一，但都具有卜筮、祭祀方面的职责，是为异中之同；同样承担卜筮祭祀方面的职责，巫、祝、卜基本上可说是这方面的专职人员，而史官还须承担其他多方面的职责，是这方面的兼职人员，并且，在这方面的活动中，他们所担任的角色或采用的方式也有差异，这些，可以说是同中之异。下面，分别对史官与巫、祝、卜在卜筮祭祀职责方面的异同做一些具体的分析。

① 司马迁曾经说过，"文史星历，近乎卜祝之间"（《汉书·司马迁传》），后世不少学者也持类似的观点，例如，台湾学者李宗侗认为，"史至东周时，其职务仍与巫祝难有所分"。（李宗侗：《中国史学史》，3 页，北京，中国友谊出版公司，1984）

史与巫　史与巫的关系，最初可能比较密切①，但随着时间的推移，情况发生了变化，及至春秋战国时期，除上述史学与政治方面职责的不同之外，史巫在卜筮、祭祀方面的职责也呈现出不少差异。这些差异，可从对如下三种活动的分析中得知。

一是卜筮活动。商周以来至春秋战国时期，采用龟卜或蓍筮（易筮）来判断吉凶、预测未来，是史官经常要做的事情。在较早时，巫很有可能参与蓍筮活动。《说文》释"筮"："筮，《易》卦用蓍也，从竹从巫。"可见巫筮关系之一斑。又据《周易》："巽在床下，用史巫纷若"②，似为史巫共同参与易筮活动之佐证③。而到了春秋战国时期，巫一般不参加卜筮活动，在这时期的历史文献中，已很难发现有关巫参与卜筮活动的记载。在这方面，有一则材料值得注意，据宋玉《招魂》："帝告巫阳曰：'有人在下，我欲辅之，魂魄离散，女筮予之。'巫阳对曰：'掌梦，上帝其命难从'……"④ 它说的是，"上帝"叫名阳的巫师占筮以招魂，巫阳则表示：占筮应去找"掌梦"，你的命令难遵从。这段"上帝"与巫的对话，实际上反映了在春秋战国时期，卜筮已不是巫常用的手段。

二是占梦活动。在春秋战国时期，史官经常要奉命占梦，例如："赵简子梦童子嬴而转歌，旦占诸史墨，曰……"⑤ "虢公梦在庙……召史嚚占之。"⑥ 在此时期，巫也负有同样职责，据《左传·成公十年》："晋侯梦大厉……公觉，召桑田巫，巫言如梦。"又据《左传·襄公十六年》："秋，齐侯伐我北鄙，中行献子将伐齐，梦与厉公讼，弗胜；公以戈击之，首队于前，跪而戴之，奉之以走，见梗阳之巫皋。他日，见诸道，与之言，同。巫曰：'今兹主必死，若有事于东方，则可以逞。'献子许诺。"史巫同为占梦，仔细辨析，还是有所不同，其中，史官是据梦情而进行解释，巫则自己能说出对方做梦时的情景，相比之下，后者更笼罩

---

① 鲁迅先生在《门外文谈》一文中，曾提出过史从巫出的观点，戴君仁认为，"巫和史本是一类人，可能最早只是一种人，巫之能书者，则别谓之史。"（《中国史学史论文选集》，28 页，台北，华世出版社，1976）

②《易·巽·九二》。

③ 但也有学者如刘节先生认为，此《周易》辞中的"史巫"应作"史筮"，姑且存疑。

④ 宋玉：《招魂》，见《楚辞》，186 页，长沙，湖南出版社，1994。

⑤《左传·昭公三十一年》。

⑥《国语·晋语二》。

上一层神秘的气氛。这恰恰说明，史官之职更近人事，巫之职更近鬼神。

三是祭祀活动。史与巫都参加一定的祭祀活动，在活动过程中，"史用辞"，史官主要是通过致词的形式参与。巫参与的形式则不同，《说文》："巫、祝也，女能事无形，以舞降神者也，象人雨褒舞形。"又《周礼》："司巫，掌群巫之政令，若国大旱，则帅巫而舞雩……凡祭礼，掌巫降之礼。"① 可知，在祭礼活动中，史的参与主要是通过语言，巫的参与则主要是通过舞蹈动作。《晏子春秋》记载了齐景公时的一件事，景公欲使楚巫祭祀五帝，晏子批评他"弃贤而用巫"，力谏此事的不可行，最后，将楚巫赶出了齐国②。此事从一个侧面反映出巫在春秋战国时期地位的下降。

可见，史官除担任巫所不具有的一些职责外，其在卜筮、祭祀方面的具体职责及其参与方式，以及社会地位上，与巫也是有差异的，尤其在进入到春秋战国时期之后，史巫趋异的态势已经颇为彰明，已不再是所谓"巫史合一"了。③

史与祝 春秋战国时期，在祭祀活动方面，史与祝的联系可谓紧密。在这时期的历史文献上，常可见到史祝并称的情况。例如，"祝史陈信于鬼神"④、"日有食之，祝史请所用币"⑤、"使祝史徙主祏于周庙，告于先君"⑥、"祝史祭礼，陈信不愧"⑦、"祝史正辞，信也，今民馁而君逞欲，祝史矫举以祭，臣不知其可也"⑧ 等。

祝史并称，固然说明其联系之密切，但由此也引出一个问题：并称的"祝史"究竟是祝与史两职的合称呢，还是"祝史"为一种官职名称？对于这个存在分歧的问题，我认为，任何绝对的回答都不能说是正确的，必须具体问题具体分析。据《左传·昭公二十年》："梁丘据与商款言于公曰：'吾事鬼神丰，于先君有加矣，今君疾病，为诸侯忧，是祝史之罪

① 《周礼·春官宗伯》。
② 《晏子春秋·内篇谏上第一》。
③ 高国抗先生认为，"巫、史合一或史、祝合一，这种情况一直继续到春秋战国时期"，似不妥。（《中国古代史学史概要》，14页，广州，广东高等教育出版社，1985）
④ 《左传·襄公二十七年》。
⑤ 《左传·昭公十七年》。
⑥ 《左传·昭公十八年》。
⑦ 《左传·昭公二十年》。
⑧ 《左传·桓公六年》。

也"，那么，"祝史"是谁呢？他继续说："诸侯不知，其谓我不敬，君盍诔于祝固、史嚚以辞宾？"可见，祝是指祝固，史是指史嚚，祝是祝，史是史，祝史一词为两职。祝史并称而实为两职，这类材料较为普遍，但是，也有例外。在《左传》中有一则不大为人们注意的材料，其中写道："公为支离之卒，因祝史挥以侵卫。卫人病之，懿子知之，见子之，请逐挥。"① 在这里，祝史显然是指一种官职，任此职者名叫"挥"。不过，这种情况较为罕见。

当祝史共同参加祭筮活动时，其所承担的任务是否有所区别？据《说文》："祝，祭主赞词也。"又《周礼·春官宗伯》："大祝，掌六祝之辞，以事鬼神，祈福祥，求永贞。"在祭祀活动中，祝要念祝词，史官也要念祭文，两者承担的任务较为相似，但有时也有区别，例如，在《左传》中就有祭祀时"祝用币，史用辞"②（即祝奉献玉帛祭祀，史用辞令祈祷）的记载。此外，祝一般不参加卜筮活动，而卜筮对史官来说是常事，这是两者的又一个显著区别。

史与卜 史与卜的关系较为复杂，其职责的渊源都与占卜活动有关，有学者甚至认为，史的职掌是"从殷代的'贞人'与周代的'大卜'而出"③。据《周礼·春官宗伯下》："大卜，掌三兆之法，一曰王兆，二曰瓦兆，三曰原兆。其经兆之体，皆百有二十。其颂皆千有二百。掌三《易》之法，一曰《连山》，二曰《归藏》，三曰《周易》，其经卦皆八，其别皆六十有四。掌三梦之法，一曰致梦，二曰觭梦，三曰咸陟，其经运十，其别九十。"这段资料叙述了大卜的主要职责，即掌龟卜、易筮及占梦之法，考诸春秋战国文献，大卜的这些职责都得到了证明。而在同时，史官也行龟卜、易筮与占梦之职，这就容易使人将史与卜的职责混淆或等同起来。实际上，除了卜不具有史官所承担的史学方面的职责及大部分政治方面的职责外，在祭祀和卜筮方面的职责，仔细分析，两者也还是有所不同：

其一，史官除卜筮、占梦之外，还要参加国家的祭祀活动，而卜除了在祭祀活动前参与卜日期外，一般不参与具体的祭祀过程。

其二，正因为卜是专职占测人员，其卜筮的内容非常广泛，从春秋

① 《左传·哀公二十五年》。
② 《左传·昭公十七年》。
③ 参见刘节：《中国史学史稿》，郑州，中州书画社，1982。

战国的历史文献中我们得知，它包括立君、封赐、战争、疾病、郊祀、丧葬、旅行、怀孕、出使、择邻、追击、做梦等，可谓是"国之守龟，其何事不卜?"① 其卜筮的内容较史官所卜筮的更为广泛。

其三，在卜与筮两种不同的占测方法中，卜较常使用龟卜的方法，使用易筮的方法相对较少，而史官则相反，使用易筮的次数显然比运用龟卜的次数多。② 这与春秋战国时期占卜主要由卜所执掌，易筮主要由史官执掌这一特点有关。③

三　春秋战国史官与中国史学传统的开创

中国史学具有许多的优良传统，而这些传统的形成，非一蹴而就的，必须经过开创、认可、承传等阶段。春秋战国时期是中国史学发展的重要时期，中国的第一部历史文献资料汇编、第一部编年体史书、第一部国别体史书，都是产生于这一时期。同时，它也是中国史学传统的开创时期，我国许多史学传统的开创，可溯源于此。在春秋战国时期，中国的史学传统为何能得以开创? 这与当时史学发展的态势有关，也与当时史官所承担的职责有着密切的关系。

首先，春秋战国史官开创了秉笔直书的传统。秉笔直书，就是如实地记载历史，保持历史记载的真实性。白寿彝先生指出："我国在悠久的发展过程中积累了不少的优良传统，史家对于历史记载真实性的责任感，就是这种优良的传统之一。"④ 在春秋战国时期，史官的史学自觉意识增强，史学责任感也进一步加强，他们认真地履行着所承担的记言记事等史学方面的职责，在这方面留下了一些彪炳史册的感人事迹。例如，晋国史官董狐，不畏权贵威胁，毅然坚持直书;又据《左传》襄公二十五年记载:齐国的崔杼杀害了其国君，"大史书曰:'崔杼弑其君。'崔子杀之，其弟嗣书而死者二人，其弟又书，乃舍之。南史氏闻大史尽死，执简以往，闻既书矣，乃还。"为如实地记载史事，齐史兄弟前赴后继，视

① 《左传·昭公五年》。

② 根据对《左传》等文献资料进行统计的结果显示，在春秋战国史官所进行的占测活动中，明确记载为筮的6次，为卜的4次;而卜人则卜6次，筮2次。

③ 参见拙文:《先秦史官与周易》，载《北京师范大学学报》，1997年增刊。

④ 白寿彝:《漫谈史学传统三事》，载《人民日报》，1961年月12日。

死如归，三人惨遭杀害，四弟仍坚持直书，南史闻讯也赶来加入到直书的队伍，最终将史实记载了下来。此事迹真可谓是惊天地而泣鬼神，中国史学的一个优良传统因此得以开创。此后，无论是敢于"述汉非"的司马迁，还是"仗正于吴朝"的韦昭，抑或是"词直而理正"的孙盛、"犯讳与魏国"的崔浩，都是中国史学这一优良传统的传人。有鉴于此，刘知几撰写《史通》一书，对中国一千多年来的史学进行总结，其中，特列《直书》一篇，为"直书其事"，"宁为兰摧玉折，不为瓦砾长存"的史学家及这一史学传统高唱赞歌。秉笔直书，春秋战国史官视之为自己的庄严职责，并以自己的鲜血和生命来履行这一职责，从而开创了中国史学的这一优良传统。

其次，春秋战国史官开创了史家"通变"的传统。什么是"通变"？"通变"是把"通"与"变"两者联系起来，作为一个完整的范畴。"'通'是联系，是连接、因依，'变'贯穿其中，是'通'的依据，'通'是'变'的表现。变有千姿百态，有大变、小变、剧变、渐变、量变、质变，其'通'也因此各各相宜。"① "通变"强调事物的发展变化和相互联系，也强调人们对这种发展变化的态度，这种态度包括用贯通的、联系的观点去看待这种发展变化，还包括一种变革的观念。

中国史家的通变思想滥觞于春秋战国时期，而它又与当时史官的职责有一定的关系。春秋战国史官掌管文献的职责，既要求他们保管好这些文献，也要求他们熟悉这些文献，因此，春秋战国史官一般都精通《周易》②，并能运用《周易》来预测或论事。《周易》原为筮书，分为"经"与"传"两个部分，其"经"即易经，约成书于西周初年，其"传"则为后人对于易经的解释。《周易》是一部充满变化思想的著作，司马迁认为："《易》著于天地阴阳四时五行，故长于变。"③ 孔颖达说："夫易者，变化之总名，改换之殊称。"④ 程颐说："易，变易也，随时变易以从道也"、"易之为书也，尽变化之道也"⑤。朱熹说："易，

---

① 吴怀祺：《中国史学思想史》，368 页，合肥，安徽人民出版社，1996。
② 刘师培先生曾明确地提出过"《易》掌于史"的观点，见刘师培：《古学出于史官论》，《国粹学报》，第 1 卷第 4 期。
③《史记·太史公自序》。
④ 孔颖达：《周易正义》。
⑤《周易程氏传》。

书名也，其卦本伏羲所画，有变异之义，故谓之易。"①《周易》不仅以
"爻"、"卦"象征万事万物，通过它们的组合、变化来表示事物的曲折
变化，而且，还直接地表述通变思想："在天成象，在地成形，变化见
矣"②、"通变之谓事"③、"变通莫大于四时"④、"通其变，使民不
倦"⑤、"汤武革命，顺乎天而应乎人，革之时，大矣哉！"⑥《周易》的
通变思想予春秋战国史官以深刻的影响，他们常以《周易》的变化观
为指导思想来论述、预测历史发展的前途，或在以《易》占筮的过程
中，运用《周易》的通变思想来对事物进行分析。另一方面，春秋战
国史官担任了为统治者提供政治咨询的重要职责，这也要求史官们具有
通变思想，他们不能仅仅掌握部分或片段的历史知识，而是要求能够贯
通古今，通晓历史长河的发展、变化及事物之间的联系，洞悉历史的经
验教训，以史为鉴，充当好统治者的政治顾问。同时，春秋战国时期
"天崩地坼"、大动荡、大变革的时代特征，也强化了史官的变化观及
通变思想。在此时期，史官们在谈论具体的政治与历史问题时，往往不
是就事论事，而是以通变的思维、开阔的视野来进行论述。据《左
传·昭公三十二年》：

> 赵简子问于史墨曰："季氏出其君，而民服焉，诸侯与之，
> 君死于外，而莫之或罪。"对曰："……天生季氏，以贰鲁侯，
> 为日久矣，民之服焉，不亦宜乎？鲁君世从其失，季氏世修其
> 勤，民忘君矣，虽死于外，其谁衿之？社稷无常奉，君臣无常
> 位，自古以然。故《诗》曰：'高岸为谷，深谷为陵'。三后之
> 姓，于今为庶，王所知也。在《易》卦，雷乘《乾》曰《大
> 壮》䷡，天之道也。"

在回答有关"季氏出其君"问题时，史墨先从鲁君与季氏政治得失的历
史过程分析该事件的直接原因，然后，以通变的思想，从历史哲学的高

---

① 朱熹：《周易本义·上经·序》。
②《易·系辞》。
③ 同上书。
④ 同上书。
⑤ 同上书。
⑥ 同上书。

度来论述江山易主、君臣易位这一历史发展变化的规律，并引用《诗经》的诗句和《周易》的卦象来论证这种变化的合理性。史墨的这段议论，较为典型地代表了春秋战国史官的通变思想。①

及至西汉，作为史官之后并身为史官的司马迁，继承了通变的史学思想，并将它发扬光大，他以毕生的精力，"究天人之际"、"通古今之变"，终于"成一家之言"，撰成一百三十篇、五十余万字的我国第一部纪传体通史巨著《史记》。在这部史书中，司马迁"综其终始"、"原始察终"、"见盛观衰"，总结了中国数千年历史过程的盛衰变化，并提出了"承弊易变"的观点，将通变思想发展到一个新的高峰。此后，我国许多的史学家，或通古今之变，编著各种体裁的通史，或以通变思想为指导来叙述、解释历史，较好地继承了通变的史学传统。

再次，春秋战国史官开创了史家关注现实的传统。在春秋战国时期，史官所承担的史职，要求他们将君王的言行及时地记载下来，此外，所谓"国之大事"，包括战争、祭祀以及其他一些重要事件，也要求史官及时地记载下来。既然记载现实是其史学职责，那么，关注现实自然就是其职责要求。另一方面，从春秋战国史官所承担的政治方面的职责来看，要为统治者提供政治上的咨询，首先，就必须了解现实、研究现实，而"宣达王命"、"掌书王命"更是其对现实政治的直接参与。反之，史官若不关注现实，脱离现实，就无法完成其所承担的政治使命。再从春秋战国史官所承担的卜筮职责来看，运用《易》筮的手段来预测未来，是其重要任务，那么，他们是怎样运用《周易》来占测的呢？据《左传·庄公二十二年》：

> 周史有以《周易》见陈侯者，陈侯使筮之，遇《观》之《否》，曰："是谓'观国之光，利用宾于王。'此其代陈有国乎？不在此，其在异国；非此其身，在其子孙，光远而自他有耀者也……若在异国，必姜姓也。姜，大岳之后也，山岳则配天，物莫能两大，陈衰，此其昌乎。"及陈之初亡也，陈桓子始大于齐，其后亡也，陈子得政。

---

① 李宗侗先生认为，春秋战国时期，"史官的主要任务在维持旧的传统"，似可商榷。(《史官制度——附论对传统的尊重》，《中国史学史论文选集》，台北，华世出版社，1976)

周史运用《周易》为陈侯占测，得出了两个结论，一是陈侯的后代将在齐国昌盛并执掌大权；二是陈国将在那时衰落，从表面上看，这些结论是周史占筮的结果，其实，周史此时对陈、齐等国的历史，尤其是对其现实情况已有了较为深入的了解，在此基础上，再依据《周易》的变化观去推测，于是就得出了这些结论。由上可见，关注现实是春秋战国史官职责上的要求，换言之，只有关注现实，才能真正履行好史官的职责。在春秋战国时期，史官们密切地关注现实，积极地投身于现实活动之中，在时代的舞台上扮演着非常活跃且十分重要的角色。此后，我国史学家们继承和发扬了这一传统，司马迁身为史官，不仅奋笔疾书，从上古史一直写到汉武帝时期——他所处时代的历史，亦即"当代史"，而且，他还极为关心现实政治，对敏感的政治问题大胆地发表自己的看法，并因此罹祸入狱，惨遭腐刑；班固著《汉书》的重要目的，是为了颂"汉德"、宣扬"汉承尧运"，毫不掩饰其为现实政治服务的企图；杜佑为"将施有政"而写《通典》，是为"经世史学的滥觞"；司马光编《通鉴》，目的是为"资治"，将史学与现实政治的需要紧密地结合了起来。近代以后，以边疆史地学为主要代表的救亡图存史学思潮的兴起，更是我国史家关注现实、经世致用传统的大弘扬。

此外，中国史学"究天人之际"、文史结合、史家博学通识等传统，都可从先秦尤其是春秋战国时期追根溯源，而追根溯源的结果，我们不难发现，该时期的史官为履行其职责的所作所为，为中国史学传统的开创奠定了十分重要的基础。

附：春秋战国史官职名及活动一览表

氏名	国名	职名	出处	活动与表现情况							其他	备注
				与政治有关的方面			与史学有关的方面		祭祀、卜筮等方面			
				论政咨询	册命出使	其他	记言记事	掌管文献	祭祀	卜筮占梦		
阙名	周	内史	左桓二	*					*			
阙名	周	史	左庄二十二							*		
过	周	内史	左庄三十二	*					*			
史嚚	虢	史	同上									

氏名	国名	职名	出处	活动与表现情况							其他	备注
				与政治有关的方面			与史学有关的方面		祭祀、卜筮等方面			
				论政咨询	册命出使	其他	记言记事	掌管文献	祭祀	卜筮占梦		
史嚚	虢	史	晋语三							*		
华龙滑	卫	大史	左闵二						*			
礼孔	卫	大史	左闵二						*			
史苏	晋	史	左僖十五							*		
史苏	晋	史	晋语一	*						*		
叔兴	周	内史	左僖十六		*						*	
叔兴	周	内史	左僖二十八		*				*			
叔服	周	内史	左文元		*							
叔服	周	内史	左文十四								*	解释天象
叔服	周	内史	左成元	*								
阙名	郏	史	左文十三							*		
克	鲁	大史	左文十八	*								《鲁语》作里克
董狐	晋	大史	左宣二年				*					
史颗	秦	史	左成十一		*							
阙名	晋	史	左成十六							*		
阙名	鲁	史	左襄九							*		
阙名	周	内史	左襄十				*					
史狄	周	史	同上				*					
阙名	晋	左史	左襄十四	*								
阙名	鲁	外史	左襄二十三	*								金毓黼认为其名为掌恶臣

续表

氏名	国名	职名	出处	活动与表现情况						其他	备注
				与政治有关的方面			与史学有关的方面		祭祀、卜筮等方面		
				论政咨询	册命出使	其他	记言记事	掌管文献	祭祀	卜筮占梦		
阙名	齐	史	左襄二十五							*	
阙名	齐	大史	左襄二十五				*				
阙名	卫	南史	左襄二十五				*				
史狗（史苟）	卫	史	左襄二十九			*					史朝之子，即史苟
史苟	卫	史	左昭七			*					
阙名	郑	大史	左襄三十		*						
史赵	晋	史	同上	*							
史赵	晋	史	左昭八	*							
史赵	晋	史	左哀九							*	
阙名	鲁	大史	左昭二					*			韩宣子观书于大史氏
史朝	卫	史	左昭七							*	
倚相	楚	左史	左昭十二								*	楚灵王赞之为"良史"
倚相	楚	左史	楚语上	*							
倚相	楚	左史	同上	*							
倚相	楚	左史	楚语下	*					*		
史猈	蔡	史	左昭十三			*					
辛有二子	晋	董史	左昭十五					*			

续表

氏名	国名	职名	出处	与政治有关的方面			与史学有关的方面		祭祀、卜筮等方面		其他	备注
				论政咨询	册命出使	其他	记言记事	掌管文献	祭祀	卜筮占梦		
阙名	鲁	大史	左昭十七								*	论天象、历法
阙名	晋	祭史	左昭十七						*			
蔡墨	晋	史	左昭二十九	*								也称史墨,下同。
蔡墨	晋	史	左昭三十一						*			
蔡墨	晋	史	左昭三十二	*								
蔡墨	晋	史	左哀九							*		
史黯	晋	史	晋语九	*								据韦昭注,是为史墨
史皇	楚	史	左定四			*						
史鳅	卫	史	左定十三	*								即史鱼
史鳅	卫	史	燕策			*						
阙名	周	大史	左哀六								*	解释天象
史龟	晋	史	左哀九							*		
固	鲁	大史	左哀十一		*							
老	楚	左史	左哀十七				*					
兴	晋	内史	周语上	*	*							
阙名	晋	筮史	晋语四							*		
史老	晋	史	楚语上	*								
敫	齐	太史	齐策								*	收容齐闵王太子法章

续表

氏名	国名	职名	出处	活动与表现情况							其他	备注
				与政治有关的方面			与史学有关的方面		祭祀、卜筮等方面			
				论政咨询	册命出使	其他	记言记事	掌管文献	祭祀	卜筮占梦		
阙名	宋	史	宋卫策							*		
史疾	韩	史	韩策		*							
阙名	韩	御史	韩策			*						
史厌	韩	史	同上	*								
史舍	韩	史	同上	*								
史惕	韩	史	同上	*								
阙名	秦	内史	秦策			*						
史黡	韩	史	东周策	*								
柳庄	卫	大史	礼记·檀弓	*								
史角	周	史	吕览·当染		*							
屠黍	晋	太史	吕览·先识					*				
史骈	周	史	同上	*								
史起	魏	史	吕览·乐成	*								
史付	晋	史	荀子·宥坐								*	
柏常骞	周	大史	晏子春秋·内篇·问下								*	离周赴齐
柏常骞	周	大史	庄子·则阳	*								
大弢	周	大史	同上	*								
狶韦	周	大史	同上	*								
廖	秦	内史	史记·秦本纪	*	*							秦缪公时

续表

氏名	国名	职名	出处	活动与表现情况							其他	备注
				与政治有关的方面			与史学有关的方面		祭祀、卜筮等方面			
				论政咨询	册命出使	其他	记言记事	掌管文献	祭祀	卜筮占梦		
援	赵	史	史记·赵世家							*		
敢	赵	筮史	同上							*		
老聃	周	守藏室史	史记·老子韩非列传					*				
儋	周	太史	同上	*								
阙名	田齐	侍史	史记·孟尝君列传				*					
阙名	秦	御史	史记·廉颇蔺相如列传				*					秦昭王时
阙名	赵	御史	同上				*					
左丘明	鲁	大史	汉书·艺文志				*					
合计				31	10	10	7	4	9	16	8	
				51			11		25			

（原载《史学理论研究》，2003 年第 1 期）

蒋重跃

试论道法两家历史观的异同

一　问题的提出

　　最近，刘家和先生提出了历史理性在古代中国产生和
发展的问题，在中国哲学史和思想史的研究上，开创了一
个新的领域。在这项研究中，他指出，历史理性在古代中
国的发生大致经历了三个阶段，那就是殷周之际与周初的
历史理性，名之曰"以人心为背景的历史理性的曙光"；
西周晚期至秦，"与人心疏离的历史理性的无情化"；汉
代，"天人合一的历史理性的有情有理化"。在这个发展
过程的第二个阶段，道法两家思想构成了主要内容。

　　不过，刘先生这篇文章的任务是阐述历史理性在古代中
国发生的总体的辩证过程，每个阶段的具体情况，仍有进一
步研究的余地。就第二阶段而言，由刘先生的思路，很自然
地会引出以下问题：在历史的进程中，道法两家历史观的异
同是如何发生的？有哪些具体表现和发展？这些表现和发展
与它们在思想体系或道论上的异同是否一致？这是从历史发
展和理论整体上全面认识和深入理解道法两家历史理性①的

---

　　①"历史理性"（historical reason）是本文的一个重要关键词，指历史的理性
（the reason of history），即作为客观历史过程的所以然或道理及对历史过程的所以然或
道理的探究。题目之所以用"历史观"一词，是为了强调，我们所要讨论的，不是
客观历史过程的所以然或道理，而是道家和法家对历史过程的所以然或道理的认识。
关于"理性"一词的考证，请参阅刘家和：《论历史理性在古代中国的发生》，《史学
理论研究》，2003 年第 2 期。

必然要求。

本文按照时间顺序分别对道法两家的主要代表老子、庄子和韩非子①展开讨论，在历史的过程和结构中体会道法两家历史思想的异同；然后，综合起来，对这些异同在道论上的根源进行分析和比较，以便理解它们的特点和理论深度。

二　老子对周代主流历史观中宗教和道德因素的否定

道家的历史理性是如何产生的？

据《诗》《书》所载，西周初年，武王、周公对周取代商的历史变局进行了深刻的反省，认识到，天命是无常的，它以民心为最终依归，只有敬德保民的人（王），才能获得天命，而有天下。王朝更迭之所以发生，就是因为上天从那些不恤民心，不敬厥德的统治者那里将天命收回，转交给另一些有德的人物。在这个观念中，历史变化（以王朝更替为代表）的决定因素已不再是单纯宗教性的上天，还有道德和民心，这是一种理性的觉醒。在这次觉醒中，历史理性（对"民心"的认识）与道德理性（对"敬德"的认识）是合一的，历史变化与道德状况的变化相一致，表示了中国古代历史观从原始宗教向天人合一的理性天命论的转变。不过，决定历史变化的仍然是上天；德是上天作出判断的凭据，位居其次；保民只是敬德的一项内容。与天和德比起来，民的力量和作用仍然十分有限。这说明，此时的历史理性是非常微弱的，尚不能直接呈现出来。

从西周后期到东周，原有统治秩序被打破，社会矛盾加深，可尽管如此，仍未见天命转移的迹象，于是人们逐渐失去耐心，《诗经》"变

---

① 依学术界多数同志的意见，我以为道家思想产生于春秋战国之际，《老子》的成书时间，由于近年发现了郭店楚简《老子》甲乙丙本，而大大提前，其主体部分写成于战国中期不成问题。《庄子》约成书于战国后期（参考张恒寿：《庄子新探》，武汉，湖北人民出版社，1983年9月第1版）。法家思想出现于战国中期，《韩非子》成书于战国末年（可参考拙作《韩非子的政治思想》，北京，北京师范大学出版社，2000年11月第1版）。引用古籍皆为通行注本，并尽可能利用已有研究成果，《老子》以郭店楚简、马王堆汉墓帛书补通行本的不足。另，本文只讨论整体的学派思想，对其人其书及各篇写定时间，不作过细分辨。

风"、"变雅"中的许多篇章表现了怨天尤人的情绪，《左传》也有许多类似的材料。对西周天命论的怀疑几乎成为一种时尚。

春秋战国之际，老子擒住周代天命论的要害，率先在理论上把普遍的怀疑，推向彻底的否定。

西周以来的历史观是建立在天命论之上的，认为，天是仁慈的，它会福善祸淫，施于有德，罚于有祸。对此，老子却公开提出：

> 天地不仁，以万物为刍狗，圣人不仁，以百姓为刍狗。①

天地原本就无所谓仁慈，在它面前，万物相同，没有哪个会受到特殊关照；圣人效法天地，当然无须对百姓施以仁慈。

天地为什么会没有道德品格呢？老子指出：

> 有物混成，先天地生。寂兮寥兮，独立而不改，可以为天地母。吾不知其名，字之曰道，强为之名曰大，大曰逝，逝曰远，远曰反。故，道大，天大，地大，王亦大。域中有四大，而王居其一焉。人法地，地法天，天法道，道法自然。②

原来，天之有道德，是由于它的宗教品格，即它的终极性和人格性。可在老子看来，天地远不具有终极性，更不具有人格性，在它之前或之上，还有更为永恒广大和冷漠自然的道，天只是国中的四大之一，而且还要以道为自己的法则，而道却不过是无边的混沌和无知的自然。老子肯定了道的终极性和自然性，否定了天的终极性和人格性，这就替历史理性的直接呈现和独立发展打开了一个突破口。

过去，人们承认历史变化（以王朝更替为代表），认为天命有德是这种变化的最终根据。按照这个逻辑，历史的前进与道德的进步应该是一

---

① 王弼：《老子道德经》，第5章，3页，《诸子集成》，第3册，上海，上海书店出版社，1986。

②《老子》，第25章，根据帛书本校改，见高明撰《帛书老子校注》，348～353页，北京，中华书局，1996。《老子》还有道"似万物之宗"、"象帝之先"，"天地根"，"朴虽小，天地莫能臣"（今本32章，根据楚简校改，见荆门市博物馆编《郭店楚墓竹简·老子甲》，112页，北京，文物出版社，1998）等表述，皆谓道为天地之先，为万物之源，与此段引文意义相当。

致的。现在，老子却揭露了相反的现实：

> 大道废，有仁义。慧智出，有大伪。六亲不和，有孝慈。
> 国家昏乱，有忠臣。①

仁义、大伪、孝慈、忠臣，这些都是文明时代的成果，老子却从中看到大道废弃、国家昏乱的衰退现象，也就是说，从历史前进中看到它的退步。面对历史的这个矛盾，老子会作出怎样的选择呢？

> 绝圣弃智，民利百倍。绝仁弃义，民复孝慈。绝巧弃利，
> 盗贼无有。②

弃绝圣智、仁义、巧利这些文明成果，回复淳朴、真诚、安宁的自然状态，这就是老子的回答。老子描绘的"小国寡民"的理想社会图画，更生动地表白了这个态度。

不过，在《老子》中又有某些主张是为"侯王""取天下"、"治大国"、"以御今之有"所用的，可以肯定，这些主张不是小国寡民的社会所需要的，这说明老子对历史进步的否定还是有一定保留的。

三　庄子对"性""命"的思考及其历史观的内在矛盾

在今本《庄子》中，有所谓"至德之世"的论述③，系对老子的历史衰退论的继承和发展。除此之外，在道家历史理性的其他方面，庄子是否还有更大的发展或突破呢？这就要看他能否提出新的概念，能否开

---

① 《老子》，第18章，10页。

② 同上书，第19章，10页。按楚简《老子甲》则作："绝智弃辩，民利百倍。绝巧弃利，盗贼亡有。绝伪弃虑，民复孝慈。"（见《郭店楚墓竹简》，111页）其中无"圣"、"仁义"之语，而且更突出知识和智慧的副作用，在时间上可能更早。

③ 见《马蹄》《胠箧》两篇。与此相近的描述，还见于《骈拇》、《在宥》、《天地》、《天运》、《盗跖》、《缮性》诸篇，可见这是庄子思想中的重要内容。

拓新的领域。庄子在论述"至德之世"时，使用了"性情"两个字①，值得注意。何谓"性"？《庄子》云："性者，生之质也。"② 质与文相对，有朴实之义。③"夫子之问也，固不及质。"成玄英疏："质，实也。"④ 这里的质有事物的本质、实质、性质之义。何谓"情"？《庄子》云："吾未至乎事之情"，宣云："未到行事实处。""行事之情而忘其身"。王先谦注："情，实也。""传其常情，无传其溢言。"⑤"常情"与"溢言"相对，"情"即"实"。可见，性情即是朴实、本质、实质、性质。

与"性情"相关的，庄子还引入了"命"的概念。

> 受命于地，唯松柏独也在，冬夏青青。受命于天，唯舜独也正。⑥

郭象注："夫松柏特禀自然之钟气，故能为众木之杰耳，非能为而得之也。""言特受自然之正气者至希也，下首则唯有松柏，上首则唯有圣人，故凡不正者皆来求正耳，若物皆有青全则贵于松柏，人各自正则无羡于大圣而趣之。"按郭象的解释，这里的"命"即是自然之正气。松柏受地之正气，所以冬夏常青；舜受天之正气，所以为政之正者。再如：

> 仲尼曰：死生存亡，穷达贫富，贤与不肖毁誉，饥渴寒暑，是事之变，命之行也。⑦

这里的"命"与上面的略有不同，相当于事，它的存在方式（行）与"事之变"相当，当此变者，不仅有正面的，还包括反面的现象，不论是

---

① 郭庆藩：《庄子集释·马蹄》，151～152 页，《诸子集成》，第 3 册，上海，上海书店出版社，1986。

② 同上书，352 页。

③ 子曰："质胜文则野，文胜质则史。文质彬彬，然后君子。"见《论语·雍也》，载刘宝楠：《论语正义》，上海，上海书店《诸子集成》本，124 页，1986 年。质与文相对，有粗鄙朴实之义，为野人的品德。按野人，在西周春秋时期，为居住在城邦以外、未进于礼乐即没有公民身份的居民。

④《庄子·知北游》，327 页。

⑤ 王先谦：《庄子集解·人间世》，25 页，《诸子集成》，第 3 册。

⑥《庄子·德充符》，88 页。

⑦ 同上书，96 页。

自然，还是社会现象，都是如此。

> 死生，命也，其有夜旦之常，天也。人之有所不得与，皆
> 物之情也。①
>
> 吾思夫使我至此极者，而弗得也。父母岂欲吾贫哉？天无
> 私覆，地无私载，天地岂私贫我哉？求其为之者而不得也，然
> 而至此极者，命也夫！②

所谓命，就是天，就是性情，人不能参与其间，而且无能为力，不仅无能为力，甚至对它的所以然也是不可致诘的。这样的命，实际上就是某种不可抗拒的客观必然性。

《说文》口部："命，使也，从口令。"段玉裁："令者，发号令也。君事也。非君而口使之，是亦令也。故曰：'命者，天之令也。'"③对臣而言，君之令，是不可抗拒的；对人而言，天之令，同样是不可抗拒的。庄子所说的命，即自然的性情，也就是天之令，当然也是不可抗拒的。

按照这个逻辑，历史的演进，是自然的性情，是自然的命，因此也是不可抗拒的。庄子是否认识到了这一层呢？请看下面这几段材料：

> （黄帝答北门成问音乐）……一死一生，一偾一起，所常无
> 穷。……变化齐一，不主故常。……或谓之死，或谓之生，或
> 谓之实，或谓之荣，行流散徙，不主常声，世疑之，稽于圣人。
> 圣也者，达于情而遂于命也……
>
> （师金答颜渊问孔子游卫能否见用）……夫水行莫如用舟，
> 而陆行莫如用车，以舟之可行于水也，而求推之于陆，则没世
> 不行寻常。古今非水陆与？周鲁非舟车与？今蕲（求）行周于
> 鲁，是犹推舟于陆也。……故夫三皇五帝之礼义法度，不矜
> （美）于同，而矜于治。……故礼义法度者，应时而变者也。今
> 取猨狙而衣以周公之服，彼必龁啮挽裂，尽去而后慊，观古今
> 之异，犹猨狙之异乎周公也……

---

① 《庄子·大宗师》，108～109 页。

② 同上书，129 页。

③ 段玉裁：《说文解字注》，57 页，上海，上海古籍出版社，1988。

　　（老聃答孔子问道）……唯循大变无所湮者，为能用之……

　　（老聃答孔子问六经不用）……性不可易，命不可变，时不可止，道不可壅。①

庄子借黄帝、师金、老子之口，表达了这样的历史思想：性情和命贯穿人类社会的全部，也贯通历史过程的始终，变化就是性情，生是命，死亦是命，兴旺是命，衰败亦是命，万物变化，无所不是性情，无所不是命。人不能破坏万物之性情，不可抗拒万物之命，只能适应万物之性情，只能顺从万物之命，符合道家原则的圣人就是"达于情而遂于命"的人。比如水行有舟，陆行有车，不能错位，古今不同就如同水陆不同，周鲁不同也犹如舟车不同。三皇五帝时代不同，不以治道相同为高，只以效果最好为尚。所以，礼仪法度要"应时而变"，不能拘泥。如果把周公时代的服饰穿在猿猴身上，后者一定会撕扯净尽而后甘心，古今之不同，犹如周公与猿猴的不同一样，不同阶段的人们，只有遵循变化的法则而不存滞碍，才能顺应时势。性命是不可改变的，时势是不可阻止的，道是不可壅塞的。这就是历史的必然性。

　　顺从历史的必然性，是不是庄子一贯的态度呢？今本《庄子》中有多处流露出这样的思想情绪。例如："知其不可奈何，而安之若命，德之至也"②；"与世偕行而不替"③；"虚己以游世"④；"无誉无訾，一龙一蛇，与时俱化"⑤；"变化无常……以与世俗处"⑥；等等。这些略带自我嘲讽和调侃的言论，既表现了对历史必然性的深刻领悟，又表达了无可奈何的顺从，还显示了某种言不由衷的老于世故，如此复杂的历史感慨，已经不同于"至德之世"的缅怀，与老子"小国寡民"的历史倒退论相去更远。它表明，道家的历史理性已经远离天命论的宗教道德观而更加贴近现实了。

----

　　①《庄子·天运》，223 页、235 页。

　　② 成玄英疏："安心顺命，不乖天理，自非至人玄德，孰能如兹也。"见《庄子·人间世》，71～72 页。另一处作："知不可奈何，而安之若命，唯有德者能之。"《庄子·德充符》，90 页。

　　③《庄子·则阳》，382 页。

　　④《庄子·山木》，296 页。

　　⑤ 同上书，293 页。

　　⑥《庄子·天下》，475 页。

不过，庄子的历史观明显地存在着一个矛盾：一方面，在"至德之世"，淳朴天真的生活是性情的自然呈现，圣人的所作所为是对性情的破坏；可是另一方面，破坏性情的历史倒退也是性情使然，圣人的所作所为也是出于性情。这不啻是说：人类的本性中原来就存在着矛盾的两个方面，用庄子的话说，就是无知、淳朴的性情和智慧、机巧的性情。按照这个逻辑，人类社会的进步是后者克服前者、战胜前者、否定前者的过程，是人类自身矛盾推动的必然结果。庄子对历史理性的认识，之所以引起我们作如此的思考，恰恰说明，它已深入到了人性的内部，揭示了人性的内在矛盾，是难能可贵的。

四 韩非子的纯粹历史理性的历史观

老子和庄子对"小国寡民"和"至德之世"心存幻想，这说明，他们的历史观里还没有剔净道德理性的"杂质"，到了韩非，情况则完全不同了。韩非沿着道家前辈的思路不断改造，不断前进，终于从道德和宗教的双重羁绊中挣脱出来，在古代中国历史观从天人合一到纯粹历史理性①的转变中，起了关键的作用。

韩非这样描述历史演进的过程：

> 上古之世，人民少而禽兽众，人民不胜禽兽虫蛇，有圣人作，构木为巢，以避群害，而民悦之，使王天下，号之曰有巢氏。民食果蓏蚌蛤，腥臊恶臭，而伤害腹胃，民多疾病，有圣人作，钻燧取火，以化腥臊，而民悦之，使王天下，号之曰燧人氏。中古之世，天下大水，而鲧禹决渎。近古之世，桀纣暴乱，而汤武征伐。今有构木钻燧于夏后氏之世者，必为鲧禹笑矣。有决渎于殷周之世者，必为汤武笑矣。然则今有美尧舜汤武禹之道于当今之世者，必为新圣笑矣。②

历史是由"上古之世"、"中古之世"、"近古之世"和"当今之世"构成

---

① 这里的"纯粹历史理性"是指不羼杂具体的宗教和道德理性因素的历史理性。
② 王先慎：《韩非子集解·五蠹》，339 页，《诸子集成》，第 5 册。

的，第一阶段以解决吃住问题为首要任务；第二阶段以解决水患问题为主要任务；第三阶段以消除暴政为主要任务；第四阶段自有与前三个阶段不同的问题要解决。不同的阶段有各自不同的问题，绝对不能相蹿。从以上描述可以看到，历史是人类文明进步的过程。决定这个进程的最根本的力量，不是上天和神灵，而是人民对生存条件的基本要求①。而且这四个阶段没有高下之分，每个阶段都有自己要解决的问题，在这一点上，四个阶段是相同的。

关于历史进步的原因，韩非是这样论证的：

> 古者丈夫不耕，草木之实足食也，妇人不织，禽兽之皮足衣也，不事力而养足，人民少而财有余，故民不争，是以厚赏不行，重罚不用，而民自治。今人有五子不为多，子又有五子，大父未死而有二十五孙，是以人民众而财货寡，事力劳而供养薄，故民争。虽倍赏累罚而不免于乱。②

接下来列举道：尧禹勤劳为民，禅让天下，无所获利；"今"之县令，身死之后，还要泽及子孙。这说明："古之易财，非仁也，财多也。今之争夺，非鄙也，财寡也。轻辞天子，非高也，势薄也；重争土橐，非下也，权重也。"③ 又列举周文王行仁义而王天下，徐偃王行仁义而丧其国等故事，说明"世异则事异"，"世异则备变"的道理。并得出结论："上古竞于道德，中世逐于智谋，当今争于气力。"④

韩非用人口和财富多寡的关系来说明历史的进步和道德衰退的客观原因，的确有异于常人的地方。在这种历史观中，虽然承认历史有倒退的一面，这显然是道家的影响，但却发现了决定道德水平的物质力量。据此，人们完全可以从利害关系上解释尧舜禹禅让的动机，戳穿上古美德的假面具；也可以从利害关系上理解后世的利禄追求，以为是适应时势潮流的合理之举。在这种观点之下，道德就不是一个恒定不变的概念，而是随着时代进步而改变的东西，不同的时代便会有不同的道德，上古

---

① 任继愈："他（韩非）看到了在历史中起作用的是人而不是神。"见《中国哲学史》，240 页，北京，人民出版社，1966。

②《韩非子·五蠹》，339～340 页。

③ 同上书，340～341 页。

④ 同上书，341 页。

以"道德"为道德，中古以"智谋"为道德，"当今"以"气力"为道德。从这个角度看，以往的所谓历史"衰退"，竟可以是历史的进步！从这里，不但看不到传统宗教的踪迹，也看不到道德理性的影响，就连回归自然的幻想也彻底放弃了，剩下的，只有赤裸裸的欲望，这样一种历史观，不是纯粹历史理性又是什么呢？

比较起来，韩非承认历史的进步，同时也在某种程度上承认历史有倒退的现象，这是道家历史观的影响。但是，与道家又有明确的区别：首先，对于历史的进步，他的态度是积极的，自觉的，既不同于老子的抵触甚至抗拒，也不同于庄子的无奈和顺从。其次，从人性论上看，韩非认为历史发展是直线式的，不论怎样划分阶段，历史都不会有实质性的逆转，因为每个阶段都是人的欲望决定的，这是他的性恶论在历史观上的表现，而老子的"小国寡民"和庄子的"至德之世"却是道德淳朴美好的理想阶段，此后，则是每况愈下的历史倒退。

此外，韩非也承认圣人在历史前进中的决定作用，这和道家是一致的。不同的是，他对圣人采取了歌颂的态度，这点与道家恰恰相反。道家把文明的发生看做是历史的逆转，是人性恶劣的一面由于圣人的诱导而泛滥的结果，因而对圣人采取了严厉批判的态度；法家也曾批评某些圣人，但不是因为他们诱发了人类恶劣的性情，而是因为他们做了不合时宜的事情。两家的趋向是颇为不同的。

总之，法家的历史观有纯粹历史理性的特征，把人看做是单纯满足欲望的动物，把社会看做是欲望的鼓励和压制相统一的人类群体，把历史看作是由欲望驱动的时间中的社会活动，这种简单化的作法，无法揭示社会的内在矛盾，这是他们的理论较之道家，特别是庄子，肤浅的地方。

五　道法两家历史观之异同与其道论的一致

以上通过文献资料的解释，对道家和法家的历史理性进行了历史的挖掘和整理。不过，这种理解是否符合两家的本意？要回答这个问题，还必须对道法两家的道论重新梳理一番，看看与上面的理解是否一致。为什么要这样做呢？这是由道论在各家思想体系上的地位决定的。

我们知道，在中国古代，"道"这个字的本义指道路，可引申出途径、方式、方法、手段、技艺等意义，各家思想都把道作为某种现实的或理想的存在方式。道又可作言说理解，言者心之声，心者思虑之主，所以道又可做思想的代名词。道论——对道的理解，构成了对事物包括思想的现实的或理想的存在方式的认识，因而成为各家思想体系的核心内容。道论如何，往往决定着其他内容也应如何，对于成熟的理论来说，这种一致性是屡验不爽的。古人对此也早有所见："道同者，其事同；道异者，其事异。"① 根据这个理解，也可以反过来说，一个思想体系的某项内容如何，必然会在它的道论上找到一致的根据；思想体系之间的异同，也必然会表现为道论的异同。如此看来，在道论上进一步比较道法两家的异同，是判断我们对道法两家历史理性之异同的认识是否可靠的一个重要途径，也是衡量各自理论深度的一个重要标准。下面先让我们引述诸家的有关资料②，然后进行分析和比较。

关于《老子》的道，请看如下材料：

反者，道之动。……天下万物生于有，有生于无。③
道生一，一生二，二生三，三生万物。④
物壮则老，是谓不道，不道早已⑤。
道冲，而用之或不盈，渊兮，似万物之宗。……湛兮似或存，吾不知谁之子，象帝之先。⑥
谷神不死，是谓玄牝，玄牝之门，是谓天地根。⑦
生之畜之，生而不有，为而不恃，长而不宰，是谓玄德。⑧
玄德深矣，远矣，与物反矣。⑨

---

① 马王堆汉墓帛书整理小组：《经法·十大（六）经·五政》，54 页，北京，文物出版社，1976。
② 本节所引材料为论家常用，我只取其关于道论的基本意义，故不在文中作详细的解析和考证。
③《老子》，第 40 章，25 页。
④ 同上书，第 42 章，26 页。
⑤ 同上书，第 30 章，17～18 页。又见 55 章，34 页，文作："物壮则老，谓之不道，不道早已。"
⑥ 同上书，第 4 章，3 页。
⑦ 同上书，第 6 章，4 页。
⑧ 同上书，第 10 章，6 页。
⑨ 同上书，第 65 章，40 页。

道在天地之先（所谓"万物之宗"、"象帝之先"是也），它产生万物（所谓"天下万物生于有，有生于无"，"道生一"，"玄牝"，"天地根"等是也），并与万物相反（所谓"反者道之动"，"物壮则老，是谓不道"，"与物反矣"等是也）。第一节中引述的《老子》第25章那段话与此相同。可见，老子的道有本原性的意义。

关于庄子的道，请看下面两段话：

> 夫道，有情有信，无为无形。可传而不可受，可得而不可见。自本自根，未有天地，自古以固存。神鬼神帝，生天生地。在太极之先，而不为高，在六极之下，而不为深，先天地生，而不为久，长于上古，而不为老。狶韦氏得之，以挈天地，伏戏氏得之，以袭气母，维斗得之，终古不忒，日月得之，终古不息，堪坏得之，以袭昆仑，冯夷得之，以游大川，肩吾得之，以处大山，黄帝得之，以登云天，颛顼得之，以处玄宫，禺强得之，立乎北极，西王母得之，坐乎少广，莫知其始，莫知其终，彭祖得之，上及有虞，下及五伯，傅说得之，以相武丁，奄有天下。①

> 东郭子问于庄子曰："所谓道，恶乎在？"庄子曰："无所不在。"东郭子曰："期而后可。"庄子曰："在蝼蚁。"曰："何其下邪？"曰："在稊稗。"曰："何其愈下邪？"曰："在瓦甓。"曰："何其愈甚邪？"曰："在屎溺。"东郭子不应。庄子曰："夫子之问也，固不及质。正、获之问于监市履狶也，每下愈况，汝唯莫必，无乎逃物。至道若是。"②

两段虽都用譬喻，但其中的道所指不同，则是显而易见的。按前面那段

---

① 《庄子·大宗师》，111~113页。

② 《庄子·知北游》，326~328页。"期而后可"，郭象注："欲令庄子指名所在。""正、获之问于监市履狶也，每下愈况"，成玄英疏："正，官号也，则今之市令也。获，名也。监，市之魁也。"郭象注："狶，大豕也。夫监市之履豕，以知其肥瘦者，愈履其难肥之处，愈知豕肥之要。今问道之所在，而每况之于下贱，则明道之不逃于物也，必矣。"关于道无所不在，内篇也有线索："夫道未始有封"。郭象注："冥然无不在也。"成玄英疏："夫道无不在，所在皆无，荡然无际，有何封域也？"见《庄子·齐物论》，40页。

话，道指万物的本原，而不是万物本身，因此与物是不同的，得到这样的道，或可以长生，或可以成仙，或可以为政。可是按后面那段话，道却指万物本身，而不是万物的本原，得到这样的道，未必能够成为超人。可以说，前者有本原性的意义；而后者则有普遍性的意义。至少在万物有没有本原、道与物是否相同这两点上，《庄子》关于道的论述是有矛盾的，这在《庄子》中还有许多例证①，看来并非偶然。

《韩非子》中有很多关于道的论述，以下几段颇有代表性：

> 道者万物之始，是非之纪。是以明君守始以知万物之源，治纪以知善败之端。②

> 夫道者弘大而无形，德者核理而普至。至于群生，斟酌用之，万物皆盛，而不与其宁。道者下周于事，因稽而命，与时生死，参名异事，通一同情，故曰道不同于万物，德不同于阴阳。衡不同于轻重，绳不同于出入，和不同于燥湿，君不同于群臣。凡此六者，道之出也，道无双，故曰一，是故明君贵独道之容。③

> 道者，万物之所然也，万理之所稽也。理者，成物之文也。道者，万物之所以成也。故曰道，理之者也。物有理，不可以相薄，物有理不可以相薄，故理之为物，"之"制万物各异理，万物各异理而道尽，稽万物之理，故不得不化，不得不化，故无常操。无常操，是以死生气禀焉，万智斟酌焉，万事废兴焉。天得之以高，地得之以藏，维斗得之以成其威，日月得之以恒其光，五常得之以常其位，列星得之以端其行，四时得之以御

---

① 例如："道无终始，物有死生。"《庄子·秋水》，259 页。"有先天地生者，物邪？物物者非物。物出不得先物也。犹其有物也，犹其有物也。无已。"《庄子·知北游》，332 页。"天门者，无有也。万物出乎无有。有不能以有为有，必出乎无有。"《庄子·庚桑楚》，348 页。这些是倾向于本原论的。"有始也者，有未始有始也者，有未始有夫未始有始也者。有有也者，有无也者，有未始有无也者，有未始有夫未始有无也者。"《庄子·齐物论》，38 页。"夫道未始有封"。《庄子·齐物论》，40 页。这对万物是否有个开头是存疑的。"道者，万物之所由也，庶物失之者死，得之者生，为事逆之则败，顺之则成。故道之所在，圣人尊之。"《庄子·渔父》，448 页。"物物者与物无际"。《庄子·知北游》，328 页。这有混合本原性和普遍性的倾向。

② 《韩非子·主道》，17～18 页。

③ 《韩非子·扬权》，31～32 页。

其变气，轩辕得之以擅四方，赤松得之与天地统，圣人得之以
成文章。道与尧舜俱智，与接舆俱狂，与桀纣俱灭，与汤武俱
昌。以为近乎，游于四极；以为远乎，常在吾侧；以为暗乎，
其光昭昭；以为明乎，其物冥冥。而功成天地，和化雷霆。宇
内之物，恃之以成。凡道之情，不制不形，柔弱随时，与理相
应，万物得之以死，得之以生，万事得之以败，得之以成。道
譬诸若水，溺者多饮之即死，渴者适饮之即生；譬之若剑戟，
愚人以行忿则祸生，圣人以诛暴则福成。故得之以死，得之以
生，得之以败，得之以成。①

大体说来，前两段中的道指始，与物不同，有本原性的特征；而后面一
段中的道，由于有理的中介，而与物同一，有普遍性的特征。

概括起来，老子的道主要是本原性的；庄子的道既是本原性的，又
是普遍性的；韩非子的道既有本原性的特征，又有普遍性特征。为什么
这三个思想体系的道论有如此的不同？这种不同与他们各自的历史理性
有什么关系？以下试做分析。

这里所谓的本原，取其中文词义②。从造字本义上说，本乃指事，指
树木之根；原乃会意，谓岩下泉水，乃江河源头。从经验上说，树根不
同于树干，泉源不同于江河，是理所当然的。如果道是以本原这个方式
存在的，那么，只有事物的本原才是合乎道的，事物本身就不是合乎道
的；把这个道理应用在历史上，就可以说，只有历史的原初状态是合乎
道的，而后来的发展形态却是不合乎道的；"小国寡民"和"至德之世"
是合乎道的，而后来的历史发展却是不合乎道的。这是老庄历史观的重

---

① 《韩非子·解老》，107~108页。
② 中国学者多用"本原"来翻译希腊文的 αρχη，意即开始、发端，又译作"始
基"、"基质"、"原始"、"原理"、"渊源"等。古希腊的早期自然哲学家用水、气等
作为 αρχη 的宾词。这些概念既可指万物的所自，又可指万物的构成（元素）。中国
先秦道家和法家的道也是既可指万物所自，又可指万物本身的。粗看起来，两者的确
相同。但细加考究，可知，在多数情况下，αρχη 的所指与万物一体，世界有一个性
质相同的可感知的东西作为开端，因而是可把握、可判断的。参见亚里士多德：《形
而上学》，1013a，吴寿彭译，卷五，83~84页，北京，商务印书馆，1995。道则总有
一种神秘性，因而不可名状，不能用概念和判断（命题）加以把握和呈现，这是一
种不可知论的（希腊文作 αγνωμων，意思是无法感觉和判断的）态度。本文的"本
原"一词，专指万物所自，不含构成元素的意思，切勿与 αρχη 混淆。

要内容。

不论中文"普遍"二字，还是英文 universal（源于拉丁文），都指全部，指无所不在，本文所谓普遍性，即是这个意思。根据这种理解，如果说道是普遍存在的，或者说，道不脱离事物，就在事物之中，那么，天下就没有不合乎道的物了；把这个道理应用到历史上，就可以说，道贯穿历史的全过程和各方面，全部历史都是合乎道的；因此，"安之若命"、"世异则事异，世异则备变"的历史观就有了着落。这是庄子历史观的另一方面内容，更是法家历史观的重要内容。由此可见庄子历史观隐藏着深刻的矛盾①；而老子、特别是法家的历史观，却显得明确而单纯些。

总之，老子的道基本上是本原性的，所以他主张"夫物芸芸，各复归其根"②，历史也是一样，以回归"小国寡民"的社会状态为理想。庄子的道既是本原性的，又是普遍性的，这与他对待历史的矛盾态度——即"至德之世"的理想与"安之若命"的态度——是一致的。③ 韩非的道虽也有本原性和普遍性两个方面，但在历史领域，却只看重普遍性的一面，甚至把它贯彻到历史的全过程，这与他把解决生存问题看作一切历史阶段的共同目的是一致的。

---

① 有学者指出：庄子的道是自然性的（相当于本文所谓的"普遍性"），《大宗师》中关于道的实体性、本原性的论述并非出自庄子之手，而是老子派的观点。其他篇中还有少量的类似说法，也不能视作庄子的本体思想。这些有关道作为原始母体的议论文字，是编《庄子》一书者把非庄子所写之其他道家文献混入（见颜世安著《庄子评传》，南京，南京大学出版社，1999 年 12 月第 1 版）。这说明《庄子》书的道论的确可以从不相协调的两个方面来看待。还有学者曾经提到庄子思想中的若干对矛盾，如周启成《庄子思想的矛盾》，载《中国哲学史研究》，1988 年第 1 期，51～59 页。以上这些观点是促使我们把历史理性与道论结合起来，从而揭示庄子历史理性中的矛盾的重要契机。

②《老子》，第 16 章，上海书店《诸子集成》本，9 页。王弼注："各返其所始也。"

③ 国外有汉学家认识到老庄的历史衰退思想（decay pattern），甚至指出，《道德经》认为，秩序的恢复在原则上仍是可能的，而《庄子》则把日益严重的历史衰退视为理所当然。见 Peter J. Opitz, The Birth of "history": Historical Speculation in Chou China, Hans Lenk and Gregor Paul, edited, *Epistemological Issues in Classical Chinese Philosophy*, State University of New York Press, 1993, pp. 144－147. 我认为，这已触到了老庄历史思想的要害。不过，问题是，他们未能把道家历史理性与道论结合起来思考，所以未能使道家历史理性中的矛盾呈现出来。

　　不过，这里面还有两个问题需要说明一下。第一，韩非的历史观是建立在道的普遍性基础上的，他关于道的本原论是否还起作用呢？前面说过，法家历史观中承袭了道家历史倒退论的某些因素，在他们的历史观中，原初阶段与后来的历史进步是有一定差异的，但是，法家关于道的本原论主要是为以力为德的政治观和君臣不同道的统治术服务的，这在《主道》（"明君守始以知万物之源"）《扬权》（"道不同于万物"，"明君贵独道之容"）里面可以看得很清楚。道的本原性并非只为历史观服务的。

　　第二，与以上问题有关，道的本原论和普遍论是有矛盾之处的，为什么还会在同一思想体系中并存？这个问题我已思考过若干年[①]，至今没有在理论上找到更稳妥的解释。我的看法是，这是由思想家现实目的的多元化决定的。本原性的道，可为不同于普通大众的生存或行为方式提供理论支持，有一定神秘性，除了倒退论的历史观，养生、成仙、驭臣所遵循的道术，都可从中得到启迪，这在《老子》《庄子》《韩非子》书中不难找到证据。而普遍性的道，只能为纯粹历史理性和现实的生存或行为方式提供理论支持，就历史观而言，不管态度如何，《庄子》《韩非子》都承认历史进步，这与它们都承认道的普遍性是吻合的。庄子为什么一方面要回到"至德之世"，另一方面又表示要"安之若命"？我以为，前者表示他对历史进步的否定和批判，后者表示他对历史进步的无奈和顺从，这是他的实际处境和心态的写照，没有什么神秘的。社会转变时期，总有许多持此种矛盾心态的人。至于韩非的道论，为什么会在高唱普遍性的同时，又对神秘的本原性有所保留？我想，是不是可以这样理解：为了顺应时代需要，推进法治改革，自然要把握历史进步的客观规律；为了加强集权，在"上下一日百战"的激烈斗争中，更有效地驾驭臣下，同样需要冷静地分析客观形势，掌握切实可行的统治方法。这是他强调理性思考，重视普遍性的现实动机。可是作为君主的统治术，是不能公开的，它的实施，必然是神出鬼没、与众不同的，这样不同寻常的道术，当然也需要找到一个不同寻常的生命依托，这就是韩非之所以对本原性有所保留的现实根源。可是，韩非自以为神秘的本原，在我们

---

　　① 我曾在探讨《管子》道论时提出这样的问题："本原的道何以与法则的道合而为一？"所谓"法则的"，相当于本文中"普遍性的"。参见拙论：《齐国道论纲要》，见《管子学刊》编辑部编：《管子与齐文化》，184 页，北京，北京经济学院出版社，1990。

眼里，依然逃不脱普遍性的"天网"，没有什么神秘的。

总之，如果说本原性表明道仍带有某种神秘因素，而普遍性却表示着道已成为纯粹历史理性的代名词，那么，从老子到庄子，从道家到法家，古代中国的历史观正经历着一场不断排除神秘因素，迅速奔向纯粹历史理性的剧变。

（原载《文史哲》，2004 年第 4 期）

吴怀祺

汉《易》与《汉书》

　　《汉书》是一部西汉历史的实录，是断代史，但并没有割断历史的联系。批评班固写《汉书》是断汉为代，以致与周秦不相联系，这样的观点没有根据，是没有看到这部书重要的特点。《汉书》把远古史、先秦史与西汉史联系起来，体现出汉王朝出现是天意的安排，作为东汉的史家，他是通过"宣西汉"，达到"宣东汉"的目的。《高祖本纪》已经有"汉承尧运"的结论，这还需要通过一系列历史与逻辑的证明，《易》学在其中起了相当重要的作用。另外，班氏考镜源流，论说学术发展，则又是《易》的通变思想在学术思考中的运用。研究《易》学以及汉《易》，对认识班固的史学特点是十分重要的。

　　就易学来说，汉初言《易》，自淄川田王孙。传《易》中丁宽、杨何是重要人物。丁宽受易于田何，颇得其精。其易学特点是"训故举大谊而已"。丁氏学成回归故里，田何欣喜地说："《易》以东矣。"由丁宽而田王孙，再传而有施雠、孟喜、梁丘贺。孟喜改师法，这里要特别注意《汉书》说他"改师法"这三个字。孟喜作了一番宣传：编出一个自田氏得《易》的故事。史书说他"好自称誉，得《易》家候阴阳灾变书。"这两句话还是实情，"好自称誉"，如果不从贬义上理解，是说他用大气力来宣传自己的体系。说孟喜是"得《易》家候阴阳灾变书，"也不完全是造谣，他的一套理论确是这么一回事。由孟喜而焦延寿，由焦延寿而京房。京房《易》说卦气、说阴阳灾异，进而成为《易》之大宗，影响了包括史学在内的整个的汉代学术文化。刘向校书时说，诸家之《易》都是田何、杨何、丁宽这个系统下来的，用刘向的话来说，是"大谊略同"，但是京房就不同了，"唯京氏为异"。

西汉到了武帝时期，今文经学宣传大一统的主张和皇权神授的思想，适应了封建王朝的需要，在两汉社会中成为占统治地位的意识形态。孟京易学、谶纬灾异理论与今文经学纠缠在一起①，汇成一股思潮，影响社会生活的各个方面。今文经学虽不等同于谶纬学说，但两者联结在一起，成为社会思潮中的主流。包括易学、史学在内的整个汉代文化都在这个大思潮涌动中发生变化。

一　《易》为经籍之原：学术史中的通变思想

汉"易"在易学发展史上是一个重要阶段，班固《汉书》反映出这一思潮变动，同时对易学特别是对汉"易"的地位确定有十分重要的意义。《易》的尊崇地位的确立，班固是立了功的。《汉书·艺文志》，在比较六艺之间关系，在总论《六艺》的渊源流变后，把《易》提高到六经的首要地位，说：

> 六艺之文，《乐》以和神，仁之表也；《诗》以正言，义之用也；《礼》以明体，明者著见，故无训也；《书》以广听，知之术也；《春秋》以断事，信之符也。五者，盖五常之道，相须而备，而《易》为之原。故曰："《易》不可见，则乾坤或几乎息矣"，言与天地为终始也。②

如果和司马迁在《太史公自序》中论《六艺》的文字比较一下，就可以看出在六经中，班固把《易》放在最重要的位置上。在六艺之中，《乐》、《诗》、《礼》、《书》及《春秋》五者，"相须而备"，但五常之道，只有"《易》为之原"。"'《易》不可见，则乾坤或几乎息矣'，言与天地为终始也"。指出《易》之理贯穿天地宇宙之中，为阐发易理的重要性立下了

---

① 关于孟京易学、谶纬与今文经学的关系，可参看钟肇鹏：《谶纬论略》，沈阳，辽宁教育出版社，1991。

② 《汉书·艺文志》。

根据。在此之前，如扬雄谈到《易》为六艺之首一类话，"以为经莫大于《易》"①，但是没有这样周密的论说。班固在《汉书》中对文献的著录中，明确地以《易》是六艺之原，而且只有"《易》与天地为终始"，这些就把《易》抬到六艺的首要位置上，对于确立《易》的重要地位，有深远的影响。

班固把《易》放在六艺之首的位置上，又把施、孟、梁丘的《易》以及京房《易》放在突出地位上，首录施、孟、梁丘三家之《易》。孟喜、京房的《易》学系列的著作，占据十分重要的地位。在著录各家《易》中，《孟氏京房》十一篇，《灾异孟氏京房》六十六篇，五鹿充宗《略说》三篇，《京氏段嘉》十二篇，《章句》施、孟、梁丘各二篇。京氏的《易》是大宗。班氏看重的是西汉中期以后的象数易。

《易》是学术之"原"，但在《易》的十三家、二百九十四篇中，《汉志》首列施、孟、梁丘三家的十二篇，其次才列大小夏侯《经》和欧阳的《章句》。这和实际的学术渊源不相符合，但却体现班氏的思想倾向。

《汉书》的《艺文志》各类书籍的序录，大量是以《易》理作为论源流的依据。依班固的意见，儒家的经籍之间有一层密切联系：

——论《易》。班氏谈《易》，从伏羲仰观俯察论起，论说：《易》之一书是"人更三圣，世历三古。及秦燔书，而《易》为筮卜之事，传者不绝。汉兴，田何传之。讫于宣、元，有施、孟、梁丘、京氏列于学宫，而民间有费、高二家之说。……唯费氏经与古文同。"

——论《书》。班固谓：《易》曰："河出《图》，雒出《书》，圣人则之。故《书》之所起远矣。"因此，《书》与《易》有紧密的联系。

——论《礼》。班固说："《易》曰：'有夫妇父子君臣上下，礼义有所错。'而帝王质文世有损益，至周曲为之防，事为之制"，这是以《序卦》作出的阐释。礼的产生合乎《易》的精神。

——论《乐》。《易》曰："'先王作乐崇德，殷荐之上帝，以享祖考'，故自黄帝下至三代，乐各有名。"这是以《豫》卦象辞来说《乐》之起源。

——谈到"小学"类。以《易·系辞》来论渊源：《易》曰："上古结绳以治，后世圣人易之以书契，百官以治，万民以察……"

班固对易学内涵的阐释，形成易学占支配的观点。这是易学十分重

①《汉书·扬雄传》。

要的内容。如关于"人更三圣、世历三古"说；关于文王重卦、孔子作《彖》、《象》、《系辞》、《文言》、《序卦》的观点；关于《河图》、《洛书》说，等等。这些对后世易学发展所起了十分重要的作用。

《艺文志》进而论述诸子与六经的关系，班氏指出诸子是《六艺》的"支"与"流裔"的关系。原话是这样说的：

> 诸子十家，其可观者九家而已。皆起于王道既微，诸侯力政，时君世主，好恶殊方，是以九家之术蜂出并作。……《易》曰："天下同归而殊途，一致而百虑。"今异家者各推所长，穷知究虑，以明其指，虽有蔽短，合其要归，亦《六经》之支与流裔。

我们再把班固论诸子与司马谈论"六家"作个比较，可以看出学术旨趣之差异。司马氏论诸子是说各家有长也有短，只有吸收各家之长，才能成一家之言。班固则认定诸子十家（可以称道的是九家），是《六经》的分支与流裔，而不是强调要创新"成一家之言"。这些我们暂不置论，但明显的是，班固把《六经》作为诸子的源，而《易》又是六经之"原"。

推而广之，也可以说，《六经》也与王官有关。《六经》是源，而《易》在《六经》中，又是"为之原"。总之，班固在论学术渊源时，十分强调《易》的重要地位。

班固接受这样的观点，他认为儒家出于司徒之官，道家出于史官，阴阳家出于羲和之官，法家出于理官，名家出于礼官，墨家出于清庙之守，纵横家出于行人之官，杂家出于议官，农家出于农稷之官，小说家出于稗官。这就是诸子出于王官论。当然近代以来为诸子是否出于王官的问题，争论不休。这里我们不作辩论，但诸子出于王官，其用意无非是：第一，说明了学术起于实际，社会生活有不同实际内容，便产生不同的学术。第二，掌管这些学术又是由不同官府部门的职能。

在兵略、数术、方技各略中，仍是以《易》理作为论各类著作精神的依据。例如，关于兵家，他以《易·系辞下》论兵之用；关于数术类中的天文文献，则以《贲卦》之彖辞"观乎天文，以察时变"，论天文与人事关系；蓍龟类文献以《系辞上》及《蒙》卦卦辞论说蓍龟之意义；在杂占类著作中，以《系辞下》论杂占之应验与人事关系。

《汉书》在论说学术渊源流变中体现出的易学的通变思想。这些集中体现在《艺文志》和《儒林传》中。可以说，《汉书·艺文志》论源流学术精神是建立在易学的通变思想基础之上的。如果说，司马迁论历史盛衰上的通古今之变的追求，最富有《易》的通变理念，那么，班固的《汉书》论学术渊源变化，最富有《易》的通变思想的意蕴。

　　《汉志》论学术渊源变化，反映出来通变的思想，是以《易》为经籍之源，乃至诸子之源来把握的。他的辨章学术，考镜源流，是建立在《易》学基础之上的。这些是我们在谈到班固的学术思想时要十分注意的。

二　《五行志》、京房《易》与《汉书》

　　班固写《汉书》把《易》放在最重要的地位上。论说易学源流中，他又把汉《易》放在首要的位置上，《汉书·艺文志》是在刘向、刘歆的《七略》的基础上写就的。《艺文志》是在正史的目录的文献中，首列《易》，开篇是施、孟、梁丘的《易》经十二篇。京房《易》在其中又是大宗。《汉书·艺文志》文献著录体现出汉易发展的实际，同时也可以看出班孟坚对易学、对汉易的推崇。

　　易学对班固史学也产生了相当大的影响，这在《五行志》上表现得最明显。《五行志》是《汉书》的创造，也是其中分量最大的一部《志》。这部书实际是以汉代京房《易》、刘向、刘歆父子和董仲舒的学说糅合在一起重新解说历史。

　　京房《易传》（除京房的《易传》外，在《汉书》中，还保留几十条京房《易占》材料）构成了《汉书》的《五行志》的主要内容。京房《易》以及董仲舒和刘向、刘歆的思想是《五行志》解释历史的主导思想。

　　这里我们不是讨论易学发展史，而是要分析易学变化怎样影响到历史思维。应当分析汉代孟、京《易》对人们思考社会会产生怎样的影响。古代的神秘主义的思潮，对人们认识社会和历史带来的负面的影响。但剥去那种糟粕、那种神秘的外衣，其中在思维定式（借用郭沫若在《中国古代社会研究》的提法）中也有某些可取的成分。综合各种因素，具体地讨论汉代易学变化对史学可能带来的影响。孟喜的卦气说是以六十四卦和一年的四时、十二月、二十四节气以及七十二候相配合构成一个大系统。（清人惠栋制出《十二消息图》）京房以八宫卦编排图式，把自然变化作为一个大系统。在这个大系统中，是阴阳的变化、发展；自然变化与社会等级礼治又联系起来。这个天人联系的编排，一方面论定了社会等级社会礼制与自然运行是一种先验的秩序，自然天象变化成为封建社会等级制度合理性的说明。孟喜以辟（君）、公、侯、卿与大夫与十二辟卦相配，很明显是封建礼制成了纲，是统率。以天人感应理论为封建统治合理作出解说。这是其一。其二，社会人事、自然的变动都有一个盛衰的变化的过程。从复（䷗）、临（䷒）、泰（䷊）、大壮（䷡）、夬（䷪）、乾（䷀）再到姤（䷫）、遁（䷠）、否（䷋）、观（䷓）、剥（䷖）、坤（䷁）。由一阳生，到乾的六爻为阳，这是阳盛已极。此后便是姤的一阴生，到坤的六爻为阴，是为阴已至极的地步。可以说这是把盛衰的变化、盛极必衰的思想具体化、形象化。如果说孟喜的卦气说中，运动循环论十分化明显，那么在京房的八宫的编排中的运动变化情形就较为复杂，八宫卦中八纯卦中既有乾、坤为父母，各统三男、三女；而八纯又为上世，以后则是二世、三世、四世、五世、游魂、归魂。一世二世为地易，三世四世为人易，五世八纯为天易，游魂、归魂为鬼易。这样就将天、地、人、鬼构成一个天人合一的大系统。从上世到一世、二世、三世、四世、五世，可以看成是一个渐变，如乾宫从乾、姤、遁、否、观，到剥，这是从一阴后到五阴生。而从五世到游魂就不是简单地回归到一世，而是发生新的变化。五世为剥，而游魂卦为晋（䷢）"阴阳返复，进退不居，精粹气纯"。归魂卦为大有（䷍）"卦复本宫曰大有，内象见乾为本位"。这就是说一个事物在到了极点的时候，情况变化不是简单地作循环的运动。再者，京房的飞伏说是指在卦、爻象都存在互为飞伏，乾卦（䷀）可见为飞，但在乾卦后有不可见的坤（䷁），为伏。爻象也是如此，坤之初六与乾之初九为飞伏。在坤之上六爻，"龙战于野，其血玄黄"，是按着这样解释的："阴中有阳，气积万象，故曰阴中阳，阴阳二气，天地相接，人事吉凶见乎象。"抛开其神秘的一面，其中包括了盛衰相互连接、见盛观衰的思想在内。但总体上，它仍是一个形式主义的编排，不是真实历史实际运动的情形。

　　这些方面直接影响到文化学术思潮，影响到史学思想。

　　西汉前期，易学还保持先秦易学的传统，即言人事，重义理。但到了西汉的中期，经孟喜、焦延寿，特别是京房，易学不但改变了师法，而且成了异说。这种易学发展的倾向，用皮锡瑞在《经学通论》的话来说，是

"易学之别传"。而班固在《汉书》中把"别传"作"正传",他勾画了这样的易学传授的渊源系统。在《五行志》中,班固对于《河图》、《洛书》说,加以系统神学化,把它和《洪范》篇紧密地连成一个整体。

《汉书·五行志》开篇说到《河图》与《洛书》的来源,为以图像解说历史,奠定历史的和理论的依据。《五行志》说:

> 《易》曰:"天垂象,见吉凶,河出《图》,雒出《书》,圣人则之。"刘歆以为伏羲氏继天而王,受《河图》,则而画之,八卦是也;禹治洪水,赐《洛书》,法而陈之,《洪范》是也。圣人其道而宝其真,降及于殷,箕子在父师位而典之。周既克殷,以箕子归,武王亲虚己而问焉。故经曰:"惟十有三祀,王访于箕子,王乃言曰:'乌呼,箕子!惟天阴骘下民,相协厥居,我不知其彝伦攸叙。'箕子乃言曰:'我闻在昔,鲧堙洪水,汩陈其五行,帝乃震怒,弗畀《洪范》九畴,彝伦攸斁。鲧则殛死,禹乃嗣兴,天锡禹《洪范》九畴,彝伦攸叙。'"此武王问《洛书》于箕子,箕子对禹得《洛书》之意也。①

刘歆编造出箕子论《河图》与《洛书》来源的谎言,其用意在说明《河图》与《洛书》是天授的神物;八卦来源于《河图》,《洪范》出于《洛书》。并且在后面具体指出《洪范》篇中有六十五字即是《洛书》的本文。说:

> "初一曰五行;次二曰羞用五事;次三曰农用八政;次四曰叶用五纪;次五曰建用皇极;次六曰艾用三德;次七曰明用稽疑;次八曰念用庶征;次九曰向用五福;畏用六极。"凡此六十五字,皆《洛书》本文,所谓天乃锡禹大法九章常事所次者也。以《河图》、《洛书》相为经纬,八卦、九章相为表里。昔殷道弛,文王演《周易》;周道敝,孔子述《春秋》。则《乾》《坤》之阴阳,效《洪范》之咎征,天人之道粲然著矣。

由前者,《周易》与《河图》自然连接起来;由后者,则表明了以《洪范》

---

① 《汉书·五行志上》。

治理社会，符合神意，历史过程不过是天意的体现。《五行志》说："昔殷道弛，文王演《周易》；周道敝，孔子述《春秋》，则《乾》、《坤》之阴阳，效《洪范》之咎征，天人之道粲然著矣。"从周文王到孔子，《易》的理论完善化了，"天人之道粲然著矣"。所以，在《汉书》中引进了刘歆的《河图》、《洛书》说，制造一个完整的天人相关的理论。

京房的《易传》在《五行志》中占有相当突出的位置，《五行志》引京氏《易》有170余条。

西汉末，天人感应说在混合各种学术基础上形成，"汉兴，承秦灭学之后，景、武之世，董仲舒治《公羊春秋》，始推阴阳，为儒者宗。宣、元之后，刘向治《谷梁春秋》，数其祸福，传以《洪范》，与仲舒错。至向子歆治《左氏传》，其《春秋》意亦乖矣；言《五行传》，又颇不同。是以揽仲舒，别向、歆，传载眭孟、夏侯胜、京房、谷永、李寻之徒所陈行事，讫于王莽，举十二世，以傅《春秋》，著于篇。"可以看出，从公羊的阴阳说，到言祸福灾异，再到刘歆的混一天人相应的理论，终于形成了一种有体系的天人相关的灾异理论，神意历史观有了完整的体系。

《五行志》把董仲舒、刘向、刘歆与京房的《易传》及《谷梁传》、《左传》有关天人感应的学说等组合在一起，再加上几条京房《易占》及《妖辞》、《星传》等，这些东西在一起，形成一个庞大体系。尽管刘向、刘歆的学说存在差异，董仲舒与刘向、刘歆也有差异，但是他们的终极的思想是一致的。侯外庐先生说：刘氏父子与董仲舒相比，"虽有鼠牙雀的异同，而本质上则为神学的世界观，其牵强附会尤与董仲舒异曲而同工。"①

《汉书》的《五行志》以五行（水、火、木、金、土）与五事（貌、言、视、听、思）为纲，把自然灾异现象出现与人间的祸福、社会兴衰变动联系起来，当作一种必然，这就是灾异论。从表面上看，其中也有归纳的因素，但由于自然灾异现象与社会人事变动本身没有必然的联系，因而这种对历史社会变动的解说，就带上主观的随意性，因而各个解说者出现矛盾、差异，也就不奇怪。即使他们也是关注现实，但这样去阐释历史，不但不可能找到解决社会危机的方案，也不可能对封建统治腐败起到阻滞的作用，反而成为宣扬皇权神授的理论。

---

① 侯外庐：《中国思想通史》，第 2 卷，197 页，北京，人民出版社，1957。

　　班固的《汉书》大量收录了京房的《易传》，把董仲舒、刘向、刘歆等的观点与京房的易学的观点夹杂在一起，来解说历史的变动，对他们解说中的差异，有时作出判断，有的则不作出判断，这种粗鄙、杂驳，成为《汉书·五行志》的一大特色。这里我们可以举一个例子以见一斑。

　　　　……孝武时，夏侯始昌通《五经》，善推《五行传》，以传族子夏侯胜，下及许商，皆以教所贤弟子。其传与刘向同，唯刘歆传独异。

　　　　貌之不恭，是谓不肃……于《易》，《巽》为鸡，鸡有冠距文武之貌，不为威仪，貌气毁，故有鸡祸。……于《易》，《震》在东方，为春为木也；《兑》在西方，为秋为金也；《离》在南方，为夏为火也；《坎》在北方，为冬为水也。春与秋，日夜分，寒暑平，是以金木之气易以相变，故貌伤则致秋阴常雨，言伤则致春阳常旱也。……刘歆貌传曰有鳞虫之孽，羊祸……于《易》《兑》为羊，木为金所病，故致羊祸，与常雨同应。此说非是。春与秋，气阴阳相敌，木病金盛，故能相并，唯此一事耳。

这里把解《易》以论灾异的各家列出来，糅合孟喜的卦气说、京房的五行说、阴阳二气说，把《易》的《说卦》中卦象说与五行、五事、五常结合起来，进而解说自然灾异与人事的祸福的必然联系。《五行志》认为刘歆的解说不对，是因为刘歆的对《易》象理解，只是偶然可通，而不是必然的关系。《五行志》中倾向于京房把五行相克与阴阳二气相交说结合起来，而不只是从五行相克木为金病这一点上进行解释。这些只不过是黑鬼与白鬼的争论，没有什么根本差别。

　　《汉书》解说历史的既有本朝史也有前代史。

　　第一，以汉朝历史佐验灾异说。这在《五行志》中比比皆是，例如，昭帝元平元年四月，嗣立昌邑王刘贺。刘贺即位时，天阴，昼夜不见日月。夏侯胜乘机上《洪范五行传》说："'皇之不极，厥罚常阴，时则有下人伐上。'不敢察察言，故云臣下有谋。"霍光、张安世读之大惊，以为谋废事被泄露。所以益重经术士。果然，"后数日，卒共废（刘）贺。"《汉书·五行志》接着长篇引证京房《易传》，说阴云之气等征兆。这些在实际上从另一个角度，说明汉室代秦不但是天意，是"汉承尧运"①，而且每一个帝位的废立，也是天意。汉朝历史的兴衰变动是天意决定。再如，自惠帝至平帝，陨石凡十一，大部分是成帝以后的事，"成、哀尤屡"。

第二，以灾异说重新解说先秦的历史。在他们看来，历史的灾异都是盛衰变化的征兆，《左传》中，已经含有天人相关解说，但《左》书中主要的还是以人事作用解释历史的变化。《五行志》在刘歆五行传的基础上，以天人感应学说重新解春秋二百四十二年的历史。京房《易》也是主要的理论依据。鲁隐公三年发生一次日食，《春秋》只是记实事，没有解说，《左传》无说。但在《五行志》中，董仲舒、刘向、刘歆牵强附会地把这次日食和诸侯国的鲁、宋等内乱联系起来，宣扬天人感应理论。京房《易传》说是"以为桓三年日食贯中央，上下竟而黄，臣弑而不卒之形也。后楚严称王，兼地千里。"这就把春秋二百四十二年历史变化重新以天意解说。

应当看到，京房易为代表的灾异说，构成班固在《五行志》中解喻历史的主要理论，京房《易》中含有某些重人事思想也为班固所吸收。《五行志》把五行与《易》象结合起来，阐发易理，显现出孟、京《易》的卦气说的特点。这中间也有重民的思想。例如在解"木"，"说曰：木，东方也。于《易》，地上之木为《观》。其于王事，威仪容貌亦可观者也。故行步有佩玉之度，登车有和鸾之节，田狩有三驱制，饮食有享献之礼，出入有名，使民以时，务在劝农桑，谋在安百姓：如此，则木得其性矣。若乃田猎驰骋不反宫室，饮食沈湎，不顾法度，妄兴徭役以夺民时，作为奸诈，以伤民财，则木失其性矣。盖工匠之为输矢者多伤败，及木为变怪，是为木不曲直。"这里解《易》固是以象数说易，但与《易》中《观》卦的《大象》说不尽相同，但这里面包括的重民思想，它强调的是要使民以时，务在劝农桑，不能妄兴徭役等。

又如，在论"火"时，其解释是："说曰：火，南方，扬光辉为明者也。其于王者，南面乡明而治。……贤佞分别，官人有序，帅由旧章，敬重功勋，殊别适庶，如此则火得其性矣……"这是孟喜的卦气说的路数，但它以此说明用人"贤佞分别，官人有序"的意义，因此也有它合理的意义。这和《尚书》的殷鉴思想一脉相通，只不过是借八卦的五行说来作出阐释。

_____

① 《汉书·高祖本纪》。

其解"土"时，强调卑宫室，不能奢淫骄慢等。也都是在神秘的外衣下面，对统治者发出的警告。这在一个封建王朝危机四起时，只是一种微弱的抗争。

另外，《五行志》中以谷永、王音等是直接引京房《易传》，来论历史兴亡的经验教训，《志》有的地方直接引《泰誓》的话："民之所欲，天必从之。"鸿嘉二年，王音论灾异，直说"皇天数见灾异，欲人变更，终已不改。天尚不能感动陛下，臣子何望？"这是谈灾异，也是直抒忧愤，直陈对朝廷的绝望。

还应当提到的，有些《易》之意本来并不是讲灾异，但《汉书》引这些辞语，用于讲灾异。一种是，今本《易》中没有的语句，如《杜周传》所引的《易》，说"正其本，万事理"① 一句，这是《周易》中所没有的内容，是讲义理的，引杜钦的话重在证明"后妃之制，夭寿治乱存亡之端也，迹三代之季世，览宗、宣之享国，察近属之符验，祸败曷常不由女德？"另一种是曲解《周易》中原文意义，《汉书》卷六十三《武五子传·赞》中引《易》："天之所助者顺也，人之所助者信也。君子履信思顺，自天佑之，吉无不利。"这本是强调"君子"的人事作用，只要君子重信，天会"佑之"。但在本传的《赞》中，是论说巫蛊之祸"亦有天时，非人力所致"。这也可以看出《汉书》的易学倾向。

京房的卦气说等，包含了阴阳转化说等，但在论说社会人事变化时，这种联系思想已经走向了相反的方面，比附成为一种灾异的理论。京房的依据是："生吉凶之义，始于五行，终于八卦，从无入有，见灾于星辰也。从有入无，见象于阴阳也。阴阳之义岁月分也。岁月既分，吉凶定矣。故曰八卦成列，象在其中矣。六爻上下，天地阴阳，运转有无之象，配乎人事，八卦仰观俯察在乎人，隐显灾异在乎天，察人事在乎卦。"这样就把八卦作为天意谴人事的征兆。人事吉凶、祸福、得失都显示在天象变化上，而这又反映在八卦的变化上。阴阳灾异的学说由此而立。这和西汉的董仲舒的天人感应说出于一辙。

汉《易》象数的思维方式成为班固解喻历史的逻辑，他不但以此解说本朝历史的变动，而且打破了断代史的界限，重新解说汉代以前的历史，很可玩味的。我们看到，《汉书》以易理解说历史的天人感应的体系中，也包含着一些重民思想，体现出警戒君王的企图。

---

① 《汉书·杜周传》。

谶纬的学说体现出的是神意史观，它受到历代进步思想家的批评。宋代郑樵说："说《洪范》者，皆谓箕子本《河图》《洛书》以明五行之旨。刘向创释其传于前，诸史因之而为志于后，析天下灾祥之变于金、木、水、火、土之域，乃以时事之吉凶而曲为之配，此之谓其欺天之学。"① 在中世纪史学思想发展过程中，"欺天之学"是维护封建统治的学说，所以不可能绝迹，只不过在不同时期以不同的理论形态出现。

谈到汉代《易》学对史学的影响，不能不谈汉代学术的变化、汉代经学的变化。

具体说到西汉经学的流派情况是：《易》有施、孟、梁丘及京房，民间有费、高二家；《书》有欧阳，大、小夏侯；《诗》有鲁申公为《诗》训诂，而齐辕固、燕韩生，"皆为之传"，未立入学官者，为毛公之学。《礼》有大、小戴。《春秋》有左丘明，虽有刘歆的努力，但终未立于官。《公羊》、《谷梁》立于学官。光武更立十四博士。除《诗》外，所谓十四博士，并非完全在学术渊源有什么严格的差异，皮锡瑞在《经学历史》中说各家之分，是分所不必分，立所不当立。"自武帝立《五经》博士，开弟子员，设科射策，劝以官禄，讫于元始，百有余年，传业者浸盛，支叶蕃滋，一经说至百余万言，大师众至千余人，盖禄利之路然也。"② 在中国古代社会，学术与政治往往是纠缠在一起的，离开政治背景，学术也成不了气候。学术人物沉浮又与政治斗争起伏瓜葛相连。这就是西汉中后期的学术景观。

（原载《齐鲁学刊》，2001 年第 3 期）

---

① 《通志·灾祥略》。
② 《汉书·儒林传赞》。

许殿才

两汉时期的历史盛衰总结与政治

一

秦亡汉兴的历史实践，提出了发人深思的问题：秦累世经营，灭六国而成帝业，为什么陈涉揭竿而起，一下子就土崩瓦解了？刘邦出身平民，无累世功德，为什么几年内就打败了所有竞争对手，建立起大汉帝国，成为天子？这样的新鲜事有没有合理依据？秦何以亡得这样快？汉何以兴得这样暴？当时的政治家、思想家、史学家思索这些问题，是为了了解历史变化的原因，给新生政权提供经验教训，解决汉政权怎样统治下去的问题。

刘邦即帝位当年，便开始思考这个问题。在与群臣欢聚时，他问臣下："列侯诸将无敢隐朕，皆言其情。吾所以有天下者何？项氏所以失天下者何？"高起、王陵回答："陛下慢而侮人，项羽仁而爱人。然陛下使人攻城略地，所降下者因以予之，与天下同利也。项羽妒贤嫉能，有功者害之，贤者疑之，战胜而不予人功，得地而不予人利，此所以失天下也。"刘邦说："公知其一，未知其二。夫运筹策帷帐之中，决胜于千里之外，吾不如子房。镇国家，抚百姓，给馈饷，不绝粮道，吾不如萧何。连百万之军，战必胜，攻必取，吾不如韩信。此三者，皆人杰也，吾能用之，此吾所以取天下也。项羽有一范增而不能用，此其所以为我擒也。"① 刘邦君臣都把人的作用放在首位。当天下大乱之际，在你死我活的厮杀之中，军事首领及辅佐者的个人才智确实发挥着重要作用，决策的正确与否往往会在顷刻之间改变双方力量的对比，决定战争的胜负。当时他们对人的作用的体会应当说是很深的。不同的是，高起和王陵看到的是刘、项用人的不同，注意的是领导者的胸怀与气度。刘邦的高明之处在于看到了个人力量的有限，意识到广用各方面人才之长，才能成就大业。在天下初定之时，他们想到的只是胜负的直接原因，还来不及对历史作更深入的思考。当然，他也还没有充分认识到用天命粉饰政权的重要。

这样的总结，对刘邦君臣是很有影响的。杰出军事人才站在刘邦一边时，是他统一天下的倚重力量，大卜初定后，则成为对新生政权的最大潜在威胁。刘邦建立汉政权之初，对拥有重兵又能征惯战的韩信、彭越、英布等杰出军事将领非常害怕，为解决新生政权稳定问题费尽了心机。他不得不采用封王的办法，对这些人啖以厚利，使他们的野心部分得到满足。同时抓住一切机会削弱他们的军事力量，一旦时机成熟马上下手，将他们彻底消灭。刘邦在位时，次第翦除了韩信、韩王信、彭越、英布、卢绾等异姓王及代相陈豨等异己力量，改封宗室子弟为王，力图起到以枝叶护本根作用，并斩白马为誓，宣布："非刘氏不王，若有亡功非上所置而侯者，天下共诛之。"② 刘邦的做法，固然出于维护家族统治的私心，客观上却成为巩固新生大一统政权的有力措施。

深入总结历史经验教训，提出巩固政权根本方针的是陆贾。他常常在刘邦面前称引《诗》、《书》，惹得刘邦很反感，训斥他说："乃公居马上而得之，安事《诗》、《书》？"陆贾反问："居马上得之，宁可以马上治之乎？"此言可谓一语破的，道出了夺取政权与巩固政权方略的不同。不能以武力治天下，可说是千古不磨的真理，有着久远的生命力。接下来，他用历史事实说明了不施仁义，纯任武力必然失败的道理，也道出了秦亡的根本原因："且汤、武逆取而以顺守之，文武并用，长久之术也。昔者吴王夫差、智伯极武而亡，秦任刑法不变，卒灭赵氏。乡使秦已并天下，行仁义，法先圣，陛下安得而有之？"刘邦被他说得面有惭色，要求他总结出秦亡汉兴及历史上成败得失的经验教训来。陆贾"乃粗述存亡之徵，

---

① 《史记·高祖本纪》。
② 《汉书·外戚恩泽侯表序》。

凡著十二篇。"因为很好贯彻了刘邦的撰述意图，所以"每奏一篇，高帝未尝不称善，左右呼万岁，号其书曰《新语》。"① 在《新语》中，陆贾系统总结古今施政的经验教训，阐述了以仁义为本的治国学说。针对百废待兴的社会现实，他提出无为而治的主张，要求政府减少对社会的行政干预，减少徭役，减轻刑罚，休养民力，通过教化达到天下大治。

陆贾的思想主张对汉初统治政策有重大影响，在他的直接劝说下，刘邦实现了统治方针的改变，由依赖武力改成推行文治。这一指导思想的改变确实成了汉政权长治久安的根本举措。从高祖、吕后，到文帝、景帝，一直执行休养生息的政策，取得了巨大的历史成就。刘邦时时注意改秦之败，休养民力，即使是消除异己力量之时，也尽量避免使用武力。惠帝、吕后时期，"君臣俱欲无为，故惠帝恭己，高后女主制政，不出房闼，而天下晏然，刑罚罕用，民务稼穑，衣食滋殖"②。文帝"加之以恭俭"③，"专务以德化民，是以海内殷富，兴于礼义，断狱数百，几致刑措"④。景帝继承文帝事业，于是汉兴"五六十载之间，至于移风易俗，黎民醇厚"，取得了"周云成康，汉言文景"⑤ 的历史成就。对于陆贾思想主张的重大理论与实用价值，汉代人就给以相当高的评价。王充在《论衡·案书篇》中说："《新语》陆贾所造，盖董仲舒相被服焉。皆言君臣政治得失，言可采行，事美足观，鸿知所言，参贰经传，虽古圣之言，不能过增。"

汉文帝时的贾谊对历史与现实问题又一次作了深入思考。他的《过秦论》⑥ 是一篇出色的历史论文。文章对秦由兴起到败亡的历史作了全面回顾与总结。肯定秦"立法度，务耕织，修守战之备"，完成统一大业的历史功绩。然后分析秦统一后政策的失误，揭示秦亡的原因。他具体论述道：天下初定时，经多年战乱之苦，"天下之士斐然向风"，"元元之民冀得安其性命，莫不虚心而仰上"，为社会的安定与治理提供了良好的时机。可惜秦始皇不能及时调整政策，仍崇尚武力，"其道不易，其政不改，是其所以取之守之者无异也。孤独而有之，故其亡可立而待"。而且

① 《史记·郦生陆贾列传》。

② 《汉书·高后纪赞》。

③ 《汉书·景帝纪赞》。

④ 《汉书·文帝纪赞》。

⑤ 《汉书·景帝纪赞》。

⑥ 见《史记·秦始皇本纪赞》。

继秦始皇为帝的二世与子婴还不知改弦更张，"三主惑而终身不悟，亡不亦宜乎"！通过细致的分析，他得出结论：秦灭亡的根本原因在于"仁义不施，而攻守之势异也"。贾谊所言历史，处处观照着现实，明白表露出总结历史经验，为现实服务的宗旨。文中言："君子为国，观之上古，验之当世，参以人事，察盛衰之理，审权势之宜，去就有序，变化有时，故旷日长久而社稷安矣。"这已是从个别历史现象中总结出来的规律性的治国方略了。

从汉兴到文帝时期，一直执行无为而治的政策，虽然民众得到苏息，社会经济得到恢复和发展，取得了不小的成就，却也积累了一些问题。在经济逐步好转之际，王公贵族、强宗豪右逐渐养成奢靡之风，连以恭俭著称的文帝也有与臣下驰驱射猎，一日再三出之举。对于这样的苗头，如不能防微杜渐，发展下去便会重蹈亡秦的覆辙。最严重的是诸侯王骄奢淫逸，小者淫荒越法，大者睽孤横逆，成为封建皇朝的离心力量，威胁着国家的统一。贾谊具有见盛观衰的敏锐眼光，在朝廷内外一派歌舞升平之时，写下重要政论文章《治安策》①。指出天下大势危如累卵，"可为痛哭者一，可为流涕者二，可为长太息者六，若其他背理而伤道者，难遍以疏举"。他逐一讨论了当时所存在的社会问题，指出诸侯尾大不掉，形成对中央政权的威胁是可为痛哭者；不能解决匈奴对汉中央政权的侵扰是可为流涕者；奢侈成风、风俗败坏、礼制未定、重法轻德、摧辱大臣、太子教育之制未备等是可为长太息者。他"稽之天地，验之往古，按之当今之务"，提出了"移风易俗，使天下回心而向道"，"定经制，令君君臣臣，上下有差，父子六亲各得其宜"等根本措施，也提出了理顺朝廷与地方关系的具体解决办法。贾谊服膺儒家的仁义学说，但与陆贾不同，他主张积极有为地整顿社会，使之进于王道之境，实发武帝尊儒之先声。

贾谊对秦亡教训的总结、对当时社会问题的揭示，以及提出的社会问题解决方案，都对当时及以后的政治决策产生了很大的作用。文帝、景帝在执行恭俭，以德怀民政策的同时，注意解决社会矛盾，稳定统治秩序。在对内对外政策上，也多采纳贾谊之议，削弱藩国势力、礼遇大臣、抚慰南越、减轻刑罚、端正风俗等，这些都与文景之治有直接关系。贾谊提出的"众建诸侯而少其力"的办法，更成为后来根本解决藩国问

---

① 见《汉书·贾谊传》。

题的良策。文帝"思贾生之言，乃分齐为六国，尽立悼惠王子六人为王；又迁淮南王喜于城阳，而分淮南为三国，尽立厉王三子以王之"①。景帝、武帝在七国之乱后，继续实行削弱藩国势力的办法，最终解决了这一问题，汉大一统政权进入新的发展阶段。

刘向在高度评价贾谊理论建树的同时，为之未能实行而深表惋惜。他说："贾谊言三代与秦治乱之意，其论甚美，通达国体，虽古之伊、管未能远过也。使时见用，功化必盛。为庸臣所害，甚可悼痛。"班固同意刘向对贾谊思想主张的评价，同时纠正了刘向的片面看法，他认为："追观孝文玄默躬行以移风俗，谊之所陈略施行矣……谊亦天年早终，虽不至公卿，未为不遇也。"② 班固通达国体，对封建政权建设有更深入的理解，他的话是合乎历史实际的。

二

汉武帝时期，顺应历史发展的要求，改变黄老无为而治政策，代之儒家积极有为的新政策，在大一统政权建设上取得了新的历史成就。他有很强的历史感，重视历史上的经验教训，从历史中得到了相当多的启示。

武帝即位当年，采取一系列措施进行思想文化领域的基本建设。他下诏宣称："古之立教，乡里以齿，朝廷以爵，扶世导民，莫善于德。"③以历史为依据，树起整顿伦理秩序，以德教为本的政纲。

为了进一步推行德教政纲，全面改革朝章国制，巩固大一统政权，汉武帝要求贤良对策讨论治国的根本方针问题。在所下诏书中，他说："朕闻昔在唐虞，画象而民不犯，日月所烛，莫不率俾。周之成康，刑错不用，德及鸟兽，教通四海。海外肃眘，北发渠搜，氐羌徕服。星辰不孛，日月不蚀，山陵不崩，川谷不塞；麟凤在郊薮，河洛出图书。呜呼，何施而臻此与！今朕获承宗庙，夙兴以求，夜寐以思，若涉渊水，未知所济。猗与伟与！何行而可以章先帝之洪业休德，上参尧舜，下配三王！

① 《汉书·贾谊传》。
② 《汉书·贾谊传赞》。
③ 《汉书·武帝纪》。

朕之不敏，不能远德，此子大夫之所睹闻也。贤良明于古今王事之体，受策察问，咸以书对，著之于篇，朕亲览焉。"① 诏书准确传达出他对前代治世的向往，明确提出思考前代治世形成的原因，以解决现实存在的问题，选择适宜的施政方针。他所以向贤良讨教，正因为他们"明于古今王事之体"。

在另一篇诏书中，他指示要思考五百年来历史变化的原因："夫五百年之间，守文之君，当涂之士，欲则先王之法以戴翼其世者甚众，然犹不能反，日以扑灭，至后王而后止，岂其所持操或诚缪而失其统与？固天降命不可复反，必推之于大衰而后息与？乌虖！凡所为屑屑，夙兴夜寐，务法上古者，又将无补与？"在此基础上回答"三代受命，其符安在？灾异之变，何缘而起"等治国根本问题，达到"伊欲风流而令行，刑轻而奸改，百姓和乐，政事宣昭……膏露降，百谷登，德润四海，泽臻草木，三光全，寒暑平，受天之祐，享鬼神之灵，德泽洋溢，施虖方外，延及群生"的目的。

大儒董仲舒"明先圣之业，习俗化之变，终始之序"，在著名的《天人三策》中首先谈到要"视前世已行之事，以观天人相与之际"，把古今和天人结合起来，在广阔的时空背景下探索治国根本方略。这样大的理论气魄和这样深的理论思考，决定了他的思想在当时所能达到的高度，也决定了适应新生大一统政权需要，建立新的思想体系的任务非他莫属。

通过对古今联系的考察和对天人关系的思考，董仲舒提出："道者，所繇适于治之路也，仁义礼乐皆其具也。故圣王已没，而子孙长久安宁数百岁，此皆礼乐教化之功也。"要把礼乐教化作为治国之本。这个主张与武帝的本意相合，也是贾谊等有远见的思想家早已提出过的。从深层次原因看，这也正是历史发展的客观需要，是建立稳固封建秩序的必然选择。董仲舒对策的价值在于因理论论证的有力，而促使武帝坚定了实行这一政策的决心，同时也为整个封建社会确立了基本统治政策。

董仲舒认识到统一的社会要有统一的思想，当时统一的中央政权已经建立，可是在思想领域百家纷争的局面还未结束，这实际上成为大一统政权建设的最大障碍。他在对策中论证了以儒家思想统一意识形态的必要。他说："《春秋》大一统者，天地之常经，古今之通谊也。今师异道，人异论，百家殊方，指意不同，是以上亡以持一统，法制数变，下

---

① 《汉书·武帝纪》。

不知所守。臣愚以为诸不在六艺之科孔子之术者，皆绝其道，勿使并进。邪辟之说灭息，然后统纪可一而法度可明，民知所从矣。"① 这一论证以天人古今的通则为理论支点，具有理论高度，同时紧紧贴近社会现实，有很强的说服力。武帝采纳了他的建议，在思想领域实行"罢黜百家，独尊儒术"的政策，用政权的力量树立起儒家思想的权威。

汉武帝在儒家思想指导下，进行社会的全面建设，"兴造功业，制度遗文，后世莫及"②，把新生封建统一国家引上更广阔的发展道路。虽然在当世曾造成严重的社会负担，可从长远看，其历史成就是必须肯定的。

儒家思想是在华夏民族文化积累和华夏民众社会心理基础上形成的。它以仁爱为本，提倡用反求诸己和道德约束的办法使天下归仁，建立理想的社会关系。此时，董仲舒将阴阳五行之说援入儒学，创立起以天人合一宇宙观为核心的新儒学，成功地论证了封建社会的天然合理，为封建社会的存在，奠定了牢固的理论基础，为它的巩固与发展，确立了合适的指导思想。此后，儒学统领中国社会的格局保持了两千余年，直接影响了中国历史与社会发展的方向与进程。

明清之际的著名思想家王夫之充分肯定董仲舒整顿封建思想秩序，确立儒家思想统治地位的历史意义。他说："经天下而归于一正，必同条而共贯，杂则虽矩范先王之步趋而迷其真。惟同条而共贯，统天下而经之，则必乘时以精义，而大业以成。仲舒之策曰：'不在六艺之科、孔子之术者，皆绝其道。'此非三代之法也，然而三代之精义存矣。"③ 这话是很有道理的。

西汉宣帝起自民间，以重刑名著称。他对历史的态度与秦始皇有相近之处，他看到了历史的借鉴作用，同时对于历史保持了一份清醒。他在与时为太子的元帝讨论汉代统治政策时，说的一段话道出了为政要害："汉家自有制度，本以霸王道杂之，奈何纯任德教，用周政乎！且俗儒不达时变，好是古非今，使人眩于名实，不知所守，何足委任！"④ 人们对待历史的态度首先可分为重视与不重视两种。重视历史当然是对的，但还不够。只有正确看待历史，在认真研究历史的基础上，吸取其中的有益营养，才是真正可取的态度。泥古不化，把历史当作包袱背起来，实

---

① 以上引文均见《汉书·董仲舒传》。
②《汉书·公孙弘卜式儿宽传赞》。
③ 王夫之：《读通鉴论》，卷三。
④《汉书·元帝纪》。

际上是在糟蹋历史。宣帝以时变的眼光看待历史，指出不达时变，是古非今，使人眩于名实不知所守是俗儒的通病，真是切中要害。正是对待历史的健康态度，使他在执政期间牢牢抓住以霸王道杂之这一要点，取得了新的历史成就。

西汉成帝时发生的一件事，可以让我们从另一个角度看到历史知识的重要。元帝的弟弟东平思王刘宇当元帝去世时，曾有野心取成帝而代之，受到处罚后入朝，"上疏求诸子及《太史公书》"①。成帝拿不定主意，问当政的舅舅大将军王凤。王凤意识到刘宇掌握历史知识会对成帝构成威胁，回答："臣闻诸侯朝聘，考文章，正法度，非礼不言。今东平王幸得来朝，不思制节谨度，以防危失，而求诸书，非朝聘之义也。诸子书或反经术，非圣人，或明鬼神，信物怪；《太史公书》有战国从横权谲之谋，汉兴之初谋臣奇策，天官灾异，地形阨塞，皆不宜在诸侯王。不可予。不许之辞宜曰：'五经圣人所制，万事靡不毕载。王审乐道，傅相皆儒者，旦夕讲诵，足以正身虞意。夫小辩破义，小道不通，致远恐泥，皆不足以留意。诸益于经术者，不爱于王。'"②成帝信从此言，按王凤的说法回绝了刘宇。

三

光武帝在两汉之际经过多年努力，建立起东汉政权。他为稳定统治、重建天下秩序，日夜操劳，乐此不疲，"虽身济大业，兢兢如不及，故能明慎政体，总揽权纲，量时度力，举无过事"③。他取得卓越历史成就的原因之一，就是以西汉历史为施政龟鉴。在他的诸多中兴举措中，我们可以明显看到历史思考的印记。

初建政权时，面临着与西汉初类似的情况，他从刘邦那里学到了很多经验，又注意改变刘邦做法的不妥之处，采取了比刘邦更高明的办法。称帝的第二年，他"封功臣皆为列侯，大国四县，余各有差"。博士丁恭劝阻："古帝王封诸侯不过百里，故利以建侯，取法于雷，强干弱枝，所

① 《太史公书》即《史记》。
② 《汉书·宣元六王传》。
③ 《后汉书·光武帝纪下》。

以为治也。今封诸侯四县，不合法制。"从表面看这是在维护国家的统一，是顺应历史潮流之举，其实却是不达时变之论。当时天下尚未安定，外有赤眉、公孙述、窦融等割据势力，内有诸将拥有重兵，可以说天下形势危如累卵，不对功臣施以恩惠，不但不足以笼络他们为统一事业征战，而且随时可能激起他们的反叛。光武回答丁恭："古之亡国，皆以无道，未尝闻功臣地多而灭亡者。"① 他们君臣都在称引历史，但丁恭是拘泥于古制，光武帝是深一层的思考。更重要的是，他在征引历史之时，向臣下做了自己是有道之君的暗示，同时也向臣子提出戮力同心共建理想政局的要求。

天下初定之后，他马上采取罢兵措施，让天下武士归农。同时鉴于西汉一朝权臣跋扈的教训，采取了对功臣以优厚封赏笼络而实际褫夺其职权的办法，进行安置，使功臣得以善终，国家得以安定。从进一步的政权建设要求，此举不但杜绝了骄兵悍将武力反叛的可能，防止了功臣恃功跋扈对朝政的干扰，而且为治国贤才提供了参政的机会。这后一点其实尤为重要，因为文武各有所长，当国家中心工作由武功改为文治之时，大量吸取理政安民人才，正是当务之急。光武帝的举措得到有识史家的赞许。《后汉书》作者范晔深通刘秀内心款曲，评述：

> 中兴二十八将，前世以为上应二十八宿，未之详也。然咸能感会风云，奋其智勇，称为佐命，亦各志能之士也。议者多非光武不以功臣任职，至使英姿茂绩，委而勿用。然原夫深图远虑，固将有以焉尔。若乃王道既衰，降及霸德，犹能授受惟庸，勋贤皆序，如管、隰之迭升桓世，先、赵之同列文朝，可谓兼通矣。降自秦、汉，世资战力，至于翼扶王运，皆武人屈起，亦有鬻缯屠狗轻猾之徒，或崇以连城之赏，或任以阿衡之地，故势疑则隙生，力侔则乱起。萧、樊且犹缧绁，信、越终见菹戮，不其然乎！自兹以降，迄于孝武，宰辅五世，莫非公侯。遂使缙绅道塞，贤能蔽壅，朝有世及之私，下多抱关之怨。其怀道无闻，委身草莽者，亦何可胜言。故光武鉴前事之违，存矫枉之志，虽寇、邓之高勋，耿、贾之鸿烈，分土不过大县数四，所加特进、朝请而已。观其治平临政，课职责咎，将所

---

① 以上引文均见《后汉书·光武帝纪上》。

谓"导之以政，齐之以刑"者乎！若格之功臣，其伤已甚。何者？直绳则亏丧恩旧，桡情则违废禁典，选德则功不必厚，举劳则人或未贤，参任则群心难塞，并列则其弊未远。不得不校其胜否，即以事相权。故高秩厚礼，允答元功，峻文深宪，责成吏职。建武之世，侯者百余，若夫数公者，则与参国议，分均休咎，余并优以宽科，完其封禄，莫不终以功名延庆于后。昔留侯以为高祖悉用萧、曹故人，而郭伋亦讥南阳多显，郑兴又戒功臣专任。夫崇恩偏授，易启私溺之失，至公均被，必广招贤之路，意者不其然乎！①

范晔赞赏这个做法的高明，同时指出这个做法来自历史的教育。从上述分析中我们可以清楚看出，光武帝是个善读史者。从实行的结果看，他的做法取得了成功：功臣们"功名不自矜"、"爵位不过望"、"奉身及家皆自勤约"②；朝廷因引进大量新的人才，而在治国理民方面取得成绩。光武帝为后来的统治者提供了安置功臣的成功经验。

光武帝基本完成统一大业之时，仿效西汉实行休养生息政策。他宣布自己的统治政策就是"吾理天下，亦欲以柔道行之"。他"知天下疲耗思乐息肩。自陇、蜀平后，非儌急，未尝复言军旅"。皇太子曾向他请教攻战之事，他回答："昔卫灵公问陈，孔子不对，此非尔所及。"③ 明确交代要把统治方针放到文治上来。他多次下诏或罢兵归农，或减省吏员，或抚恤民众，或赦免犯人，或释放奴婢，或减免租税，使民力得到充分休养，社会经济很快得到恢复。

光武帝不满足于照搬前代的成功经验，而是根据面对的社会现实，进行适当调整。他采用汉初黄老之术中的休养生息政策以恢复民力，又尽量避免西汉初年单纯任用黄老之术产生的弊端，吸取儒家学说中的有益成分，积极进行政权建设。建武五年（公元 29 年），他"幸鲁，使大司空祠孔子"。同年，他"初起太学，车驾还宫，幸太学，赐博士弟子名有差"④。次年，命公卿举贤良方正。进行积极的文化建设。他扩大尚书台的权力，改变西汉一代三公权力过重之制，以此加强皇权。他还采取

① 《后汉书·朱景王杜马刘傅坚马列传》。
② 叶适：《习学记言序目》，卷二十四。
③ 《后汉书·光武帝纪下》。
④ 《后汉书·光武帝纪上》。

措施加强监察制度，保证国家机器更有效地运转。这些做法对于政权的长治久安是有深远意义的。把"无为"与"有为"有机地结合起来，交互为用，达到从心所欲程度，可见光武帝确实有着过人之处。我们说光武帝是善读史者，于此可见一斑。

光武帝自律甚严。他以节俭著称，《后汉书·循吏列传》说他"身衣大练，色无重采，耳不听郑卫之音，手不持珠玉之玩，宫房无私爱，左右无偏恩。建武十三年，异国有献名马者，日行千里，又进宝剑，贾兼百金，诏以马驾鼓车，剑赐骑士。损上林池御之官，废骋望弋猎之事。其以手迹赐方国者，皆一札十行，细书成文。"《后汉书·皇后纪》说："光武中兴，琢雕为朴，六宫称号，唯皇后、贵人。贵人金印紫绶，奉不过粟数十斛。"由于自身俭朴以为天下先，这一时期"勤约之风，行于上下"①。看到这些记载，我们很容易联想到《汉书》对文帝恭俭行为的赞美。光武帝显然有追踪前汉圣明帝王之志。

为避免重蹈西汉覆辙，光武帝确实是费尽心机。他"闵伤前代权臣太盛，外戚与政，上浊明主，下危臣子"，对后妃之家参政进行严格限制。使"后族阴、郭之家不过九卿，亲属荣位不能入许、史、王氏之半耳"②。这一制度在东汉初得到很好贯彻。《后汉书·明帝纪》记载明帝"遵奉建武制度，无敢违者。后宫之家，不得封侯与政。馆陶公主为子求郎，不许，而赐钱千万。谓群臣曰：'郎官上应列宿，出宰百里，有非其人，则民受其殃，是以难之。'"伏波将军马援战功卓著，却没有列位云台二十八将，就是因为其女为明帝皇后，"以椒房故，独不及援"③。在他们的控制下，终明帝之世"诸豪戚莫敢犯法者"④。他们无法想象的是，后来外戚集团成为东汉政权的主要掘墓人，历史演变并不依他们的意志转移。

（原载《史学史研究》，2000 年第 2 期）

---

① 《后汉书·循吏列传》。
② 《后汉书·明帝纪》注引《东观汉记》。
③ 《后汉书·马援列传》。
④ 《后汉书·窦融列传》。

陈其泰

董仲舒构建春秋公羊学理论体系的贡献

一 董仲舒：把春秋学推向高峰最有功的人物

经过秦朝焚书、禁绝儒学的浩劫以后，儒家典籍散亡，学说传授几乎中绝。值汉初几十年的因缘际会，儒学重新获得非凡的生命力，并加快其复兴的步伐。汉景帝时，董仲舒以专治《公羊春秋》与胡毋子都同为博士。后他向汉武帝建议"罢黜百家，独尊儒术"，儒家的五经确立了经典的至高无上的地位，不但为学者所宗从，而且是朝廷的指导思想，中国文化史上的"经学时代"从此开始，一直延续到晚清，相沿达两千年。一个学派的经典，在一个人口众多的大国如此长期地居于意识形态的支配地位，这是世界史上独一无二的现象。《汉书·董仲舒传》赞引刘歆评价董仲舒云："仲舒遭汉承秦灭学之后，六经离析，下帷发愤，潜心大业，令后学者有所统壹，为群儒首。"西汉自景、武时代起，《诗》、《书》、《礼》、《易》、《春秋》五部儒家经典，渐立于学官，传授各有其人，而《春秋》一经却无疑享有最尊显的地位，它令"学者有所统壹"，并且为帝王所提倡，成为一代显学。对于《春秋》在西汉中期以后这种在政治上和学术上特殊的指导地位，前代学者也有中肯的评语，如宋代胡安国说："武、宣之世，时君信重其书，学士大夫诵说，用于断狱决事。虽万目未张，而大纲克正，过于春秋之时。"① 清儒唐晏也说："凡朝廷决大疑，人臣有献替，必引《春秋》为断。"② 总之，《春秋》在当时俨然是一部"圣经"，凡朝廷决大疑，大臣呈奏议，以至决狱判案，都必定引《春秋》为根据。这是西汉中后期"经学时代"初启特有的、堪称时代标志性的现象。历数把《春秋》推向尊显地位的有功人物，自然不应忘记景帝时将《春秋公羊传》著之竹帛的公羊寿，在齐地传春秋公羊学、身为朝廷博士的胡毋子都，以通春秋公羊学跻身丞相的公孙弘。而相比之下，功劳最巨、"为群儒首"的人物则是董仲舒。董仲舒精通五经，尤致力于春秋公羊学的传授，"下帷讲诵，弟子传以久次相授业"，因而使春秋公羊学盛行于世。他写有关于春秋公羊学的多种著作，史书称"仲舒所著，皆明经术之意，及上疏条教，凡百二十三篇"③。《春秋繁露》八十二篇，是流传至今的董氏的重要著作，书名"繁露"，即是对《春秋》发挥、引申之意。④ 书中可能有后人附加的字句，但其思想体系和基本内容出自董仲舒无疑。董仲舒先后任江都王相、胶西王相，后去位归家，修学著书，然朝廷有大议，常"使使者及廷尉张汤就其家而问之，其对皆有明法"。董仲舒之所以能把春秋公羊学推向高峰，在当时被尊奉为"一代儒宗"，所撰《春秋繁露》一书能在思想史上产生如此巨大而久远的影响，关键就在于他根据时代的发展，创造性地诠释了《春秋》的大义，从而为经学的发展做出了巨大贡献。董仲舒为何能成功地推演《春秋》大义？他如何诠释和建构春秋公羊学说的理论体系？他的学说何以能在西汉政治领域和学术领域产生强烈的反响？董仲舒经学诠释的成功经验对后代公羊学者提供了什么启示？这些都是经学思想史上很有意义的问题，值得深入地探讨。

---

① 据皮锡瑞《经学通论》卷四"春秋"所引，北京，中华书局，1959。
②《两汉三国学案》，卷八。
③《汉书·董仲舒传》。
④ 据《中兴馆阁书目》引《逸周书·王会解》："天子南面立，绁无繁露。"注云："繁露，冕之所垂也。有联贯之象。《春秋》属辞比事，仲舒立名，或取诸此。"按，"繁露"既是"冕之所垂"，就有引申、发挥的意思。又，程大昌《书繁露后》："牛享问崔豹：'冕旒以繁露者何？'答曰：'缀玉而下垂如繁露也。'则繁露也者，古冕之旒似露而垂。"也是引申之意。

二 经学内在的逻辑发展与时代机遇的交汇

董仲舒成为西汉春秋公羊学的大师,《春秋繁露》成为诠释《春秋》并使之达到高峰的代表作,实是先秦以来经学发生史内在的逻辑发展与西汉时代机遇二者相结合的产物。

首先,是由于《春秋》在原始儒家经典中具有突出的经世特点,至西汉,适逢其会地发挥出对现实政治生活强有力的指导作用。先秦儒家经典的共同本质是:它们凝结了三代甚至更为古远的华夏民族的历史经验和文化智慧,尤其总结了西周初年文王、武王、周公为代表的"敬德保民"的历史经验和政治智慧并加以发展、丰富,形成了以行仁政、重民心、遵礼制、敬天命,以及重视历史经验、祖先崇拜、亲亲和孝道,提倡温柔敦厚和中庸之道,相信万物生生不已,保持积极进取的人生态度等项为主要纲目的学说体系,集中地代表了中华民族的价值观念、生活方式和共同心理。在以后各个社会阶段中,有关社会发展和民众生活的课题虽然带有不同特点,但许多问题的实质与原始儒学所提出的命题又是相贯通的。因此,两千多年来各个时代有成就的思想家和志士仁人表达他们兴邦济世、为国为民的思想主张,都是通过对儒家经典的阐释进行的。一方面,依靠彰显儒家经典的权威性来加强其主张的影响力。另一方面,通过总结新的时代智慧而对原有的命题作出新的诠释,为经学思想注入新的时代精神和活力。这就决定了两千多年间经学诠释的传统,它不断丰富和发挥先秦经典的基本内涵并且不断进行着再创造。

在经学诠释传统中,《春秋》占有特殊重要的地位。此中原因值得深入研究,初步考察,至少有以下三层理由。一者,《春秋》是孔子据鲁史而作,是儒家五经中唯一由孔子修成的,这与经过孔子删订、编次或部分作解释的其他经典有所不同,更有权威性。二者,《春秋》记载春秋二百四十二年史事,文字极简略,却处处寓含着孔子的褒贬大义。孔子修《春秋》的目的,是拨乱世,反之正。孔子所处的时代,周王室式微,诸侯各国攻战不已,礼坏乐崩,弑君三十六,亡国五十二。孔子要通过记载历史重整天下纲纪,重新规定政治生活的准则和人们的价值标准,因而《春秋》具有政治威慑作用,使乱臣贼子惧。而后代阐释孔子修《春秋》的"微言大义",对于现实政治生活和威权势力有巨大的干预作用。

三者，孔子通过修《春秋》以寄托自己的政治理想，希望重新实现"天下一统"、"礼乐征伐自天子出"的局面。因而《春秋》被称为"为汉制法"、"立一王之法"，如《公羊传》所强调的具有"以俟后圣"的政治意义。儒家各部经典各有自己的特点和功用，《春秋》最被称道的便是"纲纪天下"、重新安排社会秩序的作用。在先秦时期，《庄子·天下》篇即说："《诗》以道志，《书》以道事，《礼》以道行，《乐》以道和，《易》以道阴阳，《春秋》以道名分。"强调《春秋》具有重整政治秩序和伦理秩序的作用。西汉的董仲舒尤精于《春秋》，他进一步作了诠释："《诗》道志，故长于质。《礼》制节，故长于文。《乐》咏德，故长于风。《书》著功，故长于事。《易》本天地，故长于数。《春秋》正是非，故长于治人。"① 突出地指明《春秋》确定社会规范、治理国家的作用。既然《春秋》之明是非、别善恶、拨乱反正，是立国的纲纪和社会共遵的准则，那么它在儒家五经中就必然被推向特殊重要的地位，对它进行诠释，以它作为君臣和所有社会成员行为的标准，就是国家的大事和时代的需要了！

其次，孟子已为诠释《春秋》作出具有不平凡意义的成功示范，为经学发展创辟了一条大路。从战国中叶至西汉武帝年间，是儒家经典地位上升和经学确立的重要时期，孟子以其弘扬孔子之道的卓识，对推进、形成华夏民族对儒家典籍的共尊意识作出了巨大贡献，他又独具慧眼地对《春秋》作了成功的诠释，这些都激励后人继续为推进这一很有价值的事业作出努力。董仲舒正是自觉担当道义，继承了孟子的功业，因而成为西汉一代巨儒，这同样反映了自先秦至西汉儒学发展的内在逻辑。孟子之所以在经学发展史上起到特殊重要的作用，是由于：从原始儒家典籍的产生到经学的确立，需要具备几项必不可缺的思想基础和文化认同，包括尊奉孔子为圣人，推崇经书的教义具有至尊性和普世性，以及作出创造性地诠释经典的示范等项。孟子恰恰是推进这种文化认同和创辟经学确立之思想基础的关键人物。②

孟子不遗余力地推尊"先王之道"，称圣人为"人伦之至"、"百世之师"，这些先圣就是自尧、舜、禹、汤、文王、武王、周公，以至集大

---

① 《春秋繁露·玉杯》。

② 参见姜广辉主编：《中国经学思想史》，第1卷，第5章，北京，中国社会科学出版社，2003。

成者孔子。他称孔子修《春秋》是关系到华夏民族兴衰存亡的伟大事业，其功可与"禹抑洪水而天下平，周公兼夷狄，驱猛兽而百姓宁"相等列。这就将《春秋》从儒家五经中特别突出出来，成为孔子对民族和历史所建树的不朽功绩的代表之作。孟子指明《春秋》在儒家经典中居于特殊重要的地位，强调孔子虽无天子之位，而行"天子之事"，强调人们要深入钻研孔子贯注在《春秋》中的大义，它们具有使乱臣贼子惧的政治威力。以孟子"亚圣"的地位，论定《春秋》具备后世治国的纲纪和伦理教科书的价值，并为人们结合自己时代的需要创造性地诠释《春秋》树立了典范，指明应着重致力的《春秋》的大纲巨目：这对中国经学思想史的影响是极其深远的，而首先启发和激励了西汉的董仲舒，仲舒正是沿着孟子诠释《春秋》的路子发展，而成为一代公羊学大师。

再次，西汉武帝时代恰好为春秋公羊学的盛行提供了最适宜的时代环境。秦和西汉相继建立了君主专制的统一国家。西汉消灭了异姓王、同姓王之后，国家政治统一的规模更加向前发展。汉武帝以其雄才大略，在边境上进行自卫性质的战争，连续击败匈奴主力，解除了长期以来北方游牧民族对华夏民族的威胁，并且开拓边郡，扩大版图，从而把中华一统的事业推进到空前的阶段。司马迁在《史记》中盛赞道："汉兴，海内为一，开关梁，弛山泽之禁，是以富商大贾周流天下，交易之物莫不通，得其所欲。"① 又说："汉兴以来，至明天子，获符瑞，封禅，改正朔，易服色，受命于穆清，泽流罔极，海外殊俗，重译款塞，请来献见者，不可胜道。"② 战国以来中国统一的事业如此加快发展，亟须一种学说来集中表达它，并且运用这种学说来巩固中国的统一。春秋公羊学说倡导"大一统"，尊奉天子号令天下的地位，正好适应这种需要。国家统一的规模和程度的发展，反映在民族关系上，是自东周后期以来民族间的融合一再呈现新的局面。如范文澜所说，在春秋时期，"华族与居住在中国内部和四方的诸族因文化的不同经常发生斗争，斗争的结果，华夏文化扩大了，中国也扩大了，到东周末年，凡接受华夏文化的各族，大体上融合成一个华族了"③。又说："东周后期，华族生产力进步，文化程度提高，因此逐渐地把居住在中原地区和四周边沿地区的各族融合起

①《史记·货殖列传》。
②《史记·太史公自序》。
③ 范文澜：《中国通史简编》，第 1 编，北京，人民出版社，1955。

来……战国时期，北起秦、赵、燕三国长城，南至旧吴、越海滨，大体上只存在着一个华夏文化，也就是居住在广大境域内两千万左右的人口，文化是共同的，心理状态是共同的。孟、荀大儒主张行仁政，使天下'定于一'。明确地代表这种共同心理。"① 秦、汉统一国家的建立，促使中国境内出现政治上共尊中央朝廷、经济上沟通、文化上交融的新局面，到西汉，北起长城、南至长江流域的广大地区，汉族已成为稳定的民族共同体，形成坚强的民族了，从此以后，这个人口众多的民族就以汉朝这个强盛的朝代命名。当时的周边民族，也形成围绕中原地区的汉族而环列在东西南北的有序局面，并且明显地表现出对中原地区的向心力。春秋公羊学说的大一统观和变易观，其中就突出地包含民族的交流融合大踏步向前推进的极其宝贵的思想，并且预示未来民族间的隔阂、矛盾将完全消失的美好远景。春秋公羊学的进步民族观点，由于得到董仲舒的深入诠释而更加光彩焕发，《春秋繁露》中的有关篇章也因此而成为反映汉代这一历史性进步的具有独特价值的珍贵文献，并为后人打开了创造性地发挥公羊学通达的夷夏观的法门。汉武帝时期由汉初的无为政治向大有作为政治的转变，尤其给董仲舒构建公羊学说体系以直接的有力的推动。西汉初因承秦朝暴政和秦汉之际长期战乱之后，社会残破，生产破坏，经济凋敝，需要实行清静无为政策以恢复民力。文帝、景帝两世，成为历史上著名的休养生息时期。贾谊在文帝时已经提出"改正朔，易服色，法制度，定官名，兴礼乐"的主张，确有先见之明，但当时却因社会经济的恢复尚未达到可观的水平和文帝谦让节俭的性格而未得实行。至武帝时代，经过七十多年休养生息，经济上已积累了雄厚的实力，这个民族像是憋足了劲的巨人，已经不再无为，而是要大有作为，鼓吹清静寡欲的黄老学说再也不合时宜，需要更换全新的哲学、行动的哲学。时代选择了儒家经典这一思想体系。汉初社会虽以黄老思想占主导地位，但在若干关键问题上，儒学已一再发挥了重要作用，如刘邦接受"时时前称说《诗》、《书》"的陆贾的建议，由任用武力转变为实行宽省政治；叔孙通制定礼仪，整肃群臣争功混乱的局面，建立起君臣上下等级分明的秩序；贾谊从儒家立场出发，主张削藩，打击诸侯王割据势力，为加强中央集权建立了大功。这些事实是对汉初诸家学说的最好验证，证明经过休养生息之后，为了巩固和加强君主专制的中央集权制度，儒家经

① 《中国通史简编》，第 1 编，265 页。

典是最为适合的指导思想。建元元年（公元前140年）武帝即位，任命爱好儒术的窦婴为丞相、田蚡为太尉。诏举贤良方正、直言极谏之士。丞相卫绾奏所举贤良或治申、韩、苏、张之言，乱国政，请皆罢。奏可。证明武帝登位伊始，立即表明尊儒的立场。窦婴、田蚡依武帝旨意，迎耆老宿儒鲁申公，议设明堂。建元五年（公元前136年）置五经博士。元光元年（公元前134年），初令郡国举孝廉各一名。五月，复征贤良。董仲舒以《天人三策》应对①，发挥《春秋》之义，提出罢黜百家、独尊儒术的建议，受武帝赞赏。故史称：武帝"推明孔氏，抑黜百家，立学校之官，州郡举茂材孝廉，皆自仲舒发之"②。董仲舒以毕生精力治春秋公羊学，自觉地适应时代的需要，大胆而成功地诠释《春秋》大义，构建了春秋公羊学的理论体系。他所大力彰显的公羊学说，虽然充满"非常异义可怪之论"，但由于符合先秦以来儒学内部的逻辑发展并且深刻体现了"改制"时代的要求，因而大盛于世，成为春秋公羊学说的第一个高峰。

三 《春秋》具有纲纪天下的神圣法典的意义

董仲舒对《春秋》经传的阐释，主要包括：突出《春秋》在儒家六经中的地位，论述它具有纲纪天下的神圣法典的意义；"大一统"的政治观；"张三世"的变易观；"通三统"的改制观；"德刑相兼"；天人感应和谴告说；经权之说。上述七项互相补充，构成了一个丰富的、极具政治色彩和辩证思维色彩的思想体系。

《春秋》开宗明义第一句为："隐公元年春王正月。"《春秋》之所以在儒家经典中地位最为重要，是因为它指明了天子是承天命而治，具有无上的权威，并规定了治理国家的大纲大法。依照《春秋繁露》的阐释，董仲舒认为，在此"元年春王正月"六个字之中，集中地传达了天子统

① 董仲舒对策年代，《汉书·武帝纪》明确载于元光元年，但有不少论者主张应系于建元元年。现采用徐复观、周桂钿的意见，仍定于元光元年。徐复观所著《汉代思想史》论云："《汉书·武帝纪》于元光元年，记武帝策向之文，甚为明备；不以此为断定董生对策之年的基准，而另作摸索，将皆流于穿凿。"确为斟酌多处记载而得的审慎之见。

②《汉书·董仲舒传》。

治的神圣性和确保国家得以大治的根本纲纪这些最重要的信息。《春秋繁露·玉英》篇云："是故《春秋》之道，以元之深（按，此字据《玉海》所引应作气）正天之端，以天之端正王之政，以王之政正诸侯之即位，以诸侯之即位正竟内之治。五者俱正，而化大行。"这段话，体现了解释《春秋》至关重要的"微言大义"，包括帝王承天而治，位居至尊；帝王的号令必须符合天的意志，故人君首先要正心；诸侯必须忠于王室，才有其合法的地位；故诸侯必须秉承王的旨意，正境内之治，实行善政。总之，经过董仲舒的解释，"元年春王正月"这句看似简单的话却是从根本上确定了王权政治的伦理和秩序，王者承天意以行政事，以此表明王权的神圣性和正确性。因此说"五者俱正，而化大行"。在《天人三策》中，董仲舒向汉武帝郑重陈述的是完全同样的意思："臣谨案《春秋》之文，求王道之端，得之于正。正次王，王次春。春者，天之所为也；正者，王之所为也。其意曰，上承天之所为，而下以正其所为，正王道之端云尔。"① 并且直接阐发孟子及《公羊传》中论述《春秋》"行天子之事"，"制《春秋》之义，以俟后圣"的意义，说："孔子作《春秋》，先正王而系万事，见素王之文焉。""故《春秋》受命所先制者，改正朔，易服色，所以应天也。"《春秋繁露》和《天人三策》中所论述的《春秋》中所体现的国家政治的根本纲纪，概括来说主要有以下三项：

一是王权神圣。武帝对董仲舒的策问，也是启发他就"固天降命不可复反"，"三代受命，其符安在"，"何修何饬而膏露降，百谷登……受天之祜，享鬼神之灵"等方面作回答。这种神化王权的天命论固然是迷信、落后的，是让庶民顺服地接受统治，但在历史上，它又是不能跨越的意识形态的阶段。汉武帝对天意如此关切，董仲舒即回答说："……《春秋》之中，视前世已行之事，以观天人相与之际，甚可畏也。"而天这种主宰人世间一切的神秘力量，是授命于天子来实现的，由"天子受命于天"，再派生出整个王权社会的伦理和秩序，"诸侯受命于天子，子受命于父，臣妾受命于君，妻受命于夫"②。《春秋繁露》中进一步从各方面对天子承受天命治理万民加以阐释。《楚庄王》篇说："受命之君，天之所大显也。事父者承意，事君者仪志，事天亦然。"申述国君既已受天之命，其所作为必须符合天意，而臣子对于受命之君同样应当绝对服

① 《汉书·董仲舒传》。
② 《春秋繁露·顺命》。

从。《天地之行》篇说："为人君者，其法取象于天……是故天执其道为万物主，君执其常为一国主。天不可以不刚，主不可以不坚。天不刚则列星乱其行，主不坚则邪臣乱其官。"强调天主宰一切，故赋予国君以统制百官万民的无上权力。天子威严刚强，群臣柔顺服从，这是天意安排，不可移易。《符瑞》篇又说："一统乎天子，而加忧于天下之忧也，务除天下所患。而欲以上通五帝，下极三王，以通百王之道，而随天之终始，博得失之效，而考命象之为。"这是进一步申论天子是天命所归，所以为了达到至治，必须总结古今成败的教训，以符合天命的昭示。

二是论述《春秋》"为后王制法"。《公羊传》在其终卷有一段重要的议论："君子曷为为《春秋》？拨乱世，反诸正，莫近诸《春秋》。则未知其为是与？其诸君子乐道尧舜之道与？末不亦乐乎尧舜之知君子也？制《春秋》之义，以俟后圣。"[1] 据此，《公羊传》作者已经认定，《春秋》拨乱反正的政治主张实则为后王提出治国的指导性原则。董仲舒大大推进了这一观点，提出孔子以《春秋》立一王之义，为后王制法。《春秋繁露·俞序》篇论曰：

> 仲尼之作《春秋》也，上探正天端王公之位，万民之所欲，下明得失，起贤才，以待后圣。……史记十二公之间，皆衰世之事，故门人惑。孔子曰："吾因其行事而加乎王心焉。"以为见之空言，不如行事博深切明。故子贡、闵子、公肩子，言其切而为国家资也。其为切而至于杀君亡国，奔走不得保社稷，其所以然，是皆不明于道，不览于《春秋》也。故卫子夏言，有国家者不可不学《春秋》，不学《春秋》，则无以见前后旁侧之危，则不知国之大柄，君之重任也。故或胁穷失国，掩杀于位，一朝至尔。苟能述《春秋》之法，致行其道，岂徒除祸哉，乃尧舜之德也。

董氏剀切地申论《春秋》所记鲁国十二公之间的史事，乃是处处体现出孔子欲使国家达到至治的良苦用心，所以孔子的门人子贡等人深刻地领会孔子的这一义旨，懂得《春秋》义理深切，足为后王治国的宝鉴。如不按《春秋》之大义实行，则将导致国家礼义制度崩坏，以至亡国灭身。

---

[1]《春秋公羊传·哀公十四年》。

如能按《春秋》所制定的纲纪治国，则不但可以免祸，而且能达到尧舜那样的境地！

三是论述《春秋》之义无所不包，见微知著，防患于未然。《春秋繁露·精华》篇云："（《春秋》）其辞，体天之微，故难知也。弗能察，寂若无；能察之，无物不在。是故为《春秋》者，得一端而多连之，见一空而博贯之，则天下尽矣。"《王道》篇谓："孔子明得失，差贵贱，反王道之本。""刺恶讥微，不遗大小，善无细而不举，恶无细而不去，进善诛恶，绝诸本而已矣。"以此告诫人们，《春秋》中所书不论得失、贵贱、大小、善恶之事，其中运用的褒贬书法，都是寓含着王道之本，人人必须细心体会，返求诸己，身体力行。《二端》篇云："《春秋》至意有二端，不本二端之所从起，亦未可与论灾异也，小大微著之分也。"这是说，如果不按照君臣上下的纲纪法度行事，小错会导致大乱，微末将酿成显祸。必须警省于"小"和"微"，才能防止大而显的祸乱，故谓之"二端"，必须谨慎警觉。故此篇又云："内动于心志，外见于事情，修身审己，明善心以反道者也，岂非贵微重始、慎终推效者哉！"故《文选》注引如淳曰："《春秋》义理繁茂，故比之于林薮也。"此言义理繁茂，正说明董氏所述《春秋》之义无所不包，并为学者所赞同。

按照董仲舒如此的诠释，《春秋》上探得国君所承的天命，下昭示治理国家各项政事的纲纪伦理，因而在儒家经典中便享有最高的地位。一代大史学家司马迁曾师从董仲舒习公羊学说。他接受了董氏关于《春秋》具有纲纪天下的神圣法典的意义的观点，《史记·太史公自序》中有一段极重要的话，酣畅地论述了《春秋》的至尊地位和对于治理国家的无与伦比的意义。

> 余闻董生曰："周道衰废，孔子为鲁司寇，诸侯害之，大夫壅之。孔子知言之不用，道之不行也，是非二百四十二年之中，以为天下仪表，贬天子，退诸侯，讨大夫，以达王事而已矣。"子曰："我欲载之空言，不如见之于行事之深切著明也。"夫《春秋》，上明三王之道，下辨人事之纪，别嫌疑，明是非，定犹豫，善善恶恶，贤贤贱不肖，存亡国，继绝世，补敝起废，王道之大者也。《易》著天地阴阳四时五行，故长于变；《礼》经纪人伦，故长于行；《书》记先王之事，故长于政；《诗》记山川豁谷禽兽草木牝牡雌雄，故长于风；《乐》乐所以立，故长于

和；《春秋》辨是非，故长于治人。是故《礼》以节人，《乐》以发和，《书》以道事，《诗》以达意，《易》以道化，《春秋》以道义。拨乱世反之正，莫近于《春秋》。《春秋》文成数万，其指数千。万物之散聚皆在《春秋》。《春秋》之中，弑君三十六，亡国五十二，诸侯奔走不得保其社稷者不可胜数。察其所以，皆失其本已。故《易》曰"失之毫厘，差以千里"。故曰"臣弑君，子弑父，非一旦一夕之故也，其渐久矣"。故有国者不可以不知《春秋》，前有谗而弗见，后有贼而不知。为人臣者不可以不知《春秋》，守经事而不知其宜，遭变事而不知其权。为人君父而不通于《春秋》之义者，必蒙首恶之名。为人臣子而不通于《春秋》之义者，必陷篡弑之诛，死罪之名。其实皆以为善，为之不知其义，被之空言而不敢辞。夫不通礼义之旨，至于君不君，臣不臣，父不父，子不子。夫君不君则犯，臣不臣则诛，父不父则无道，子不子则不孝。此四行者，天下之大过也。以天下之大过予之，则受而弗敢辞。故《春秋》者，礼义之大宗也。

司马迁的这段话，对于我们理解董仲舒尊崇《春秋》在当时思想界所产生的巨大影响，实在至关重要。他完全接受了董氏所论"有国家者不可不学《春秋》，不学《春秋》，则无以见前后旁侧之危，则不知国之大柄，君之重任"和"修身审己"，"贵微重始"这些基本观点，而且又沿着董氏公羊学的思路而大力发挥，这也是司马迁重视师说、重视儒学、重视吸收当代学术之精华的有力见证。董氏的观点得到史学家司马迁这样的认可和发挥，本身就是公羊学诠释史上的一大成功！司马迁所发挥的春秋公羊学观点，最突出者有四点：其一，由于孔子在《春秋》中做到上明三王之正道，下辨人事之纲纪，对于种种复杂的人物和事件，都以明确的标准作出恰当的褒贬和裁断，判定其是非善恶，即令遇到含混可疑之处，也必定使其无所遁形，故《春秋》代表了王道之大者和治国的根本。其二，儒家六经各有所长，各有其用处，而《春秋》的长处在治人，在于辨明是非善恶，所以它具有拨乱反正，使乱臣贼子惧的政治威慑力量！其三，《春秋》评判裁定的人物和事件复杂纷纭，《春秋》之义无所不包，但是《春秋》又体现出治理国家的纲纪大法，所以它是实施政治和规定人伦关系的总枢，"万物之散聚皆在《春秋》"。《春秋》所记大量弑君、亡国、诸侯篡权、政治败坏的事，究其根本，都在违背《春秋》所规定的大义。所以，掌握最高政治权力的一国之君必须通《春秋》，否则对于潜在的祸患不能觉察，最终难逃弑身败亡的命运。为人臣子如果不精通《春秋》，必然会干出越轨的行为，以至走上篡国弑君的道路。其四，孔子在《春秋》中又规定了君臣、父子的人伦关系的准则，所以，《春秋》又是礼义之大宗。董仲舒所诠释的《春秋》具有纲纪天下的作用这一重要观点为汉代学者所宗从，我们还可以从其他典籍中获得明确的证据。如《说苑·君道》说："《春秋》作而后君子知国道亡也。故上下相亏也，犹水火之相灭也，人君不可不察焉。而大盛其臣下，此私门盛而公家毁也。人君不察，则国家危殆矣。""故曰：有国者不可以不学《春秋》。"

四 "大一统"·"张三世"·"通三统"

董仲舒沿着《公羊传》的独特方向大大加以发展，形成了一套体系化的理论。公羊学有一套基本命题和道理。康有为曾有过很恰切的比喻：如同不懂四元、借根、括弧等就无法解算学题一样，若对有关的基本命题和道理无知，就无法理解公羊学说。董仲舒归纳并加以阐述的公羊学说核心层面的基本命题，就是大一统，张三世，通三统，亲周、故宋、以《春秋》作新王。这几项，是理解董氏春秋公羊学的关键问题。

（一）阐释"大一统"的政治观

"大一统"就是大大地推崇一统于天子的政治思想，以此作为至高无上的原则。《公羊传·隐公元年》解释"元年，春王正月"说："元年者何？君之始年也。春者何？岁之始也。王者孰谓？谓文王也。曷为先言王而后言正月？王正月也。何言乎王正月？大一统也。"意思是，《春秋》首书"元年，春王正月"，不止是表示"元年"为纪年之始，以及采用周历作为确定春季和正月的依据，而是有更加深刻、更加重要的政治含义，这就是：以遵用周的历法表示尊奉周天子作为天下共主的崇高地位；并且采用置于《春秋》开篇首句这样突出的书法，更显示出具有"微言大义"，有力地表明以推崇一统于周天子，作为至高无上的原则，所以称"大一统"。由于"大一统"的思想符合自春秋、战国以来历史的发展趋势和人民的根本利益，并且符合汉武帝时代巩固君主专制统一国家、加强各民族联系的需要，因此这一命题得到董仲舒的高度重视，他进一步从两个层次对此加以阐释，因而使公羊学"大一统"政治观更具有充实的内涵，产生了深远的影响。

首先，论述尊王道是国家之根本。《春秋繁露·王道》篇曰："《春秋》何贵乎元而言之？元者，始也，言本正也。"此为对董氏《天人三策》中"《春秋》之文，求王道之端，得之于正"的发挥。最主要的道理是："王者，人之始也。王正则元气和顺，风雨时，景星见，黄龙下。王不正则上变天，贼气并见。"剔除其中天人感应的成分，董氏重视的在于王权的确立才能导致天下太平。因此强调王道之正在于得民心，减轻赋税，不过分地使用民力，不妨碍农业生产，"什一而税，教以爱，使以忠，敬长老，亲亲而尊尊。不夺民时，使民不过岁三日。民家给人足，无怨望忿怒之患，强弱之难，无谗贼妒疾之人。"并且对桀、纣无道之君严加诛伐，"桀纣，皆圣王之后，骄溢妄行。侈宫室，广苑囿，穷五采之变，极饬材之工，困野兽之足，竭山泽之利，食类恶之兽。夺民财食，高雕文刻镂之观，尽金玉骨象之工，盛羽旄之饰，穷黑白之变。深刑妄杀以陵下，听郑卫之音，充倾宫之志，灵虎兕文采之兽，以希见之意，赏佞赐谗。以糟为丘，以酒为池。孤贫不养，杀圣贤而剖其心，生燔人闻其臭，剔孕妇见其化，斩朝涉之足察其拇，杀梅柏以为醢，刑鬼侯之女取其环。诛求无已，天下空虚，群臣畏恐，莫敢尽忠，纣愈自贤。周发兵，不期会于孟津者八百诸侯，共诛纣，大亡天下。《春秋》以为戒，曰：'蒲社灾'。"由此可见，董仲舒诠释"尊王道"，一方面继承了孔、孟实行仁政、不夺农时、节用而爱人的思想，另一方面又张扬了孔、孟关于对暴虐无道之君应予讨伐的大义。故《王道》篇又谓："孔子明得失，差贵贱，反王道之本。讥天王以致太平。刺恶讥微，不遗小大……进善诛恶，绝诸本而已矣。"认为《春秋》进善诛恶，从根本上堵绝违反王道、失去民众、导致国家祸乱的道路。

其次，强调必须实行君臣大义：天子独尊，臣子不得擅权、僭越，不得专地，不得专封。《王道》篇云：

《春秋》立义：……有天子在，诸侯不得专地，不得专封，不得专执天子之大夫，不得舞天子之乐，不得致天子之赋，不得适天子之贵。

董仲舒这段论述含义深刻，是把《公羊传》中分散于各年的史实记载和义理发挥，加以集中和提炼，从而归纳出处理君臣关系的基本原则。他所归纳的主要史实有：

《春秋·桓公元年》载："郑伯以璧假鲁田。"《公羊传》解释说："其言以璧假之何？易之也。易之，则其言假之何？为恭也。曷为为恭？有天子存，则诸侯不得专地也。许田者何？鲁朝宿之邑也。诸侯时朝乎天子，天子之郊，诸侯皆有朝宿之邑焉。"许田是鲁国君四时朝见天子的宿邑，属鲁国土地，近郑。现郑伯以璧换取许田。然普天之下，莫非王土，故诸侯不得专地，根据尊王的原则，鲁国本不得擅自以邑与郑伯交换。为了维护周天子的权威，故不直接称"易地"，而称为"假"，以表示对王权的崇敬。

《春秋·僖公元年》载："齐师、宋师、曹师次于聂北，救邢。"此役是因狄灭卫，齐桓公率齐、宋、曹三国之师前往救援。由于齐桓公此举并非奉周天子之命，而以大国霸主的地位号令发兵，违反了"诸侯不得专封"的原则，因此经文不书齐桓公，只称"齐师"云云。《公羊传》对此作了解释："救不言'次'，此其言'次'何？不及事也。不及事者何？邢已亡矣。孰亡之？盖狄灭之。曷为不言狄灭之？为桓公讳也。曷为为桓公讳？上无天子，下无方伯，天下诸侯有相灭亡者，桓公不能救，则桓公耻之。曷为先言次而后言救？君也。君则其称师何？不与诸侯专封也。"本来，当时周天子已失去治理全中国、号令天下的力量，降为小国的地位，只徒有"王室"的名义，此时，若再无为各诸侯国会盟所拥戴的大国充当保护，帮助小国抵御戎、狄等落后族的侵扰，那么就不能保卫中原先进地区的安宁，因此，齐桓公以霸主的地位率师救邢，这种行动实际上是需要的。故何休注云："故以为（桓公）讳，所以醇其能以治世自任，而厚责之。"但对此又必须表示郑重的保留，齐桓公的行动毕竟是未经周天子授命而采取的，违反"礼乐征伐自天子出"的原则，若不加约束，岂不将导致诸侯擅权僭越、任意作为吗？！经文只称"齐师"，不书齐桓公，就有含蓄责备的意思。故《公羊传》作者阐释说："君则其称师何？不与诸侯专封也。""专封"，在此即指擅权号令处置、率师讨伐。陈柱先生曾有中肯的论述："君臣之道，职位所在，有不可专滥者也。盖可以专为善，即可以专为恶；可以越职专封，即可以越职专灭。

故不与诸侯之专封，非因为尊君抑臣，亦以明职位之权限而已。"① 可谓深得公羊学的义旨。

《春秋·隐公七年》载："冬，天王使凡伯来聘。戎伐凡伯于楚丘，以归。"《公羊传》解释说："凡伯者何？天子之大夫也。此聘也，其言伐之何？执之也。执之则其言伐之何？大之也。曷为大之？不与夷狄之执中国也。"凡伯是周天子的大夫，奉天子之命来聘鲁。途中在卫地楚丘却被戎所执以归。《公羊传》作者解释说，《春秋》尊王，视天子之大夫与诸侯国君有相当的地位，对戎执天子之大夫的行为严加贬责，因此不称"执"，而称"伐"，这种书法是表示把"不与夷狄之执中国也"提高到更加严重的程度来看待，故说"大之也。曷为大之？不与夷狄之执中国也"。董仲舒《春秋繁露》将此同样归为不尊王命、应予贬绝的典型事件，即是对《公羊传》所阐释的意义以充分的肯定。何休注更对此详加诠释："中国者，礼义之国也。执者，治文也。君子不使无礼义制治有礼义，故绝不言'执'，正之言'伐'也。执天子大夫而以中国正之者，执中国尚不可，况执天子之大夫乎？所以降夷狄，尊天子，为顺辞。"又说："不地以卫者，天子大夫衔王命至尊，顾在所诸侯，有出入，所在赴其难当与国君等也。"所言显然是对《传》义和董说作进一步的发挥。②

《春秋》大一统的思想符合中华民族历史发展的趋势。周初天子大规模分封诸侯，拥有统率各国、号令天下的权威，各诸侯国必须对王室奉职纳贡，这种政治格局的确立标志着中国的统一程度向前大为推进了。春秋以后，虽然王室势力严重削弱，但在名义上仍是全中国的共主，虽然各诸侯国间战伐兼并不绝，但从历史发展的本质看，春秋、战国时期是酝酿着全中国在新的规模上的统一，秦汉中央集权统一帝国的建立就是这种历史趋势发展的结果。《春秋》、《公羊传》所阐释的尊奉王权、推崇一统的思想正好反映了这种历史要求，因而具有进步的意义。到了汉

① 陈柱：《公羊家哲学》，96~97页，台北，中华书局，1980。
② 按，苏舆《春秋繁露义证·王道》篇注（114页，中华书局，1992）解释："不得专执天子之大夫"句，称："据此则董亦以戎为卫。"何注："中国者，礼义之国也。执者，治文也。君子不使无礼义制治有礼义。"苏舆以凡伯在卫国之楚丘被执，据论是被卫人所执，《春秋》因其违反礼义，故不称"卫"而贬之为"戎"。又说董氏《繁露》也有此义。细审《公羊传》、《繁露》及何休《春秋公羊解诂》，均无指卫为戎而贬之的含义。春秋时，卫与戎相杂居，故后来卫为戎所灭。见《左传》闵公二年。苏舆盖未明当时民族杂居之状况而推论致误。

代，维护和加强国家的空前统一尤其成为时代的迫切需要，董仲舒的公羊学说集中地反映了这一时代要求，因而具有极大的权威性，被帝王所采纳，学者所宗从。他讲："《春秋》大一统者，天地之常经，古今之通谊。"① 即是天地间最长久的普遍原则，当然也是指导国家政治的最高理论。在汉武帝时代，版图极大开拓的中央集权国家迫切需要巩固全国范围的统一，同时也迫切需要加强朝廷的权力。儒学独尊的意义，就是要以文化思想的一元来加强专制皇权。董仲舒向武帝建议罢黜百家，独尊儒术，提出"强干弱枝，大本小末"②，宣扬"屈民而伸君"③，"民之从主也，如草木之应四时"④，都是为了实现"大一统"这一最高政治原则。

（二）阐释"张三世"的变易观

公羊"三世说"的发端，是在《公羊传》中有"三世异辞"的说法。《公羊传》先后三次讲"所见异辞，所闻异辞，所传闻异辞"。即：

> 隐公元年："公子益师卒。何以不日？远也。所见异辞，所闻异辞，所传闻异辞。"桓公二年："三月，公会齐侯、陈侯、郑伯于稷，以成宋乱。内大恶讳，此其目言之何？远也。所见异辞，所闻异辞，所传闻异辞。"哀公十四年："《春秋》何以始乎隐？祖之所逮闻也。所见异辞，所闻异辞，所传闻异辞。何以终乎哀十四年？曰：备矣。"

这是后来公羊学者推演的"公羊三世说"的雏形，其中包含着历史变易观点，人们可以据之发挥，划分历史发展的阶段。"异辞"指用辞不同。亲见的时代、亲闻的时代、传闻的时代，为何用辞不同？这是因为时代远近不同，史料掌握详略不同，文字处理因而不同。不仅如此，《公羊传》更有特别的解释："定、哀多微辞，主人习其读而问其传，则未知己

---

① 《天人三策》引文，均见《汉书·董仲舒传》。
② 《春秋繁露·十指》。
③ 《春秋繁露·玉杯》。
④ 《春秋繁露·威德所生》。

之有罪焉尔。"① 讲的是时代越近,孔子因惧祸而有忌讳,故多采用隐晦的说法。这样,《公羊传》再三强调"所见异辞,所闻异辞,所传闻异辞",就包含着对待历史的一个很宝贵的观点:不把春秋时期二百四十二年视为凝固不变或混沌一团,而看作可以按一定标准划分为各自显示出特点的不同发展阶段。这种历史变易观点,在中国"述而不作"风气甚盛的文化氛围中,更显出其独特的价值。

董仲舒将《公羊传》只具雏形的说法大大向前推进,提出公羊学又一基本命题——"张三世"说,初步显示出把春秋二百四十二年划分为所传闻、所闻、所见三个阶段的意向。《春秋繁露·楚庄王》说:"《春秋》分十二世以为三等:有见,有闻,有传闻;有见三世,有闻四世,有传闻五世。故哀、定、昭,君子之所见也;襄、成、文、宣,君子之所闻也;僖、闵、庄、桓、隐,君子之所传闻也。所见六十一年,所闻八十五年,所传闻九十六年。于所见微其辞,于所闻痛其祸,于传闻杀其恩,与情俱也。"所见世,当事人或其近亲都在世,容易招祸,记事使用什么书法忌讳多,因而用词隐晦;所闻世,对于事件造成的祸害感受真切,因此记载明确详细;所传闻世,恩惠和感情都减弱,因此记载简略。董氏首先举出的例证有:"子赤杀,弗忍书日,痛其祸也。子般杀而书乙未,杀其恩也。"前者,系指《春秋·文公十八年》载:"子卒。"《公羊传》解释说:"子卒者孰谓?谓子赤也。何以不日?隐之也。何隐尔?弑也。弑则何以不日?不忍言也。"文公属所闻世,离撰修《春秋》的年代近,臣子对王父恩情尚较深厚,所以对子赤杀感到痛心,不忍书卒于何日。后者,系指《春秋·庄公三十二年》载:"十月乙未,子般卒。"庄公属所传闻世,臣子对高祖曾祖父时代恩情减弱,故对同是大夫子般之卒,感情上有所不同,于是采用的书法也不同,于是书日。

《春秋繁露·奉本》篇对"张三世"变易观有更集中的阐释:

> 今《春秋》缘鲁以言王义,杀隐、桓以为远祖,宗定、哀以为考妣,至尊且高,至显且明。其基壤之所加,润泽之所被,条条无疆。……大国齐、宋,离不("不"字衍)言会。微国之君,卒葬之礼,录而辞繁。远夷之君,内而不外。当此之时,鲁无鄙疆,诸侯之伐哀者皆言我。邾娄庶其、鼻我,邾娄大夫,

____
① 《春秋公羊传·定公元年》。

> 其于我无以亲，以近之故，乃得显明。隐、桓，亲《春秋》之
> 先人也，益师卒而不日。于稷之会，言其成宋乱，以远外也。
> 黄池之会，以两伯之辞，言不以为外，以近内也。

董氏这段论述，概括了所见世、所闻世、所传闻世书法之不同，由此证明公羊学之"三世说"实有显示历史发展不同阶段的意向。

所见世（昭、定、哀）因时代不同，故书法与所传闻世、所闻世也有明显的不同。据《公羊传·桓公五年》对经文"夏，齐侯、郑伯如纪"的解释："外相如不书，此何以书？离不言会也。"按，离，俪也、两也，指两国君相见。在所传闻世（桓公属所传闻世），社会尚未进步，故只书内离会，故对鲁以外的国君相见，一律不言会。此次，齐侯、郑伯在纪相见，纪国国君却不与会，故不言会，只书曰："齐侯、郑伯如纪。"而到定公十四年，《春秋》则载云："齐侯、宋公会于洮。"因为此时已是所见世，凡诸夏之国，都早就不视为外国，所以鲁以外国君相见，也明确记载其会见。并且在所见世，对于小国之君卒和葬礼，都要具体记载其日、月。如《春秋·哀公三年》载："冬十月癸卯，秦伯卒。"秦原是僻居西陲一隅的小国，一向被中原各国所歧视，现在到了所见世，这样微国之君也得到升格的对待，对其卒葬之礼不但记载而且具体详备。再从以下《春秋》对两类事件书法的不同，也同样体现出"三世"意味着历史阶段之不同的变易观点。《春秋·襄公二十一年》载："邾娄庶其以漆、闾丘来奔。"《春秋·襄公二十三年》载："邾娄鼻我来奔。"《春秋·昭公二十七年》载："邾娄快来奔。"此三人都是小国之大夫，《春秋》皆书其名以彰显之，正是由于这三个事件发生的时间是在所见世，或者是已经临近所见世，为显示社会的进步、时代的不同，故《春秋》特意采用这种与所传闻世大不相同的书法。所传闻世的两个明显例证，一是，《春秋·隐公元年》载："公子益师卒。"《公羊传》解释说："何以不日？远也。"所传闻世距离太远，恩薄义浅，因此记载简略，不书卒日。二是，《春秋·桓公二年》载："公会齐侯、陈侯、郑伯于稷，以成宋乱。"《公羊传》解释说："内大恶讳，此其目言之何？远也。"同样由于所传闻世远在高祖、曾祖之时，恩情浅淡，由此对鲁国君会同齐侯等酿成宋国大乱的恶事，也不加讳饰记载下来。

董仲舒解释公羊三世变易观更有进步意义的内容，是关于民族关系的论述。中国自古以来是多民族国家，政治家、思想家、史学家对民族

关系如何看待，乃是涉及对历史发展本质的认识，涉及国家民族根本利益、根本前途的大问题。《春秋》及《公羊传》当然也有许多记载民族关系的事件。向来很多人持有一种几成定论的见解："《春秋》严夷夏之防。"似乎认为孔子对少数民族一向持严厉的态度。所谓重视夷夏的差别，这种看法有其一定的道理，因为古代中原各国，即"诸夏"，是文明进化较高的国家，而周边少数民族，即"夷狄"，是处于文明程度较后进的阶段。抵御和防止夷狄对诸夏的侵扰，是保证文明向前发展的需要。故认为《春秋》严夷夏之别，确实有其根据和道理，而且在古代的历史条件下，论"夷夏之别"也有一定的合理性。但这仅是事情的一个方面。事情的另一方面是，民族关系是向前发展的，华夏族与原先文明较落后的民族在中原杂居，不断地交流、融合，关系越来越密切，华夏族越来越扩大，许多原先的少数族融合在其中了。周边的少数族，原先处于比较落后的阶段，由于华夏文化的传播、吸引，以及原先后进族自身的努力，文化程度显著进步，达到了与华夏族相同的水平，原先的夷夏界限也随之消失。这是中华民族文明不断向前发展的强大动力，也是汉族经过几千年发展成为全世界人口最多的民族的源头活水。古代政治家、史学家如能认识这一趋势，从这样一个前进方向观察问题，就更具进步性，应该受到充分的重视和表彰。《春秋》中已有这种观点的最初显示，《公羊传》中进一步加以阐释，到董仲舒《春秋繁露》更将此观点推向前所未有的高度。《奉本》篇中所论："远夷之君，内而不外。当此之时，鲁无鄙疆，诸侯之伐哀者皆言我。""黄池之会，以两伯之辞，言不以为外，以近内也。"就是关于这一命题的很有意义的论述。前者所指的史实有如：《春秋·昭公十五年》载："春，王正月，吴子夷昧卒。"《春秋·昭公十六年》载："楚子诱戎曼子杀之。"吴、楚原先都被视为夷狄，现皆称子，与诸夏各国之国君居同等爵位。戎曼更是夷狄小国，现在也称为"子"，表明按照孔子和《公羊传》作者的思想，到所见世，已不再区分诸夏与夷狄的界限了。再看《春秋·哀公八年》载："吴伐我。"又《春秋·哀公十一年》载："齐国书帅师伐我。"此同《春秋·庄公十九年》所载"齐人、宋人、陈人伐我西鄙"形成明显对照。庄公属所传闻世，王化的范围狭小，因此严格区分鲁与其他诸夏国的界限，称"伐我西鄙"，表示疆界不可逾越。到所见世，社会大大进化，天下同风，无此疆彼界，因此诸侯各国来伐鲁者皆称"伐我"。至鲁哀公十三年诸侯各国黄池之会，吴原先被视为夷狄之国，现在却被承认为中原盟主，与晋侯地位等列。故《公羊传》

解释说："其言及吴子何？会两伯之辞也。不与夷狄之主中国，则曷为以会两伯之辞言之？重吴也。曷为重吴？吴在是，则天下诸侯莫敢不至也。"董仲舒认为，《春秋》及《公羊传》中有关民族关系的书法和解释之明显变化，突出地反映出春秋三世时代之进化。对此，《春秋繁露·竹林》中尚有更加深刻的论述：

> 《春秋》之常辞也，不予夷狄而予中国为礼，至邲之战，偏然反之，何也？曰：《春秋》无通辞，从变而移。今晋变而为夷狄，楚变而为君子，故移其辞以从其事。夫庄王之舍郑，有可贵之美，晋人不知其善，而欲击之。所救已解，如挑与之战，此无善善之心，而轻救民之意也，是以贱之。

邲之战在鲁宣公十二年。《春秋》对此载云："春，楚子围郑。夏，六月乙卯，晋荀林父帅师，及楚子战于邲，晋师败绩。"以《春秋》这一书法与鲁僖公二十八年城濮之战所用书法相对比，即可探得其"微言大义"。《春秋》对城濮之战载："晋侯、齐师、宋师、秦师及楚人战于城濮，楚师败绩。"这场大战，晋军主帅是晋文公，楚军主帅是令尹子玉。《春秋》却用对地位卑微者的称呼，书曰"楚人"，这是表示对子玉的贬责。因为子玉骄横跋扈又毫无谋略，未出战之前，楚国有识之士即预言其必败。此等骄蹇之人并无资格可以敌君。故《公羊传》解释说："此大战也，曷为贬？大夫不敌君也。"而此番邲之战，《春秋》却采用"晋荀林父帅师，与楚子战于邲"的书法，用完整的名氏称荀林父，成为与楚子君臣相对阵的架势。这是表彰楚子，以此郑重的"君臣之礼"的形式显示出楚子是无可争辩的国君。此役的起因，是楚庄王伐郑，取得胜利，郑伯肉袒向楚庄王谢罪。庄王予以答礼，并下令退师。楚庄王以礼让人，故有可贵之美。晋师之救郑者明知郑国已经解围免祸，却仍向楚挑战，逞一时之意气，而无善善之心，又轻救民之意，因此被孔子和《公羊传》作者所贱视。楚子被迫应战，既胜之后又念及晋国之民无辜受累，故意放晋师逃逸。楚过去被视为蛮夷，现在却得到崇高的嘉许，这是肯定楚子在此战前后所作所为符合于礼仪；而对本是"诸夏"的晋却是严肃的贬责，剥夺其与楚成礼的资格。这与一贯持"严夷夏之大防"、对少数族顽固地歧视的态度是截然相反的。董仲舒眼光极其敏锐，他准确地抓住《春秋》及《公羊传》这种很有进步意义的看法，大力加以提升、彰显，论述在情况变化之时，民族的文明礼仪水平有升有降，那么，就必须如实地表彰前进了的民族，即使原先是"蛮夷"，也应将之提高到诸夏先进国的地位；而对文明礼仪水准降低了的民族，即使它原先居于诸夏先进国，也要严肃地加以贬责。因而毫不含糊地宣布，依据邲之战中双方的作为，"晋变而为夷狄，楚变而为君子"。这种不以种族或血统的标准划分诸夏与夷狄，而以文明进化的程度划分诸夏与夷狄的观点，是董仲舒诠释公羊学说最有进步性、最能启发后人的宝贵思想遗产。以后何休以至近代的龚自珍、魏源、康有为、梁启超等人都从中吸取思想营养，加以发扬光大。

（三）阐释"通三统"的改制观

董仲舒的春秋公羊学又是改制的哲学。他在《天人三策》中说："今汉继秦之后，如朽木粪墙矣，虽欲善治之，亡可奈何。法出而奸生，令下而诈起，如以汤止沸，抱薪救火，愈甚亡益也。窃譬之琴瑟不调，甚者必解而更新之，乃可鼓也；为政而不行，甚者必变而更化之，乃可理也。""故《春秋》受命所制者，改正朔，易服色，所以应天也。"这是以《春秋》之义论证汉代必须改制更法。

为了提供改制的哲学和历史依据，董氏又总结出公羊学"通三统"的命题。"通三统"与"张三世"是有着紧密联系的。"张三世"，是指对《春秋》所记载的二百四十二年提供以历史变易观为指导的划分方法，"通三统"则把眼光放得更远，纵观自五帝、三代以来的历史，从中总结出更加深刻的历史变易观和改制的哲学政治主张。

《春秋繁露·三代改制质文》篇对"通三统"是这样作解释的：

> 王者必受命而后王。王者必改正朔，易服色，制礼乐，一统于天下，所以明易姓，非继人，通以己受之于天也。王者受命而王，制此月以应变，故作科以奉天地，故谓之王正月也。王者改制作科奈何？曰：当十二色，历各法而正色，逆数三而复。绌三之前曰五帝，帝迭首一色，顺数五而相复，礼乐各以其法象其宜。顺数四而相复。咸作国号，迁宫邑，易官名，制礼作乐。故汤受命而王，应天变夏作殷号，时正白统。亲夏故虞，绌唐谓之帝尧，以神农为赤帝。作宫邑于下洛之阳，名相

官曰尹。作《濩乐》，制质礼以奉天。文王受命而王，应天变殷作周号，时正赤统。亲殷故夏，绌虞谓之帝舜，以轩辕为黄帝，推神农以九皇。作宫邑于丰。名相官曰宰。作《武乐》，制文礼以奉天。武王受命，作宫邑于镐，制爵五等，作《象乐》，继文以奉天。周公辅成王受命，作宫邑于洛阳，成文武之制，作《汋乐》以奉天。殷汤之后称邑，示天之变反命。故天子命无常，唯命是德庆。故《春秋》应天作新王之事，时正黑统。王鲁，尚黑。绌夏，亲周，故宋。……

董氏如此作详细的论述，是以汤受命而王、文王受命而王、《春秋》应天作新王为重点，证明因历史变化，制度需随时代变化而变革。这一理论的核心是显而易明的：当新王朝代替旧王朝兴起的时候，为了表示自己是"受命而后王"，是天命所归，就必须"改正朔，易服色，制礼乐"，以有效地实行"一统于天下"。兹将其所论三者受命改制及封二王之后诸项表列如下：

	改国号	迁都邑	易官名	制礼作乐	三统	封二王之后
汤受命而王	殷	下洛之阳	名相曰尹	制质礼，作濩乐	正白统	亲夏，故虞，绌唐
文王受命而王	周	作邑于丰	名相曰宰	制文礼，作武乐	正赤统	亲殷，故夏，绌虞
《春秋》应天作新王	王鲁				正黑统	亲周，故宋，绌夏

三统论又与三代实行不同的历法直接相关。由于"三正"不同（指夏、商、周实行的历法，各以正月为岁首、十二月为岁首、十一月为岁首之不同），故万物有处于即将生长，处于萌芽状态，处于根株积累力量状态的不同，故有尚黑、尚白、尚赤的不同。《三代改制质文》篇并加以排比援引，作为三统说的进一步根据："然则其略说奈何？曰：三正以黑统初，正日月朔于营室，斗建寅。天统气始通化物，物见萌达，其色黑。故朝正服黑"；"正白统者，历正日月朔于虚，斗建丑。天统气始蜕化物，物始芽，其色白，故朝正服白"；"正赤统者，历正日月朔于牵牛，斗建子。天统气始施化物，物始动，其色赤，故朝正服赤"。

　　"通三统"理论外衣有神秘色彩，其实际内涵却有重要价值。董仲舒讲夏、殷、周各是黑、白、赤统，这种说法含有神秘性，因为他是要宣扬帝王"应天受命而王"，而且当时天命思想盛行，非独董仲舒一人为然。我们若透过这层神秘色彩和古色古香的词句，看其实质，那么，他的理论主张的实质就是要解释历史的变化和治国办法的不同，其现实价值是讲汉代要"改制"，要创立新的制度、办法。三代颁行的历法（"正朔"）不同，夏历建寅，殷历建丑，周历建子，旧的历法不适用了要实行新历法，所以夏、殷、周有"三正"的不同。三代的服色又有尚黑、尚白、尚赤的不同。三代又有迁都、作邑的不同。董仲舒这种历史变化的观念，本来是从上述三个方面具体的变化归纳而得的，这本来是很有意义的理论创造的成果。可是他在表述时，却不说明是由具体史实变化而实行归纳而得，却采用了相反的演绎的逻辑方法，于是这一理论颠倒过来，成为由夏、商、周三统不同，故有正朔、服色、迁都、作乐的不同；不幸又由于当时科学认识的限制和有意识宣扬"天命论"，更使"三统论"蒙上神秘的色彩。我们要明了古人的苦心，理解古人的局限。我们的任务，是拨开这一理论神秘的外衣，揭示出其解释历史变化和制度、办法必须变化这一合理的实质。并且要如实地指出其现实意义在于宣布汉代要改制，要创立新的制度和治国办法。在汉代，新的君主专制的中央集权制度正处于上升时期，作为此一制度的思想代言人具有创造精神，对历史有勇气向前看，董仲舒在《公羊传》基础上提出"张三世"、"通三统"的命题，就反映了这种时代特点。当然，这一理论除了有神化皇权的严重弊病外，它又是一种循环论，认为"三王之道若循环"，因为董仲舒不能进一步认识历史如何不断由低级阶段向高级阶段前进。

（四）阐释"亲周，故宋，以《春秋》作新王"

　　"亲周，故宋，以《春秋》作新王"的命题，本来是与"通三统"密切相关的。但由于这些理论主张在公羊学中占很重要的地位，而历代有不少学者因习惯古文学派关于历史推演的模式和思维的方法，对于亲周、故宋等不理解，甚至感到骇怪，时至今日，还有专门评论公羊学的论著称这些命题是董仲舒、何休的"严重错误"。鉴于以上缘故，需要单独列出来作专门讨论。

　　"亲周，故宋"完整的说法是"绌夏、亲周，故宋"。"以《春秋》

作新王"又称为"王鲁"。对此，董仲舒讲有两段很重要的话：

> 故《春秋》应天作新王之事，时正黑统。王鲁，尚黑，绌夏，亲周，故宋。……具存二王之后也。
>
> 《春秋》曰：杞伯来朝。王者之后称公，杞何以称伯？《春秋》上绌夏，下存周，以《春秋》当新王。《春秋》当新王者奈何？曰：王者之法，必正号。绌王谓之帝，封其后以小国，使奉祀之。下存二王之后以大国，使服其服，行其礼乐，称客而朝。故同时称帝者五，称王者三，所以昭五端，通三统也。是故周人之王，尚推神农为九皇，而改号轩辕谓之黄帝，因存帝颛顼、帝喾、帝尧之帝号，绌虞而号舜曰帝舜，录五帝以小国。下存禹之后于杞，存汤之后于宋，以方百里爵号公。皆使服其服，行其礼乐，称先王客而朝。《春秋》作新王之事，变周之制，当正黑统。而殷、周为王者之后，绌夏改号禹谓之帝，录其后以小国，故曰绌夏存周，以《春秋》当新王。不以杞侯，弗同王者之后也。称子又称伯何？见殊之小国也。①

对于董仲舒的这些说法，古文学派学者以他们熟习的经传为标准来衡量，认为绌夏、亲周、故宋之说是无稽之谈、离奇之论。但从公羊学的角度说，则是确有根据、颇有道理的。董仲舒的根据，就是周朝建立时，曾封夏之后于杞，殷之后于宋。依据这一先例，他认为，每一"新王受命"，就须封二代之后为王。孔子作《春秋》，代表"一王之法"、"应天作新王之事"，以鲁为王，故"王鲁"。《春秋》继周的"赤统"，所以"尚黑"，故"正黑统"。夏离《春秋》当新王远了，就不再享受先王后代的封赠，改称为"帝"，故"绌夏"。周是《春秋》当新王的前代，《春秋》仍封其后人，故"亲周"。宋作为殷之后，仍得受封，使服其服，行其礼乐，称客而朝，但其位置离新王远了，所以称"故宋"。

以上是"下存二王之后"的制度，体现出"通三统"。又再推其前五代为"帝"，如周封夏、殷二代子孙以外，又存黄帝、帝颛顼、帝喾、帝尧、帝舜，"录五帝以小国"。又推其前为九皇，封其后为附庸。按董仲

---

① 均见《春秋繁露·三代改制质文》。

舒所说，这种"封二王之后以大国"和"录五帝以小国"的制度，是一种滚动式的推迁。如虞舜在殷时是二王之后，至周则绌为帝，同样，夏禹在周时是二王之后，至《春秋》作新王，则绌夏改号为帝，录其后为小国。《春秋·庄公二十七年》记："杞伯来朝"，称伯而不称侯，原因即在于此。

"王鲁"，即"《春秋》托新王受命于鲁"，这一命题在《春秋繁露》中也多有阐释，因为它既表示历史的变革，易姓而王必改制，而且也是"大一统"思想在《春秋》书中特殊的显示。《奉本》篇云："今《春秋》缘鲁以言王义，杀隐、桓以为远祖，宗定、哀以为考妣，至尊且高，至显且明……大国齐、宋，离（不）言会（今按，苏舆《春秋繁露义证》云：宣公十一年"晋侯会狄于攒函"，注："离不言会，言会者所闻世。治近升平，内诸夏而详录之，殊夷狄也。"然则所见（闻）世，远近大小若一，当书"外离会"审矣。此文盖衍"不"字。苏氏所言甚是。），微国之君，卒葬之礼，录而辞繁，远夷之君，内而不外。当此之时，鲁无鄙疆，诸侯之伐哀者，皆言我。邾娄庶其、鼻我，邾娄大夫，其于我无以亲，以近之故，乃得显明。隐、桓，亲《春秋》之先人也，益师卒而不日。于稷之会，言其成宋乱，以远外也。黄池之会，以两伯之辞，言不以为外，以近内也。"在《王道》篇中又云："诸侯来朝者得褒，邾娄仪父称字，滕、薛称侯，荆得人，介葛卢得名。内出言如，诸侯来曰朝，大夫来曰聘，王道之意也。"

这两段话，大大推进《公羊传》"制《春秋》之义，以俟后圣"的观点，明确提出孔子以《春秋》立一王之义，假托鲁王受命作新王，认为《春秋》和《公羊传》在两个方面体现出这一"微言大义"：一是，以鲁为受命之新王，故诸侯及小国先来朝聘通好者，表明其尊慕王道，或先被王化，所以得褒誉。故《公羊传·隐公元年》载："三月，公及邾娄仪父盟于昧，及者何？与也。'会'、'及'、'暨'，皆与也，曷为或言'会'，或言'及'，或言'暨'？'会'犹最也，'及'犹汲汲也，'暨'犹暨暨也。'及'，我欲之，'暨'，不得已也。仪父者何？邾娄之君也。何以名？字也。曷为称字？褒之也。曷为褒之？为其与公盟也。与公盟者众矣，曷为独褒乎此？因其可褒而褒之。此其为可褒奈何？渐进也。"董仲舒也肯定《公羊传》的看法，这样书法，是对邾娄仪父的褒扬，《春秋》托鲁作新王，邾娄仪父先来归附，对于后来归善者起到表率的作用。同样的道理，《春秋·隐公七年》载"滕侯卒"，滕是小国，称之为侯，就因滕子先朝鲁公，所以褒誉他；《春秋·隐公十一年》载"滕侯、薛侯来朝"，托鲁为新王，故对薛侯加以褒扬，称他为"侯"。又，《春秋·庄公二十三年》载："荆者何？州名也。何以称人？始能聘也。"按公羊学所言《春秋》之义例，州不若国，国不若氏，氏不若人，人不若名，名不若字，字不若子。称"荆人"是对其来聘于鲁的褒誉的表示。《春秋·僖公二十九年》载："春，介葛卢来。"介是小国，葛卢是国君之名，称其名，也是对到鲁朝贤君的一种表彰。以上五项记载和书法，都是对诸侯来聘者的褒扬，体现出《春秋》"王鲁"的大义。二是对《春秋》既然缘鲁以言王义，那么定公、哀公离得近，有如考妣至尊且高，而隐公、桓公之世已是远祖，恩薄情减。故《春秋》书法，定、哀之世，表示王化程度已深，记载的程度越宽厚，因时代近而密切；而对隐、桓之世态度越严，因时代远而疏淡。同样记大夫，鲁隐公元年公子益师卒，不记日，因其疏远也；鲁襄公二十一年，邾娄庶其以漆闾丘来奔，鲁襄公二十三年邾娄鼻我来奔，鲁昭公二十五年，邾娄快来奔，这些小国大夫，都书其名，是因时代近而密切也。同样书会，《公羊传·桓公二年》载："三月，公会齐侯、陈侯、郑伯于稷，以成宋乱。内大恶讳，此其目言之何？远也。"而《春秋·哀公十三年》载："公会晋侯及吴子于黄池。"吴进而称子，以两伯主盟之辞，因时代近，以前被"诸夏"视为"夷狄"的吴至此而忧中国，与晋国共同主盟，故《公羊传》曰："其言及吴子何？会两伯之辞也。""曷为重吴？吴在是，则天下诸侯莫敢不至也。"故同以"诸夏"之国视之。在鲁桓公五年，齐是大国，如纪而不言会，同样是因时代久远之故。至定、哀之世，因时代近而恩深故记载详细，小国之君，卒均书葬。《春秋·定公三年》载："三月，辛卯，邾娄子穿卒。""秋，葬邾娄庄公。"《春秋·定公十二年》载："葬薛公。"《春秋·哀公十一年》载："葬滕隐公。"又因定、哀之世时近，"夷狄"之君进至于爵，视与"诸夏"无别，而诸侯之伐鲁者皆言"伐我"，表示王者无外，鲁无鄙疆。故《春秋·哀公四年》，书"戎曼子"，《春秋·哀公十三年》，书"吴子"；而《春秋·哀公八年》，书"吴伐我"，《春秋·哀公十一年》，书"齐国书帅师伐我"。

董仲舒阐发的王鲁、绌夏、故宋、亲周这组命题，其理论内涵与"通三统"、"张三世"相同，是从具体史实或制度的演变出发，经过加工、概括、演绎，成为一套具有独特格调的理论。其实际意义，一是讲历史和制度是变化的，新建成的王朝，后代的帝王和政治家的制度也应该变革，故"改制"是历史潮流的必然，普遍的法则；二是，进一步从这个侧面讲《春秋》政治性的特色，发展公羊学"以经议政"、讲"微言大义"的学术风格。我们应该透过这一理论古老的语言形式，剔除其中属于主观附会的成分，正确地把握其具有积极意义的内核，承认其理论合理性和在历史进程中的价值。[1] 考虑到古代有许多学者往往不甚重视历史哲学的发挥，那么董仲舒根据《公羊传》而阐发的这些命题就更值得珍视。在汉代，诚有一些学者也提出类似的论点或接受董仲舒的主张。《说苑》称"周德不亡，《春秋》不作"。《淮南子》讲"《春秋》变周"[2]。《白虎通义》讲："王者所以存二王之后何也？所以尊先王，通天下之三统也，明天下非一家之有，谨敬谦让之至也。"[3] 《孝经说》讲"《春秋》藉位于鲁所托王义"[4]。都是显例。而最值得注意的是《史记》中两段赞成董仲舒的话：

> 子曰："弗乎弗乎，君子病没世而名不称焉。吾道不行矣，吾何以自见于后世哉？"乃因史记作《春秋》，上至隐公，下迄哀公十四年，十二公。据鲁，亲周，故殷，运之三代。约其文辞而指博。……推此类以绳当世。贬损之义，后有王者举而开之。《春秋》之义行，则天下乱臣贼子惧焉。[5]

又一段引上大夫壶遂说：

> 孔子之时，上无明君，下不得任用，故作《春秋》，垂空文以断礼义，当一王之法。[6]

《史记》中所言"据鲁"，即董仲舒所说"《春秋》缘鲁以言王义"；所言

---

①《春秋繁露》其他篇中还有一些论述可与此相印证。如，《玉杯》篇："是故孔子立新王之道，明其贵志以反和，见其继周之弊，故若此也。"《奉本》篇："《春秋》缘鲁以言王义。"

② 参见康有为：《春秋董氏学·春秋改制第五》。

③《白虎通义·三正》。

④《春秋公羊解诂》徐彦疏引。

⑤《史记·孔子世家》。

⑥《史记·太史公自序》。

"亲周，故殷"，即绌夏、亲周、故殷；所言"运之三代"，即把"下存二王之后"的道理运用于夏、商、周三代，以明推迁的道理；所言"以绳当世"，就是制《春秋》义法，以俟后王。"当一王之法"，便是以《春秋》作新王，为汉制法，强调《春秋》拨乱反正的政治意义。司马迁是一位伟大的思想家、史学家，他是结合对《春秋》以来的学术变迁和整个古代历史的演变，来肯定董仲舒上述命题的价值的。

《春秋繁露》中提出并阐述"《春秋》应天作新王之事"、"《春秋》缘鲁以言王义"的命题是很明确的。何休忠实地继承并发挥董说，故其《春秋公羊解诂》中隐公元年注即一再标明"《春秋》托先王受命于鲁"、"《春秋》王鲁，托隐公以为始受命王"、"《春秋》王鲁，以鲁为天下化首"之义。三统嬗代、封二王之后的礼制，在古代也一再有反映。如《汉书·成帝纪》载："绥和元年诏曰：'盖闻王者必存二王之后，所以通三统也。昔成汤受命，列为三代，而祭祀废绝。考求其后，莫正孔吉，其封吉为殷绍嘉侯。'"汉光武建武五年，封殷后孔安为殷绍嘉公，建武十三年，又改封他为宋公。直到清康熙致奠明陵，论曰："古者夏、殷之后，周封之于杞、宋，即今本朝四十八旗蒙古，亦皆元之子孙，朕仍沛恩施……应酌授一官。"

以上所论，"亲周、故宋，以《春秋》作新王"的历史根据，以经议政、倡导改制的哲学内涵，以及这一命题在汉代提出的现实意义，本来都是很明确的。可是，由于东汉以后古文学派盛行，历代有不少学者研习古文经典，思想形成了定式，因而对董仲舒有关王鲁、亲周、故宋等命题不理解，加以贬责，这是因学派不同形成的隔膜。晚清苏舆撰成《春秋繁露义证》，钩稽大量典籍记载解释《繁露》中许多难懂之处，在学术上是有价值的。但因苏舆在政治上追随其师王先谦，反对维新变法，故对于公羊学改制之说及"王鲁"之说均持异议。如他在《三代改制质文》篇注"王鲁，绌夏，亲周，故宋"句云："邵公（何休字）昧于董，兼盲于史，既动引此文以释经、传，又因王鲁造为黜周之说。《晋书·王接传》已言何休训释甚详，而黜周王鲁，大体乖舛，且志通《公羊》，往往还为《公羊》疾病。"[1] 足见苏舆对公羊学此一重要命题是如何之隔膜！当代也有的研究者认为董仲舒"王鲁新周故宋"之说属于错误的。我们认为，仔细释读各种文献，深入弄清绌夏、故宋、亲周、王鲁这些

---

① 《春秋繁露义证》，190 页。

命题的依据是什么，又加了哪些理想化成分，在当时有何意义，汉代其他思想家和后代学者是如何看待的，对这些问题系统地加以考察，这样做，才有利于推进学术研究。近代和当代还有两位学者的看法对我们理解这些问题很有帮助。近代的皮锡瑞说："《春秋》存三统，实原于古制，逮汉以后，不更循此推迁之次，人但习见周一代之制，遂以五帝三王为一定之号。于是《尚书大传》舜乃称王，解者不得其说；《周礼》先后郑《注》引九皇六十四民，疏家不能证明；盖古义之淹晦久矣。晋王接、宋苏轼、陈振孙，皆疑绌周、王鲁，《公羊》无明文，以何休为《公羊》罪人，不知存三统明见董子书，并不始于何休。《公羊传》虽无明文，董子与胡毋生同时，其著书在《公羊》初著竹帛之时，必是先师口传大义。据其书可知古时五帝三王，并无一定，犹亲庙之祧迁。"[1] 皮锡瑞以祭祀祖先之祧迁来说明《春秋繁露》新王受命"存二王之后"推迁的制度，很有道理，汉代公羊家正是从具体的礼制的变革，进一步加工、推演，来阐述"历史变革是必然"的理论主张。当代哲学史家冯友兰先生说，《春秋繁露》所说"存二王之后"的制度，是从周朝建立时的做法而来的。孔子作《春秋》，是"受命"作"新王"的，《春秋》代表"一王之法"。秦虽是一个朝代，但不合法。继周的王，是《春秋》为之设计好了的汉。所以《春秋》为汉制法。[2] 这些见解，对我们理解"王鲁"、"亲周"、"故宋"等是很有启发的。

五　"德刑相兼"·谴告说·经权之说

除了以上几项重要命题外，董仲舒构建的公羊学基本理论体系还包括"德刑相兼"，谴告说和经权说。

（一）"德刑相兼"

董仲舒发挥"制《春秋》之义，以俟后圣"和正君臣等级名分的观

---

① 《经学通论》四"春秋"，"论存三统明见董子书，并不始于何休，据其说足知古时二帝三王本无一定"条。

② 冯友兰：《中国哲学史新编（修订本）》，第3册，北京，人民出版社，1985。

点，明确提出："《春秋》正是非，故长于治人。"① 他适应汉朝统治阶级的需要，总结出德刑相兼的理论，作为统治人民、治理国家的手段。他说："国之所以为国者德也，君之所以为君者威也……是故为人君者，固守其德以附其民，固执其权以正其臣。"② "为人主者，居至德之位，操杀生之势，以变化民……喜怒当寒暑，威德当冬夏。"③ 实行仁政、德义，是为安抚人心，使臣下感恩、归附；实行惩罚，是为了使臣下和民众畏惧、服从。德刑并用，总的目的是维护君尊臣卑、夫尊妇卑的地位和等级制度、统治秩序。故说："天道之大者在阴阳。阳为德，阴为刑。刑主杀而德主生。是故阳常居大夏而以生长养育为事，阴常居大冬而积于空虚不用之处。"④ "民无所好，君无以权也，民无所恶，君无以畏也。无以权，无以畏，则君无以禁制也。无以禁制，则比肩齐势而无以为贵矣。故圣人之治国也，因天地之性情，孔窍之所利，以立尊卑之制，以等贵贱之差。设官府爵禄，利五味、盛五色、调五音以诱其耳目，自令清浊昭然殊体，荣辱踔然相驳，以感动其心，务致民令有所好。有所好然后可得而劝也，故设赏以劝之。有所好必有所恶，有所恶然后可得而畏也，故设罚以畏之。既有所劝，又有所畏，然后可得而制。"⑤ 德刑并用，德的一手，是施以爵位、利禄、赏赐、教化，使臣下或民众从统治者那里得到好处，而遵从国君；刑的一手，是采用责辱、刑罚，甚至杀戮，使臣下或民众怀有畏惧心理，容易制服。

值得注意的是，《春秋繁露》中对国君实行德政与否的经验教训有很深入的探讨，并总结出"敬贤重民"和"行善得众"的论点，这些都应该视为董仲舒思想中人民性的精华。《竹林》篇云："夫庄王之舍郑，有可贵之美，晋人不知其善，而欲击之……此无善善之心，而轻救民之意也，是以贱之。而不使得与贤者为礼。秦穆侮蹇叔而大败。郑文轻众而丧师。《春秋》之敬贤重民如是。"后二事所指为：鲁僖公三十二年，秦穆公欲越千里之险袭无备之滑国。秦之贤臣百里子、蹇叔子苦谏曰："千里而袭人，未有不亡者也。"却遭秦穆公侮辱，咒骂道："子之冢木已拱矣！"果然秦穆公遭晋人与姜戎截击于殽，匹马独轮无返者。又鲁闵公二

① 《春秋繁露·玉杯》。
② 《春秋繁露·保位权》。
③ 《春秋繁露·威德所生》。
④ 《天人三策》，见《汉书·董仲舒传》。
⑤ 《春秋繁露·保位权》。

年，郑文公因厌恶大夫高克，故意使之将兵抵御狄人，高克丢开士卒不管，自己恣意在河上嬉戏，结果郑师溃败。董氏列举这些史实，都是因不敬贤重民而造成惨败的教训，让后代国君引以为戒。并引申说："考意而观指，则《春秋》之所恶者，不任德而任力，驱民而残贼之。其所好者，设而勿用，仁义以服之也。"① 董氏又阐释《春秋》对被侵伐者的同情，尤其高度评价楚国大夫司马子反能怜悯宋国因久被围困而奄奄一息的民众（按，此事见宣公十五年）。董氏论云："司马子反为其君使。废君命，与敌情，从其所请，与宋平。是内专政而外擅名也。专政则轻君，擅名则不臣，而《春秋》大之，奚由哉？曰：为其有惨怛之恩，不忍饿一国之民，使之相食。推恩者远之而大，为仁者自然而美。今子反出己之心，矜宋之民，无计其间，故大之也。"② 董氏以爱民、重民的原则，作为判断是非功过的标准，司马子反能解救陷于"人相食"惨境中的宋国民众，此一行为之意义比起他违反君命、擅权处理的过失，不知要超过多少！所以值得大力表彰。董氏又对于子夏所论《春秋》重人"的观点大加赞赏，认为《春秋》对很多事情加以讥议，其根本原则和标准就在于"重民"，说："不爱民之渐乃至于死亡，故言楚灵王、晋厉公生弑于位，不仁之所致也……故子夏言'《春秋》重人'，诸讥皆本此。或奢侈使人愤怨，或暴虐贼害人，终皆祸及身。"③

董仲舒既把《春秋》视为指导王权国家一切领域的圣经，又把它当做决狱量刑的法律依据。他论述刑罚得当，才能使民众明白道理，乃是推行教化的助力。两者相辅而相成，才能达到治国的目的，因此应该受到高度重视："故折狱而是也，理益明，教益行。折狱而非也，暗理迷众，与教相妨。教，政之本也。狱，政之末也。其事异域，其用一也，不可不以相顺，故君子重之也。"④ 他讲用《春秋》审理案件的原则是："《春秋》之听狱也，必本其事而原其志。志邪者不待成；首恶者罪特重；本直者其论轻。"⑤ 强调分清故意犯罪与无动机而造成犯罪后果的不同。此即后世区分首从之律。故汉人称"《春秋》之义，原心定罪"⑥。董仲

① 《春秋繁露·竹林》。
② 同上书。
③ 《春秋繁露·俞序》。
④ 《春秋繁露·精华》。
⑤ 同上书。
⑥ 《汉书·薛宣传》。

舒著有《公羊董仲舒治狱》十六卷，《汉书·艺文志》有著录。原书已逸，但从现在所见到的逸文中，尚可窥见他用《公羊传》决狱判案的原则、方法。如有一个寡妇改嫁的案件，有人主张应以违反法律处死，董氏则引用《公羊传》，以"夫死无男，有更嫁之道"为理由，认为应判处无罪。① 比起后世道学家宣称"一女不嫁二夫"、"夫死守节"、"饿死事小，失节事大"一类违反人道的主张，显然要进步、合理得多。

（二）天人感应说

天人感应说也是董仲舒公羊学说的一个基本观点，指天能干预人事，人们的行为也能感应上天。谴告说是讲自然界灾异的出现表示着天对人间过失的谴责和警告。

《春秋》中记载有日食、地震、陨石、雹、虫灾等自然界常规现象，但是"记异而说不书"②，不宣扬迷信。《公羊传》同样有不宣扬迷信的特点。董仲舒公羊学说的不少内容却是儒学与阴阳五行学说相结合，其中的谴告包含着有限的积极内容，其他都是糟粕，并且对西汉公羊学造成严重的负面影响。

董仲舒是儒学大师，但他极喜谈灾异迷信，他的天道观受墨家"天志"、鬼神之说和阴阳家迷信说法的影响很深。《春秋繁露》各篇中，以"天"命名的即有十一篇（官制象天、为人天者、天容、天辨、循天之道、天地之行、天道无二、天副人数、如天之为、天地阴阳、天道施），此外还有不少篇讲阴阳，讲求雨、止雨的。《史记·儒林列传》载他曾因推言灾异有所讥刺，差点被杀。董仲舒如此的推言灾异，尚不应单纯归

---

① 此将《太平御览》所引董氏治狱逸文引录于此，可以获见原书的片段。《太平御览》卷六四〇："董仲舒《决狱》曰：甲父乙与丙争言相斗，丙以佩刀刺乙，甲即以杖击丙，误伤乙，甲当何论？或曰：殴父也，当枭首。议曰：臣愚以父子至亲也，闻其斗，莫不有怵怅之心。扶杖而救之，非所以欲诟父也。《春秋》之义，许止父病，进药于其父而卒。君子原心，赦而不诛。甲非律所谓殴父也，不当坐。又曰：甲夫乙，将舡。会海盛风，舡没溺，流死（与尸同）。亡不得葬。四月，甲母丙即嫁甲。欲当何论？或曰：甲夫死未葬，法无许嫁，以私为人妻，当弃市。议曰：臣愚以为《春秋》之义，言夫人归于齐。言夫死无男，有更嫁之道也。妇人无专制擅恣之行，听从为顺，嫁之者归也。甲又尊者所嫁，无淫衍之心，非私为人妻也。明于决事，皆无罪名，不当坐。"

②《史记·天官书》。

咎于个人的喜好，同时还有时代原因，西汉君臣好言天命、灾异、鬼神迷信，风气甚盛。古代易姓而王之后，新的统治者都要讲一通"天命"。"天命"对汉朝统治者尤其重要。秦以前的列国诸侯，以及秦朝，都是靠贵族祖先的名义，靠世代积累的权威进行统治。刘邦及其功臣，原是下层平民，他们更需要向民众宣传他们的权力的神圣性，这就更需要"天命论"。汉武帝时董仲舒策问，第一次就问他："三代受命，其符安在？灾异之变，何缘而起？"说明武帝对天命的关切。董仲舒即回答说："……《春秋》之中，视前世已行之事，以观天人相与之际，甚可畏也。"董仲舒所谓的"天"，是一种有意志、有目的的神秘力量。他认为"天亦有喜怒之气，哀乐之心"①；"天执其道为万物主"②，主宰人世间的一切；由"天子受命于天"，再派生出整个王权社会的伦理和秩序，"诸侯受命于天子，子受命于父，臣妾受命于君，妻受命于夫"。

天人感应说的重要内容是谴告说。董仲舒说："孔子作《春秋》，上揆之天道，下质诸人情，参之于古，考之于今。故《春秋》之所讥，灾害之所加也。《春秋》之所恶，怪异之所施也。书邦家之过，兼灾异之变。"③ "小者谓之灾。灾常先至而异乃随之。灾者，天之谴也；异者，天之威也。谴之而不知，乃畏之以威。"④ 这种认为天有愤怒和喜悦，灾异出于天的意志的"谴告说"，当然是一种神学目的论。不过，在鬼神迷信盛行的汉代，谴告说有其一定的意义。这是因为，在专制制度下，皇帝拥有至高无上、不受限制的权力。然而，为所欲为的权力，对于国家实际上又是危险的。所以古代思想家也要想办法对君权施加一点限制。可是，在君权的绝对权威下，有什么力量能予以限制呢？这就需要抬出"天"的神秘力量。当时一些大臣或思想家，即利用"天灾"作为对暴政作斗争的合法工具。用"灾异"恐吓皇帝，要求他反省错误，施行仁政。这是谴告说在当时所具有的积极意义的一面。

（三）经权之说

经权关系，是在《公羊传》中已经明显地提出了的、很有思辨色彩

---

① 《春秋繁露·阴阳义》。
② 《春秋繁露·天地之行》。
③ 《天人三策》，见《汉书·董仲舒传》。
④ 《春秋繁露·必仁且智》。

的范畴，经过董仲舒大力发挥，从多方面阐释处理事情的原则性和策略的灵活性二者的关系，从而成为包含古代丰富的辩证思维和政治智慧的宝贵哲学遗产。

《公羊传·桓公十一年》云：

> "权"者何？权者，反于"经"然后有善者也。

"经"原意为织物的纵线，引申为常道、规范，即至当不移的道理、正常情况下的准则，也就是今天所说的原则性。"权"原意为秤锤，引申为权宜、权变，与"经"相对，指要善于衡量是非轻重，以因事制宜，也就是今天所说的灵活性。《公羊传》有三段讲"实与文不与"，也包含了"经"与"权"的意思。《公羊传·庄公十九年》及《僖公三十年》有云："大夫无'遂'事。"是说：大夫奉诸侯之命外出朝聘，只限于完成所派遣的本职之事，不能自作主张连带进行其他活动。然《公羊传·庄公十九年》却又云："出境有可以安社稷、利国家者，则专之可也。"此为对《经》文所载"秋，公子结媵陈人之妇于鄄，遂及齐侯、宋公盟"作解释。公子结是鲁国大夫，因陈侯娶妇，按古代有媵礼，"诸侯娶一国，则二国往媵"，鲁国有女子随嫁，鲁庄公派公子结送行。而此前鲁国与齐有隙，公子结出境后，即遇到齐、宋联合深谋攻伐鲁国。公子结急中生智，灵活作出决定，矫奉鲁君之命与两国结盟，以此解除了国难。《公羊传》作者对他这种安社稷、利国家的行为作了充分的肯定，并认为他此次灵活地擅权处理是很正确而必要的。

然则，"经"与"权"的关系，并非都如公子结矫君命结盟之事这么容易判明，实际上，客观事物异常复杂，因此需要根据不同的情况作出恰当的判断。《春秋繁露》中有多篇从不同方面讨论并阐释这个问题。

《公羊传·宣公十五年》记楚大夫司马子反奉命去窥探被围宋城，他在得知宋人已至"易子而食之，析骨而炊之"的惨状之后，也将楚军只剩七日粮的实情告诉宋大夫华元，故导致楚庄王释围议和而罢兵。对此，《竹林》篇提出两项诘问，一是"子反为楚臣而恤宋民，是忧诸侯也；不复其君而与敌平，是政在大夫也。溴梁之盟，信在大夫，而诸侯（按，此二字应依他本作《春秋》）刺之，为其夺君尊也。平在大夫，亦夺君尊，而《春秋》大之，此所间也。"二是"《春秋》之义，臣有恶，擅名美（按，卢文弨校本云《大典》作'臣有恶，君名美'）。故忠臣不显谏，欲其由君出也……今子反去君近而不复，庄王可见而不告，皆以其解二国之难为不得已也。奈其夺君名美何？此所惑也。"第一项，是从子反身为大夫却擅自与敌国谈和，夺了国君之权提出论难；第二项，是从子反夺了国君的美名提出论难。

对此两项论难，董仲舒作了铿锵有力的反驳，说："《春秋》之道，固有常有变，变用于变，常用于常，各止其科，非相妨也。""常"就是经，"变"就是权，正常情况下的准则和特殊情况下的变通，各适用于具体的情况，二者不相妨碍，表面相反而实际相辅而成。反之，如果不懂得在特殊条件下应该变通，就会贻误大事。并且进一步申述子反灵活变通远远超出只会死守程式的拘牵之见："今诸子所称，皆天下之常，雷同之义也。子反之行，一曲之变，独修之意也。夫目惊而体失其容，心惊而事有所忘，人之情也。通于惊之情也，取其一美，不尽其失。"这是回答第一项诘问，说明司马子反的做法是因面对特殊情况而采取的很具独创性的明智之举，他由于同情宋国民众而产生的惊骇，使他忘记了通常的规矩，故应该肯定他富有同情心的美好品质，而不能以通常情况而求全责备。董氏又针对第二项诘难反驳说："今子反往视宋，闻人相食，大惊而哀之，不意之至于此，是以心骇目动而违常礼。礼者，庶于仁，文、质而成体者也。今使人相食，大失其仁，安著其礼？方救其质，奚恤其文？故曰'当仁不让'，此之谓也。《春秋》之辞，有所谓贱者，有贱乎贱者。夫有贱乎贱者，则亦有贵乎贵者矣。今让者，《春秋》之所贵；虽然，见人相食，惊人相爨，救之忘其让，君子之道有贵于让者也！"这是说，行古人归美于君之礼，当然是对的。不过，礼的本质是仁，以此决定礼的仪节（文）和内涵（质），而内涵比仪节更为重要。如今面对人相食的惨状，如果丧失了爱民的仁心，讲礼还有何用？需要紧急拯救民众的时候，又哪能顾及那么多表面的仪节呢！所以，对君讲让固然是美德，但拯救民众于人相食的惨境之中，这是贵中尤贵者，难道不是比"让"更加重要得多吗？司马子反当时又哪能顾到谦让呢？董氏经过上述正面阐释和回答反面的诘难之后，更从辩证思维的高度加以总结：

> 故说《春秋》者，无以平定之常义，疑变故之大则，义几可谕矣。

"常义"只能适合于通常的情况，而特殊情况下的权变，有时具有更加重大的意义，故董氏称之为"变故之大则"。

董氏此论，是用古人的语言对原则性与灵活性的辩证关系所作的阐释，类似的议论在《春秋繁露》中还有多处。《精华》篇解释《公羊传·襄公十九年》所载："秋，晋士匄帅师侵齐，至穀，闻齐侯卒，乃还。还者何？善辞也。何善尔？大其不伐丧也。此受命乎君而伐齐，则何大乎其不伐丧？大夫以君命出，进退在大夫也。"晋大夫士匄受君命率师侵齐，路上闻说齐侯丧亡之事，于是改变主意还师。《公羊传》作者认为，《春秋》此处书"还"字，是褒扬士匄不伐丧的行为。虽然士匄的决定与原先晋君给他的命令是相违背的，但《公羊传》作者认为他做得对，理由是"大夫以君命出，进退在大夫也"。可是《公羊传·宣公八年》载："公子遂如齐，至黄乃复。其言至黄乃复何？有疾也。何言乎有疾乃复？讥。何讥尔？大夫以君命出，闻丧徐行而不反。"两处所述理由，形式上互相矛盾。又《公羊传·庄公十九年》和《僖公三十年》均提出："《春秋》之法，大夫无遂事。"（今按：《僖公三十年》："公子遂如京师，遂如晋。"《公羊传》解释说："大夫无遂事，此其言遂何？公不得为政尔。"）而前述对鲁大夫公子结出境途中遇到齐、宋深谋联合伐鲁，遂矫君命与之结盟一事，则说："出竟（境）有可以安社稷，利国家者，则专之可也。"对此两桩事情的评论，形式上看也互相对立。董氏将此四项集中起来，进一步阐释公羊学家如何对待"经"与"权"、"常"与"变"的道理：

> 夫既曰无遂事矣，又曰专之可也。既曰进退在大夫矣，又曰徐行而不反也。若相悖然，是何谓也？曰：四者各有所处。得其处则皆是也，失其处，则皆非也。《春秋》固有常义，又有应变。无遂事者，谓平生安宁也。专之可也者，谓救危除患也。进退在大夫者，谓将率用兵也。徐行不反者，谓不以亲害尊，不以私妨公也。……故公子结受命往媵陈人之妇，于鄄，道生事。从齐桓盟，《春秋》弗非，以为救庄公之危。公子遂受命使京师，道生事，之晋，《春秋》非之，以为是时僖公安宁无危。故有危不专救，谓之不忠；无危而擅生事，是卑君也。故此二臣俱生事，《春秋》有是有非，其义然也。①

---

① 《春秋繁露·精华》。

　　董氏所提炼的"《春秋》有常义，又有应变"确为精当之论。总之，如果死板地拘守"常义"，不懂灵活变通，都必将贻误大事，或是与伦理准则大相径庭。"大夫无遂事"，是通常情况下必须遵守的行为准则，但是在遇到突发情况下，又允许其有擅作主张的权利，因为必须这样做才能为国家救危除患。同样，规定"大夫以君命出，进退在大夫也"的原则，是因为于将帅领兵外出征战，往往会遇到复杂多变的情况，若一成不变地拘守事先规定的方案，必定会贻误大事，因此应当给予将帅根据多变情况作出果断决定的权力；但是若果遇到父母之丧这样的事，则应采取"徐行不返"的办法，因为国君定会安排别人前来接替职事，而不能不顾使命立刻返回，那是以私事妨公事。

　　因此，董氏又申论何种情况下谓之"知权"，又何种情况下违反"知权"的道理。他举出逢丑父与郑祭仲两件典型例子，作了深入的阐释：

> 　　逢丑父杀其身以生其君，何以不得谓知权？丑父欺晋，祭仲许宋，俱枉正以存其君。然而丑父之所为，难于祭仲，祭仲见贤而丑父犹见非，何也？曰：是非难别者在此。此其嫌疑相似而不同理者，不可不察。夫去位而避兄弟者，君子之所甚贵；获虏逃遁者，君子之所甚贱。祭仲措其君于人所甚贵以生其君，故《春秋》以为知权而贤之。丑父措其君于人所甚贱以生其君，《春秋》以为不知权而简之。其俱枉正以存君，相似也；其使君荣之与使君辱，不同理。故凡人之有为也，前枉而后义者，谓之中权，虽不能成，《春秋》善之，鲁隐公、郑祭仲是也。前正而后有枉者，谓之邪道，虽能成之，《春秋》不爱，齐顷公、逢丑父是也。①

董氏举出两件表面很类似而道理实不相同的事，详加辨析，从而得出二者一为"中权"而另一属于"邪道"的结论，对于理解儒家伦理观和探讨董氏春秋诠释学的伦理意义和哲理内涵很有价值。祭仲是郑国辅政大臣，他面对宋国的压力，以曲求伸，暂时接受宋国胁迫他立郑公子突为国君的要求，而最终保住了郑国的社稷，因而受到《春秋》和《公羊传》的褒扬。事见《公羊传·桓公十一年》载："九月，宋人执郑祭仲。祭仲

---

　　① 《春秋繁露·竹林》。

者何？郑相也。何以不名？贤也。何贤乎祭仲？以为知权也。其为知权奈何？古者郑国处于留。先郑伯有善于邻公者，通乎夫人，以取其国而迁郑焉，而野留。庄公死，已葬，祭仲将往省于留。途出于宋，宋人执之，谓之曰：'为我出忽而立突。'祭仲不从其言，则君必死，国必亡。从其言，则君可以生易死，国可以存易亡。少辽缓之，则突可故出，而忽可故反。是不可得，则病，然后有郑国。"郑相祭仲当时所面对的，是强横的宋国，宋利用郑庄公刚死的困难时刻，蛮横地要求郑废去太子忽的法定继承人地位，改立宋夫人所生之公子突。祭仲如果坚持立嫡不立庶的通常准则，势将引起宋用武力灭郑，郑国必亡无疑。现在祭仲采取灵活措施，先且答应宋的要求，立公子突，而暂让太子忽外出避难。宋国强横而贪财，定将通过公子突向郑国索取财物。突是篡立之君，得不到朝臣和民众拥护，朝臣一致采取拒不赂宋的态度，那么宋国必积怨而抛弃公子突，则郑太子忽仍可回国居国君之位。故祭仲采取的灵活策略，虽暂时付出代价，但从长远讲，则保住郑国的利益，而避免郑国亡国的大祸。正由于这一道理，《公羊传》进一步引申说："古人之有权者，祭仲之权是也。权者何？权者反于经，然后有善者也。权之所设，舍死亡无所设。行权有道，自贬损以行权，不害人以行权。杀人以自生，亡人以自存，君子不为也。"这是赞扬祭仲懂得行权，可与古人伊尹相比。伊尹为了殷商国家的利益，采取权变的措施，自己负放逐国君的罪名，放太甲于桐宫，令自思过，三年之后重新登上君位，遂能行商汤之道。《公羊传》所提炼的"权者何？权者反于经，然后有善者也。权之所设，舍死亡无所设"这一精辟思想，因董仲舒的阐释、发挥而更得彰显。"权"的意义，正在于它采用与正常情况的准则看似相反的处理方法和表面形式，目的正是为了使国家和大局获得根本的好处，这恰恰也是"经"所要求达到的，所以形式上相反而达到的目的相同，而舍此适当的行权则会严重损害根本利益；因而非处生死危亡的重要关头，不轻易采取违反正常准则的"权"。同时，行权是要受到制约、有其原则的，只允许本人承担有负于国或违反常理的罪名，而绝不能杀死或坑害别人以自存，那是卑劣小人行径，君子不为！

董氏认为，逄丑父救齐顷公的事，乍看起来与祭仲保存郑国颇为类似，但实质上二者的意义完全相反。逄丑父事见《公羊传·成公二年》所载："逄丑父者，顷公之车右也……代顷公当左，使顷公取饮。顷公操饮而至，曰：'革取清者。'顷公用是佚而不返。……郤克曰：'欺三军者，其法奈何？'曰：'法斩！'于是斩逢丑父。"此是鞌之战一役，晋郤克率晋、鲁、曹、卫四国之师伐齐，逢丑父本为齐顷公戎右，相貌酷似顷公，他为救顷公，让其下车取水逃逸，本人坐到车左边顷公的位置冒充顷公，结果被执。郤克以其"欺三军"之罪将他处死。董氏阐释说，逢丑父与祭仲之所为实质意义相反的原因，在于祭仲行权的效果是"措其君于人所甚贵以生其君"，逢丑父却是"措其君于人所甚贱以生其君"。祭仲的行权，得到有利于国家和国君的好结果，逢丑父的做法，却使其君处于临阵弃师脱逃不能为国死难、违反儒家伦理的耻辱地位，所以是不知权的"邪道"。简言之，二人行为意义之相反，是祭仲所为"前枉而后义"，逢丑父所为"前正而后枉"。

董氏更从儒家伦理道德的角度，斥责逢丑父让顷公逃逸行为不当，其大错在于欺三军，辱宗庙。《春秋繁露·竹林》篇进一步申论云："故欺三军为大罪于晋，其免顷公为辱宗庙于齐，是以虽难而《春秋》不爱。丑父大义（按，言丑父如明大义），宜言于顷公曰：'君慢侮而怒诸侯，是失礼大矣。今被大辱而弗能死，是无耻也而复重罪。请俱死，无辱宗庙，无羞社稷。'如此虽陷其身，尚有廉名。当此之时，死贤于生。故君子生以辱，不如死以荣，正是之谓也。"

"经""权"关系，即原则性与灵活性二者的关系，不论在古代或今世，都是人们经常要遇到的重要课题，上述董氏对"《春秋》之道，有常有变，变用于变，常用于常，各止其科，非相妨也"；"无以平定之常义，疑变故之大则"；"前枉而后义者，谓之中权；前正而后枉者，谓之邪道"等项，从各个角度分析经权关系，辨析入微，切中肯綮，是对古代辩证理论和政治智慧的极大丰富和发展。《韩诗外传》引孟子之言曰："夫道二，常之谓经，变之谓权。怀其常道而挟其变权，乃得为贤。"此即为董氏学说对孟子思想作直接发挥的明证。《春秋繁露》中尚有诸多精义，如谓："权虽反经，亦必在可以然之域。不在可以然之域，故虽死亡，终弗为也。""《春秋》有经礼，有变礼。为此安性平心者，经礼也。至有于性虽不安，于心虽不平，于道无以易之，此变礼也。""明乎经变之事，然后知轻重之分，可与适权矣。"这是对"权"的界定，"行权"必须有一定范围的限制，"权"是对"经"的有效补充，是在特定情形下为了达到"经"而必须采取的手段，是通过灵活手段而达到利于国家的正当的目的。董氏从多方面讲经权之说，都是在阐释《春秋》的治国道理，因而使春秋公羊学具有"以经议政"的鲜明性格，这对后世产生了巨大而深远的影响。陈柱先生在其所著《公羊家哲学》一书中专设有"经权说"一章，其中有论云：董氏"论《春秋》之义，有常有变。子反之处变，不忍一国之民，使之相食，故发其惨怛之情，而为之平。当其平之时，盖已置一切利害之念于度外，而唯有恻隐之情盘郁于胸际。故曰：'为仁者自然而美。'此所以贤而大之也。此所以贵乎权也。然虽贤而大之，而传犹云：'此皆大夫也，其称人何？贬。曷为贬？平者在下也。'何休释之云：'言在下者，讥二子在君侧，不先以便宜反报归美于君，而生事专平，故贬称人。'斯则以子反、华元之事，不足以为常法；于褒人之中，仍寓贬词，则权之中有经矣。"刘家和先生说："经与权的关系就是指常与变的关系……因为它虽反于经而最终却达到了经所要求的善的结果。经之与权以及常之于变，在这里并非绝对互相排斥，而是相反相成。在公羊学家看来，历史是有其常规的，因此论史须有恒常的标准，即《春秋》之义。然而，他们也承认历史是有变化的，在条件变化了的情况下，人们的行动就不能'刻舟求剑'，而是要以权应变，这样就少不了要行权。守经与行权，在直观的层面是相反的，而在深层次上却是相成的。"① 他们的论述，对于探究《春秋繁露》书中经权说之义是很有帮助的。

六 董仲舒春秋公羊学说在汉代的盛衰

西汉《春秋》学大盛，实则是春秋公羊学大盛。董仲舒大力推阐《公羊传》的"微言大义"，提出一整套"大一统"、"张三世"、"通三统"、德刑并举、谴告说、经权说的理论体系。这套公羊学说与时代的需要相适应，受到皇帝的激赏，从此开始了中古时代罢黜百家、独尊儒术的局面。公羊学说俨然成为统一意识形态的官方哲学。董仲舒、公孙弘都因精通公羊学而平步青云。汉武帝本人重《公羊传》，因此也令太子由原先习《谷梁传》而改习《公羊传》，这就更加推动士人及全社会尊崇公羊学的风气。

由于《春秋》和《公羊传》在西汉时期具有最高理论权威和法律标

---

① 刘家和：《史学的悖论与历史的悖论——试对汉代〈春秋〉公羊学中的矛盾作一种解释》，载《庆祝杨向奎先生教研六十年论文集》，235 页，石家庄，河北教育出版社，1998。

准的双重作用，因而不但皇帝诏书、策问和朝臣奏议常常引用来作为持论的根据，而且当朝政大事遇到疑难不决时，也每以《春秋公羊传》作为解决问题的准则。皇帝立嗣是国事之最重大者，西汉时有三次因嗣君问题产生疑问，最后都以《春秋公羊传》作为决定的标准。一次是在景帝时，窦太后企图立她所溺爱的小儿子梁孝王（景帝之弟）为皇位继承人，经袁盎等以《公羊传》力争，才立刘彻（后来的汉武帝）为太子。再次是昭帝初年，有人冒充卫太子出现于长安城，引起吏民数万人围观，丞相和百官呆立街头，是靠熟悉《公羊传》的京兆尹隽不疑以传文为依据，果断地把假冒者抓进监狱，平息了这场轩然大波。第三次，是废掉昌邑王，立汉宣帝。① 西汉时期这三次嗣君废立问题，或是朝廷长期争议不决，或是满朝义武面对意外风波束手无策，结果都借《公羊传》的权威迎刃而解。可见公羊学在西汉地位之显赫。《公羊传》还可用来作为决狱的法律标准。董仲舒老病致仕，朝廷还屡派张汤亲到居处问如何判案，故董仲舒著有《春秋决狱》。董仲舒曾因辽东高庙火灾，提醒武帝从《公羊传》找到依据，果断地对横逆不法的诸侯王严加诛杀。当时汉武帝对此并未采纳。至元朔六年（公元前 123 年），淮南王、衡山王谋反，计划败露伏诛。于是武帝追思董仲舒前奏，叹服其议，深信《春秋》是裁决大狱、确定大政的依据，遂"使仲舒弟子吕步舒持斧钺治淮南狱，以《春秋》谊专断于外，不请，既还奏事，上皆是之"②。有了《春秋》作为决狱的法典依据，竟可享有皇帝特准的对特大案件先斩后奏的权力。

《春秋》之义还被当时有见识的大臣引用来处理边疆民族问题，这是因为《公羊传》对于少数民族有较理智的态度。宣帝时，大臣萧望之等一再引《春秋》之义陈述处理匈奴问题的建议。五凤年间，值匈奴大乱，朝臣中有不少人提出：匈奴长期为害，正好乘其内乱出兵攻灭之。宣帝向大儒、御史大夫萧望之询问对策。望之即引《春秋》之义作为根据："《春秋》晋士匄帅师侵齐，闻齐侯卒，引师而还，君子大其不伐丧，以为恩足以服孝子，谊足以动诸侯。"所举即是上述《公羊传·襄公十九年》的记载，萧望之用《春秋》之义比附当前情况，认为：匈奴单于愿意归附，请求和亲，海内百姓欣然赞同。在此情形下，伐之不义。应该

---

① 参见《〈春秋〉与西汉社会生活》，载陈其泰著：《史学与中国文化传统》，第 1 章，北京，书目文献出版社，1992。

②《汉书·五行志上》。

派遣使者前往吊问，辅助其内部愿意与汉友好、如今仍然微弱的力量，这样定会使之感动，决意归附汉朝。宣帝遂采纳望之建议，派兵帮助呼韩邪安定匈奴内部，从此大大密切了呼韩邪单于与汉朝的关系，导致此后呼韩邪决然归附，北部边境上出现长达六十年的安定局面。① 从决定皇位的继承，大臣的任用，刑狱的判决，到处理边疆民族问题，大量史实证明，西汉时代公羊学对于社会生活各个领域具有重大的指导作用。这是公羊学在历史上的第一次兴盛。

公羊学盛行的情况，在宣帝即位不久曾一度发生变化。宣帝听说，他的祖父卫太子在通《公羊传》之后，私下又学了《谷梁传》，并且喜爱它。而后谷梁学却一向衰微。宣帝又问丞相韦贤、少府夏侯信和外戚史高（三人都是鲁人），他们说：《谷梁传》是鲁学，《公羊传》是齐学，应该兴《谷梁传》。于是选了十名聪明的青年郎官，用十余年时间学通《谷梁传》。甘露元年（公元前53年），宣帝一手布置了由公羊、谷梁两个学派辩论经义的石渠阁会议，两派各出五人，由大儒萧望之（太子太傅）等十一名经师议论裁决。由于有宣帝及萧望之支持，谷梁学取胜。于是将《谷梁传》列于学官，立博士二人。谷梁学遂盛行一段时间。《谷梁传》虽也是一部解释《春秋》之义的书，书中的义理却远不及《公羊传》丰富，单靠权势者扶植，毕竟不能长期盛行。我们看到西汉后期大臣的奏议，仍是多引《公羊传》，即可清楚。

以董仲舒为代表的公羊学尊盛一时，但它本身又孕育着走向衰落的因素。他的公羊学理论对于巩固西汉统一局面和确立传统社会的儒学独尊地位，有其历史功绩。但他的公羊学理论使儒学与阴阳五行相结合，这是其致命弱点。董氏有求雨开北门闭南门、止雨闭北门开南门一类法术，几乎同巫师方士没有两样。他认为，天注视并支配着人世间的一切活动。"天执其道为万物主"②；"天覆育万物，既化而生之，有养而成之，事功无已，终而复始"③。又说，天主宰一切，而又神秘莫测，"天高其位而下其施，藏其形而见其光。高其位，所以为尊也；下其施，所以为仁也；藏其形，所以为神；见其光，所以为明。故位尊而施仁，藏神而见光者，天之行也"④。由于董仲舒这样大力宣扬阴阳灾异和迷信思

① 参见《汉书·萧望之传》、《匈奴传》。
② 《春秋繁露·天地之行》。
③ 《春秋繁露·王道通三》。
④ 《春秋繁露·离合根》。

想，加上武帝、成帝这些帝王极度相信鬼神，便直接引起和助长西汉晚期阴阳灾异之说大肆泛滥。这是历史为公羊学盛行所付出的沉重代价！物极必反，这种阴阳五行化的儒学必然要衰落下去。再者，由于西汉把诵习《春秋》等经书作为选拔士人的依据，今文经学成为利禄之途，经师们便竞相加上烦琐的解说，秦延君为讲《尧典》题目二字，用十余万言。① 这种"章句小儒，破碎大道"的烦琐主义也表明学术走到了末路。

（原载《中国哲学》，第 23 辑，辽宁教育出版社 2001 年版）

---

① 《汉书·艺文志》颜师古注引桓谭《新论》之说。

汪高鑫

董仲舒与汉代史学思潮

　　汉代史学发达，史学思想多姿多彩。在汉代史学思想的发展和演变过程中，注重以天道论人道、探寻历史的变易及其法则和着力阐发大一统思想，则是贯穿于始终的三条主线或三大主潮。而汉代史学思想的发展何以会演绎成这三大主潮，则与董仲舒历史思想的影响密不可分：董仲舒通过构建天人感应理论，借助这种神学形式来表述其历史盛衰观，从而启发了汉代史学家、思想家们注重去"究天人之际"；董仲舒宣扬"三统"历史变易说，从而影响了汉代史学家、思想家们的"通古今之变"；董仲舒倡导大一统思想，其中内蕴的尊王论、民族一统论和思想一统论，则成了汉代史学家、思想家们阐发其大一统思想的理论路径。以下试对此作以具体论述。

一

　　关于天人关系问题，自先秦以来人们已经对此做了很多探讨。然而，只有到西汉中期，经学大师董仲舒为满足汉武帝"垂问乎天人之际"要求的需要，通过借助于对儒家经典的阐释和发挥，在其《春秋繁露》和《贤良对策》（《天人三策》）中提出了一整套"大道之要，至论之极"，从而才真正构建起了一套系统的天人感应理论体系。

　　董仲舒天人感应论的逻辑起点或理论前提是天有意志，其主旨思想则是宣扬天命王权和天人谴告（亦即灾祥说）。董仲舒宣扬天命王权，认为"天之所大奉使之王者，必有非人力所能致而自至者，此受命之符也。"① 在董仲舒看来，君王之所以称作"天子"，便是体现了这种授命之意：何谓天子？"德侔天地者，皇天右而子之，号称天子。"② 董仲舒天命王权理论的一个重要论调是"圣人无父感天而生"说。此说源于《诗经》，《诗经·商颂·玄鸟》说："天命玄鸟，降而生商，宅殷土芒芒。"董仲舒认为："四法之天施符授圣人，王法则性命形乎先祖，大昭乎王君。"③ 在他看来，圣王的祖先乃天神所生，当上天赋予他们生命之时，也就注定了他们的后人必然会称王天下。《三代改制质文》肯定了舜、禹、汤、文王的王权皆为天命所授，而非人力所为。经过董仲舒的大力发挥，"圣人无父感天而生"说遂成为汉代今文学家的一种系统的天命王权理论。董仲舒宣扬天命王权思想，是出于尊王的政治需要。在西汉前中期，王权是国家统一和政治有序的象征，只有强化王权，才能使西汉政治大一统局面得以维系；而强化王权的最好办法则是神化王权，只有赋予王权以神性，才可使广大臣民感到敬畏而顺从于君王的统治。与董仲舒出于尊王的需要而宣扬天命王权不同，他宣扬天人谴告则是出于"神道设教"的需要。董仲舒时代是一个普遍敬畏天命的时代，汉武帝在试策时向贤良文学们提出的"三代受命，其符安在？灾异之变，何缘而起？"④ 便集中反映了封建帝王对于天命和灾异之变的畏惧和困惑。作为积极入世的思想家，董仲舒正是借助于为汉武帝答疑解惑的机会"言天道而归于人道"。董仲舒认为："天之生民，非为王也，而天立王以为民也。故其德足以安乐民者，天予之；其恶足以贼害民者，天夺之。"⑤ 这就是说，上天对于王权的收授与否、降灾还是布祥，都是由人间的政治得失、历史的治乱兴衰所决定的。因此，董仲舒的天人感应论实际上是一把双刃剑，它既可以使民众畏惧而服从于君王的统治，又可以使君王畏惧而服从于上天的意志。他希望君主发挥人为作用，以安乐民众为己任。毫无疑问，董仲舒所宣扬的这套天人感应论，就其实质而言，显然不是一种宇宙哲学，而是一种政治哲学、历史哲学。他是要借助于这种神学的形式，来表述自己的历史盛衰观点。

---

① 《汉书·董仲舒传》。
② 《春秋繁露·顺命》。
③ 《春秋繁露·三代改制质文》。
④ 《汉书·董仲舒传》。
⑤ 《春秋繁露·尧舜不擅移、汤武不专杀》。

董仲舒构建起的这套天人感应理论体系，对于汉代思想家、史学家的历史思想和史学思想无疑是产生了重要影响。

司马迁和董仲舒是同时代人，他曾问学于董仲舒，是在汉武帝推崇儒学的时代氛围中成长起来的杰出史学家和思想家。由于共同的时代背景和学术渊源关系，使得司马迁与董仲舒一样，也非常关注于对天人关系问题的探究，而明确以"究天人之际"作为其《史记》撰述的旨趣。同时，从思想内涵而言，董仲舒天人观之于司马迁的影响也是显而易见的。这一方面表现在司马迁接受了董仲舒"圣人无父感天而生"的天命王权思想，《史记》的《殷本纪》、《周本纪》、《秦本纪》和《高祖本纪》等篇章在谈到商、周、秦、汉的王权由来时，对这一思想作了系统宣扬；另一方面则表现在司马迁吸收了董仲舒"言天道而归于人道"的思想，《史记》创立的以人物为中心的纪传体史书体裁，将论载"明主贤君忠臣死义之士"作为史书撰述目的之一，通篇都体现了一种重人事的思想。然而，由于人生经历和对社会历史认识的不同，司马迁的天人观又与董仲舒存在着很大的不同。首先，司马迁对于"天"的认识是充满着矛盾的，他一方面相信天命，相信天命王权思想；一方面又对天道表示怀疑，提出质问。其次，司马迁重人事思想之"人"，其内涵要较董仲舒宽泛得多，在他的笔底下，人是一种群体（所谓"明主贤君忠臣死义之士"），而不只是封建帝王一人。

两汉之际，随着封建政治局势的变化，时代"究天人之际"思潮也出现了新的变化。其具体表现则是伴随着神意史观得到进一步发展的同时，社会上也出现了一股反神学的批判思潮。

西汉后期，随着政局衰败的同时，作为封建统治思想的经学（主要是今文经学）也逐渐与谶纬迷信神学相结合，儒家思想进一步神学化。在这种政治、思想背景下，西汉的史学思想也发生了明显的变化——神意史观得到了一定的发展。其具体表现一是董仲舒天人感应论之灾异学说在这一时期得到了大力宣扬。其中以刘向为代表的史家得董仲舒灾异论之精髓，他著《洪范五行传论》，以灾异之变说外戚专权，以此来警示封建统治者，以期挽救封建统治危机；而以眭孟（董仲舒再传弟子）为代表的思想家，则借言灾异以鼓吹"异姓受命"①，显然已经背离了董仲舒言灾异的初衷。二是面对刘汉灭亡和王莽代汉已成为一种不可逆转的

---

① 参见《汉书·眭弘传》。

形势，古文经学派的建立者刘歆编撰《世经》①，构建了一套五行相生之五德终始历史学说，系统宣扬了"圣人同祖"的天命思想②，特别是集中阐发了"汉为尧后"说③，从而为刘汉政权的和平过渡提供理论依据。

东汉政权建立后，一方面由于光武帝由一介儒生而登上帝王宝座，主要是依靠了谶纬神学作为精神支柱，因此，谶纬神学很快便成为东汉初年风靡一时的学问。同时，刘汉政权经历这场兴衰之变后，也需要史学家们对其政权的合法性从神意角度作出解释。东汉初年这种特定的时代背景，自然促进了神意史观的进一步发展；而这种神意史观进一步发展的集中表现则是大力宣扬"汉为尧后"说。与西汉末年刘歆宣扬"汉为尧后"说为王莽代汉提供理论依据不同，东汉初年史家宣扬"汉为尧后"说，则是要为刘汉政权的合法性从神意角度作出论证。先是班彪作《王命论》，肯定"刘氏承尧之祚，氏族之世，著乎《春秋》"④。接着班固作《汉书》，进一步宣扬了"汉为尧后"的神意思想。班固一方面在所作《汉书·高帝纪赞》中详细考证出了一个"汉为尧后"的刘氏世系，并明确指出"断蛇著符"便是刘氏"德祚已盛"奉天命建汉的具体标志；另一方面还系统宣扬了自董仲舒、刘向以来的天人感应思想，如《汉书》不但为天人感应论的构建者董仲舒单独立传，还特意将系统反映董仲舒天人感应思想的《天人三策》完整地载入到《董仲舒传》中，《汉书》的《天文志》则系统宣扬了董仲舒以来的灾异理论，等等。

当然，在两汉之交神意史观流行的同时，也出现了像王充这样的反神意的思想家。王充著《论衡》，认为天道自然，王者圣而不神，历史治乱兴衰"皆在命时"。他反对灾异为有意志的天所谴告的说法，而认为是阴阳之气失调的结果。但是，王充的反神意并不彻底，他在否定意志之神的同时，又肯定了命运之神的存在；在批判天人谴告说的同时，却又认为符瑞与圣贤和盛世联系在一起。很显然，在当时那个神学弥漫的时代，要想彻底摆脱神学的束缚，并非是一件容易的事情。

———————————

① 参见《汉书·律历志下》。

② "圣人同祖"说认为，伏羲氏"继天而王"，炎、黄二帝继之而王，黄帝以后诸帝皆黄帝之后。

③ 刘歆"汉为尧后"说的理论基点是王莽代汉，它在确定黄帝、虞舜为土德的前提下推衍出王莽的土德，进而由虞舜、王莽的土德又推出唐尧、刘汉的火德。参见拙著：《中国史学思想通史·秦汉卷》，第2编第6章第3节，合肥，黄山书社，2002。

④《汉书·叙传》。

　　东汉末年，封建政治出现了宦官、外戚轮流专权，王权日益衰落的局面。这种政治统治的严重危机，在当时思想家、史学家的天人观上也得到了明显的反映。首先是更加重视阐发灾异论。在这一时期，以何休、荀悦为代表的思想家和史学家们继承了董仲舒"言天道而归于人道"的灾异论传统，都非常重视结合东汉末年的衰政，来着力阐发灾异与人事的关系，大力宣扬灾异不离人事、灾异由人事招致的思想。应该说，他们的灾异论尽管披着的是神学的外衣，而内蕴实质无疑是紧密服务于挽救统治危机这一时代政治主题的。其次是继承并大力宣扬了自刘歆、班彪、班固以来的"汉为尧后"说这一天命王权思想。如荀悦作《汉纪》，以刘歆的新五德终始说为开篇，以班彪的《王命论》为结语，所体现的神意史观是一贯到底的。荀悦在汉末群雄并起之时大力宣扬"汉为尧后"说，显然是出于维护刘汉正统的一种需要。

　　从上可知，自从董仲舒构建天人感应理论体系，从而系统表述其历史盛衰观以后，它从理论思维方式到具体思想内涵都对汉代史学家、思想家产生了巨大的影响，这些人正是沿着董仲舒的理论路径，同时结合时代政治需要，去努力探究天人之际，阐发其天人思想的。

二

　　关于历史变易及其法则问题，春秋战国时期的思想家就已经作了探究。儒家经典《易传》的作者就充分肯定事物变易具有必然性，《系辞下》将其变易思想集中表述为"《易》穷则变，变则通，通则久"。《易传》还进一步提出以革命的手段实现变易的必要性，《革》卦象辞认为革命的意义在于"文明以说，大亨以正"，因而它是自然界和人类社会变易发展的共同法则。儒家代表人物孟子通过对历史变易及其法则的探究，提出了在中国思想史上产生久远影响的"五百年必有王者兴"之历史循环变易阶段论。战国后期，阴阳家的代表人物邹衍创立了一套较为系统的五德终始说，用以解释历史变易及其法则。根据《吕氏春秋·应同》的引述，邹衍认为历史王朝的更替是按照"土木金火水"五行相胜之序循环变易的，据此，黄帝得土德、大禹得木德、商汤得金德、文王得火德。《吕氏春秋》代邹衍立言，代火者水，继周而建的王朝必将是得水德的王朝。邹衍这套五德终始历史循环变易论，对于战国秦汉时期人们的历史变易观影响很大。

　　董仲舒的历史变易观无疑是受到了先秦思想家特别是《易传》的变革思想和邹衍的五德终始说的影响，故而他在《春秋繁露·尧舜不擅移、汤武不专杀》中提出了"有道伐无道"思想，认为自有夏氏以来的历史变易是"夏无道而殷伐之，殷无道而周伐之，周无道而秦伐之，秦无道而汉伐之"的一个相克相胜过程。

　　然而，董仲舒的历史变易思想主要还是体现在他对"三统"说的系统阐述上。"三统"说的创始人究竟是谁，现已无法确知。但从现有资料来看，对这一学说记述最为详尽的，当数董仲舒的《春秋繁露》一书。因此，"三统"说无疑是董仲舒历史思想体系的一个重要组成部分。董仲舒的"三统"说从表面上看宣扬的是一种历史循环变易论，因为它认为历史王朝是按照黑、白、赤三统顺序循环更替的，以此来对应历史朝代，则商朝为白统，周朝为赤统，《春秋》为黑统①；从实质而言，它却是主张"继治世者其道同，继乱世者其道变"②，以更化救弊为目的，强调汉皇朝更化的必要性，因而是一种历史更化论。如果我们将董仲舒"三统"说与邹衍五德终始说作一比较便不难发现，二者虽然在形式上都是宣扬历史循环论，但是它们的内蕴却明显不同，五德终始说的五德变易是一个相胜的过程，而"三统"说的三统循环则是一个更化的过程，正如刘家和先生所说的，"董氏三统、三正之变，只是同一个道在不同阶段的展现形式之不同"，认为"既是救弊，便没有五行相胜说的前后相反"③。因此，同样都是历史循环变易学说，五德终始说是一种改朝换代的学说，而"三统"说则是一种巩固政权的学说，它们的政治作用是不相同的。

　　伴随着董仲舒经学思想正宗地位的确立，董仲舒的"三统"历史变易学说自然也对汉代史学家和思想家产生了重要影响，这一方面表现在它启发了汉代史学家和思想家们注重运用变易的观点去看待历史；另一方面它或者直接被汉代史学家和思想家们用以表达他们的历史变易观，或者被他们作为用以构建其历史变易学说的重要素材。

　　① 董仲舒认为孔子有其德而无其位，他托于王鲁而作《春秋》，以当一王之法，这一王之法是专门为汉朝制定的。因此，董仲舒以《春秋》为黑统制度，其实也就是许汉朝以黑统制度。

　　②《汉书·董仲舒传》。

　　③ 刘家和：《古代中国与世界——一个古史研究者的思考》，449页，武汉，武汉出版社，1995。

史学家司马迁重视探究历史变易及其法则，"通古今之变"是其撰述《史记》所奉行的重要旨趣。而从思想渊源而言，司马迁的历史变易思想不但受到了《易传》"《易》穷则变"思想的影响（司马迁的易学有家学渊源）和邹衍五德终始说的影响（司马迁主汉为土德说），同时也受到了董仲舒"三统"说的重要影响。司马迁受董仲舒"三统"说的影响，不仅表现为重视以原始察终、见盛观衰的方法来观察历史，即所谓追溯其原始，察究其终结，以期对历史运行的盛衰法则作出把握；尤其表现在对"三统"学说的具体吸取上。如《天官书》接受了董仲舒"三统"循环理论，认为天运有三五循环之变，而天人一系，故"为国者必贵三五"。肯定三五循环之变是天人之际普遍存在的一种法则。《高祖本纪》则直接援用董仲舒的"三道"循环变易说（"三统"说之一种）来解说自夏朝以来的历史演变，认为夏、商、周三王之道分别为忠、敬、文，而接周而建的秦朝却不知变道救弊，实行忠质之道，汉朝则能"承敝易变，使人不倦"，故"得天统矣"。由此来看，《史记》确实对董仲舒的"三统"说作了重要吸取。

西汉末年，古文经学家刘歆创立的以五行相生之序来解说历史变易和王朝更替的新五德终始说，显然也是与自邹衍以来人们古史观念的不断变化特别是董仲舒历史思想的影响分不开。首先，董仲舒的"三统"历史变易说对于刘歆新五德终始说的创立有着直接的影响。如"三统"说将古史上溯至五帝、三皇时期①，这一古史期与刘歆的《世经》几乎是一致的；"三统"说所宣扬的三统、三正及三道的循环变易，都不含有相胜相反之义，这与五行相生之新五德终始说有相通之处；"三统"说没有以十月为岁首的秦朝为一统所肇端的摒秦思想，对于新五德终始说宣扬的彻底的摒秦论无疑是有着重要影响的。其次，如果撇开历史运次而论五行相生，刘歆以前最早对此作出系统阐述的当属董仲舒（见《春秋繁露》）。董仲舒虽然尚未将五行相生说运用到古史的解说中去，但对刘歆构建五行相生之五德终始说无疑是有重要思想启迪作用的。概言之，董仲舒历史变易思想对于刘歆的影响，一方面表现为一种思想启迪作用，一方面则为其历史变易学说的构建提供了具体素材。

---

① 钱唐说："董子法以三代定三统，追前五代为五帝，又追前三代为九皇。"（转引自苏舆《春秋繁露义证》，186页）按：据《春秋繁露·三代改制质文》，商汤作新王，即推庖羲为九皇。

东汉末年，公羊巨子何休又提出了一套别开生面的"三世"学说，用以描述历史发展的过程。"三世"说的主旨思想是认为历史的发展必然经历"衰乱世——升平世——太平世"三个时期，从而肯定历史发展是一个从低级到高级、从衰乱到太平、从野蛮到文明的过程，体现了身处东汉衰世时代的思想家何休对于人类历史的发展和进步所充满的一种自信。从理论渊源而言，何休的"三世"说其实也是对公羊先师董仲舒"三统"说的一种系统改造和重要发展。作为汉代公羊家的一种历史发展理论，"三世"说实肇端于董仲舒，只是董仲舒在论述其"三世"说（其"三等"说）时，是将它视作为其"三统"说的一种别传。按照董仲舒的"三世"说，《春秋》十二世被划分为"所传闻世——所闻世——所见世"三等；而何以要作如此划分，旨在体现尊新王大义，因而隐含了一种历史发展的观点。何休正是在此思想基础上赋予了"三世"说以全新的内容，从而将《春秋》三世论提升为一种对人类历史发展总趋势的描述。

由上所述可知，汉代时期是一个历史变易思想多姿多彩、历史变易理论不断涌现的时代，一方面先秦《易传》的变易思想、邹衍的五德终始说继续对汉代史学家、思想家有着重要影响，另一方面又先后出现了董仲舒的"三统"说、刘歆的新五德终始说和何休的"三世"说。然就董仲舒"三统"说对于汉代历史变易观的影响来说，它不但启发了史学家司马迁等人去"通古今之变"，而且也对刘歆新五德终始说和何休"三世"说的构建有着直接的影响。

三

"大一统"作为一种历史观和政治观，也是自春秋战国以来思想家们所着力阐发的一种思想。如儒家孟子的"定于一"思想，墨家的"尚同"思想等，都是对这种"大一统"理论所作的具体阐述。西汉景帝时期著于竹帛的公羊学派的重要经典《公羊传》，则别开生面地从《春秋》"王正月"推论出"大一统"之义，从而最早从形上层面上对这一思想作了解说。到了西汉武帝时期，随着大一统政治局面的形成和巩固，时代要求思想家们对于"大一统"之义作出系统的阐发和论证。董仲舒适应时代政治需要，不但通过构建天人感应学说，从天人合一、天人一系的高度论证了大一统的合理性；而且作为公羊大师，他还以《公羊传》为理论依据，对"大一统"之义从形上和形下两个方面作了系统论证和重要发挥。

董仲舒对"大一统"形上之义的阐发，显然是承继了《公羊传》的思维方式，其切入点也是由"王正月"到"大一统"，但在对其内涵的理解上，二者有着较大的出入。《公羊传》所谓"王正月"，是指天下承奉周正（周历），一统于周天子；而董仲舒则认为天下一统于受命新王，且新王必须改正朔、易服色，以对天命进行报答，由此新王又必须一统于天。同时，董仲舒还对《公羊传》首言"元年"作了追究，认为"元"是一种先于天地、先于万物的本体，因此是天地万物之"始"；这个作为万物源头的"始"之所以称作"元"，是因为它不同于具体的"一"，是一种"大一"，所谓"元者辞之所谓大也"。① 因此，"王正月"所体现的天下一统于新王、新王一统于天，追根溯源还必须要天一统于元。于是乎，"元"也就成了董仲舒"大一统"论的形上根源。如果说董仲舒推究"大一统"形上之义的目的在于立"元"正始的话，那么他阐发"大一统"形下之义的目的则是宣扬王者一统。为了建立起王者一统的政治历史统治秩序，董仲舒在政治上鼓吹尊王，而其尊王论的具体内涵则是神化君权和立王正始；在思想上主张"罢黜百家，独尊儒术"；在民族关系上强调夷夏之辨和以夏化夷。正是由于有了董仲舒的系统阐述，从而使大一统理论因此而成为汉代公羊家的一种重要理论。

董仲舒的大一统思想对于汉代史学家、思想家有着重要影响。

史学家司马迁曾从董仲舒问《春秋》公羊学，故而他对于以董仲舒为代表的公羊家的大一统理论有着极深的领会。与思想家董仲舒关于"大一统"之义所作的义理阐发不同，作为史学家的司马迁则主要是通过一种史实叙述来表达自己的大一统思想，《史记》从编撰体例到记述内容，无不内蕴了大一统的思想。如《十二本纪》的撰述，司马迁取年的周期数即所谓历数与自黄帝以来的帝王之数相配，目的一方面是为了说明人事运行与天道运行的一致性，体现了一种天人合一的思想；另一方面以人间君王与统御万物的天相对应，旨在说明君王也应像天一样拥有统御人间的权力，体现了一种王者一统的思想。又如《三十世家》的撰

① 分见《春秋繁露》的《玉英》、《王道》、《重政》等篇和《汉书·董仲舒传》。

述，司马迁视"三十世家"为君王的"辐拂股肱之臣"、环绕北辰的星宿，认为无论众星如何运行、车辐如何旋转，北斗星和车毂的轴心位置是永远不变的；同样，无论人间世道如何变化，君王至尊的地位也是永远不会变化的，从而体现了一种王者独尊的思想。《史记》还用大量的篇幅对黄帝以来的大一统政治作了热情颂扬，如司马迁对秦政多有批评，却充分肯定秦的统一是"世异变，成功大"；司马迁盛赞汉皇朝大一统功业，《平准书》对文景太平盛世时期经济繁荣局面作了满怀激情的颂扬，《汉兴以来诸侯王年表》则对汉武帝为加强大一统局面而消除封国势力给予了充分的肯定。值得注意的是，司马迁在继承董仲舒大一统思想的同时，却也提出了一些与董仲舒大一统之义不尽相同的思想。如在民族观上，如果说董仲舒重视夷夏之别的话，那么司马迁则"不斤斤于夷夏之别"①，他更重视强调夷夏一统。也可以说董仲舒的夷夏观重于"别"，而司马迁的夷夏观则重于"统"。学术思想上，董仲舒主张"罢黜百家，独尊儒术"，而司马迁则提出"阙协六经异传，整齐百家杂语"②，其学术思想大一统的路径与董仲舒存在着明显的不同。

东汉史家班固基于对西汉大一统皇朝历史的充分认识，而断汉为史作《汉书》，以此凸显西汉大一统政权的历史地位。《汉书》的大一统思想是很丰富的，它不但对西汉一代大一统盛世作了热情讴歌，而且还重视将西汉历史作为统一的多民族的历史过程来加以把握，体现了其民族一统的历史意识。班固的民族一统思想，就其理论渊源而言，主要是承继董仲舒的夷夏观，但二者具体内涵却不尽相同。班固一方面接受了董仲舒的以夏化夷观，《西南夷两粤朝鲜传》积极宣扬了"招携以礼，怀远以德"的德化思想；另一方面，班固出于对蛮夷民族的偏见，视他们为"贪而好利，被发左衽，人面兽心"之人，故而又主张对蛮夷实行羁縻之策。③

东汉末年，随着宦官、外戚轮流专权，由此导致皇权的极度衰弱，大一统政治出现了严重危机。在这种特定历史背景下，作为东汉公羊巨子，何休出于挽救东汉大一统政治局面的需要，而继承了汉代公羊学派重视阐发大一统思想的传统，并沿袭了公羊先师董仲舒的理论路径，从

---

① 白寿彝主编：《中国通史》，第 1 卷，10 页，上海，上海人民出版社，1989。
② 《史记·太史公自序》。
③ 《汉书·匈奴传赞》。

形上、形下两个方面对大一统思想作了系统阐述。首先，何休着重对汉代公羊家的"五始"说作了系统阐述。"五始"说是汉代公羊家关于《春秋》经文首句"元年，春，王正月"的解释，他们认为"元年"、"春"、"王"、"正月"外加"公即位"（因鲁隐公意在摄政，思虑以后还要归政于桓公，故经文首句"元年春王正月"之后省去了"公即位"这一书法定式）这五要素都体现了"始"之义，故而共成"五始"。"五始"说不见于《公羊传》，公羊先师董仲舒虽未提出"五始"之名，却已对其内涵作了初步论述，只是形上色彩还不够彰显。何休在公羊先师的论说基础上，将"五始"概括为"元年"为天地之始，"春"为四时之始，"王"为受命之始，"正月"为政教之始，"公即位"为一国之始。① "五始"各为一统，"元"统"春"、"春"统"王"、"王"统"正月"、"正月"统"公即位"，"五始"之间又"相须成体"，它们合乎逻辑地构成了一种天人一系的宇宙图式。而"统者，始也，总系之辞"②。确定天地万物的统属关系，目的就是要立统正始，立定法式。所以何休说："故《春秋》以元之气，正天之端；以天之端，正王之政；以王之政，正诸侯之即位；以诸侯之即位，正境内之治。"③ 何休关于"五始"说的系统阐发，使得公羊学派的"大一统"形上理论由此更加完善、更为系统。其次，何休大力宣扬"尊天子"论。董仲舒宣扬尊王思想，是出于构建王者独尊的大一统政治的需要；而何休宣扬"尊天子"论，则既是秉承公羊先师的遗教、遗训，同时也是对东汉末年皇权衰落、政治无序、国家衰败的一种警世之论。何休认为，东汉末年的天子不尊，是强臣专权、妃党势众所致，因此，只有"屈强臣"、"弱妃党"，才能使王者谨守王权，天子受到尊崇。《春秋公羊传解诂》常常借史发论，阐发这一"尊天子"之义。最后，何休将"张三世"与"异内外"相结合，用一种历史发展的观点来看待民族关系问题和国家统一问题。董仲舒等公羊先师对于"张三世"和"异内外"之义都曾经作过表述，可是他们却都没有从中阐发出"大一统"之义来。因此，将"张三世"和"异内外"相结合来阐发"大一统"之义，这既是何休大一统理论的主要特色，也是何休对公羊学大一统理论的重要发展。何休以"三世"说来解说

① 何休：《春秋公羊传解诂》，隐公元年，上海，上海古籍出版社，1990。
② 同上书。
③ 同上书。

"异内外",认为在"所传闻之世"(亦即"衰乱"之世),夷狄"未得殊也",故而不存在夷夏之辨问题;在"传闻之世"(亦即"升平"之世)时,夷狄已"可得殊",故而必须"内诸夏而外夷狄";到了"所见之世"(即"太平"之世),夷狄通过不断进化,已经由野蛮而至文明,成为诸夏的一部分,因此这是一个"夷狄进至于爵,天下远近小大若一"的大一统之世。① 毫无疑问,何休的"异内外"说体现了一种民族发展的观点,对传统公羊"大一统"说作出了新的诠释。

由上可知,董仲舒的历史思想对于汉代史学思潮的出现和走向是有着重要影响的。重视对中国传统经学与史学的关系的研究,是深入认识中国古代史学思想民族特点的十分重要的工作。董仲舒是汉代公羊大师,他的经学化的历史思想对于汉代史学思潮产生了重大影响,揭示这一史学特点,也就抓住了中国传统史学的一个关节。

（原载《史学史研究》,2003 年第 4 期）

①《春秋公羊传解诂》,隐公元年。

汪受宽

司马迁关于汉代西部开发的实践和思想

历代学者、尤其是当代贤俊对《史记》和司马迁的研究已经非常深入，有许多骄人的成绩。但对太史公参与西部开发的实践和思想尚未见探讨，故不揣浅陋，试为之说，以期对《史记》研究有所补益，更欲通过这一历史反思为当今的西部开发提供借鉴。

一　司马迁及其先辈开发西部的实践活动

司马迁及其先辈长期在西部生活，参加了周秦以来对西部地区的开发活动。这些实践活动为司马迁重视西部、关心西部的发展，形成其对西部问题的"一家之言"奠定了思想基础。

在《太史公自序》中，司马迁深情地追述了家族的历史，为我们了解其先辈参与开发西部的实践提供了宝贵的资料。司马得氏是由于其先祖程伯休甫曾在周宣王时任司马之职，后以官为氏。《自序》云："惠襄之间，司马氏去周适晋。晋中军随会奔秦，而司马氏入少梁。"《左传》对此事有相关记载，文公七年（公元前 620 年）七月晋秦令狐之战，"己丑，先蔑奔秦，士会从之。"司马氏随随会（"士会"）入秦，居少梁，即司马迁出生地阳夏（今陕西韩城芝川镇）。战国时，司马迁的先祖司马错是秦国开拓西南地区的功臣。据《史记·秦本纪》载，从惠文王更元九年（公元前 316 年）到昭襄王二十七年（公元前 280 年），将军司马错曾先后七次出征，灭蜀，取赵中都、西阳，平定蜀侯辉之乱，取魏之轵及邓，取魏垣，攻魏河内，魏献安邑，攻楚，因蜀攻拔楚黔中，战功显赫。公元前316年，大夫司马错与秦相张仪在秦惠文王面前辩论伐蜀与伐韩的利弊，司马错指出："欲富国者，务广其地；欲强兵者，务富其民；欲王者，务博其德。三资者备，而王随之矣。"因此，伐蜀的好处更多。他认为张仪提出的攻韩，劫天子的办法，会引起其他大国的注意，不利于秦。而伐蜀有正义之名，收获利之实，而且谁也不会干涉，正是："拔一国，而天下不以为暴；利尽西海，诸侯不以为贪。是我一举而名实两附，而又有禁暴正乱之名。"司马错高屋建瓴的谋划得到秦惠文王的赞扬，秦惠文王派司马错和张仪率兵伐蜀，为秦的最终统一六国准备了经济的和军事的条件。"蜀既属，秦益强富厚，轻诸侯。"①司马错之孙司马靳屡屡随白起征战，在长平（今山西高平西北）之战中任白起副将，参与坑杀赵国降卒四十万，后白起拒绝为将攻赵邯郸，被秦昭王赐死，司马靳也连坐而死。"靳孙昌，昌为秦主铁官，当始皇之时……昌生无泽，无泽为汉市长。"②可见，司马迁的先辈，不仅为秦国开发西北和西南做出了重大贡献，而且其后，又有担任秦始皇时主铁官的四世祖昌和担任汉朝长安四市市长之一的司马无泽，在秦汉西部经济发展中做出了重要成绩。他们率先洒下了开发西部的汗水，或多或少给司马迁与《史记》的西部情结定了格。

司马迁"生龙门，耕牧河山之阳"，当地的壮丽景色，磅礴气势，给予司马迁深厚的熏陶。二十岁以后，他壮游了汉朝大半国土，为司马迁开阔眼界，加深对祖国山河的感情，更加热爱西部奠定了深厚的基础。

汉武帝于元光二年（公元前133年）开始了反击匈奴的战争。元朔二年（公元前127年），卫青率兵驱逐匈奴白羊、楼兰王，夺取河南地，建朔方、五原郡。元朔五年（公元前124年）春，卫青军杀获匈奴万五千级。元狩二年（公元前121年）青年将军霍去病击匈奴于皋兰山，匈奴浑邪王降汉，汉得河西走廊这一战略重地。元狩四年（公元前119年）汉军大破单于兵，从此，漠南无王庭，汉反击匈奴的战争取得决定性的胜利。就在汉军紧锣密鼓反击匈奴的战争期间，司马迁被任为皇帝侍从的郎中，使他对汉开发西部的这一重大举措有了真切的了解和直接的参与。

---

① 《战国策》，卷三"司马错与张仪争论于秦惠文王前"。
② 《史记·太史公自序》。

　　此后，司马迁随从武帝，参与了多次重大军事和礼仪活动。司马迁言："余从巡察天地诸神名山川而封禅焉。"①在这里，我们无意于探究汉武帝的事鬼神活动，但司马迁因之得以到达西部许多地区，却是值得考察的。查《汉书·武帝纪》，从元鼎至太初间，汉武帝先后因巡察、祭祠活动，到过的关中以外的西部地方有：夏阳、汾阴（元鼎"四年冬十月，行幸雍，祠五畤。赐民爵一级，女子百户牛酒。行自夏阳，东幸汾阴。十一月甲子，立后土祠于汾脽上。礼毕，行幸荥阳。还至洛阳。"）；陇山、空同山、祖厉河（今甘肃会宁境）（元鼎"五年冬十月，行幸雍，祠五畤。遂逾陇，登空同，西临祖厉河而还。"）；上郡（治今陕西榆林南）、西河（治今陕西府谷西北）、五原（治今内蒙古包头西）、长城、单于台（今内蒙古呼和浩特西）、朔方（治今内蒙乌拉特旗南）、北河（今乌加河）、桥山（今陕西黄陵）（"元封元年冬十月，诏曰：'南越、东瓯咸伏其辜，西蛮北夷颇未辑睦，朕将巡边垂，择兵振旅，躬秉武节，置十二部将军，亲帅师焉。'行自云阳，北历上郡、西河、五原，出长城，北登单于台，至朔方，临北河，勒兵十八万骑，旌旗径千余里，威震匈奴。遣使者告单于曰：'南越王头已县于汉北阙矣。单于能战，天子自将待边；不能，亟来臣服。何但亡匿幕北寒苦之地为！'匈奴慑焉。还，祠黄帝于桥山，乃归甘泉。"）；沿北部边界西至九原（今内蒙包头西），回到甘泉宫（元封元年，"行自泰山，复东巡海上，至碣石。自辽西历北边九原，归于甘泉。"）；经回中道（在今陕西陇县与甘肃华亭间），出萧关（今宁夏固原东南），经独鹿、鸣泽（两地皆在今北京房山境，或说鸣泽即今甘肃平凉西弹筝峡），由代郡（治今河北蔚县东北）经河东（治今山西夏县西北），回长安（元封"四年冬十月，行幸雍，祠五畤。通回中道，遂北出萧关，历独鹿、鸣泽，自代而还，幸河东。"）；以后，又多次到过回中、安定（治今宁夏固原）、北地（治今甘肃庆阳西北）（元封"六年冬，行幸回中。"太初元年"秋八月，行幸安定。"四年"冬，行幸回中。"天汉"二年春，行幸东海。还幸回中。"）。司马迁在《史记》中多次讲他到过的西部地方，说："余尝西至空峒，北过涿鹿，东渐于海，南浮江淮矣"②，"余……北自龙门至于朔方"③，"吾适北边，自直道

---

　　①《史记·封禅书》，"太史公曰"。
　　②《史记·五帝本纪》。
　　③《史记·河渠书》。

归，行观蒙恬所为秦筑长城亭障，堑山堙谷，通直道，固轻百姓力矣。"①
应证了他屡屡随从汉武帝巡察的事实。这其中，武帝除了进行祭祀活动
外，更多的是巡察边防，向匈奴炫耀武力，实地解决移民和边疆发展问
题。如《平准书》记载："其明年，天子始巡郡国。东度河，河东守不意
行至，不办，自杀。行西逾陇，陇西守以行往卒，天子从官不得食，陇
西守自杀。于是上北出萧关，从数万骑，猎新秦中，以勒边兵而归。新
秦中或千里无亭徼，于是诛北地太守以下，而令民得畜牧边县，官假马
母，三岁而归，及息什一，以除告缗，用充仞新秦中。"而这些活动都是
汉武帝西北开发的重要内容，司马迁都亲身经历，或者说是参与了的。

司马迁还曾奉使巴、蜀、滇中。《太史公自序》云："于是迁仕为郎中，
奉使西征巴、蜀以南，南略邛、笮、昆明，还报命。"他自言"余……西瞻
蜀之岷山及离碓"②，巴为今重庆一带，蜀为今成都一带，邛在今四川西昌
东南，笮在今四川汉源，昆明在今云南西部，离碓在四川都江堰。关于司
马迁出使西南夷的时间、任务及所至，学界有不少争论，由于篇幅关系，
不在此讨论。但说司马迁亲自参与了汉武帝经略西南的活动，却是毫无
疑问的。

总之，当今所谓的西部当时属于汉王朝领土的九省市，司马迁到过
其中的八个（陕、甘、宁、内蒙、渝、川、滇、黔）。司马迁躬逢其时，
亲自参与了汉武帝时西部开发的许多重大活动。

二　司马迁对汉以前开发西部的记载和看法

"稽其成败兴坏之理"是《史记》撰著的基本原则和主要目的。司马
迁对汉以前开发西部历史的记载和经验的总结，不仅为汉代开发西部张
目，同时对当前西部大开发也具有一定的意义。

在《史记·五帝本纪》中，司马迁着重从定期巡视确定对西部的统
治；"披山通道"解决西部交通问题；"务耕种，行地宜"发展西部农业
等方面，对中华文明开始之时五帝的西部开发进行了记述和讨论，体现
了司马迁的中华大一统思想。

---

① 《史记·蒙恬列传》。
② 《史记·河渠书》。

在《周本纪》、《秦本纪》中，则着重记载了周秦先祖筚路蓝缕发展西部农牧业，与周边民族的共处与冲突，发展民族文化，从西部崛起的事例，事实上是中国早期的西北开发史。从而，司马迁雄辩地证明，西部在中华民族文明的开创时期，曾经发挥过巨大的作用，有过辉煌的历史。

春秋战国时期是一个社会剧烈变化、重新分化组合的时期。在此期间，诸侯争霸，攻伐兼并。在《史记》中，司马迁将秦国在这一时期对西部的开发主要定位于秦穆公即位以后直到统一六国时（公元前659—公元前221）；其开发的地区由今甘肃东部，逐步发展至今陕西全省，甘肃南部、中部，宁夏，内蒙中西部，四川大部，直至广西、贵州、云南一带；其开发活动，不仅是扩张疆土，建立政权，抗击少数民族贵族军事势力的侵袭等政治军事活动，更重要的是修建道路、桥梁，通水运，修水利（如都江堰等），发展农业、畜牧业及其他产业，整顿风俗，终于使秦国由一个西方小部族发展壮大为中国历史上第一个统一的多民族的专制皇朝，西部地区成为全国最富庶的地区。司马迁总结秦国成功的西部开发活动，表达了他对商鞅大胆变革的赞许，对秦国君主们重用人才的褒扬，对秦国先君因地制宜强国富民的欣赏，同时也总结了经验教训，为写秦统一后的西部开发作了铺垫。

司马迁没有沉沦于西汉初对秦皇朝的一片诅咒之中，而是客观地评价秦朝的历史功绩，说："秦取天下多暴，然世异变，成功大。"[1]《史记》对秦朝西部开发的事迹予以了全面记载。包括：打击匈奴，筑长城，保卫边疆；修筑驰道和直道，发展交通；徙民充实西北、西南各地，发展西部农牧业和工商业，加强西部的安全。其中特别讲到秦始皇给畜牧业主乌氏倮"与列臣朝请"，对矿主巴寡妇清"以为贞妇而客之，为筑女怀清台"[2]，允许间谍水工郑国完成郑国渠的开凿，从而使"关中为沃野，无凶年，秦以富强，卒并诸侯，因命曰'郑国渠'。"[3]充分肯定了秦始皇在西部开发史上的特殊贡献。

① 《史记·六国年表序》。
② 《史记·货殖列传》。
③ 《史记·河渠书》。

三　司马迁对汉前期开发西部的记载

西汉都城长安就在西部。西部地域广阔、民族复杂，处理好与西部诸民族之关系，乃全国稳定之根本。从《史记》的记载看，西汉前期开发西部主要是在前代的基础上，围绕处理与西部几个主要民族的关系而展开的。

（一）北逐匈奴，开发西北

《李将军列传》、《匈奴列传》、《卫将军骠骑列传》等篇以及诸汉帝《本纪》，详细地阐述匈奴由小到大，由弱到强，以至与汉朝的争逐、进退情况。记载了自汉高祖被围白登山，与匈奴和亲，文帝、景帝时匈奴不断南下骚扰掠夺，给王朝安全和人民的生命财产造成巨大威胁，直至武帝时发动对匈奴大规模军事反击的过程。

汉武帝从元光元年（公元前 133 年）起，开始了对匈奴的大规模军事反击。《史记》记载，汉对匈奴的战争总共有 17 次，其中公元前 127 年、公元前 121 年、公元前 119 年三次大规模战役的胜利，使匈奴遭到沉重打击，力量大为削弱，其主力"远遁，而漠南无王庭"①。反击匈奴战争的胜利，制止了匈奴贵族的侵扰掠夺，巩固了西汉封建大一统局面，战争中大批匈奴人内附，促进了民族的进一步融合。

司马迁特别记载，在河西地区归入汉皇朝版图以后，从全国战略出发，采取了一系列行之有效的开发和发展河西以及现今甘肃、宁夏和内蒙一带的重大政治、军事、经济措施：第一，设置郡县，使西部新拓地区纳入汉皇朝的有效管理之中，迁徙内地居民充实新开拓的地区，改变了这些地区的民族成分和当地的产业结构，有力地支援了边疆防务。第二，在河西等地大规模推广军事屯田。屯田卒既从事农业生产，又参与戍守，减少了内地长途运输军需物资的劳顿，保证了汉王朝在西域的一系列胜利。第三，修筑由陇西经河西走廊至盐泽的汉塞（长城），建立起严密的边境防御体系，有力地抵御了匈奴的内侵，保证了境内百姓的生

①《史记·匈奴列传》。

产和生命财产安全，以及与西域的交通。

（二）"凿空"西域

为"断匈奴右臂"，杰出外交家张骞肩负着汉武帝的使命，两次出使西域，开辟了中西交通史的新篇章，自此"西北国始通于汉矣"①。

《大宛列传》记载："是时天子问匈奴降者，皆言匈奴破月氏王，以其头为饮器，月氏遁逃而常怨仇匈奴，无与共击之。汉方欲事灭胡，闻此言，因欲通使。道必更匈奴中，乃募能使者。骞以郎应募，使月氏，与堂邑氏胡奴甘父俱出陇西。"建元三年（公元前138），张骞带着朝廷给他的一百多个随从，第一次出使西域。虽然由于种种原因，这次出使没有取得预期的效果，但张骞了解到西域的地理、物产和西域各族人民的生活情况，也了解到西域各族与汉朝往来的愿望。公元前126年回汉后，他向武帝述说了这些情况，并建议：欲通安息、大夏，只有两个办法：第一是征伐匈奴，打通天山北麓的天然走廊；第二是通西南夷，打通西南的国际道路。那样，不仅地广万里，无求不得，而且可以扬汉朝威德于四海。

汉武帝接受了张骞的建议，令王然于等人从蜀、犍为（四川宜宾）分道数出，以求通往身毒的道路，然皆为西南夷所阻。张骞又提出，要想打击匈奴，还可以联络西域的乌孙。"今诚以此时而厚币赂乌孙，招以益东，居故浑邪之地（指河西走廊西部），与汉结昆弟，其势宜听，听则是断匈奴右臂也。既连乌孙，自其西大夏之属皆可招来而为外臣"②。元狩四年（公元前119年）汉武帝派张骞再次出使西域，乌孙与汉朝的友好关系从此奠定。张骞在西域还派副使分道赴大宛、康居、大月氏、大夏、安息、身毒、于阗等国。后来，这些副使"皆颇与其人俱来，于是西北国始通于汉矣"③。

（三）通西南夷

西汉前期凭借强盛国力，积极经略开发边地。司马迁躬逢其时，奉

①《史记·大宛列传》。
② 同上书。
③ 同上书。

使西征，并实地搜考西南史地风情。在《西南夷列传》、《司马相如列传》等篇中，司马迁概说西南地区境域、民族、习俗、生产，历叙秦汉对西南的经营，盛赞统一功业。司马迁特别注意记载西南夷与中原地区的交往。言"始楚威王时，使将军庄𫏋将兵循江上，略巴、黔中以西。庄𫏋者，故楚庄王苗裔也。𫏋至滇池，方三百里，旁平地，肥饶数千里，以兵威定属楚。欲归报，会秦击夺楚巴、黔中郡，道塞不通，因还，以其众王滇，变服，从其俗，以长之。秦时常颇略通五尺道，诸此国颇置吏焉。"[1]就是在旧日这些关系的基础上，为了探求西南丝绸之路，汉武帝将其注意力伸入到西南少数民族地区，因而就发生了当时汉帝国开发西南地区的种种活动。

第一，通使设郡。司马迁曾奉命出使西南，故能以史家与历史见证人的双重身份，详述在西南设置犍为、牂柯、粤嶲、沈黎、汶山、武都、益州七郡（其中沈黎、汶山二郡，不久废除）的具体过程，西南各民族终于归入中华民族大家庭。

第二，筑路。在《司马相如列传》和《西南夷列传》中，记载了汉武帝时修筑通夜郎（今贵州境）的南夷道和通云南的西南夷道。《河渠书》又记载："天子以为然，拜汤子卬为汉中守，发数万人作褒斜道五百余里"，以方便关中至蜀地的交通。

第三，移民和经济开发。《平准书》记载："汉通西南夷道，……乃募豪民田南夷，入粟县官，而内受钱于都内。"移民到西南后，实行单独管理。他们在当地从事农业或工矿业生产，推动了当地经济的进一步发展，以至在山东发生灾荒时"下巴蜀粟以振之"[2]。

四　司马迁关于西部开发的思想

司马迁是汉武帝时开发西部的历史见证人和参与者，他对前代和汉代开发西部的态度是比较复杂的，有赞誉，有钦佩，有忧心，还有不能不发的批评。大体说来可分为两种：其一是赞成开发西部，保卫边疆，实现国家一统；其二是认为开发西部必须适度，以不过分劳民伤财为准

①《史记·西南夷列传》。
②《史记·平准书》。

则。具体看，《史记》中体现的司马迁西部开发思想有以下几个方面。

首先，是鲜明的多元一统的国家观。司马迁把中华民族文明史的源头追溯到黄帝时代，并且在叙述周边诸民族历史的时候，总是提到其先祖跟黄帝及黄帝的子孙有着亲缘关系，显示了其华夏多元一统的观念。对统一国家作出贡献的帝王将相，他给予充分的肯定。甚至对汉武帝，他也实事求是地表彰其开发西部的历史功绩。在《太史公自序》中称"汉兴五世，隆在建元。外攘夷狄，内修法度。""北讨强胡，南诛劲越，征伐夷蛮，武功爰列。"

其次，西部地区在中华民族发展史上地位举足轻重。司马迁总结历史经验，曾经深有感触地说："或曰'东方物所始生，西方物之成孰'。夫作事者必于东南，收功实者常于西北。故禹兴于西羌，汤起于亳，周之王也以丰镐伐殷，秦之帝用雍州兴，汉之兴自蜀汉。"①在《货殖列传》中他将全国分为几大经济区，而尤其重要的是关陇蜀地区。他分析道："关中自汧、雍以东至河、华，膏壤沃野千里……其民犹有先王之遗风，好稼穑，殖五谷，地重，重为邪。及秦文、德、缪居雍，隙陇蜀之货物而多贾。献公徙栎邑，栎邑北却戎翟，东通三晋，亦多大贾。孝、昭治咸阳，因以汉都，长安诸陵，四方辐凑并至而会，地小人众，故其民益玩巧而事末也。南则巴蜀。巴蜀亦沃野，地饶卮、姜、丹沙、石、铜、铁、竹、木之器。南御滇僰，僰僮。西近邛笮，笮马、旄牛。然四塞，栈道千里，无所不通，唯褒斜绾毂其口，以所多易所鲜。天水、陇西、北地、上郡与关中同俗，然西有羌中之利，北有戎翟之畜，畜牧为天下饶。然地亦穷险，唯京师要其道。故关中之地，于天下三分之一，而人众不过什三，然量其富，什居其六。"从政治和经济上指出西部地区在周秦汉时代是全国最重要的地区。

第三，安定是西部发展的基础，与匈奴的和亲或斗争都应以其对社会安定的影响做出判断。对汉前期与匈奴的和亲，司马迁引用汉文帝的话予以肯定，指出其结果是："故百姓无内外之繇，得息肩于田亩，天下殷富，粟至十余钱。鸣鸡吠狗，烟火万里，可谓和乐者乎！"②而在《太史公自序》则阐述了加强西北边防、反击匈奴战争的正义性和必要性。说："自三代以来，匈奴常为中国患害；欲知强弱之时，设备征讨，作

---

① 《史记·六国年表》。

② 《史记·律书》。

《匈奴列传》第五十。"在《建元以来侯者年表》中说："匈奴绝和亲，攻当路塞……以中国一统，明天子在上，兼文武，席卷四海，内辑亿万之众，岂以晏然不为边境征伐哉！"

第四，盛赞张骞通西域，是推动中西经济文化交流的壮举。在《大宛列传》中，司马迁列数西域各地物产的丰富，及其与汉地的交流，称赞"张骞凿空"，"断匈奴右臂"的深远意义。

第五，强调发展西部地区交通和边防的重要性。《史记》中详细记述历代王朝在西部筑长城、修道路、通水运等方面的举措。在《平准书》中，他说："农工商交易之路通，而龟贝金钱刀布之币兴焉。"说明发展交通，对经济发展的重大的作用。而修筑长城，则是国家安全的保障。

第六，人才是西部开发的重要推动力。《匈奴列传》太史公曰："尧虽贤，兴事业不成，得禹而九州宁。且欲兴圣统，唯在择任将相哉！唯在择任将相哉！"司马迁借孔子之口称赞秦穆公，言"秦国虽小，其志大；处虽辟，行中正。身举五羖，爵之大夫，起累绁之中，与语三日，授之以政。以此取之，虽王可也，其霸小矣。"①甚至对以外戚而得贵幸的卫青、霍去病，司马迁也肯定他们讨伐匈奴的战功是"颇用材能自进"②。

第七，对帝王好大喜功、过分扰民的行为给予严厉的谴责。在《蒙恬列传》中，司马迁说："吾适北边，自直道归，行观蒙恬所为秦筑长城亭障，堑山堙谷，通直道，固轻百姓力矣。夫秦之初灭诸侯，天下之心未定，痍伤者未瘳，而恬为名将，不以此时强谏振百姓之急，养老存孤，务修众庶之和，而阿意兴功，此其兄弟遇诛，不亦宜乎？何乃罪地脉哉？"③在《平准书》中批评修西南夷道役蜀民太甚，云："唐蒙、司马相如开路西南夷，凿山通道千余里，以广巴蜀，巴蜀之民罢焉。"在《孝文本纪》赞中，说："孔子言：'必世然后仁。善人之治国百年，亦可以胜残去杀。'诚哉是言！汉兴，至孝文四十有余载，德至盛也。廪廪乡改正服封禅矣，谦让未成于今。呜呼，岂不仁哉！"一面对秦汉开发西部给予热烈的赞颂，一面对为开发西部活动给人民造成的负担深表不满和批评，这种矛盾的态度来源于司马迁思想中的矛盾：王者一统的文化传统使他渴望西部的统一和进步，而人本主义精神又使他眷顾民生，希望开发西

---

①《史记·孔子世家》。
②《史记·佞幸列传》。
③《史记·蒙恬列传》。

部以不过度劳民为原则。

两千年后的今天，我们抚今追昔，"先王之遗风"犹在，变革创新精神迸发。重新审视西部，我们应结合本地区实际情况，动员西部地区的广大人民群众，同心同德，发扬历史传统，振奋精神，艰苦奋斗，西部经济的腾飞将指日可待，西部开发宏伟蓝图必将实现。

（原载《史记论丛》，陕西人民出版社 2004 年版。本次刊载，题目略有改动）

易　宁

论《史记》释《尚书·西伯戡黎》

《尚书·西伯戡黎》是有关殷代末年历史的一篇重要文献。司马迁叙殷末历史，引录此篇经文，并且补充史料作了解释。司马迁的解释不仅是对经文所述史实的处理，而且反映了他对儒家经典的认识。因此，后世学者对他的解释一直存在着争议。本文拟考辨司马迁解释的史料来源，以明其解释是否正确，并就其"考信于六艺"说，谈一些个人的看法。

一　司马迁引经今文本《西伯戡黎》若干问题辨析

《尚书·西伯戡黎》记载的是周西伯征服位于商王朝西北屏蔽之地的黎国后，商朝大臣祖伊感到商王朝危亡在即，对纣王提出警告的一段对话。其文云：

> 西伯既戡黎，祖伊恐，奔告于王曰："天子，天既讫我殷命，格人元龟，罔敢知吉。非先王不相我后人，惟王淫戏用自绝。故天弃我，不有康食，不虞天性，不迪率典。今我民罔弗欲丧，曰：'天曷不降威，大命不挚。'今王其如台？"王曰："呜呼！我生不有命在天？"祖伊反，曰："呜呼！乃罪多参在上，乃能责命于天？殷之即丧，指乃功，不无戮于尔邦。"

《史记·殷本纪》几乎全文引录此篇经文，《周本纪》和

《宋世家》亦摘引了经文文字。在汉代，《尚书》有今古文之分。因此，分析司马迁释经的史料来源，首先应辨析其引经为今文抑或古文。

关于司马迁引《西伯戡黎》经文本问题，清代学者多有考论，尤以段玉裁、孙星衍、陈乔枞、皮锡瑞等家用力最勤。段、陈、皮均认为，司马迁引经乃据今文本，兼采欧阳、大小夏侯三家文字。唯孙星衍以为，"史迁所说则孔安国故"①，其所引经文出自孔安国古文本。孙氏以班固"司马迁从孔安国问故"之语为立说依据。其说失之偏颇，前人已有分析，不再赘言。段玉裁等人的说法，可为定论。不过，清人对经文文字的考辨，仍存一些分歧，后世学者亦有提出质疑者。下面，对这些问题略作辨析。

经文"西伯戡黎"，《殷本纪》作"周文王伐饥国，灭之"。"黎"，《周本纪》作耆国，《宋世家》则作阢国。《史记》引经文作饥国、耆国、阢国，段玉裁以为皆为今文。段氏指出，《尚书大传》"黎"作"耆"。徐广《尚书音义》："饥，一作耆，又作耆"。"黎"是古文。《说文》"黎"作"鼛"，云："鼛，殷诸侯国，在上党东北，从邑称声。"《商书》："西伯戡黎"。古文"鼛"乃后人改易为"黎"。② 陈乔枞、皮锡瑞进一步指出，耆、饥、阢为今文三家异文。③ 陈氏又谓，此三字皆古文"黎"之假借。④ 顾颉刚、刘起釪先生的看法略有不同，认为"耆"、"饥"、"黎"诸字古韵母同为脂部。其声母为牙音群纽与舌头来纽之异。"耆"、"黎"可能是商、周方言对同一地名之异读。"饥"为"耆"之假。⑤ 顾、刘二先生的看法，颇有道理。今做一些补充。"饥"声母为牙音见纽。"饥"、"耆"声母见群旁纽，脂部双声叠韵⑥，音近通假。《西伯戡黎》之"黎"，为国名（见上引《说文》）。其义与"黎"、"耆"之本义有别。《广雅·释器》："黎，黑也"；《说文》："黔，黎也。秦谓民为黔首，谓

① 孙星衍：《尚书今古文注疏·序》，北京，中华书局，1986。

② 参见段玉裁：《古文尚书撰异·西伯戡黎》，载《清经解》，卷五七七，上海，上海书店，1988。

③ 参见皮锡瑞：《今文尚书考证·西伯戡黎》，师伏堂刊本。

④ 参见陈乔枞：《今文尚书经说考·西伯戡黎》，载《清经解续编》，卷一八一九，上海，上海书店，1988。

⑤ 参见顾颉刚、刘起釪：《〈尚书·西伯戡黎〉校释校论》，载《中国历史文献研究集刊》，长沙，岳麓书社，1980。

⑥ 参见王力：《同源语字典》"纽表"、"饥"字条，北京，商务印书馆，1981。在黄侃《音略》中，王氏的群纽归入溪纽，"饥"、"耆"声母亦为旁纽。

黑色也。周谓之黎民。"《广雅·释诂》："耆，老也。"《国语·吴语》："有父母耆老而无昆弟者以告。"韦昭注："六十曰耆，七十曰老。"今文家读"黎"作"耆"，可能是商、周方言读音之异。然《西伯戡黎》之"黎"与"耆"音近义异，其写作"耆"，仍应视为通假字。①

《西伯戡黎》之"格人元龟"句，《殷本纪》作"假人元龟"。江声以为，《尚书》"假"字，孔颖达《正义》本悉改作"格"。《史记》作假人，乃后人惑于伪《孔传》而伪改之。"假尔元龟，谓藉尔元龟以叶吉。'假'读曰'叚'，为假借之意"，与《曲礼》"假尔泰龟有常"之"假尔"同义。② 今按，江氏改易说有误。考王充《论衡·卜筮篇》引经文作"格人元龟"。《尚书》日本足利本（唐以前写本）、敦煌隶古定本（卫包改字前本）均作"格人元龟"。③ 可见，汉代以来流传的文本，亦有作"格人"者。今本"格"字非后人所改易。江氏以为经文"假"为假借之义。段玉裁持不同的看法，认为"假"为今文，"格"为古文，假、格两字古通，均可作贤人解。④ 段氏仅列说，而未详其证据。今考《尔雅·释诂》："假，大也。"马融云："元，大也。元龟，大龟也"。（《史记·殷本纪集解》引）"凡有大义者，皆有完善之义"⑤。"格"，《方言》作"正"。《后汉书·傅燮传》："朝庭重方格。"李贤注："格，标准也"，标准当有贤意。王充《论衡·增艺篇》释此句经文："贤者不举，大龟不兆"，以"格人"作贤者。可知，段玉裁的解释出之有据。江声读"假"作"叚"，音训无误。其释《曲礼》之"假"字为假借之义，说亦合理（见孔颖达《礼记正义》）。然其以为《曲礼》之"假尔"等同于《西伯戡黎》之"假人"，似有牵强之嫌。《曲礼》之句，为历代经师相传之命龟词（见孔颖达《礼记正义》引郑玄注），与祖伊告诫之语不可随意等同。段玉裁的解释，是可以信从的。

《西伯戡黎》"大命不挚（挚）"句，《殷本纪》作"大命胡不至"。段玉裁谓：《说文》："至也，从女执声。《周书》曰'大命不褺'，读若挚同。"（段按，《周书》为《商书》之误）壁中书本作"褺"，后易为

---

① 参见王引之：《经义述闻》"经义假借"条，南京，江苏古籍出版社，2000。

② 参见江声：《尚书集注音疏·西伯戡黎》，《清经解》，卷三九三。

③ 参见顾颉刚等：《尚书文字合编·西伯戡黎》，上海，上海古籍出版社，1996；参见刘起釪：《〈尚书〉源流及传本》，205～206页，沈阳，辽宁大学出版社，1997。

④ 《古文尚书撰异·西伯戡黎》。

⑤ 俞樾：《群经平议》"格人元龟"条，《清经解续编》，卷一三六五。

"挚"。《殷本纪》作"至",为今文。① 陈乔枞、皮锡瑞说同段氏。于省吾先生则指出:"'挚'乃'蓺'之讹。《吕览·先识》'向挚',《淮南子·泛论》作'向蓺';'蓺'、'迩'同音。"《尧典》:"'归格于蓺祖'。'蓺',《尚书大传》作'祢'。然则'大命不挚'者,大命不近也。《诗·云汉》:'大命近止',文例有反正耳。"② 顾颉刚先生赞同此说,谓:"挚"当作"蓺",意为"近"。此句经文文意"是说商代奴隶主所宣扬的从上天那里承受来的大命就要离开了,相去不近了"③。按于先生的说法,司马迁所引经文文字有误,其文意亦不确。因为,"至"不训"近"。《说文》:"至,鸟飞从高下至地也";"到,至也。"《广韵》:"至,到也。"《尚书·牧誓》:"王朝至于商郊牧野"。《诗·东山》:"我征聿至。"于先生指出,古代文献传抄中"挚"有讹作"蓺"的情况,"蓺"可训作"祢",确有道理。然而以此断定《西伯戡黎》的"挚"乃"蓺"之讹,证据尚不确凿。先秦博士伏生的今文本作"至"。许慎《说文》引古文本亦作"埶"。《经典释文》亦云:"挚,音至,本又作埶。"《西伯戡黎》之"挚",见于流传之诸本,仅有今古文之别,而无讹作之据。而且"至"字在此句经文中,文意亦贯通。王充《论衡·增艺篇》云:"天曷不降威,大命不至,民之望天降威与大命之至,急欲革命去暴主也。"

综上考述,司马迁引今文本《西伯戡黎》文字无误。他引经兼采欧阳、大小夏侯三家文字,自有深意。"黎"作"耆"、"饥""阢",盖欲表明三家经文国名有别,实则为一地,以便于后世学者。这说明,司马迁引经非独尊一家,与前汉经师"严守师法"的传统大相异趣。

二 司马迁释《西伯戡黎》史料来源考

司马迁解释《西伯戡黎》文句,主要在两点上:一是经文"西伯戡黎",《周本纪》释作周文王灭耆国。二是经文未说明戡黎时间,《周本纪》以为在伐于国之前,并置此事于文王的一系列征伐活动之中。下面,

① 《古文尚书撰异·西伯戡黎》。
② 于省吾:《双剑誃群经新证·西伯戡黎》,上海,上海书店,1999。
③ 顾颉刚、刘起釪:《〈尚书·西伯戡黎〉校释校论》。

先辨析司马迁释"西伯戡黎"句的史料来源。

周文王作为一代贤明君主，在历史上颇受人们赞誉，先秦文献多载其事迹。然而称其为西伯，不仅经传无文，先秦诸子书亦未见有说。这一说法，始见于《尚书大传》。其文云：

> 文王一年质虞、芮，二年伐于，二年伐密须，四年伐犬夷，纣乃囚之。四友献宝，乃得免于虎口出而伐者。（孔颖达《左传正义》引）
>
> 五年之初，散宜生等献宝而释文王。文王出而克者，六年伐崇，则称王。（孔颖达《尚书正义》引）①

《尚书大传》为西汉今文家释经之作。郑玄《尚书大传·序》云："伏生为秦博士，至孝文时年且百岁。张生、欧阳生从其学而受之……生终后，数子各论所闻，以己意弥缝其缺，别作章句，又特撰大义。因经属指，名曰《大传》。"（《玉海》录《中兴馆阁书目》所引）《四库全书总目提要》亦云："此传乃张生、欧阳生所述，特源于伏尔。"《晋书·五行志》则以为："汉文帝时，虑生创纪《大传》。""虑"与"伏"古字通。颜之推谓：兖州永昌郡东门有汉世所立虑子贱之碑，明济南伏生即虑子贱之后。②《隋志》、陆德明等家说同《晋书》。③前贤对《大传》作者虽有不同的看法，但在此书之说出自伏生，成书于司马迁之前这点上，则是无异议的。司马迁引今文本《西伯戡黎》，当了解《大传》的说法。《殷本纪》称文王伐者，采用的是今文家说。

不过，文王戡黎说并非仅今文家所主，东汉古文家亦有此说。《尚书·序》云："殷始咎周，周人乘黎。"马融注："咎，为周所咎。"（孔颖达《尚书正义》引）周文王时，商、周矛盾尖锐，先秦文献多有记载。（详见下文）马融所谓"始咎殷者"，当为文王。郑玄《尚书注》亦云："纣得散宜生所献宝而释文王。文王出而伐者"（孔颖达《尚书正义》引）。高诱《吕氏春秋注》说同郑氏。由此可见，司马迁所引的今文家说，也是汉人流行的一种说法。

---

① 本文所引《尚书大传》，参见皮锡瑞《尚书大传疏证》，师伏堂刊本。
② 引自朱彝尊：《经义考·伏氏尚书大传》，北京，中华书局，1998。
③ 陆德明：《经典释文·序录》，上海，上海古籍出版社，1985。

汉人的文王戡黎说，为魏晋至唐代的学者所信从。王肃云："文王为西伯。黎侯无道，文王伐而胜之。"（孔颖达《尚书正义》引王肃《尚书注》）《后汉书·郡国志》"上党郡"："壶关，有黎亭。故黎国。"章怀太子注："文王戡黎即此地也。"孔颖达亦主文王戡黎说。

但唐代以后，不少学者对汉人说提出了质疑。宋人胡宏《皇王大纪》首发其端，以为戡黎的西伯为武王。薛季宣亦力主此说，并详列五条证据：（1）《说苑》胶鬲谓武王为西伯。（2）《书序》说："殷始咎周，周人乘黎。"盖商人咎周之不伐纣，故有武王乘黎之举。（3）《泰誓》"观政"之语，谓乘黎也。（4）《诗》称文王伐密、侵阮、继以伐崇，而无戡黎之说（见《皇矣》、《文王有声》篇）。（5）《书》次《微子》于《戡黎》之后。《戡黎》之《序》有咎周之语，纣可伐则非文王时。① 金履祥亦指出："戡黎，武王也……文王岂遽称兵天子之畿乎？"② 宋吕祖谦、陈经，元吴澄、王天与等均以为戡黎者为武王，其辨析大抵不出薛、金两说。清人徐文靖、雷学淇则提出新的见解，以为耆、黎实为两地。文王伐耆国，灭黎国的则是武王。③ 陈梦家先生赞同此说，并举甲骨卜辞为证，认为卜辞中的"勹"、"召"、"邠"为黎国，"旨"指的是耆国。④

其实，宋人所列举的证据，根本不能否定汉人的说法。薛季宣以为，刘向《说苑》载胶鬲语称西伯为武王。然而此说未见于先秦文献及汉人他书载录（《国语·晋语》载胶鬲事，未及此事），当不如今文说，也是汉人流行的说法可靠。薛氏所谓《泰誓》"观政"之语，乃出自伪古文《泰誓》。《诗经》所云，并非对文王全部活动的记载。其不记文王戡黎，亦未载文王伐于事，而此事见于《尚书·泰誓》（《孟子·滕文公》引），岂可随意加以否定？薛氏释《书序》则更是望文生义，曲为之说，所以清代善于疑古的学者梁玉绳、崔述等俱不取其说。金履祥称，文王不得在天子畿内称兵，亦辩之无力。先秦文献载文王伐于、宗等国。黎、于、宗三地相去不远。于地为商王室的田猎处。"文王攻此地，实即直

① 薛季宣：《书古文训·西伯戡黎》，《通志堂经解》，卷一二〇，上海，上海书店，1988。

② 金履祥：《书经注·西伯戡黎》，归安陆氏刻本。

③ 徐文靖：《竹书纪年统笺》，卷六，浙江书局刻本。雷学淇：《竹书纪年义证》，卷十五，修绠堂书店本。

④ 参见陈梦家：《殷墟卜辞综述》，296页，北京，中华书局，1988。

叩天邑商的门户"①。又据《左传》僖公十九年，文王伐崇，"军三旬而不降，退修教而复伐之，因垒而降"。如此之恶战，实为在天子面前称兵。徐文靖、雷学淇所提出的新见解，出自伪《竹书纪年》说，当不可取。② 总之，文献上尚未见有确凿的证据可以否定文王戡黎说。因此清代学者，无论今文家抑或古学家，大抵均主汉人的说法。陈梦家先生引用甲骨卜辞证成武王戡黎说。然卜辞"旨"字之义，是仍有争论的问题。例如郭沫若先生认为，"旨方"指的是殷的敌国，其地望不详。③ 杨树达先生以为，"旨"即耆，亦即黎。④ 日人白川静则说，旨方实为召方。⑤

本世纪在陕西岐山周原发现的甲骨卜辞，为文王有西伯称号提供了有力的证据。卜辞 H11.1 有文云："癸子（巳），彝文武帝乙宗。贞：王其邵（昭）祭成唐（汤）"；H11. 84 云："贞，王其奉又（佑）大甲，晋周方白（伯）。"学者们认为，此两片卜辞中的"王"、"周方伯"确指文王无疑。周在商的西方，故文王又有西伯之称。⑥ 至于文王戡黎说，虽尚未见于甲骨文资料，但前人提出的质疑，皆无确凿的史料证据。据此，我们以为，司马迁的文王戡黎说，是可以信从的。

司马迁记文王戡黎的时间，是另一个颇有争议的问题。《周本纪》记文王受崇侯虎之谮被囚、获释、质虞、芮之讼诸事后，云：

> 诸侯闻之（按，指质虞芮之讼事），曰："西伯盖受命之君。"明年，伐犬戎；明年，伐密须；明年败耆国。殷之臣祖伊闻之，惧，以告帝纣。纣曰："不有天命乎？是何能为！"明年，伐于；明年，伐崇侯虎，而作丰邑，自岐下而徙都丰。明年，西伯崩。

关于文王戡黎时间，上引《尚书大传》亦有记载，并且排列出文王的活

① 李学勤：《殷代地理简论》，97 页，北京，科学出版社，1959。
② 参见王国维：《今本竹书纪年疏证》，卷上，广仓学窘书本。
③ 参见郭沫若：《殷墟粹编》，630～631 页，北京，科学出版社，1983。
④ 杨树达：《积微居甲文说》，卷下，上海，上海古籍出版社，1986。
⑤ 转引自许倬云：《西周史》，89～90 页，北京，三联书店，1995。
⑥ 王宇信：《西周甲骨探论》，41～51 页、57～61 页，北京，中国社会科学出版社，1984。

动顺序。但《大传》与《周本纪》的记载有不同之处。《大传》以为文王一年质虞、芮之讼，后依年伐于、密须、畎夷（被囚）、（获释）伐耆、伐崇并称王。司马迁则以为，文王获释，一年受命（称王）、质虞、芮之讼，再依年伐犬戎、密须、耆、于、崇，并作丰邑。关于文王称王问题，相当复杂，容作另文讨论。这里主要讨论文王征伐黎等国事，他事略为兼及。

《周本纪》和《大传》所记文王征伐活动，均见于先秦文献。《诗·文王有声》："文王受命，有此武功，即伐于崇，作邑于丰"，说的是文王受命后，征伐崇国、徙都于丰。《诗·皇矣》："帝载明德，串夷载路。"《毛传》云："徙就文王之德"。郑玄笺："串夷即混夷，西戎国名也。路，应天意去殷之恶，就周之德。文王则伐混夷以应之。"（《诗·采微·序》亦有"文王之时，西有昆夷之患"语）此所谓串夷、混夷，即指犬戎或畎夷。《孟子·滕文公》引《尚书·泰誓》明言文王伐于事，云："我武维扬，侵于之疆，则伐于残，杀伐用张，于汤有光。"文王讨伐密须，见载于《诗·皇矣》、《韩非子·难二》；质虞、芮之讼、被囚事，则分别详于《毛传》和《左传》（襄公二十一年）等文献。然而在先秦文献中，未见有把文王诸事联系起来作说者。

西汉以后的学者记载文王的活动，或从《大传》说，如郑玄云："纣得散宜生所献宝而释文王。文王出而伐耆。"高诱《吕氏春秋注》云："文王释而伐耆，明年伐崇"；或从司马迁说，孔颖达云：史迁记文王被囚"之年当得其实，在质虞、芮之前"（孔颖达《左传正义》）。《通鉴纲目前编》载文王事，大抵与《周本纪》同。也有提出新说者，如崔述谓："崇去周仅三百里，文王尚不能克之服之，又安能师二千里外伐密近王室黎"[1]，以为伐崇应在伐黎前。不过，崔说未有确凿的文献依据。据以上文献，我们以为，最早把文王活动依年排列的是西汉今文家。司马迁采用了今文说，但在文王戡黎等事上做了改动。

司马迁改动今文说的依据是什么？这是一个值得注意的问题。清人章炳麟对此作了较深入的分析。他指出，《大传》、《史记》记载文王活动，皆有考于地望，然其所考俱误，"梦其先后之序而伏生尤甚，且于野王（按，即于国所在地），去纣都朝歌于古不满三百里，果先用兵畿内，则纣势已去，亦不得囚之"。章氏指出，密须、犬戎皆在岐周以西，崇在

---

① 顾颉刚编：《崔东壁遗书·商考信录》，上海，上海古籍出版社，1983。

丰、镐之间，黎则汉之壶关（按，今之山西长治南面壶关境内），于为汉之野王（按，今之河南沁阳）。章氏据其所考地望，列出文王活动顺序：文王先伐密须、犬戎，受崇侯虎之谗而被囚；获释后即伐崇，作丰，并伐许、魏（据《三朝记·少问篇》），约三四年，虞、芮质成。"芮与陕隔河，质成亦当伐崇后"。之后，"文王称王，殷始咎周，于是文王改图以从民望，始乘黎，次伐于。"①

章氏谓黎、于之地望，皆有明据，分别见载于《说文》"黎"字条、《汉书·地理志》（河内郡野王条）等。然其考密须、犬戎、崇之地望则不确。顾颉刚、刘起釪先生对此作了详细的辨析。他们指出，《汉书·地理志》"安定郡阴密县"下云："《诗》密人国。"颜师古注："即《诗·大雅》所云：密人不恭，敢拒大邦"者。其地在今甘肃灵台县西南。犬戎与周族相邻。王国维《鬼方昆夷猃狁考》以为，西周初年在"汧"、"陇"之间，由宗周之西而包其东北。终西周之世，它都活动在今陕西北部洛河流域中的较大区域。"崇"，《汉书·武帝纪》载有崇高（山）。《郊祀志》和《地理志》（颍川郡条）作"崈高"（山）。颜师古注："崈"，古"崇"字耳。王念孙谓："崇高"即"嵩高"。嵩高，为今之河南登封附近嵩山。② 谭其骧先生《中国历史地图集》（第一册）绘上引诸国之地望，与顾说相合。可以认为，章炳麟虽然指出了一条辨析《大传》与《史记》说孰是孰非的极佳途径，但也因失考于地望，故其说是不能成立的。

据上引汉代文献，汉人对文王所伐诸国之地望大抵是了解的。然而司马迁和今文家则提出了不同的说法。两者相比较，司马迁说更为合理。依《大传》说，文王征伐离殷都不远的于国，纣王却无动于衷，直至其伐密、犬戎后才恶而囚之。此不达于理之一。文王扩张势力，先东渡孟津，长途跋涉攻打于国，然后再回军岐周，征伐周边的密须、犬戎，以图巩固后方。此不达于理之二。依司马迁的记载，文王先质虞、芮之讼，伐密须，攻犬戎，稳定周边地区，建立稳固的大后方。继而挥师东渡，戡定距殷都朝歌不远的黎国。此举使殷臣祖伊大为恐慌，故对纣王说了"天既讫我殷命"之类的话。但是，在殷都朝歌周围还有一些殷的附属国。因此文王又发动了攻打于、崇等战役，并为加强统治，东迁都至丰。

---

① 章炳麟：《古文尚书拾遗定本》，章氏国学讲习会铅印本。
②《〈尚书·西伯戡黎〉校释校论》。

司马迁对文王伐黎等国事之记载，得到学术界普遍的认可，是学者们经常征引的史料。①

综上所考，司马迁解释《西伯戡黎》，引用了今文家说，但只是把经说视为一种需要考订的资料。他采今文家的文王戡黎说，可能考虑到此说在当时流行的情况；对今文家的文王戡黎时间及文王征伐活动说作出改动，依据的则是自己对史料的判断和推论。由此可见，司马迁不仅引经不专注一家，而且对汉代经师说也有自己的理解。他对经文所作的解释，表明其"考信于六艺"说有十分深刻的含义。这点，下文再作讨论。

三 司马迁"考信于六艺"说之含义

司马迁《史记》叙事，上起黄帝，下至汉武太初年间，所涉猎的史料极为广博。他采录史料入史，当有自己的原则。《伯夷列传》云："夫学者载籍极博，尤考信于六艺"。学者们一般以为，"考信于六艺"是司马迁撰史的重要原则之一。他认为"六艺"是可信的文献，并以其为考订和解释史料的标准。这一见解，无疑是正确的。下面，主要以司马迁引《西伯戡黎》为例，略陈述一些个人的看法。

在汉代，先秦史籍相当丰富，司马迁撰史，为什么选择"六艺"作为考订和解释史料的标准？我们以为，这大概出于两方面的考虑。一是"六艺"作者与其所载史实大体处于同时代或相去不远的时代，是可依据的文献。《太史公自序》云：昔西伯拘羑里，演周易；诗三百篇大抵为圣贤愤发所为作也。《孔子世家》说：孔子"因史记作《春秋》"；《尚书》记事上至唐舜下迄秦穆公，《礼》载三代之礼，均为上古流传下来的典籍，云云。二是"六艺"的编定者是可信的。司马迁认为，"六艺"皆经过孔子的编定或整理。他对孔子极为敬仰，称："孔子布衣，传十余世，学者宗之。自天子王侯，中国言六艺者皆折中于夫子，可谓至圣也。"

---

① 关于殷代后期及文王的年代，是颇有争议的问题。参见北京师范大学国学所编：《武王克商之年研究》，38～61页，北京，北京师范大学出版社，1997；夏商周断代工程专家组：《夏商周断代工程，1996—2000年阶段成果报告》，世界图书出版公司，2000。学者们一般认为，司马迁排列文王伐黎等国的顺序，是可信的。见吕思勉《先秦史》，120～121页，上海，上海古籍出版社，1986；《〈尚书·西伯戡黎〉校释校论》、许倬云《西周史》，90页，等等。

（《孔子世家》）文献内容的真实性往往受到作者或编定者价值取向和知识水平的制约。① 司马迁认为"中国言六艺者皆折中于孔子"，肯定经孔子整理后的"六艺"具有可信性，同时表明了尊重儒家学说的思想。

司马迁"考信于六艺"时，对经文文义是有准确理解的。他以经文为准绳，六经之异传和百家杂语，合于经文者选而录之，不合者则删削之。《西伯戡黎》一文，描写殷纣王荒淫乱政。其"淫戏用自绝"，使民"不有康食"（无安稳的饭吃），"不虞人性"（不安于天性），"不率尔典"（不遵守常法），即将亡国之际仍不思悔改，自以为得"天命"之佑。然而先秦文献中，亦存不少与经文相异的记载。《左传》（襄公二十一年）记文王被囚后，云："诸侯从之囚。纣于是乎惧而归之，可谓爱之"，以为纣恐违天下之意而释文王，仍有爱其之心。《论语·子张》载子贡语："纣之不善不如是之甚也，是以君子恶居下流，天下之恶皆归焉。"子贡认为，纣之恶并不像传说的那样。因他居下流，故人们将天下之恶集于其一身。这些与经文不相符合的记载，司马迁俱弃之不用。

司马迁对经文文义的准确理解，还表现在选择经文入史上。他撰写历史，尤其是三代史，大量引录《尚书》等典籍的文字，但也有不少重要篇章未作引用。如《殷本纪》未引《盘庚》，《周本纪》未采周初诸诰等。究其原因，大概是因为文字艰涩，难以读懂。可见，他引用经文的态度是十分严谨的。不过，对于能理解的经文，司马迁亦往往有所取舍。《西伯戡黎》记祖伊谏纣未果而返，云："呜呼！乃罪多参在上，乃能责命于天？殷之即丧，指乃功，不无戮于尔邦？"此几句经文意为：纣之罪多得积累到天上去了，怎能要求上天再赐予天命？殷王朝将要灭亡。纣王的所作所为发展下去，还能不毁灭自己的国家吗？司马迁以"纣不可谏也"一语取代经文，又举微子数谏不听，比干强谏被剖胸观心等史实加以说明。殷纣王积恶甚多，为上天所弃，当不可再谏。司马迁的取舍，可谓深得经文意旨。诚如学者们所指出的，司马迁取舍经文入史，反映了把儒家经典视为历史文献的思想。

不过，司马迁"考信于六艺"，并非限于引录经文或以经文为考订选择史料的标准，而有更为深刻的思想。就一般情况而言，"六艺"文字皆为简略，所记史实亦多不详备。例如，《尚书·金縢》云："周公居东二

---

① 参见托波尔斯基：《历史学方法论》，张学哲等译，438～446页，北京，华夏出版社，1990。

年，罪人斯得。"此两句经文，既不详周公居东事，亦未明罪人为何者。
《西伯戡黎》对西伯为何人及戡黎时间，均未有交代。司马迁引录经文，
往往补充史料作出解释。他解释上引《金縢》经文为：周公东伐，宁淮
夷东土，二年而毕定，遂诛管叔，杀武庚，放蔡叔，收殷余民（见《史
记·鲁周公世家》）；引录《西伯戡黎》时，称西伯为文王，并且说明戡
黎的时间。经过司马迁的解释，原来记事颇有缺略的经文，被建构为有
时间、地点和人物活动的历史事件。这种建构，用西方哲学家柯林伍德
的话来说，是历史建构（historical construction）。① 这种历史建构，以经
文为中心，同时采用经说和其他史料，内容上则保持了一致性。也就是
说，后者是经过考信于经文的。但是，这种建构已超出经文的内容，赋
予了经文记事连续性、完整性的新意义。这种建构，不是依靠经文而是
依靠司马迁对经文和其他史料作出综合判断、分析和推理后完成的。可
以认为，司马迁"考信于六艺"不仅是对经说等资料的考信，选择入史
的经文同样也是经过了考信的。司马迁对经文的建构，反映了相当深刻
的思想：理解"六艺"并非仅限于其文义之上，经典的意义亦蕴含在后
人的理解之中，由于后人的解释而不断得以丰富。

司马迁对"六艺"的认识，还表现在对"六艺"的批评上，其中最
深刻的是揭示经文文字后面蕴藏的含义，对儒家经典的思想作出历史的
思考。② 《西伯戡黎》一文，说的是殷纣王荒淫乱政，导致殷王朝的灭
亡，反映了无德之暴君必失天下的思想。然而其中还蕴含另一层意思，
即积善累德者必得天下的思想。汉代今文家亦注意到这点，却多以灾祥
说加以附会。如《尚书大传》云："文王至磻溪，见吕望。文王拜之。尚
父曰：'望钩得玉璜刻曰，周受命，吕佐检德，合于今昌来提。'"（《初
学记·武部·渔御览》引）今文家以为天降符瑞，授大命于文王，令太
公吕望相佐。此类灾祥说，并非殷末周初人们的天命观，司马迁俱删而
不录。他致力于从人事上说明文王得"天命"的原因。《殷本纪》引
《西伯戡黎》时云：西伯"阴修德行善，诸侯多叛纣而往归西伯。西伯滋
大，纣由是稍失权重。"《周本纪》云："西伯阴行善，诸侯皆来决平。"
虞、芮质成，诸侯闻之曰："西伯盖受命之君"。司马迁阐发经文的思想，

---

① R. G. Collingwood, *The Idea of History*, Oxford University, 1956, p. 237.

② 关于历史批评的含义，参见 *The Idea of History*, pp. 237 – 238。汉译参见何兆
武：《历史的观念》，269～270 页，北京，商务印书馆，1986。

不像今文家那样"分文析字，烦言碎辞"①，甚至随意附会，而是以经文作者思考的问题为出发点，深入揭示其没有表达出的思想。这里需要指出的是，司马迁所作的阐释，在儒家经典其他篇能找到类似的思想。但他作出这样的阐释，并非因为经典中有这样的思想，而是出于自己撰史的需要。他对《西伯戡黎》文意的阐释，同样表明：儒家经典的意义存在于后人的理解和解释之中。

毋庸置疑，司马迁以"六艺"为考订史实的标准，对经文作出选择、建构和批评都是出于撰史的需要。但这些如何体现在《史记》一书中，也是一个应深入思考的问题。试以司马迁写殷末历史作出分析。关于殷代末年史事，先秦至汉初文献多有记载，但均为零章碎事，略无连贯。也就是说，经传和诸子百家书中还没有比较完整记载殷末历史的文字。这项艰巨的工作是由司马迁来完成的。在史料的取舍和组织上，司马迁表现出非凡的史识。他引录《西伯戡黎》，对经文作了历史的思考和批判（选择、建构和批评），深刻地揭示了殷亡周兴的原因。以此为准绳，他博采史料入史，或引文字或取文意。例如，纣王嬖于妇人，爱妲己，采自《国语·晋语》；纣王命师涓作新淫声，设炮烙之刑，引自《韩非子》；纣以酒为池，录自《六韬》；纣醢九侯，脯鄂侯，出自《战国策》；文王受崇侯虎之谮被囚，采自《吕氏春秋》；西伯之臣闳夭之徒求美女奇物善马以献纣，纣乃赦文王，引自《尚书大传》；武王伐纣，纣兵败登鹿台赴火而死，采自《（逸）周书》，等等。对这些记事不一的史料，司马迁作了编排，在时间和空间上定位，表现出它们之间的联系，从而展现了一幅生动的殷末历史画面。实际上，不仅殷末历史，整个殷代历史也是如此。他说"余以《颂》次契事，自汤以来，采自《诗》、《书》。"（见《殷本纪赞》）如果仔细分析《五帝本纪》引《尧典》；《夏本纪》采《禹贡》、《皋陶谟》、《甘誓》；《周本纪》引《牧誓》、《吕刑》、《泰誓》和《诗·大雅》，等等，同样能看出这一特点。据此，我们认为，司马迁"考信于六艺"说最深刻的含义是：以经过历史批判的经文为基点，协六经之异传，整齐百家杂语，撰写出内容丰富、翔实且表现自己深心远识的信史（主要为五帝和三代史），以成其一家之言。

总之，司马迁提出"考信于六艺"说，表明对儒家经典的尊重，但

---

① 刘歆：《移让太常博士书》，引自《汉书·楚元王传》，北京，中华书局，1962。

并非惟经典所从。他对经文作了选择、建构和批评，把经过历史批判的经文作为撰写历史的基点，表现了自己对儒家经典的认识，反映出鲜明的史学思想的自主性。正是具有这种史学思想的自主性，司马迁撰史才能成其一家之言，《史记》才能成为"史家之绝唱"而永传于世间。

（原载《史学史研究》，2001 年第 2 期）

罗炳良

范晔《后汉书》纪传与司马彪《续汉书》志 分合考辨

今传二十四史中的《后汉书》，其纪传为南朝宋范晔撰，唐人李贤等注；其志为西晋司马彪撰，南朝梁刘昭注。这两部分内容联系在一起，并非一蹴而就，其分合过程历时五百年，最后趋于定型。这样特殊的经历，在历代正史中绝无仅有，不但造成刊刻《后汉书》标署撰人书名棘手，历代刻本颇不一致；而且导致考察《后汉书》分合源流扑朔迷离，历代学者众说纷纭。更有不少学人不清楚《后汉书》中的两部分内容撰者非一人，注疏成众手，而把全书视为范晔撰、李贤注，在论及《后汉书》的志时张冠李戴，评价失实。这类问题至今仍然不同程度地存在，没有从根本上得到解决，给古代史、史学史和历史文献学等研究领域都带来一定负面影响。故不揣浅薄，试就范晔《后汉书》纪传与司马彪《续汉书》志的分合过程加以考辨，提出个人一些初步的意见，希望对此问题研究有所裨益，达到祛疑求是的目的。

一 宋代以来《后汉书》刊刻中存在的问题

范晔《后汉书》本纪十篇，列传八十篇，共计九十篇。后人因某些篇目过长，把本纪析为十二卷，列传析为八十八卷，总成百卷。据刘知几《史通》记载："宋宣城太守范晔，乃广集学徒，穷览旧籍，删繁补略，作《后汉书》，凡十纪、十志、八十列传，合为百篇。"① 范晔首先撰成纪传九十篇，随即又"欲遍作诸志，《前汉》所有者悉令备。虽事不必多，且使见文得尽。又欲因事就卷内发论，以正一代得失，意复未果。"② 后因受诬"谋反"被杀，十志未成。此书虽系未竟之作，但因以《东观汉记》为依据，又吸收两晋、南朝诸家后汉史书之长，体例谨严，繁简适当，记事翔赡，议论卓绝，成就远出同类著作之上，受到广泛好评。刘昭评价说："范晔《后汉》，良诚跨众氏。"③ 他鉴于范书卓越，率先为之作注，"集《后汉》同异以注范晔书，世称博悉"④。刘昭又为西晋司马彪所撰《续汉书》中的《律历》、《礼仪》、《祭祀》、《天文》、《五行》、《郡国》、《百官》、《舆服》八志作注，来弥补范晔《后汉书》无志的缺憾。唐代前期，李贤广集宾客，再次为范晔《后汉书》作注。唐代中叶的刘知几也评价说："先是，晋东阳太守袁宏抄撮《汉氏后书》，依荀悦体，著《后汉纪》三十篇。世言汉中兴史者，唯范、袁二家而已。"⑤ 指出范晔《后汉书》在众家纪传体后汉史书中成就最高。清代乾隆年间的邵晋涵评价《后汉书》创新之功说："范氏所增《文苑》、《列女》诸传，诸史相沿，莫能刊削。盖时风众势日趋于文，而闺门为风教所系，当备书于简策，故有创而不废也。"进而又评价其论赞的影响说："《旧唐书·经籍志》又有范氏《后汉书论赞》五卷，殆以范氏文体高于六朝诸人，而爱其文辞者，遂摘取其论赞，别为一书欤！"这是赞誉范晔《后汉书》史论对后世史学的影响。他还指出"司马彪《志》详述制度，较《史》、《汉》诸《志》为稍变其体，后来《晋》、《隋》诸《志》，实仿其例。"⑥ 揭示出司马彪《续汉书》志对后世史学的影响。惠栋撰《后汉书补注》二十四卷，对刘昭、李贤两家《后汉书》注多有补正。清末李慈铭评价范晔《后汉书》的成就说："自汉以后，蔚宗最为良史，删繁举要，多得其宜。其论赞剖别贤否，指陈得失，皆有特见，远过马、班、陈寿，余不足论矣。"⑦ 高度评价了它在中国史学上的地位。王先谦及其弟子黄山

① 刘知几：《史通·古今正史》。
② 范晔：《狱中与诸甥侄书》，载沈约《宋书·范晔传》。
③ 刘昭：《后汉书注补志序》，刊南宋绍兴本《后汉书志》卷首。
④ 姚思廉：《梁书·刘昭传》。
⑤ 《史通·古今正史》。
⑥ 邵晋涵：《南江文钞》，卷三，《后汉书提要》。
⑦ 李慈铭撰，由云龙辑：《越缦堂读书记·后汉书》，上海，上海书店，2000。

把刘昭《续汉书》志注、李贤《后汉书》纪传注和清人惠栋《后汉书补注》融合一处，撰成《后汉书集解》一百二十卷，对中国古代学者注释《后汉书》的成果作了一次全面的清理，成为历代《后汉书》注释的集大成之作。今人研究成果，代表性著作有宋文民著《后汉书考释》，于1995年由上海古籍出版社出版，值得参考。由此可见，范晔《后汉书》纪传和司马彪《续汉书》志以及刘昭、李贤注疏，在过去一千多年的流传中产生了较大影响，发挥了重要作用。

范晔《后汉书》最早的刻本，系北宋太宗淳化五年（公元994年）由陈充等人校勘，"既毕，遣内侍裴愈赍本就杭州镂板"。真宗景德二年（公元1005年），又刊刻由刁衎等人续校的《后汉书》校定本①。上述两个版本都只有范晔所撰的纪传，而没有司马彪的《续汉书》志。真宗乾兴元年（公元1022年，仁宗即位，未改元）十一月，判国子监孙奭上疏：

> 光武嗣西汉而兴，范晔继《东观》之作，成当世之茂典，列三史以并行。克由圣朝刊布天下，虽纪传之类，与迁、固以皆同；书志之间，在简编而或缺。臣窃见刘昭《注补后汉志》三十卷，盖范晔作之于前，刘昭述之于后，始因亡逸，终遂补全，缀其遗文，申之奥义。至于《舆服》之品，具载规程；《职官》之宜，各存制度。倘加铅椠，仍俾雕镂，庶成一家之书，以备前史之缺。伏况《晋》、《宋书》等，例各有《志》；独兹《后汉》，有所未全。其《后汉志》三十卷，欲望圣慈许令校勘雕印。②

仁宗命马龟符、孙奭等人校勘，于"乾兴元年十一月戊寅校定《后汉志》三十卷颁行"③。同时把刘昭所注《续汉书》志补入范晔《后汉书》，于"天圣二年送本监镂板"。自北宋孙奭校刻本把两书合为一书以后，就产生出《续汉书》志在《后汉书》中如何位置和撰人暨注者如何署名两个问题。其一，关于编次位置。北宋孙奭校刻本把《续汉书》志附在范晔

---

① 参见王应麟：《玉海》，卷四十三，《淳化校三史嘉祐校七史》。

② 《乾兴元年十一月十四日中书门下牒国子监》，刊南宋绍兴本《后汉书志》，卷首。

③ 《玉海》，卷四十三，《淳化校三史嘉祐校七史》。

《后汉书》纪传之后，以后南宋绍兴本，元代大德本，明代毛晋汲古阁本，1965年中华书局点校本，皆依此式。但是，历代纪传体史书通行的编撰体例为纪、志、表、传，《后汉书》无表，所以明代北监本和清代武英殿本就直接把《续汉书》八志置于范晔《后汉书》十纪之后、八十列传之前。这样一来，《后汉书》中三部分内容的编订次序就出现了"纪、传、志"和"纪、志、传"两种版式，难以统一。尤其是目录编排次序和正文编排次序，有的版本相互歧异，很不一致。如上海涵芬楼百衲本影印南宋绍兴本（原缺五卷半，影印时借北平图书馆藏本配补）卷首目录次序是"帝纪一十卷，志三十卷，列传八十卷"，而正文刊刻次序则是"帝纪、列传、志"。同样，汲古阁本卷首目录凡三行，次序是"十帝纪一十二卷，唐章怀太子贤注；八志三十卷，刘昭注补；八十列传八十八卷，唐章怀太子贤注"，而正文刊刻次序也是"帝纪、列传、志"。其二，关于撰人与注疏者署名。由于孙奭校勘《后汉书》时误以为《续汉书》志是刘昭补作，以致湮没了司马彪的名字。仁宗景祐元年（公元1034年），余靖等人受诏复校《后汉书》，仍然沿袭其误，认为"十志未成，晔被诛。至梁世，有剡令刘昭者补成之"①。后来按"纪、传、志"次序编订的南宋绍兴本，各纪传卷端署名"唐章怀太子贤注"，各志卷端署名"刘昭注补"；毛氏汲古阁本各纪传卷端署名"唐章怀太子贤注"，各志卷端署名"梁刘昭注补"。而按"纪、志、传"次序编订的明代北监本，十纪卷端署名"宋宣城太守范晔撰，唐章怀太子贤注"，八志卷端署名"梁剡令刘昭注补"，八十列传卷端署名"宋宣城太守范晔撰，唐章怀太子贤注"；清代武英殿本十纪卷端署名"宋宣城太守范晔撰，唐章怀太子贤注"，八志卷端署名"梁剡令刘昭补并注"（而目录却署"梁剡令刘昭补志"），八十列传卷端署名"宋宣城太守范晔撰，唐章怀太子贤注"。以致近人胡玉缙批评说："卷首目录，官本凡题三行，曰'宋宣城太守范晔撰'，曰'梁剡令刘昭补志'，曰'唐章怀太子贤注'，亦误。"② 标署混乱，莫衷一是。

上述版本标署方式的共同问题，就是遗漏了《续汉书》志的撰人司马彪（字绍统）的名字，很容易使人产生范晔《后汉书》中的志为刘昭

---

① 余靖：《景祐刊正札子》，刊武英殿本《后汉书》，卷末。

② 胡玉缙撰，王欣夫辑：《四库全书总目提要补正》，卷十三，《史部正史类一·后汉书》。

补作并加注疏的误解。清代四库馆臣曾经指出:"自八志合并之后,诸书征引但题《后汉书》某志,儒者或不知为司马彪书。"①事实上这种误解时有发生,而且也发生在历代著名学者身上。南宋洪迈论及范晔《后汉书》说:

> 沈约作《宋书·谢俨传》曰:"范煜所撰十志,一皆托俨,搜撰垂毕,遇煜败,悉蜡以覆车。宋文帝令丹阳尹徐湛之就俨寻求,已不复得,一代以为恨。"其志今缺。煜本传载煜在狱中与诸甥侄书曰:"既造《后汉》,欲遍作诸志,《前汉》所有者悉令备。虽事不必多,且使见文得尽。又欲因事就卷内发论,以正一代得失,意复不果。"此说与俨传不同。然俨传所云,乃范纪第十卷公主注中引之,今《宋书》却无,殊不可晓。刘昭注补志三十卷,至本朝乾兴元年,判国子监孙奭始奏以备前史之缺。故淳化五年监中所刊《后汉书》,凡九十卷,惟帝后纪十卷,列传八十卷,而无志云。《新唐书·艺文志》:刘昭补注《后汉书》五十八卷。不知昭为何代人,所谓志三十卷,当在其中也。②

文中的范煜即范晔,没有歧异。但他把司马彪所撰《续汉书》志误作刘昭补作,难辞考证不审之咎。另据清初何焯说,明清之际学者孙承泽亦有此误:"八志,司马绍统之作,本汉末诸儒所传而述于晋初。刘昭注补别有总叙,缘诸本或失刊刘叙,故孙北海《藤阴札记》亦误出蔚宗志《律历》之文。"③乾嘉时期的王鸣盛又指出孙承泽以外,清初著名理学家李光地亦误:"范蔚宗之前,作《后汉书》者已有数家,今皆不传,而范氏独存。……范书无志,梁刘昭注之,即以司马彪《续汉书》志补入,孙氏承泽、李氏光地皆指为范氏书。"④可见这个问题不容忽视。

---

① 《四库全书总目》,卷四十五,《后汉书》。
② 洪迈:《容斋四笔》,卷一,《范煜汉志》。
③ 何焯:《义门读书记》,卷二十五,《后汉书志》。
④ 王鸣盛:《十七史商榷》,卷二十九,《范氏后汉书用司马彪志补》。

二　《后汉书》纪传与《续汉书》志分合歧议

在说明《后汉书》主要版本存在的问题以后，接下来就要考察范晔《后汉书》纪传与司马彪《续汉书》志的分合问题。有关两书分合情况，宋代以后学者提出两种针锋相对的意见，进行了长达八九百年的相互论辩。

一种意见认为北宋以前范晔《后汉书》纪传与刘昭所注《续汉书》志各自单行，至北宋乾兴元年由孙奭奏请，始将两书合为一书。宋人陈振孙较早地提到两书分合问题，指出：

> 蔚宗本书，《隋》、《唐志》皆九十七卷。今书纪传共九十卷，盖未尝有志也。刘昭所注，乃司马彪《续汉书》之八志尔，序文固云范志今缺，乃借旧志注以补之。其与范氏纪传，自别为一书。其后纪传孤行，而志不显。至本朝乾兴初，判国子监孙奭始建议校勘，但云补亡、补缺，而不著其为彪书也。《馆阁书目》乃直以百二十卷并称蔚宗撰，益非是。今考章怀注所引称《续汉志》者，文与今《志》同，信其为彪书不疑。[①]

根据陈振孙所说，可知二者的分合至北宋最后定型。清人钱大昕赞同陈振孙的看法，详述《后汉书》纪传与《续汉书》志的分合原委。他说：

> 刘昭《注补后汉志》三十卷，本自单行，与章怀太子所注范史九十卷各别。其并于范史，实始于宋乾兴元年，盖因孙奭之请。今北宋椠本前载乾兴元年十一月十四日牒，具列奭奏，其略云："范氏作之于前，刘昭述之于后。始因亡逸，终遂补全，缀其遗文，申之奥义。"盖误以《志》为蔚宗作，不知昭序已明言马绍统矣。昭本注范史《纪》、《传》，又取司马氏《续汉志》兼注之，以补蔚宗之阙，故于卷首特标注补，明非蔚宗元文也。[②]

---

① 陈振孙：《直斋书录解题》，卷四，《后汉志》。
② 钱大昕：《十驾斋养新录》，卷六，《司马彪续汉书志附范史以传》。

钱大昕指出司马彪《续汉书》志和刘昭注疏由于宋代学者的努力，得以保存下来，同时也指出误《续汉书》志为刘昭所作始于宋人。乾隆年间所修的《四库全书总目》为《后汉书》所作提要说：

> 今本八志凡三十卷，别题梁剡令刘昭注。据陈振孙《书录解题》，乃宋乾兴初判国子监孙奭建议校勘，以昭所注司马彪《续汉书》志与范书合为一编。案《隋志》载司马彪《续汉书》八十三卷，《唐书》亦同，《宋志》惟载刘昭《补注后汉志》三十卷，而彪书不著录，是至宋仅存其志，故移以补《后汉书》之缺。其不曰《续汉志》而曰《后汉志》，是已并入范书之称矣。或谓郦道元《水经注》尝引司马彪《州郡志》，疑其先已别行；又谓杜佑《通典》述科举之制，以《后汉书》、《续汉志》连类而举，疑唐以前已并八志入范书，似未确也。①

四库馆臣所引"或谓"之说，实际上是邵晋涵为《四库全书总目》中《后汉书》所作的提要初稿意见，我们留待后文详细辨析。从上述各家记载来看，可见北宋以前范晔《后汉书》虽已有刘昭"借旧志注以补之"，但范晔《后汉书》纪传与司马彪《续汉书》志仍是"自别为一书"。宋真宗乾兴元年，孙奭建议把二者校勘为一书，而没有注明范晔《后汉书》中的志乃是司马彪《续汉书》志，而直接说成刘昭"补亡"、"补阙"，造成后人诸多误解。但是，两书至北宋合并则是确切的事实。

另一种意见则认为两书合并不始于宋人，北宋以前已经合在一处。清人邵晋涵提出唐代合并之说："郦道元《水经注》尝引司马彪《州郡志》，疑彪之诸志在六朝已有单行之本，故昭为之注。杜佑《通典》述科举之制，以《后汉书》、《续汉志》连类而举，则知以司马《志》附见范书，实始于唐人。陈振孙《书录解题》谓宋乾兴初，判国子监孙奭始建议校勘，合为一书者，考之不审也。"② 明确表示不赞同陈振孙提出的北宋合并说。赵翼指出："《后汉书》撰述家最多，是以范蔚宗易于藉手。……又十志乃刘昭取司马彪所作以补范书者，增《百官》及《舆服志》是矣，《刑法》、《艺文》亦史之所当载者，乃不为作志，则东汉之

---

① 《四库全书总目》，卷四十五，《后汉书》。
② 《南江文钞》，卷三，《后汉书提要》。

刑名及诸人著述于何考乎？此又补注者之失也。"① 他把司马彪"八志"误作"十志"，失考；同时还把刘昭"注补"说成"补注"，指责补志门类欠缺，理解有误。但赵翼指出"刘昭取司马彪所作以补范书"，意思却非常明确，承认刘昭把司马彪《续汉书》志合入范晔《后汉书》。王鸣盛认为两书合并在北宋以前已经完成，而且指出合并两书之人就是刘昭。他说：

> 范书无志，梁刘昭注之，即以司马彪《续汉书》志补入，孙氏承泽、李氏光地皆指为范氏书。观陈振孙《书录解题》第四卷，宋《馆阁书目》已如此误也。此《志》每卷首题云梁刘昭注补，不知何人题。正因以司马《志》补范书即刘昭所为，故后人题之如此。别本改云补注，岂司马《志》有所缺，昭补之兼注之耶？司马《志》无缺也。抑昭之前已有注司马《志》者，而昭又补其注耶？昭之前未见有注者也。姑再考之。②

王氏所说的"别本改云补注"，即清代武英殿本《后汉书》中各志卷端署名"梁剡令刘昭补并注"，造成他对刘昭"注补"还是"补注"问题心存疑虑。殊不知此举乃系后人妄改，本不足存疑，但王鸣盛却认为应当"再考之"，于此可见乾嘉史家考史的慎重态度。李慈铭不同意钱大昕等人的看法，明确提出刘昭注范晔《后汉书》时把司马彪《续汉书》志加以注释并补入范书的观点。他说：

> 《后汉书》中八志，自来多误为范氏作。国朝朱氏彝尊、钱氏大昕、纪氏昀、王氏鸣盛、洪氏颐煊、赵氏翼皆辨正之，今日为遍录于汲板范书之首。惟钱氏、纪氏谓以司马书并于范书，始自宋乾兴中孙奭、余靖等奏请，则尚未确。《梁书》及《南史》刘昭本传，俱仅云昭注范晔《书》，而昭自序云："范志全缺，乃借司马《续书》八志，注以补之，分为三十卷，以合范史。"是合司马《志》于范书，乃始于昭。故《隋书·经籍志》云："《后汉书》一百二十五卷，范晔本，梁剡令刘昭注。"即今

---

① 赵翼：《陔余丛考》，卷五，《后汉书》。

② 《十七史商榷》，卷二十九，《范氏后汉书用司马彪志补》。

所传帝纪十二卷、志三十卷、列传八十八卷是也，共计一百三
十卷，而云"一百二十五卷"者，偶写误耳。①

李慈铭所谓"钱氏、纪氏谓以司马书并于范书，始自宋乾兴中孙奭、余
靖等奏请"云云，前引钱大昕与《四库全书总目》皆无是说，而是他自
己把北宋乾兴年间和景祐年间两次校勘之人误合在一起，强加在钱大昕
和纪昀头上。幸好这一错误并未影响其结论。胡玉缙不同意《四库全书
总目》的观点，认为"刘昭已将八志并入范书，《提要》知注补别有总
叙，乃不加考核，以或疑唐以前以并八志入范书为未确，何其疏也！"②
从上述诸家的记载来看，可见是刘昭把司马彪《续汉书》志注疏后补入
范晔《后汉书》，而不是迟至北宋孙奭校勘时才把两书合并一处。他们的
结论同样斩钉截铁，不容置辩。

三　《后汉书》纪传与《续汉书》志分合辨疑

以上两种意见，除邵晋涵以外，其余诸家争论的焦点非常集中，即究
竟是南朝刘昭还是北宋孙奭把司马彪《续汉书》志与范晔《后汉书》纪传
合为一书。所以，在讨论这个问题之前，有必要先对邵晋涵的意见加以辨
正。邵氏引杜佑之书证成己说，经查杜佑《通典·选举典》有关范晔《后
汉书》、司马彪《续汉书》与科举关系的有关文字，有如下一段记载：

> 其史书，《史记》为一史，《汉书》为一史，《后汉书》并
> 刘昭所注志为一史，《三国志》为一史，《晋书》为一史，李延
> 寿《南史》为一史，《北史》为一史。习《南史》者，兼通
> 《宋》、《齐》志；习《北史》者，通《后魏》、《隋书》志。自
> 宋以后，史书烦碎冗长，请但问政理成败所因，及其人物损益
> 关于当代者，其余一切不问。国朝自高祖以下及《睿宗实录》，
> 并《贞观政要》，共为一史。③

---

① 《越缦堂读书记·后汉书》。
② 《四库全书总目提要补正》，卷十三，《史部正史类一·后汉书》。
③ 杜佑：《通典》，卷十七，《选举典五》。

杜佑记载唐代科举考试把范晔《后汉书》和刘昭所注的司马彪《续汉书》志二者并列，既说明它们之间有密切关系，又恰恰表明当时两书各自独立，仅仅利用范晔《后汉书》纪传知识不够，所以要把刘昭所注《续汉书》志与范书配合使用；如果说唐代两家已经合为一书，就完全没有必要两书并举了。邵氏之说不仅不能证实司马彪《续汉书》志附入范晔《后汉书》"始于唐人"，反而验证了陈振孙所谓北宋以前两家"自别为一书"的结论正确。所以，四库馆臣为《四库全书总目·后汉书提要》定稿时，认为邵晋涵的看法"似未确也"，仅仅是推论之辞，难以自圆其说，不予采用。

排除了邵晋涵的说法以后，剩下的问题就是评价刘昭合并说与孙奭合并说二者孰是孰非。我认为，只有详细考察两书分合时间及其原委，才能辨明双方观点与论辩的是非得失，对两书分合的历史事实祛疑考信，从根本上解决问题。

范晔《后汉书》有纪传而无志，已经是不争的事实，毋庸再加辨析。刘昭为其书的纪传作注时，为弥补这一缺憾，便把司马彪《续汉书》中的志文单独加以注疏，补入范晔之书。他比较范晔确定的《志》目与《续汉书》八志的异同，并且阐明注补宗旨说：

> 寻本书当作《礼乐志》；其《天文》、《五行》、《百官》、《舆服》，为名则同；此外诸篇，不著纪传，《律历》、《郡国》，必依往式。晔遗书自序，应遍作诸志，《前汉》有者，悉欲备制，卷中发论，以正得失，书虽未明，其大旨也。曾台云构，所缺过乎榱角；为山霞高，不终逾乎一篑，郁绝斯作，吁可痛哉！徒怀缵辑，理惭钩远，乃借旧志，注以补之。狭见寡陋，匪同博远，及其所值，微得论列。分为三十卷，以合范史。①

刘昭之所以把司马彪的八志"分为三十卷，以合范史"，有两个用意：一是范晔欲撰《后汉书》纪、志、传百篇，是效法班固《汉书》而作，《汉书》纪、志、表、传百篇，后人析为一百二十卷；而范晔《后汉书》只成纪传九十篇，所以刘昭遵从范晔之意，把《续汉书》志分为三十卷，合为一百二十卷。二是把《续汉书》志移入《后汉书》，与纪传相互配合，成为一部体例比较完整的史书。于是从梁朝开始，出现了第一个

---

① 《后汉书注补志序》。

《后汉书》纪传与《续汉书》志汇为一书的合编本，纪传为范晔撰，志为司马彪撰，而纪、传、志皆为刘昭注疏。

需要说明的是，刘昭注补的一百二十卷《后汉书》，在以后的岁月中并未取代范晔九十卷本《后汉书》，而是注补本和原本各自单行。清人王先谦说得好："以《续志》补范，昉自刘昭。昭之《后汉书》注固已合志于纪传矣，然此自刘氏一家之学，范书原本则仍止纪十卷，传八十卷，未尝阑入《续志》也。"① 直至唐初，仍然是范晔《后汉书》原本与刘昭《后汉书》注补本并存，据唐太宗贞观年间修撰的《隋书·经籍志》记载："《后汉书》九十七卷，宋太子詹事范晔撰；《后汉书》一百二十五卷，范晔本，梁剡令刘昭注。"② 关于《隋志》记载的两个版本卷数分别比原书多出数卷，历代学者多认为系传抄之误，我以为极有可能是后人把两个版本的纪传中某些长篇析成子卷，而又分合未定，造成各本卷数不一致。

唐代高宗年间，太子李贤招集张大安、刘讷言、格希元等人，对范晔《后汉书》重新加以注释。对于这次注疏，清代学者认识并不一致。王鸣盛认为李贤注疏采用刘昭注补本，改注纪传而仍保留八志的原注。他说："唐章怀太子贤既用其本改其注矣，于志仍用昭注。注纪传易，注志难，避难趋易也。且昭所注《续志》颇有可观，则其纪传注必佳，仍旧可耳，何必改作！"③ 钱大昕则持另外一种看法，认为唐人所注者乃范晔原本："章怀太子别注范史，而刘注遂废。惟《志》三十卷，则章怀以非范氏书，故注不及焉。而司马、刘二家之书，幸得传留至今。"④ 李慈铭针对二人之说，认为钱大昕更得其实。他指出：

> 王氏谓章怀太子既用刘昭本《后汉书》改其注矣，于志仍用昭注者，以注纪传易，注志难，故避难趋易云云。钱氏谓章怀本仅注范书，以《志》系司马书，故仍昭之旧注，不为更易，此说得之。当日有唐文治极盛，亲王朱邸文学之士甚多，况既有旧注，但加考正，集众手以成完书，何难之有！⑤

① 王先谦：《后汉书集解述略》。
②《隋书》，卷三十三，《经籍志二》。
③《十七史商榷》，卷二十九，《范氏后汉书用司马彪志补》。
④《十驾斋养新录》，卷六，《司马彪续汉书志附范史以传》。
⑤《越缦堂读书记·后汉书》。

李慈铭右钱左王的意见完全正确，然而他把钱氏"惟《志》三十卷，章怀以非范氏书，故注不及焉"的看法错解为钱大昕主张李贤注疏"仍昭之旧注，不为更易"，即李贤所注《后汉书》中仍用刘昭注补的司马彪《续汉书》志，则是把自己的意见强加给钱大昕。如前所述，钱大昕坚持北宋补合之说，不可能认为李贤注《后汉书》里仍然保留刘昭补志。而这只能是李慈铭自己的意见，因为他坚持南朝补合说，所以认为唐代仍然如此。我认为，钱氏所谓"章怀太子别注范史"的意思，一方面是说李贤重新注疏范晔《后汉书》，鉴于刘昭注疏偏重于考证记事异同与讹谬，所以李贤注疏偏重于训诂文字和名物度数；另一方面是指李贤等人不使用刘昭注补本，因为唐代前期范晔《后汉书》原本仍然存在，所以李贤等人注疏范围只包括纪传，《续汉书》志"故注不及焉"。还应当提到的是，自范晔《后汉书》问世以来，后人传抄其纪传就存在篇卷分合不一的情况。王先谦分析说："范书《隋志》载九十七卷，新旧《唐志》则云九十二卷，《宋志》则云九十卷。以十纪、八十列传篇各为卷计之，惟《宋志》卷数与今本合。《隋》、《唐志》所载，或多七卷，或多五卷，当由就纪传之繁重者分出子卷，隋所分者，唐又间取而合之，是以卷数不同。"① 李贤注疏以后，这种歧互趋于稳定，形成十篇本纪十二卷和八十篇列传八十八卷的格局，迄今无变。《旧唐书·经籍志》记载李贤注《后汉书》一百卷，可证李贤注本的纪传由范晔原书九十篇中析出十个子卷，变为一百卷。

在唐代很长一段时间里，《后汉书》李贤等注本与刘昭注补本同时并存。但因李贤以皇太子身份注《后汉书》，自然受到唐人重视，而刘昭注补《后汉书》则逐渐散逸。据《旧唐书·经籍志》记载："《后汉书》五十八卷，刘昭补注；又一百卷，皇太子贤注。"《新唐书·艺文志》也记载刘昭注补本《后汉书》仅仅剩余五十八卷，损失过半。唐代学校以及科举考试，规定使用李贤注本，而这个注本中没有志文及注文，所以朝廷诏令从刘昭所注《后汉书》残篇中抽出注补的《续汉书》志，与李贤注本配合使用，前引杜佑《通典》述科举考试规定"《后汉书》并刘昭所注志为一史"足以为证。经过唐末五代战乱，到北宋时期，刘昭注本散逸更加严重。据《宋史》记载："范晔《后汉书》九十卷，章怀太子

① 《后汉书集解述略》。

李贤注；刘昭《补注后汉志》三十卷。"① 这里说李贤注本九十卷，是合并子卷统计数字，与《旧唐书》记载的一百卷并不矛盾。但所载"《补注后汉志》"书名有误，当为"《注补后汉志》"。刘昭注本仅仅剩余《注补后汉志》三十卷，可证所注纪传全佚。司马彪《续汉书》志以及刘昭注疏之所以能够保存下来，缘于"唐时功令，习《后汉书》者并昭所注志为一史，故续志注三十卷得以保存，至宋不废耳"②。尽管如此，八志中"《天文志》第三卷通卷无注，必系亡失，非刘氏原本；至《五行志》第四卷通卷无注，其为亡失，更属显然"③。既然李贤注本有纪传而无志，而刘昭注本又仅剩八志而无纪传，孙奭校书时把两个注本合为一书，也就成为顺理成章的事了。这是范晔《后汉书》纪传与司马彪《续汉书》志汇为一书的第二个合编本，与第一个合编本所不同的是，这个合编本中志仍为刘昭注疏，而纪传则是李贤等注疏。

综上所述，可知赵翼、王鸣盛、李慈铭等认为两书合并始于刘昭，系指第一个合编本，而陈振孙、钱大昕、四库馆臣等认为两书合并始于孙奭，系指第二个合编本。平心而论，不论主张刘昭合并两家之书，还是主张孙奭合并两家之书，看法都不够全面，只说对了一半；而两家各据所见相互驳辩，也是互有胜负，只能证明对方说错了一半。只有全面考察两书的分合过程，把两家意见结合起来辨析，才能消弭分歧，最大限度地得出切合实际的结论。

四 完善《后汉书》整理与出版的构想

在今天看来，不论是刘昭为范晔《后汉书》纪传和司马彪《续汉书》志作注并把两书合而为一；还是北宋君臣把李贤等所注范晔《后汉书》纪传与刘昭所注司马彪《续汉书》志再度合为一书，都早已成为中国古代史学上的一段佳话。但迄今为止刊印的各种版本《后汉书》，仍然存在不少问题。我们应当充分护惜前贤的苦心与成果，把《后汉书》进一步整理完善。

---

① 《宋史》，卷二三〇，《艺文志》。
② 《后汉书集解述略》。
③ 《十七史商榷》，卷二十九，《范氏后汉书用司马彪志补》。

第一，两书应分别标目。范晔《后汉书》纪传和司马彪《续汉书》志以及刘昭、李贤注疏，在千百年流传中已经成为一个有机整体，所谓合之则双美，离之则两伤。全书总名仍然应该定为《后汉书》，这也是刘昭、孙奭等历代学者的共同愿望，应当充分尊重。但在合为一书之后，不能仅仅标注范晔一人之名，一家之书，使人误认为范晔撰成全书，湮没司马彪撰《志》之功。钱大昕曾经提出恢复《续汉书》志的名称："司马史实名《续汉书》，刘氏以补范缺，因冒'后汉'之名。今既与范史并列学官，谓宜改题'续汉志'，以复绍统旧名，且订宋明刊本沿袭之失。"① 李慈铭也认为："今江宁新刻本虽悉依汲本，而以此《志》次范书列传之后，题曰'续汉志'，又载昭补注之序，其体最善。"② 所谓江宁新刻本即同治八年（公元 1869 年）金陵书局本，扉页署"范晔后汉书九十篇一百卷，唐章怀太子贤注；司马彪续汉书志八篇三十卷，梁剡令刘昭注补"，非常准确。今后出版《后汉书》，应当采纳钱大昕、李慈铭的意见，在扉页单独标目，分别标明"后汉书纪传"与"续汉书志"的名称。

第二，撰人应同时署名。近代以前的《后汉书》刊本，大多不署司马彪的名字，造成谬种流传的后果。为了弥补这一缺失，早在清代乾隆年间，四库全书本《后汉书》就"于此三十卷，并题司马彪名，庶以祛流俗之讹焉"③。中华书局 1965 年点校本《后汉书》在纪传各册的扉页上标明"后汉书，宋范晔撰，唐李贤等注"，在八志两册的扉页上标明"后汉书志，晋司马彪撰，梁刘昭注补"，对撰人和注疏者署名作了全面标示。然而这样处理仍未臻尽善，因为司马彪八志名为"续汉书志"，而不是"后汉书志"。再出版《后汉书》时，应当吸取前代教训，借鉴四库全书本和中华书局本署名的方式，明确标注《后汉书》纪传为南朝宋范晔撰，唐李贤等注；《续汉书》志为西晋司马彪撰，南朝梁刘昭注补，避免后人再产生误解。

第三，编次应注重体例。自宋人以刘昭注司马彪《续汉书》志补范晔《后汉书》以后，历代刻本大多置于范书纪传之后，以便保持两书完整，自然有其合理性。但是，这一体例却不符合历代正史纪、志、表、

① 《十驾斋养新录》，卷六，《司马彪续汉书志附范史以传》。

② 李慈铭：《桃花圣解盦日记》。

③ 《四库全书总目》，卷四十五，《后汉书》。

传的编纂传统。以汲古阁本为例，尽管在目录中按照"纪、志、传"次序编订，本纪的次序由卷一至卷十，志的次序由卷一至卷三十，列传的次序由卷一至卷八十；但在正文里仍旧是纪传在前，八志居后，而且纪传次序通排，由卷一至卷九十，卷端下脚标署"后汉书"；八志次序重新编排，由卷一至卷三十，卷端下脚仍然标署"后汉书"，而不署"续汉书"。另外，八志三十卷的版心又题"后汉志"而不题"续汉志"。名目繁杂混乱，编次表里不一。武英殿本目录则是本纪的次序由卷一至卷十，志的次序由卷十一至卷四十，列传的次序由卷四十一至卷一百二十，眉清目朗，而且与正文一致。所以，应该把武英殿本编纂义例进一步继承和发扬下去，彻底打破旧刻本体例的束缚，达到前后一贯的效果。

第四，篇卷应规范用语。历代学者在论及范晔《后汉书》篇卷时，用语极不统一，纪传或谓九十篇，或谓九十卷，或谓一百卷，全书或谓一百二十卷，或谓一百三十卷。王鸣盛认为，司马彪撰"纪、志、传凡八十篇，号曰《续汉书》。……今彪书《志》见存凡三十卷，篇即卷也，则其纪传仅五十篇，未免太略。"[1] 其实三十卷乃八篇，而《隋志》和两《唐志》均记载《续汉书》八十三卷，则其纪传不是五十篇，而是七十五篇，几乎十倍于志，不可谓之寡略。王氏所说的"篇即卷也"，只适用于汉唐时期，因为《史记》、《汉书》虽然篇长则分子卷，然而各子卷仍作一篇，篇目总数不变。所以，《后汉书》纪传九十篇，即可称九十卷；后人析为百卷，仍可称九十篇。唐宋以后，情况发生变化。清代章学诚指出："惟司马彪《续汉书》志，八篇之书分卷三十，割篇徇卷，大变班书子卷之法。作俑唐宋史传，失古人之义矣。"[2] 此例一开，后世史书不复计篇，分卷猥滥，如《新唐书》志五十卷，合起来只有十三篇，表十五卷，只有四篇；《宋史》列传二百五十五卷，只有一百九十余篇。人们既沿用旧称，谓范晔原本九十篇或九十卷，两次合编本一百二十卷；又习惯于用后世的名词称呼前代史书，称《后汉书》原本百卷，合编本一百三十卷，篇卷混杂，名实淆乱。明代汲古阁本署"范晔后汉书凡九十八篇一百三十卷"，在篇和卷用语上比较规范，应当予以重视。

总起来说，今后新印《后汉书》的版本次序结构应该是：一、封面题"后汉书"；二、扉页三行题"后汉书纪，南朝宋范晔撰，唐李贤等

---

① 《十七史商榷》，卷二十九，《范氏后汉书用司马彪志补》。
② 章学诚：《文史通义》，《章氏遗书》本，内篇六《篇卷》。

注；续汉书志，西晋司马彪撰，南朝梁刘昭注补；后汉书传，南朝宋范晔撰，唐李贤等注"；三、关于两书分合与整理情况的"出版说明"；四、目录：按纪、志、传一百三十卷次序排列；五、正文：与目录顺序一致；六、附录：收入范晔《狱中与诸甥侄书》、刘昭《后汉书注补志序》、《乾兴元年十一月十四日中书门下牒国子监》、《景祐刊正札子》。这样既充分尊重前人的成果，又有利于恢复历史真相。

（原载《华中科技大学学报》，2005 年第 4 期，发表时略有删节。本次刊载，系作者原稿）

李 珍

略论范晔的民族思想

范晔是东晋、南朝刘宋之际杰出的史学家。他一生的重大成就，是撰写了《后汉书》。范晔著史，注重"自得"，所著《后汉书》，是众多东汉史著作中唯一得以完整保存至今者，在中国史学史上占有重要地位。在对多民族国家历史的关注方面，范晔在《后汉书》中也表现出一个优秀史家的理性思考。晋宋更迭时期突出的阶级矛盾、民族纷争，是范晔着意于探究民族关系与民族历史问题的客观原因。而魏晋史学对民族问题的普遍关注，则为范晔在民族问题的认识上取得突出成就提供了思想基础。

一　自觉的民族史撰述意识

自古以来，中国是一个多民族的国家。从秦汉开始，中国是一个统一的多民族的国家。中国的民族史撰述也伴随着中国古代文化的起源与发展而产生与延续。在甲骨文、金文、《诗》、《书》、《春秋》、《左传》、《国语》、《竹书纪年》等最早的文献中，"或叙说当时史事，或追述前人的传说，都在民族方面有所反映"①，是我们今天研究各民族历史与中华民族形成过程的重要史料。

《史记》作为中国古代史学中第一部正史，首设民族列传，在撰述的视野、对民族历史的追溯、史书立目等方面，都表现出可贵的民族平等意识。班固所撰中国第一部

---

① 白寿彝主编：《中国通史》，导论卷，1~6页，上海，上海人民出版社，1989。

皇朝史《汉书》继承与发展了《史记》所开创的史书模式。但由于受正统观念及当时汉朝与匈奴关系现状的影响，它在民族问题上的认识更多地体现了华夷之辨的色彩。马、班的民族观念，分别成为后代史著中评价相关史事的重要标准。

魏晋南北朝是中国古代史学多途发展的历史时期，这种多途发展，其重要的表现之一就是民族史学的发达。这是中国史学发展上的大事。包括正史、地方史等在内的史书，都成为史家自觉地记述各民族史事的形式。概括地讲，民族史学在魏晋南北朝时期所取得的成就，突出表现在如下两个方面：一是汉族政权对少数民族史事记载传统的继承。在这一时期成书的几部正史，均保留了民族列传的立目；二是少数民族政权对史学活动的重视，如后赵石勒立经、律、史等学，北魏一朝官修国史、私人修史的发达，等等。① 这种政治与学术背景，为《后汉书》在民族问题上取得进展提供了思想、实践基础。

《后汉书》的民族列传共有东夷、南蛮西南夷、西羌、西域、南匈奴、乌桓鲜卑六篇，按地理方位分别叙述了东方、南方、北方、西域等地少数民族的起源、风俗习惯、社会生活阶段、生产状况、物产、婚姻、祭祀、风气、法律、武器装备、饮食等方面情况，以及与中原皇朝的关系。与《史记》、《汉书》、《三国志》所记少数民族列传相较，其记述的地理范围都扩大了。这说明，《后汉书》不仅继承了前代史家注重少数民族历史的考察，从而着力于全面地描述中国历史面貌的传统，而且结合着东汉一朝的历史实际，使这一传统在新的历史条件下具有了新的表现形式。它通过其民族列传，将活动于古代中国的各少数民族与汉族源远流长的历史联系，以中原皇朝为中心，大致作了一个梳理。当然，上面这些记述有的已涉及当时汉朝或今天中国域外的范围。通过这种梳理，联系前代史家的撰述，我们可以清晰地看出各族之间始终存在的种种密切关联。

范晔自觉的民族史撰述意识，还体现在对前人成就的借鉴与分析方面。他在《西域传》中明确表示："班固记诸国风土人俗，皆已详备《前书》。今撰建武以后其事异于先者，以为《西域传》，皆安帝末班勇所记云。"这说明，对于《汉书》在西域问题上的论述，范晔基本是认可的。但在具体的论述过程中，他并未对班固的结论全盘接受，而是结合他人

---

① 参见瞿林东：《中国史学史纲》，264~265 页，北京，北京出版社，1999。

的记述，对其加以进一步的考究与纠错。如在记叙西域高附国的历史时，范晔认为它"所属无常，天竺、罽宾、安息三国强则得之，弱则失之，而未尝属月氏"。而《汉书》"以为五翕侯数，非其实也"。与此相类，《后汉书》在整理匈奴史事时，也只以"南匈奴列传"标目。联系范晔在其他民族列传中的做法，可以认为，他在这里也有着只撰"其事异于先者"的考虑。同样，《后汉书》的《乌桓鲜卑列传》，也只记述了光武帝建武元年（公元25年）至献帝建安25年（公元220年）共195年间的史事。这都说明，范晔在史料的排比、整理上有着自己的原则，即将叙述的重点放在汉代，而不以求全为美；也说明他对于前人在民族历史上的认识，是有选择地吸收、引用的。

范晔在撰述《后汉书》的过程中，除了继承前代史家的传统，将东汉皇朝周边少数民族的活动详尽地加以考察以外，还表达了对民族史研究的关注。《后汉书·西域传》的后论，有一段文字就是他对西域开发历史所作的梳理与评述：

> 西域风土之载，前古未闻也。汉世张骞怀致远之略，班超奋封侯之志，终能立功西遏，羁服外域。……故设戊己之官，分任其事；建都护之帅，总领其权。先驯则赏籯金而赐龟绶，后服则系头颡而衅北阙。立屯田于膏腴之野，列邮置于要害之路。驰命走驿，不绝于时月；商胡贩客，日款于塞下。其后甘英乃抵条支而历安息，临西海以望大秦，拒玉门、阳关者四万余里，靡不周尽焉。若其境俗性智之优薄，产载物类之区品，川河领障之基源，气节凉暑之通隔，梯山栈谷绳行沙度之道，身热首痛风灾鬼难之域，莫不备写情形，审求根实。至于佛道神化，兴自身毒，而二汉方志莫有称焉。张骞但著地多暑湿，乘象而战，班勇虽列其奉浮图，不杀伐，而精文善法导达之功靡所传述。

这段文字在范晔的史论中是一篇重要的文献，它讲到了中原与西域交通、联系的历史，讲到了汉皇朝对西域管辖的情况，讲到了中原与西域联系的进一步密切；讲到了西域以至于大秦的俗性、物类、地理、气候、交通以及佛教的传入及其影响，等等。从民族史观的角度来分析，它的价值在于从民族史撰述的角度，对前人关于西域的记述与了解作了大略的概括与分析，指出了他们在这方面的成绩与不足，这是范晔的历史思想在民族史学中的进一步延伸。

二 民族关系与政治大一统观念

关于民族关系与政治大一统之关系的观念，是范晔民族思想的核心。自古以来，中国就是一个多民族的国家。秦汉以后，又发展成为一个统一的多民族的国家。存在决定意识。对于各民族的发展与融合这样一个影响中国政治、经济、文化发展的重要问题，古代史家很早就有论述，这些论述与中国史学的发展相始终，并成为中国史学发展中的重要方面。范晔《后汉书》继承了前代史家的传统并有所发展。

（一）边地少数民族与中原民族族源相同且始终存在着密不可分的联系

在这个问题上，范晔采用了两种形式来阐述自己的认识。第一种是直接论述。如《东夷列传》从"尧命羲仲宅嵎夷"讲到中原民族与东方少数民族的关系；《南蛮西南夷列传》从高辛氏与犬戎的争战讲到中原民族与南方少数民族的往来；在《西羌传》中，作者则明确提出，"西羌之本，出自三苗，姜姓之别也。其国近南岳。及舜流四凶，徙之三危，河关之西南羌地是也"①。这些描述，其中固然有讹误之处，但却都说明了这样一个历史事实：从传说时代起，中原民族与周边少数民族之间就存在着诸多联系。作者着力反映的这一认识，表明了他对多民族同源的认可。另一方面，这也是作者对完整地描述民族发展史及民族关系发展史所作的努力。第二种是对前人说法的沿用。《后汉书》在《南匈奴列传》中，只叙南匈奴醢落尸逐鞮单于比之后的历史，而对《史记》、《汉书》所载"匈奴，其先祖夏后氏之苗裔也，曰淳维"②的说法没有异议，说明它对这一说法是沿用、认可的。这一认识对范晔论述与评价中华各民族历史及其相互关系有着深远的影响。

---

① 《后汉书》，卷八十七，《西羌传》，北京，中华书局，1965。
② 参见《史记·匈奴列传》，北京，中华书局，1959；《汉书·匈奴列传》，北京，中华书局，1973。

据《后汉书·东夷列传》记载，自尧时起，东夷与中原就有着各种联系，"昔尧命羲仲宅嵎夷，曰旸谷，盖日之所出也"。后来，"武乙衰敝，东夷寝盛，遂分迁淮、岱，渐居中土"。在中原文化的浸润、影响下，东夷诸族逐渐发展、进化，与中原民族的联系日益密切，"其后遂通接商贾，渐交上国"。"秦并六国，其淮、泗夷皆散为民户。陈涉起兵，天下崩溃，燕人卫满避地朝鲜，因王其国。""自中兴之后，四夷来宾，虽时有乖畔，而使驿不绝，故国俗风土，可得略记。"这些记载从历史发展的视角，阐明了东夷各族与中原地区联系的悠久历史，同时强调了东汉时期这种联系的加强。

《后汉书·南蛮西南夷列传》记载，南方少数民族与高辛氏有亲，且从此以后与中原民族关系不断。唐、虞、夏、商、周时，都与中原民族有多种来往。"（板楯蛮夷）俗喜歌舞，高祖观之，曰：'此武王伐纣之歌也。'"这说明，当时的少数民族保留了中原民族早期发展的一些文化习俗与特征；而汉代的统治者与后世的史家也相信，在早期的民族发展中，中原与边地有着一定的甚至是很密切的联系。无论是哪种可能，从民族观念的发展来看，都有其积极意义。至战国时，他们与强大一时的楚、秦都有种种联系，并在秦时纳入中央皇朝的统一管理之下，"秦并天下，威服蛮夷，始开领外，置南海、桂林、象郡。"汉朝建立以后，武帝时期对南方少数民族地区进行了较多的开发与治理，邛都县、筰都县、沈黎郡、汶山郡、武都郡等都是这一时期所建。武帝还根据汉族与少数民族杂居的实际情况，实行了在一些地方"置两都尉"，一人"主徼外夷"，一人"主汉人"的管理办法。

《后汉书·西羌传》也表达了相类的思想，如"戎本无君长，夏后氏末及商周之际，或从侯伯征伐有功，天子爵之，以为藩服。春秋时，陆浑、蛮氏戎称子。"这说明，西羌各族也与南方各少数民族一样，在中国历史的起始阶段，就已经参与到多民族历史的创造活动中，并成为其中重要的一部分了。

从上述梳理可以看出，作为共同生活在同一地理范围的诸多民族，中华民族的各部分自古以来就有着密不可分的联系。这种联系既有血缘上的，也有经济、文化上的。随着中国历史的发展，大一统局面的出现，这种联系遂变得更为紧密。而对这种联系的描述与评析，也成为中国历史撰述的重要内容。《后汉书》对这一历史事实的进一步描述与强调，则突出地反映了范晔在这个问题上的自觉意识。这一意识接续了《史记》所开创的传统，从而客观上对增强各民族之间的凝聚力具有积极的历史意义。

（二）民族关系与政治大一统

从历史上看，"大一统"是中国思想史上一个重要的理论范畴。魏晋南北朝时期，由于政权林立、民族融合与矛盾同时存在与发展，"大一统"成为各政权共同的政治理想。与前代不同的是，这一时期历史发展的一个突出特点，就是少数民族的地位与角色越来越重要，他们所建立的政权，对汉族贵族所建皇朝带来了极大的冲击。其政治上的最大目标，同样是"一统天下"。在这种情况下，"大一统"观念就不可避免地与民族问题交织在一起。作为一部汉族史家撰写的东汉历史，《后汉书》在分析民族问题时，对以中原皇朝及其代表的汉族政权为中心的大一统观念是着力阐扬的。

《后汉书·南蛮西南夷列传》中的一段话，突出地表现了范晔对东汉皇朝大一统局面的赞扬与歌颂：

> 汉氏征伐戎狄，有事边远，盖亦与王业而终始矣。至于倾没疆垂，丧师败将者，不出时岁，卒能开四夷之境，款殊俗之附。若乃文约之所沾渐，风声之所周流，几将日所出入处也。著自山经、水志者，亦略及焉。虽服叛难常，威泽时旷，及其化行，则缓耳雕脚之伦，兽居鸟语之类，莫不举种尽落，回面而请吏，陵海越障，累译以内属焉。故其录名中郎、校尉之署，编数都护、部守之曹，动以数百万计。若乃藏山隐海之灵物，沉沙栖陆之玮宝，莫不呈表怪丽，雕被宫幄焉。又其宝嫁火毳驯禽封兽之赋，轮积于内府，夷歌巴舞殊音异节之技，列倡于外门。岂柔服之道，必足于斯？然亦云致远者矣。

如果说，《史记》的大一统观念与司马迁对西汉皇朝统治者的文治武功着力加以论述的撰述态度相关联；《汉书》的大一统观念与班固对"汉绍尧运，以建帝业"的论证，以及他不赞成《史记》将汉代史事"编于百王之末，厕于秦、项之列"的见解密切相关；《三国志》的大一统观念与陈寿将并足鼎立的三个政权史事合理地编纂在一起，而又以魏为正的撰述思想密不可分；那么，从上述引文可以看出，《后汉书》的大一统观念着力赞扬的是"柔服之道"、"致远之谋"所造成的政治局面。这一思想与先秦儒家的

"王道"思想直接相承，从而具有独到的见识。

在这种大一统观念下，范晔对"怀柔"以"致远"、"天下归一"的大一统局面给予了格外的关注。《南蛮西南夷列传》用了相当的篇幅，记述永平年间，益州刺史朱辅曾令犍为郡一个名叫田恭的掾吏调查莋都夷的风俗，翻译他们的词语，然后录其乐诗，进献中央，以歌颂天下治平与东汉统治者的文治武功。"帝嘉之，事下史官，录其歌焉。"从一般意义上看，这些歌颂升平之世的乐诗或许不能说明什么，但范晔在《后汉书》中照录全文，则反映了他对少数民族这类文字及其所体现的思想内涵的重视。

出于同样的理由，范晔对匈奴史事的记述，并不像以往史家那样，以"匈奴列传"名之，而是以"南匈奴列传"标目。李贤注曰："《前书》直言《匈奴传》，不言南北，今称南者，明其为北生义也。以南单于向化尤深，故举其顺者以冠之。"但与此同时，范晔并没有将北匈奴排斥在记述范围之外。据载，建武二十八年（公元52年），"北匈奴复遣使诣阙，贡马及裘，更乞和亲，并请音乐，又求率西域诸国胡客与俱献见。"在这件事情上，范晔并未记述其他臣僚的意见，而全文照录了司徒班彪以"不宜绝北"为主要内容的奏文，其根据为"汉秉威信，总率万国，日月所照，皆为臣妾。殊俗百蛮，义无亲疏，服顺者褒赏，畔逆者诛罚，善恶之效，呼韩、郅支是也。今单于欲修和亲，款诚已达，何嫌而欲率西域诸国俱来献见？西域国属匈奴，与属汉何异？"[1] 这种表述，既是对东汉皇朝的政治格局的自信，同时更是关于进一步通过怀柔政策来加强、巩固与扩大这种统一局面的政策主张。而范晔通过在史料选择、标目名称上的去取，也表明了自己的态度。

三　积极的民族历史与民族差异的认识

（一）对少数民族历史的正面肯定

由于持有对少数民族历史及其与汉族关系的客观态度，在《后汉书》的民族列传中，范晔对其积极方面是加以肯定的。"东夷率皆土著，喜饮酒

---

① 《后汉书·南匈奴列传》。

歌舞，或冠弁衣锦，器用俎豆。所谓中国失礼，求之四夷者也。凡蛮、夷、戎、狄总名四夷者，犹公、侯、伯、子、男皆号诸侯云。""天性柔顺，易以道御，至有君子、不死之国焉。……故孔子欲居九夷也。"他肯定箕子在商朝末年对东夷的影响，以至于"柔谨为风"，"若箕子之省简文条而用信义，其得圣贤作法之原矣！"① 从民族关系与民族历史的角度来看，上述认识突出地表现了范晔在民族史观上的卓识：一是对"四夷"的文化作了相当程度的肯定。这有其认识上的基础，即对儒家思想中"夷狄"亦有优长之处的观念的继承，但范晔的论述更为具体了。他甚至认为，东夷民族在早期的发展阶段，保留了更多的"圣贤作法"的本意。二是对"四夷"历史地位的确认。即所谓"四夷"之称，事实上与前代诸侯之称属同一性质。这一认识在当时有突出的积极意义。它将客观历史观念中对少数民族的认可，以历史撰述的形式确立下来，具有了更为突出的学术与理论价值。三是对所谓的"非我族类，其心必异"的认识的反驳。即不以少数民族为天性迥异、不开化的蛮族，而是认为通过教化，他们完全可以达到中原民族的文明发展程度。这一认识固然寄托了作者的政治理想，但其在民族观念上的进步意义是显而易见的。

范晔的这些认识，在《后汉书》其他的民族列传中亦有体现。如在《西域传》中，范晔对前人关于西域的记载加以胪列、评判，然后提出了自己的认识，认为西域诸国"殷乎中土，玉烛和气，灵圣之所（降）集，贤懿之所挺生"，并对那里盛行的佛教作了客观的评价，认为它"好仁恶杀，蠲敝崇善，所以贤达君子多爱其法焉"；但与此同时又"好大不经，奇谲无已，虽邹衍谈天之辩，庄周蜗角之论，尚未足以概其万一。又精灵起灭，因报相寻，若晓而昧者，故通人多惑焉。"这种既肯定其优长之处，同时又指出其弊端的做法，说明了范晔撰史的客观态度。

（二）客观分析、评价民族差异

对少数民族性格、特点的归纳、总结和评论，在中国史学上同样是一个悠久的传统。《左传》中有关于这方面的记载："我诸戎饮食衣服不与华同，贽币不通，言语不达。"② 《孟子·滕文公上》则有"南蛮鴃舌之人"

---

① 《后汉书·东夷列传》。

② 杨伯峻：《春秋左传注》襄公十四年，北京，中华书局，1981。

之语。《礼记·王制》则有这样的记述："中国戎夷，五方之民，皆有性也，不可推移。东方曰夷，被发文身，有不火食者矣；南方曰蛮，雕题交趾，有不火食者矣；西方曰戎，被发衣皮，有不粒食者矣；北方曰狄，衣羽毛穴居，有不粒食者矣。中国、夷、蛮、戎、狄，皆有安居、和味、宜服、利用、备器。五方之民，言语不通，嗜欲不同。"① 至《史记·货殖列传》，则首次将物质条件与不同地区人群性格特征联系起来加以考察，具有朴素的唯物观念。但直接把地理条件与民族特点联系起来加以论述，还是魏晋南北朝以降的事情。东晋袁宏的《后汉纪》就明确提出了"民之性也，各有所禀，生其山川，习其土风。山川不同则刚柔异气，土风乖则楚夏殊音。是以五方之民，厥性不均，阻险平易，其俗亦异。况乃殊类绝域，不宾之旅，以其所禀受，有异于人"②。如果说，这一概括还有相当多的民族歧视的色彩包含其中，那么，范晔在《后汉书》中所阐述的认识，则具有更多的积极因素。

《后汉书》的《东夷列传》在讲到东夷诸民族的特点时认为，东夷诸族之所以"天性柔顺，易以道御"，原因就在于"夷者，柢也，言仁而好生，万物柢地而出。"在《西羌传》中，作者对西方诸族的婚姻状况、风俗习惯、性格特征作了概括，如"不立君臣，无相长一，强则分种为酋豪，弱则为人附落，更相抄暴，以力为雄……性坚刚勇猛"。并认为，他们之所以会有这样的民族特点，是由于"得西方金行之气"的结果，"金行气刚，播生西羌。氏豪分种，遂用殷强。"这些分析，虽因以"五行"之说为理论依据而显得有些神秘色彩，但同样是一种从客观环境的角度来剖析民族特点的努力。在对西南少数民族特性进行分析时，这种立论上的客观性更加鲜明："蛮夷虽附阻岩谷，而类有土居，连涉荆、交之区，布护巴、庸之外，不可量极。然其凶勇狡算，薄于羌狄，故陵暴之害，不能深也。"③ 这是从少数民族的居住环境以及民族性格方面分析其"为害"的原因。虽然这里作者依然不免于华夷之辨的影响，但与对东夷的赞扬同样，两者都摆脱了少数民族生而为"兽心"的偏见，从而在民族观的发展史上有不可忽视的积极意义。

范晔《后汉书》的上述认识说明，物质条件尤其是地理环境是产生民

---

① 孔颖达：《礼记正义》，《十三经注疏》，北京，中华书局，1980。

② 袁宏著，周天游校注：《后汉纪》，卷九，明帝永平元年，天津，天津古籍出版社，1987。

③《后汉书·南蛮西南夷列传》。

族差异的一个重要因素，对物质文化比较落后的民族来说，其民族特性受自然条件的影响更甚。在对这个基本因素的强调方面，《后汉书》继承了《史记》的传统并进一步发展了。其最主要的方面，就在于它摆脱了就事论事的局限，从而具有从普遍性的角度讨论民族特性的色彩。虽然这种讨论还不能说完全符合客观事实的发展状况，也未能完全超越当时流行的种种并不正确的思想，但这种力求从普遍意义上探讨民族差异产生原因的理念，对后世人们从理论上进一步认识民族与民族关系的发展，还是多有启发的。

四 "怀柔"与"王化"的民族政策理念

范晔主张"德政"、"王化"的政治思想、民族观念，反映在民族政策上就是提出了以"怀化"为主的认识。因此，《后汉书》对东汉皇朝民族政策的"德教"与"怀柔"方面作了更为详尽的论述。由于具备了客观的撰述态度，范晔从来不是从民族问题的某一个方面出发来进行分析，而是全面考察矛盾的两个方面，提出自己的独到认识。对于中原民族与周边少数民族的关系发展，他有一段很具代表性的评论：

> 王政修则宾服，德教失则寇乱。昔夏后氏太康失国，四夷背叛。及后相即位，乃征畎夷，七年然后来宾。至于后泄，始加爵命，由是服从。后桀之乱，畎夷入居邠岐之间，成汤既兴，伐而攘之。及殷室中衰，诸夷皆叛。①

可以说，这是作者分析历代民族关系的基本出发点，也是他一以贯之的思想。即民族力量或政权之间的争伐和好、此消彼长的变化，其根本原因都在于中原皇朝的"王政"与"德教"的实行程度。这一认识与时人及后人的"徙戎论"相较，更为客观，更具有辩证的色彩，体现了作者的卓越见识。这是范晔的民族观念与马、班最大的不同之处，也是他思想中的辩证因素在民族问题认识上的进一步体现与延伸。

基于这样的认识，《后汉书》客观记述了武帝末，珠崖太守会稽孙幸调广幅布进献朝廷，"蛮不堪役，遂攻郡杀幸"的历史。自此之后，"中国贪

---

① 《后汉书·西羌传》。

其珍赂，渐相侵侮，故率数岁一反。"最后，元帝因兵患屡兴，不堪其负，乃于初元三年（公元前 46 年）"罢之"，珠崖郡 65 年的立郡历史遂告结束。① 同样，《西羌传》亦用大量笔墨，如实记载了羌族为汉吏所迫，不得不相与逃亡的历史。并在卷末明确提出，内属的西羌族"或倥偬于豪右之手，或屈折于奴仆之勤"，是"永初之间，群种蜂起"，最终造成"发冢露胔，死生涂炭"的结果的直接原因。这种客观的记述与评论，事实上是对东汉皇朝民族政策的一种直截了当的批评。

与上述认识密切相关，范晔认为，以武力处理民族问题，其结果只能是劳民伤财且见效甚微。在《西羌传》的后论中，他尖锐批评了东汉武将恃兵力而讨伐少数民族的做法：

> 诸将邓骘、任尚、马贤、皇甫规、张奂之徒，争设雄规，更奉征讨之命，征兵会众，以图其隙。驰骋东西，奔救首尾，摇动数州之境，日耗千金之资。至于假人增赋，借奉侯王，引金钱缣彩之珍，征粮粟盐铁之积。所以赂遗购赏，转输劳来之费，前后数十巨万。或枭克酋健，摧破附落，降俘载路，牛羊满山。军书未奏其利害，而离叛之状已言矣。故得不酬失，功不半劳。暴露师徒，连年而无所胜。官人屈竭，烈士愤丧。段颎受事，专掌军任，资山西之猛性，练戎俗之态情，穷武思尽飙锐以事之。被羽前登，身当百死之陈，蒙没冰雪，经履千折之道，始殄西种，卒定东寇。若乃陷击之所歼伤，追走之所崩籍，头颅断落于万丈之山，支革判解于重崖之上，不可校计。

从民族关系史来看，这可以视为一篇反对民族间大肆用兵的宣言。其所论，有事实，有说理，利害得失渗透于字里行间。若无对民族关系史的密切关注和深入研究，是写不出这样动人心弦的文字的。

在匈奴问题上，范晔同样反对依赖武力来处理中原皇朝与其的关系。他认为，西汉武帝时"亟兴边略"，"穷竭武力，单用天财，历纪岁以攘之"，其结果是"寇虽颇折，而汉之疲耗略相当矣"。而宣帝时期借匈奴内乱之机"权纳怀柔"，遂得"罢关徼之儆，息兵民之劳"，"朔、易无复匹马之踪，六十余年矣。"东汉建立之后，统治者"总揽群策，和而纳焉。乃

① 《后汉书·南蛮西南夷列传》。

诏有司开北鄙，择肥美之地，量水草以处之"。"制衣裳，备文物，加玺绶之绶，正单于之名。"范晔认为，这种怀柔政策导致了匈奴分裂，"始有南北二庭焉"，从此"汉之塞地晏然矣"。但是，由于"性果急，睚眦之怨莫不报复"的窦宪为逃避被诛杀的命运而"自求击匈奴以赎死"，边境局面遂一变而不可收拾。范晔甚至将窦宪与卫青、霍去病并列，认为他们都不过是得益于"房帷之间"，靠外戚起家，因而"用之则为虎，不用则为鼠"[1]。其厌恶逞私欲、恃武力之将，以至于此。

在反对一味依赖武力解决民族问题这一点上，范晔与司马迁的观念是一脉相承的。两者的不同之处只是在于，后者以看似完全描述性的文字来梳理西汉皇朝与少数民族的关系发展史，实则隐约地表达了自己的见解。[2]从这种认识的思想根源来说，各民族和好共处、反对好大喜功的政治主张应是主要方面。但在范晔那里，这种主张更大程度上来源于他对儒家"德政"、"王化"之治的向往，因而他的批评矛头直接指向最高统治者，而不仅仅把民族政策上的失误归结于某几个军事将领的个人私欲。

在客观分析汉族统治者在民族关系问题上的失误的同时，范晔也对汉族开发广大少数民族地区的历史贡献，以及各民族融合进一步加深的史实着力加以阐发。东汉建立后，由于中央政府采取了"教其耕稼，制为冠履"，"建立学校，导之礼义"的正确的民族政策，中原民族与南方少数民族的关系日益融洽。至顺帝永和元年（公元136年），武陵太守甚至上书，以为"蛮夷率服，可比汉人，增其租赋"，并得到了顺帝的认可。[3]在《南匈奴列传》中，范晔还记载了南匈奴内附之后在祭祀与风俗习惯上的变化："南单于既内附，兼祠汉帝，因会诸部，议国事，走马及骆驼为乐。"这里所记，可以说描绘了南匈奴与内地之密切联系的一幅历史画卷。范晔作《南匈奴列传》，其深意于此可见一斑。在力主"怀柔"、反对苛暴的同时，范晔还对屯田、置郡、卫戍等"王化"政策给予了高度评价。《西羌传》记载，东汉和帝时，隃糜相曹凤鉴于当时羌族已败落的现实提出："建复西海郡县，规固二榆，广设屯田，隔塞羌胡交关之路，遏绝狂狡窥欲之源。又殖谷富边，省委输之役，国家可以无西方之忧。"对于这种置郡以加强管理、富边以发展当地经济、减轻朝廷负担的一举数得的做法，范晔是给予

---

① 《后汉书·窦融列传》附《窦宪传》。

② 如《史记》，卷一一〇，《匈奴列传》后论称："孔氏著《春秋》，隐桓之间则章，至定哀之际则微，为其切当世之文而罔褒，忌讳之辞也。"

③ 《后汉书·南蛮西南夷列传》。

肯定的，说后来因此而"列屯夹河，合三十四部，其功垂立"。

范晔的民族思想也有其历史局限性，这主要是受史料及当时意识形态的实际状况的影响。魏晋南北朝时期，边地少数民族发展迅速，各民族融合的进程进一步加快，而与此同时民族矛盾也空前激化，在这种情况下，在中国历史上有着长久影响的华夷之辨，不可避免地具有了新的生存土壤，而范晔也不能完全不受其影响。《后汉书》中体现的民族观也不能完全摆脱一些错误的乃至带有民族歧视意味的论述。如在《西羌传》中，他主张应将中原民族与少数民族分而治之，不使之杂居。从对史料的运用上来说，《后汉书》将南方少数民族的历史一直追溯至高辛氏，这与《史记》将南越历史始自秦、东越历史始自越王勾践的做法相比，后者无疑更具有求信存疑的客观态度①。这一方面表明了历史现实在范晔思想中所造成的复杂性特点，同时也更凸显出范晔民族思想中的主流部分的难能可贵。

（原载《山西师范大学学报》，2006 年第 2 期）

---

① 《史记·大宛列传》。

庞天佑

论陈寿的历史哲学思想

　　陈寿的《三国志》是我国历史上继班固的《汉书》之后的又一部纪传体断代史。它记载了上起 184 年黄巾起义，下至 280 年西晋灭吴近一百年的历史。《三国志》记事，被称为"文质辨洽"①，在中国史学史上具有极为重要的地位。在这里，我根据《三国志》中的有关材料，对陈寿的历史哲学思想做一点探讨。

一　以天命解释历史

　　天命思想是中国古代的一种重要的历史哲学思想。这种思想将历史演进的动因看成是天的意志。天根据统治者的行为，授予其天命或者革除其天命。陈寿深受天命思想的影响。他相信天命，在思考历史时，以天命来解释三国时期出现的一些历史现象。

　　陈寿把魏、蜀、吴三国统治者立国看做是天命，认为王者之兴，受之于天。曹魏的兴起与曹丕代汉，体现了天命。《武帝纪》称："初，桓帝时有黄星见于楚、宋之分，辽东殷馗善天文，言后五十岁当有真人起于梁、沛之间，其锋不可当。至是凡五十年，而公破绍，天下莫敌矣。"这一记载表明，在陈寿看来，曹操势力的兴起，天在五十年前就已表现出征兆，至其破袁绍，势力日渐强大，这是天意的体现，是谁也无法阻挡的。《文帝纪》称："初，汉熹

---

① 刘勰：《文心雕龙·史传》。

平五年，黄龙见谯，光禄大夫桥玄问太史令单飏：'此何祥也？'飏曰：'其国后当有王者兴，不及五十年，亦当复见。天事恒象，此其应也。'内黄殷登默而记之。至四十五年，登尚在。三月，黄龙见谯，登闻之曰：'单飏之言，其验兹乎！'"陈寿称述这一事例，力图进一步说明，天在熹平年间即已显现刘汉王朝即将被取代的征兆，四十五年以后再现这种征兆，随后而来的曹丕代汉，完全体现了天意。他引述汉协帝的禅位诏书，称"天之历数在尔躬，允执其中，天禄永终，君其祗顺大礼，飨兹万国，以肃承天命。"① 其目的是通过汉献帝之口，宣称汉的禅位只是顺从天命，天命是不能违背的。陈寿认为，蜀汉与孙吴的立国同样体现了天命。《刘二牧传》引董扶谓刘焉言，称"益州分野有天子气"。《先主传》引刘豹、向举等人上言，称"西南数有黄气，直立数丈，见来积年，时时有景云祥风，从璿玑下来应之"，又称"数有气如旗，从西竟东，中天而行"。该传又载许靖、糜竺等上言，称襄阳男子张嘉等"献玉玺，玺潜汉水，伏于渊泉，晖景烛燿，灵光彻天。"并说："夫汉者，高祖本所起定天下之国号也，大王袭先帝轨迹，亦兴于汉中也。今天子玉玺神光先见，玺出襄阳，汉水之末，明大王承其下流，授与大王以天子之位，瑞命符应，非人力所致。"该传又引刘备语，宣称"天命不可以不答，祖业不可以久替，四海不可以无主"。这些言论归结到一点，就是刘备称帝是天的意志，反映了天命。《吴主传》载，"初，兴平中，吴中童谣曰：'黄金车，班兰耳，闾昌门，出天子。'"《胡综传》言，"黄武八年夏，黄龙见夏口，于是权称尊号，因瑞改元。"这些记载表明，陈寿把魏、蜀、吴三国的立国都看成是天命。

陈寿又将魏、蜀、吴三国的灭亡看成是天命。《三少帝纪》载咸熙二年五月下诏，称"相国晋王诞敷神虑，光被四海，震燿武功，则威盖殊荒，流风迈化，则旁洽无外。"至这年十二月，"天禄永终，历数在晋"，"禅位于晋嗣王，如汉魏故事"。《后主传》载炎兴元年冬，遣谯周奉书投降邓艾，宣称"天威既震，人鬼归能之数，怖骇王师，神武所次，敢不革面，顺以从命"。《三嗣主传》载孙皓天纪四年三月戊辰，遣使奉书投降于晋军，声言："今大晋龙兴，德覆四海。暗劣偷安，未喻天命。"这些记载表明，在陈寿看来，魏、蜀、吴三国的灭亡，同样体现了天命。

陈寿将君主的行为与天道的运行联系起来。《杨阜传》载其为将作大匠，明帝"初治宫室，发美女以充后庭，数出入弋猎。秋，大雨震电，多

---

① 参见《三国志·魏书·文帝纪》。

杀鸟雀"。杨阜上书称："顷者天雨，又多卒暴，雷电非常，至杀鸟雀。天地神明，以王者为子也，政有不当，则见灾谴。"《辛毗杨阜高堂隆传》载崇华殿灾，明帝诏问隆：此何咎？隆对曰："夫灾变之发，皆所以明教诫也，惟率礼修德，可以胜之。《易传》曰：'上不俭，下不节，孽火烧其室。'又曰：'君高其台，天火为灾。'此人君苟饰宫室，不知百姓空竭，故天应之以旱，火从高殿起也。上天降鉴，故遣告陛下；陛下宜增崇人道，以答天意。"该传又载，"陵霄阙始构，有鹊巢其上，帝以问隆，对曰：《诗》云'维鹊有巢，维鸠居之'。今兴宫室，起陵霄阙，而鹊巢之，此宫室未成身不得居之象也。天意若曰，宫室未成，将有他姓制御之，斯乃上天之戒也。"陈寿将明帝的行为与当时的自然现象联系起来，并通过记载杨阜的上书与高堂隆的应对来说明出现这些现象的原因，这些都表明他对天人感应思想的服膺。《孙礼传》载，"明帝方修宫室，而节气不和，天下少谷"。在陈寿看来，明帝大修宫室，有违天道，这直接导致节气失和而天下少谷。

陈寿以灾异与祥瑞说明某些历史事件的发生反映了天意。他引用陆凯的话说："王者之兴，受之于天"，"逆犯天地，天地以灾。"① 在记载一些历史事件时，陈寿将某些异常天象与这些历史事件联系起来，《明帝纪》载，景初二年二月，癸丑，"月犯心距星，又犯心中央大星"。五月乙亥，"月犯心距星，又犯中央大星"。秋八月癸丑，"有彗星见张宿"。闰月，"月犯心中央大星"。这一年十二月乙丑，"帝寝疾不豫"，三年春正月丁亥，"帝崩于嘉福殿"。从景初二年二月至这年八月以后的闰月，出现了一系列怪异星象。陈寿记载这些异常天象，旨在说明这些天象即为上天显现的这年十二月明帝重病及其后来去世的征兆。《公孙渊传》载，"初，渊家数有怪，犬冠帻绛衣上屋，炊有小儿蒸死甑中。襄平北市生肉，长围各数尺，有头目口喙，无手足而动摇。占曰：'有形不成，有体无声，其国灭亡。'"公孙度以中平六年据辽东，至公孙渊凡三世，历五十年而灭。公孙渊家出现的怪异现象，即为上天显示的其即将灭亡的征兆。《辛毗杨阜高堂隆传》载其上言，宣称"黄初之际，天兆其戒，异类之鸟，育长燕巢，口爪胸赤，此魏室之大异也，宜防鹰扬之臣于萧墙之内。"《三少帝纪》载，景元元年十二月甲申，"黄龙见华阴县井中"。三年春二月，"青龙见于轵县井中"。咸熙元年六月，卫瓘"上雍州兵于成都县获璧玉印各一，印文似'成信'字，依周成王归禾之义"。这类祥

① 《三国志·吴书·陆凯传》。

瑞，旨在说明此后晋受魏禅是天意。《王肃传》载，嘉平六年，白气经天，司马昭问肃其故，肃答曰："此蚩尤之旗也，东南其有乱乎？君若脩己以安百姓，则天下乐安者归德，唱乱者先亡矣。"第二年春，果然毋丘俭、文钦反。这里，陈寿引用王肃的话，说明蚩尤之旗这一异常天象的出现即为上天显示的毋丘俭等人谋反的征兆。

陈寿又以术数、占候、梦境等解释某些历史事件的发生反映了天意。《周群传》称蜀郡张裕晓占候，曾谏刘备云："不可争汉中，军必不利"，刘备不用裕言，果得地而不得民。《杜琼传》载其言："古者名官职不言曹；始自汉以来。名官尽言曹，吏言属，卒言侍曹，此殆天意也。"这就是说，汉代言官为曹，吏为属曹，反映了上天要以曹魏取代刘汉。该传又载谯周言，"汉灵帝名二子为史侯、董侯，既立为帝，后皆免为诸侯"，并称"先主讳备，其训具也，后主讳禅，其训授也，如言刘已具矣，当授与人也；意者甚于穆侯、灵帝之名子"。景耀五年，蜀汉宫中大树自折，谯周书柱曰："'众而大，期之会，具而授，若何复？'言曹者众也，魏者大也，众而大，天下其当会也，具而授，如何复有立者乎？蜀既亡，咸以周言为验。"在谯周看来，汉灵帝名二子为侯，此即这二子后来被免为侯的征兆；后主刘禅之名为禅，禅字即已寓含着授予之义，此即其后来投降于曹魏的征兆。《谯周传》载其咸熙二年夏谓文立曰："典午忽兮，月酉没兮"。典午者谓司马也，月酉者谓八月也，这年八月司马师果然去世。《邓艾传》载其伐蜀以前，梦坐山上而有流水，以问爰邵，邵曰："按《易》卦，山上有水曰蹇。蹇繇曰：'蹇利西南，不利东北。'孔子曰：'蹇利西南，往有功也；不利东北，其道穷也。'往必克蜀，殆不还乎！"邓艾后来果然在克蜀以后被杀。《魏延传》载其梦头上生角，以问占梦赵直。赵直私下对人说："角之为字，刀下用也；头上用刀，其凶甚矣。"其后不久魏延果然被杀。

从上可见，陈寿在说明一些历史事件发生的原因时，囿于当时的客观环境与认识水平，不能作出科学的分析，因而不可能作出正确的判断，故只能以天命来解释。通过此类事例，我们可以看到陈寿的天命思想。

二　从人事思考历史

陈寿的历史哲学思想是复杂的。他深受天命思想的影响，但又看到天命并不能决定一切。他举例说："昔魏豹闻许负之言则纳薄姬于室，刘歆见图谶之文则名字改易，终于不免其身，而庆钟二主。此则神明不可虚要，天命不可妄冀，必然之验也。而刘焉闻董扶之辞则心存益土，听相者之言则求婚吴氏，遂造舆服，图窃神器，其惑甚矣。"① 在陈寿看来，天命是有的，但天命降到哪一个人身上，这又是另一个问题。即使天命降临到某一个人身上，这个人能否保有天命，这更是另外的问题。三国是一个分裂动荡的时期，各种政治势力的消长，主要表现为人的作用。客观的历史过程使陈寿看到人事的作用，又促使他从人事的角度来思考历史，以人事来说明历史演变的动因。

陈寿从三国历史的演进中看到，君主对于天下治理起着至关重要的作用。这种作用主要表现在是否有雄才大略。他认为，三国的开国君主是具有这种素质的。当汉末"天下大乱，雄豪并起，而袁绍虎视四州，强盛莫敌。"曹操"运筹演谋，鞭挞宇内，擥申、商之法术，该韩、白之奇策"，故"终能总御皇机，克成洪业"②，奠定了曹魏政权的基础。刘备"弘毅宽厚，知人待士"，"举国托孤于诸葛亮，而心神无贰，诚君臣之至公，古今之盛轨也"③，从而使蜀汉政权鼎立于一方。孙坚"勇挚刚毅，孤微发迹"。孙策"英气杰济，猛锐冠世，览奇取异，志陵中夏"，并且"善于用人，是以士民见者，莫不尽心，乐为致死"④，故能割据江东。孙权"屈身忍辱，任才尚计"，"故能自擅江表，成鼎峙之业"⑤。正是由于三国的开国君主都具有超乎常人的雄才大略，所以才能够于乱世纷争之中崛起，建立自己的基业。

陈寿认识到，君主治理国家，关键是进用贤才。要进用贤才，首先必须明确进用贤才的极端重要性。他引夏侯玄语深刻地指出，"官才用人，国之柄也"⑥。在《武帝纪》中，陈寿通过曹操之口慨叹："自古受命及中兴之君，曷尝不得贤人君子与之共治天下者乎！"在《先主传》中，他引用刘备之言，指出"济大事必以人为本"。在《陆凯传》中，他以陆凯之口，要求"有国以贤为本"。他引述过荀彧之语，强调说："古

① 《三国志·蜀书·刘二牧传》的"评曰"。
② 《三国志·魏书·武帝纪》的"评曰"。
③ 《三国志·蜀书·先主传》的"评曰"。
④ 《三国志·吴书·孙破虏讨逆传》及其"评曰"。
⑤ 《三国志·吴书·吴主传》的"评曰"。
⑥ 《三国志·魏书·诸夏侯曹传》。

之成败者，诚有其才，虽弱必强，苟非其人，虽强易弱，刘、项之存亡，足以观矣。"① 他引用栈潜之语，主张君主治理天下，必须得人，"圣王之御世也，克明俊德，庸勋亲亲；俊乂在官，则功业可隆，亲亲显用，则安危同忧；深根固本，并为干翼，虽历盛衰，内外有辅"②。他又引陆抗的上疏，宣称："夫俊乂者，国家之良宝，社稷之贵资，庶政所以伦叙，四门所以穆清也。"③ 要进用贤才，其次必须识才。陈寿远观齐桓，近察孙权，考察他们是否有识士之明。他认为，有才能的大臣能否施展自己的才能，这取决于君主是否识才。孙吴派吕蒙袭取荆州后，刘备亲率大军前往讨伐。孙权起用年轻将领陆逊，一举战胜刘备。在陈寿看来，陆逊的谋略得益于孙权的识才，才得到充分的发挥，这是"所以济大事"的原因所在。④ 陈寿通过赵咨之口，称道吴主孙权："纳鲁肃于凡品，是其聪也；拔吕蒙于行陈，是其明也；获于禁而不害，是其仁也；取荆州而兵不血刃，是其智也；据三州虎视于天下，是其雄也；屈身于陛下，是其略也。"故其堪称聪明仁智的"雄略之主"⑤。

　　陈寿将怎样看待天下兴亡的问题视为区分亡国之主与圣贤之主的标志所在。他引高堂隆语指出："亡国之主自谓不亡，然后至于亡；圣贤之主自谓将亡，然后至于不亡。"⑥ 亡国之主之所以自谓不亡而最终陷于覆亡的命运，就在于其依恃权势，为所欲为，穷奢极欲，荒淫无耻，结果众叛亲离，顷刻瓦解；圣贤之主自谓将亡而能建树为后人称道的不朽的业绩，就在于其时时以天下安危为己任，兢兢业业地治理国家，居安思危，励精图治。如秦皇欲立万世之业，使子孙长有天下，结果一朝匹夫大呼，国家立即倾覆；汉文帝时时担心国家的安危，故躬行节俭，惠下养民，使国家逐渐走向强盛，实现天下大治。陈寿认为，成为什么样的君主，其关键是君主自己。君主欲正人，必先正己。他引用何晏的上疏，指出："善为国者必先治其身，治其身者慎其所习。所习正则其身正，其身正则不令而行；所习不正则其身不正，其身不正则虽令不从。"君主"所与游必择正人，所观览必察正象，放郑声而弗听，远佞人而弗近，然

————————

① 《三国志·魏书·荀彧传》。
② 《三国志·魏书·辛毗杨阜高堂隆传》。
③ 《三国志·吴书·陆抗传》。
④ 《三国志·吴书·陆逊传》的"评曰"。
⑤ 《三国志·吴书·吴主传》。
⑥ 《三国志·魏书·辛毗杨阜高堂隆传》。

后邪心不生而正道可弘也。"①

　　陈寿通过正反两个方面的事例说明得人才对治国兴邦的极端重要性。他指出，只有广搜人才，才能兴旺发达；而摧残人才，则会损害自己的事业，甚至走向衰败灭亡。曹操不拘一格选拔人才，"官方授材，各因其器，矫情任算，不念旧恶"②，所以曹魏集中的人才最多，在三国中也就势力最为强大。刘备由于"机权干略，不逮魏武"，所搜集的人才，远不如曹操，"是以基宇亦狭"③。袁绍与刘表，他们都据有广阔的土地，其手下又有众多的人才，"咸有威容、器观，知名当世。表跨蹈汉南，绍鹰扬河朔"。然而他们都心胸狭窄，优柔寡断，"外宽内忌，好谋无决，有才而不能用，闻善而不能纳"④，不能发挥人才的作用，结果土崩瓦解。陶谦背道任情："广陵太守琅邪赵昱，徐方名士也，以忠直见疏；曹宏等，谗慝小人也，谦亲任之。刑政失和，良善多被其害，由是渐乱"⑤，结果众叛亲离。陈寿认为，孙亮"童孺而无贤辅，其替位不终，必然之势也"。孙休"不能拔进良才，改弦易张"。孙皓"肆行残暴，忠谏者诛，谗谀者进，虐用其民，穷淫极侈"⑥。故三嗣主在位期间，孙吴的国势日渐衰落。在陈寿看来，即使是最贤明的君主，对于人才的识别也会有错误的时候，"昔汉光武谬于庞萌，近魏太祖亦蔽于张邈"⑦，即为例证。

　　陈寿认为要使国家兴盛，必须做到天人和谐。他强调，治理国家应当"上当天心，下合人意，天人既和，内省不疚，虽遭凶乱，何忧何惧！"⑧袁绍的势力本来很强大，然其"外宽雅，有局度，忧喜不形于色，而内多忌害"⑨，既不能发挥其手下人才的作用，又因其在立嗣问题上任由个人主观好恶，结果使得两个儿子袁谭袁尚兄弟之间不和，"兵革败于外，谋臣诛于内，兄弟谗阋，国分为二"，"天灾应于上，人事困于下"⑩，最后土崩瓦解。在《诸葛亮传》中，陈寿引述其"隆中对"，深

---

① 《三国志·魏书·三少帝纪》。
② 《三国志·魏书·武帝纪》及其"评曰"。
③ 《三国志·蜀书·先主传》的"评曰"。
④ 《三国志·魏书·董二袁刘传》的"评曰"。
⑤ 《三国志·魏书·陶谦传》。
⑥ 《三国志·吴书·三嗣主传》的"评曰"。
⑦ 《三国志·魏书·吕布臧洪传》的"评曰"。
⑧ 《三国志·蜀书·秦宓传》。
⑨ 《三国志·魏书·袁绍传》。
⑩ 《三国志·魏书·辛毗杨阜高堂隆传》。

刻分析汉末以来历史演变动因。诸葛亮并不简单地将弱小的曹操战胜强大的袁绍归结为天时，而认为更主要是人事在起作用，指出："自董卓以来，豪杰并起，跨州连郡者不可胜数。曹操比于袁绍，则名微而众寡，然操遂能克绍，以弱为强者，非惟天时，抑亦人谋也。"这里所说的人谋，主要是指君主的谋略，既包括君主是否具有雄才大略，又包括君主是否能团结内部，罗致人才，并充分地发挥人才的作用，使得人尽其才，还包括君主是否能作出正确的决断等。人谋是弱小的曹操逐渐强大，最后战胜袁绍的主要因素。这是诸葛亮的观点，陈寿是赞同这一观点的。

陈寿既相信天命，又强调人事。这两者从表面上看似乎是矛盾着的，其实这是一个问题的两个方面。一方面对许多历史事件发生的原因感到无法理解，看到在新旧递嬗、兴衰成败的背后，似乎存在着一种巨大的而神秘的力量，这种力量在决定着历史演变，于是将这种力量看成是天命；一方面又看到在历史演进过程中处处是人的活动，是人的力量在起作用。各种政治势力之间的兴衰成败，主要决定于人事，于是在记载历史演进时，不得不强调人事。在分析历史演变的动因时，主要从人事的角度进行探讨，考察各种历史现象之间的因果联系。如果从人事的角度无法说明，那就只好归结为天命。因此，相信天命与强调人事这两个看来相互矛盾着的方面，就这样统一于陈寿的历史认识中。

三 突出的民本思想

民本思想既是中国古代普遍的社会心理与共同的政治要求，又是分析民的社会地位与历史作用的历史哲学思想。这种思想强调民为国家根本所在，强调民对于治理国家、巩固政权的极端重要性，认为民为邦本，本固邦宁。民本思想形成于先秦，在汉代得到了进一步发展。陈寿的历史认识中，包含着强烈的民本思想。

陈寿考察三国时期历史演进过程，指责那些残民、虐民行为，对民的痛苦表现出深切的同情。这一时期，南北对立，社会分裂，战乱频繁，人民遭受了巨大的苦难与牺牲。《董卓传》真实地揭露其"性残忍不仁，遂以严刑胁众，睚眦之隙必报，人不自保。""时适二月社，民各在其社下，悉就断其男子头，驾其车牛，载其妇女财物，以所断头系车辕轴，连轸而还洛"。董卓的部将李傕等，也是极其凶残，"时三辅民尚数十万户，傕等放兵劫略，攻剽城邑，人民饥困，二年间相啖食略尽。"《袁术传》揭露了袁术的残暴荒淫给民带来的苦难，指出当时"南阳户口数百万，而术奢淫肆欲，征敛无度，百姓苦之。"袁术"荒侈滋甚，后宫数百皆服绮縠，余粱肉，而士卒冻馁，江淮间空尽，人民相食。"在《二公孙陶四张传》的"评曰"中，陈寿直接批评公孙度"残暴而不节"，公孙渊"仍业以载凶"。这些记载与评述，充满着感情，表明陈寿对董卓、袁术等人残民以逞的罪恶行径极为痛恨。

陈寿尖锐地抨击统治者大兴劳役与专横暴虐给民带来的痛苦。明帝景初年间，宫室盛兴，百姓劳役。陈寿对此不以为然。在《辛毗杨阜高堂隆传》中，他记载说：明帝"愈增崇宫殿，雕饰观阁，凿太行之石英，采谷城之文石，起景阳山于芳林之园，建昭阳殿于太极之北，铸作黄龙凤皇奇伟之兽，饰金墉、陵云台、陵霄阙。百役繁兴，作者万数"。他进而以高堂隆之口，指责"民不堪命，皆有怨怒"。"今上下劳役，疾病凶荒，耕稼者寡，饥馑荐臻，无以卒岁"。"今天下凋弊，民无儋石之储"。陈寿又引述辛毗的上疏，指责明帝时"民不堪役"[1]。他又援引王肃的上疏说："丁夫疲于力作，农者离其南亩，种谷者寡，食谷者众，旧谷既没，新谷莫继。斯则有国之大患，而非备豫之长策也。"[2] 陈寿直接批评孙皓"既得志，粗暴骄盈，多忌讳，好酒色，大小失望"[3]。在《陆凯传》中，他载其上疏，揭露孙皓在位以来，"君威伤于桀纣，君明暗于奸雄，君惠蔽于群孽，无灾而民命尽，无为而国财空"。在《华覈传》中，陈寿又引其上疏，指责孙皓在位之时，"居无积年之储，出无应敌之畜，此乃有国者所宜深忧也。夫财谷所生，皆出于民，趋时务农，国之上急。而都下诸官，所掌别异，各自下调，不计民力，辄与近期"。如果说司马迁编撰《史记》善于采用时人之语来刻画人物，那么陈寿则善于通过大量选载有关人物的上疏或者言论以表达自己的思想。正因为如此，所以《晋书·陈寿传》称其"善叙事，有良史之才"。

陈寿极力强调民的主体地位，强调治理国家应当以民为本，在《王基传》中，陈寿引述其上疏宣称："古人以水喻民，曰'水所以载舟，亦所以覆舟'。故在民上者，不可以不戒惧。夫民逸则虑易，苦则思难，是

---

① 《三国志·魏书·辛毗杨阜高堂隆传》。
② 《三国志·魏书·王肃传》。
③ 《三国志·吴书·三嗣主传》。

以先王居之以约俭，俾不至于生患"。在《吴主传》中，陈寿载其诏书强调，"君非民不立，民非谷不生"。在《骆统传》中，陈寿引其上疏指出，"财须民生，强赖民力，威恃民势，福由民殖，德俟民茂，义以民行，六者既备，然后应天受祚，保族宜邦"。因此，"民以君安，君以民济，不易之道也"。在《陆逊传》中，陈寿载其语指出，"国以民为本，强由民力，财由民出。夫民殷国弱，民瘠国强者，未之有也。故为国者，得民则治，失之则乱"。在《陆凯传》中，陈寿引其上疏强调，"民者，国之根也，诚宜重其食，爱其命。民安则君安，民乐则君乐。"在《贺邵传》中，陈寿引其上疏强调，"国之兴也，视民如赤子；其亡也，以民为草芥。"诸如此类强调治国要以民为本的言论，在《三国志》中甚多，故《晋书》的作者认为其"辞多劝诫，明乎得失，有益风化"①。

陈寿认为，统治者应当顺从民意，注意舒缓民力。他以魏文帝语强调："自古至今，未有不亡之国。"② 因此，君主应该认识到"国有常众，战无常胜；地有常险，守无常势"③ 的道理，居安思危，与时俯仰。时代条件不同，社会状况各异，统治者需要随机应变，根据具体情况来治理天下。在《袁涣传》中，陈寿引述其语强调，"明君善于救世，故世乱则齐之以义，时伪则镇之以朴；世异事变，治国不同，不可不察。夫制度损益，此古今之不必同者也。若夫兼爱天下而反之于正，虽以武平乱而济之以德，诚百王不易之道也。"《何夔传》引何夔之语，要求统治者治理国家"上不背正法，下以顺百姓之心"。《鲍勋传》称其守正不挠，谏阻文帝游猎，劝谏文帝应该"宽惠百姓"。《蒋济传》载其上疏，主张"凡使民必须农隙，不夺其时"。《和洽传》载和洽语，指出"国以民为本，民以谷为命。故废一时之农，则失育命之本。是以先王务蠲烦费，以专耕农。"在《辛毗杨阜高堂隆传》中，陈寿通过高堂隆之口，强调"天之赏罚，随民言，顺民心也。""是以临政务在安民为先。""是以有国有家者，近取诸身，远取诸物，妪煦养育，故称'恺悌君子，民之父母'"。

陈寿站在民的角度审视历史。在《三国志》所记载的人物中，只要是爱民、恤民，对民有利的行为，陈寿总要加以肯定。这类事例甚多。《武帝纪》载曹操于建安十四年秋七月的军令称："家室怨旷，百姓流

---

① 《晋书·陈寿传》。
② 《三国志·魏书·文帝纪》。
③ 《三国志·魏书·王昶传》。

离"，"其令死者家无基业不能自存者，县官勿绝廪，长吏存恤抚循"。《文帝纪》载黄初六年春二月，遣使者"问民所疾苦，贫者振贷之"。陈寿热情称赞那些爱民、惠民的官吏所建树的业绩。《夏侯惇传》载其"乃断太寿水作陂，身自负土，率将士劝种稻，民赖其利。"《钟繇传》称其在长安，"徙关中民，又招纳亡叛以充之，数年间民户稍实"。《刘馥传》称其为官，"开拓边守，屯据险要。又修广芍陂陵渠大堨，水溉灌蓟南北，三更种稻，边民利之。"《司马朗传》称其复为堂阳长，"其治务宽惠，不行鞭杖，而民不犯禁。"后充兖州刺史，"政化大行，百姓称之"。《张既传》称其为凉州刺史，"能容民畜众，使群羌归土，可谓国之良臣"。《杜畿传》称其为吏，"崇宽惠，与民无为"，在其治理下，"百姓勤农，家家丰实"，其子杜恕"益得百姓欢心"。《杜袭传》称其为官，"自知恩结于民，乃遣老弱各分散就田业，留丁强备守，吏民欢悦"。《郑浑传》载其为官，率民"兴陂遏，开稻田"，"比年大收，顷亩岁增，租入倍常，民赖其力，刻石颂之，号曰郑陂。"《庐毓传》称其为官，"心在利民，躬自临视，择居美田，百姓赖之。"《徐邈传》称其为凉州刺史，"上修武威、酒泉盐池以收虏谷，又广开水田，募贫民佃之，家家丰足，倉库盈溢。"《王昶传》称其为洛阳典农，"勤劝百姓，垦田特多"。《蒋琬传》引诸葛亮语，称赞"其为政以安民为本"。从《三国志》所记载的这类言论中，我们可以看到，陈寿确实是站在民的立场，根据其行为是否对民有利来评价有关人物的是非功过。

四　独特的正统思想

正统思想是中国古代一种衡量某一政权是否合法的政治思想，又是一种用以论评政权更替与历史演进，进而评价某一个政权的历史地位的历史哲学思想。这种思想在西汉后期至东汉前期形成以后，[①]对史学的影响极大。《三国志》反映出陈寿有着强烈的正统思想。

陈寿正统思想的独特性首先表现在《三国志》将以曹魏为正统与魏、蜀、吴三国各为正统协调起来。魏、蜀、吴三国鼎立，将三国的历史编

---

① 参见拙作《秦汉历史哲学思想研究》，第 5 章，北京，中国社会科学出版社，2002。

入一书，首先必须解决以谁为三国时期的正统的问题。陈寿生于公元 233 年，至公元 263 年蜀汉为曹魏所灭，在蜀汉政权统治下生活了 31 年，在曹魏统治下生活了 2 年，公元 265 年，曹魏为西晋所取代，至 297 年去世，在西晋统治下又生活了 33 年。陈寿一生虽然经历了蜀汉、曹魏、西晋三朝，但在西晋生活的时间最长，而且死于西晋，所以应属于西晋人。他编撰《三国志》的时间，正是在西晋灭吴以后。陈寿是作为西晋人来思考三国的历史的，而西晋又是由曹魏禅让而来。无论是其生活的客观环境，还是其作为西晋人的主体地位，都要求他必须以曹魏作为正统。如果否定曹魏的正统地位，就等于否定了西晋的正统地位。因此在《三国志》中，他为曹魏的君主立纪，而为蜀汉、孙吴的君主立传。这种安排体现出陈寿关于正统在魏的理念。

陈寿的《三国志》在以曹魏为正统这一大的前提下，又根据三国鼎立，正朔有三的情况，对三国历史分别记载，以体现三国互不统属的历史事实。蜀汉与孙吴的君主虽然都被立为传，但都各有自己的年号，都是按照编年体的形式记载其在位期间发生的重大事件，在《蜀书》与《吴书》中各自起到纪的作用。从整体上考察陈寿的正统思想，我们既应该注意他在全书中以曹魏为正统的编撰原则，又应该看到他将三国各为正统，各成一书，再由三书构成一个整体。因此，《三国志》既是一部纪传体断代史，又是一部纪传体国别史。陈寿将以曹魏作为整个三国时期历史的正统与三国各为正统有机统一起来，彼此结合，恰到好处地体现在一书之中，既没有触犯西晋统治者的忌讳，符合晋人的主体意识，又尊重了三国时期正朔有三的历史事实。

陈寿的正统思想的独特性其次表现在将历史的记载与维护封建等级及继承制度结合起来。他站在君主专制的立场上，竭力维护封建的嫡传制度。《袁绍传》批评其爱少子尚，欲以为后，致使长子谭与少子尚不和；《刘表传》批评表及其妻爱少子琮，欲以为后，而出长子琦为江夏太守，致使兄弟不和。陈寿指责袁绍与刘表都是"废嫡立庶，舍礼崇爱"，结果导致"后嗣颠蹶，社稷倾覆"的下场。① 这些评述说明陈寿有着强烈的立子以长的正统思想。《崔琰传》记载魏国初建之时，未立太子，五官中郎将曹丕年长，临菑侯曹植聪明有才，曹操宠爱曹植，因而对立谁为太子的问题犹豫不定。曹植是崔琰之兄女婿，然崔琰却站在维护正统

---

① 参见《三国志·魏书·董二袁刘传》的"评曰"。

的立场，回答曹操说："盖闻《春秋》之义，立子以长，加五官将仁孝聪明，宜承正统"，并表示要以死来维护立子以长的《春秋》之义。陈寿称"太祖贵其公亮，喟然叹息"，显然是极为赞许崔琰这种坚决维护立子以长的态度的。《毛玠传》称："魏国初建，为尚书左仆射，复典选举。时太子未定，而临菑侯植有宠，玠密谏曰：'近者袁绍以嫡庶不分，覆宗灭国。废立大事，非所宜闻。'"陈寿引曹操"古所谓国之司直，我之周昌"，对毛玠维护立子以长的行为给予肯定。《邢颙传》载："初，太子未定，而临菑侯植有宠，丁仪等并赞翼其美。太祖问颙，颙对曰：'以庶代宗，先世之戒也，愿殿下深重察之！'"陈寿称"太祖识其意，后遂以为太子少傅，迁太傅"，显然非常欣赏邢颙维护立子以长的态度。从《崔琰传》、《毛玠传》、《邢颙传》的记载可以看出，在曹魏初建之时，曹操对究竟是立长子曹丕还是立少子曹植为太子的问题，曾经犹豫不决；而崔琰、毛玠、邢颙三人在不同的场合、不同的时间，分别向曹操表示了坚决维护立子以长的态度，而这种态度尽管最初不一定合乎曹操的心意，但最终还是为曹操所认可与肯定。陈寿对他们三人的这种态度，是持赞许态度的。

陈寿对曹魏皇权衰落这个问题的思考与审视，反映出他维护封建的继承制度。《明帝纪》载其于太和三年秋七月下诏称："礼，皇后无嗣，择建支子以继大宗，则当纂正统而奉公义"。并指出西汉后期，"汉宣继昭帝后，加悼考以皇号；哀帝以外藩援立，而董宏等称引亡秦，惑误时朝，既尊恭皇，立庙京都，又宠藩妾，使比长信，叙昭穆于前殿，并四位于东宫，僭差无度，人神弗祐"。因此，"后嗣万一有由诸侯入奉大统，则当明为人后之义；敢为佞邪导谀时君，妄建非正之号以干正统，谓考为皇，称妣为后，则股肱大臣，诛之无赦。"陈寿认为，明帝自坏制度，其临终所立的齐王曹芳，"莫有知其所由来者"，这是导致曹魏君权衰落的原因所在。陈寿强调，君主传位，"若适嗣不继，则宜取旁亲明德，若汉之文、宣者，斯不易之常准也。明帝既不能然，情系私爱，抚养婴孩，传以大器，托付不专，必参枝族，终于曹爽夷诛，齐王替位"。其后高贵乡公"轻躁忿肆，自蹈大祸。""陈留王恭己南面，宰辅统政，仰宗前式，辑让而禅。"① 陈寿将曹魏皇权的衰落归结为明帝托付不专，立嗣不当，这一结论本身是否得当，是值得研究的。然而我们却可以从这一结论所

---

① 参见《三国志·魏书·三少帝纪》及其"评曰"。

包含的内容中，看到陈寿的历史记载中，渗透着维护封建继承制度的正统思想。

　　总而言之，陈寿的历史哲学思想是极为复杂的。一方面，他相信天命，将历史发展演变的动因归结于天命；另一方面，他又看到历史的演变主要是人的作用，因而强调人事。他看到了民的历史作用，强调治理国家要以民为本，指责统治者的专横暴虐，赞扬爱民恤民的行为。他有着强烈的正统思想，一方面以曹魏为正统来构建其三国时期的历史体系，一方面又按照正朔有三的原则将三国的历史分别记载，强调维护封建等级制度与继承制度。陈寿的历史哲学思想中，既有许多有价值的思想成分，也有不少应当抛弃的糟粕。

（原载《史学理论研究》，2003 年第 4 期）

江 湄

从"大一统"到"正统"

——论唐宋文化转型中的历史观嬗变

本世纪初，梁启超倡导"叙述人群进化之现象"的"新史学"，以养成独立自由、有政治参与意识的"新国民"，并持此义批判"旧史学"的专制性格，在他看来，这种专制性格尤著于数千年来哓哓不已的"正统"之论。自梁启超《新史学》中《论正统》之后，"正统"，这一中国传统史学乃至传统文化的核心概念，其"封建糟粕"形象遂深入人心："正统"论就是历代统治者为了论证专制权力的合法性而发明的一套思想迷信，"统"之正与不正之辨，其根本逻辑在于"成则王侯败则贼"，不足与论。"正统"观之用，诚然是求证或衡评某一现实政权的正当性与合法性，然而，"正统"论中包含的作为政治正当性、合法性之理据的历史观与文化价值原理，却是梁启超对"正统论"进行的政治批判所忽略不计的。于今之世，欲求得对中国古代史学及其理论传统有一更深入全面的认知，则宜追问"正统"论的深层思想内涵，即论证政治权力之正当性、合法性所依据的历史哲学。①

如梁启超所说，"正统"论殆滥觞于春秋公羊学"大一统"义，"昉于晋而盛于宋"。西汉时代，适逢中国文

---

① 饶宗颐搜集了历代关于正统论的论述，并作《通论》考证并阐述正统论的源流演变及其与历史编纂的关系。见《中国史学上之正统论》，上海，上海远东出版社，1996。在他看来，正统论的精义在于持一超历史的道义立场而对历史上的成败盛衰之迹，尤其是帝王功业进行道德评判，即"据德以衡史"。他认为，这既是中国的良史传统，又应是当今史学之通义。他为正统观念所做的辩护，正囿于正统论的逻辑，未能分析自"大一统"而来的正统观作为一种历史哲学的内在思想结构及其对中国历史编纂的观念塑型。

化、政治统一初步完成，当时的思想家如董仲舒、司马迁依据春秋公羊学阐发"大一统"观念，已基本确立了整合文化、社会及其历史变化的一套历史观与文化价值原理。至北宋，因应唐宋之际的社会变革和思潮转移，"正统"论大兴，对"大一统"以及"正闰"说进行了一次推陈出新的思想重构，这标志着时代变革中又一次历史观同时也是文化价值原理、政治理念的重建，此后，"正统"观遂成为在中国文化中居于正统的历史观。"正统"观念之于中国史学、文化发展尤其是中国文化近代历程的是非功过，容有多角度的论述，本文则欲作一初步尝试，梳理从"大一统"到"正统"论的思想嬗变过程，以理清"正统"论作为一种历史哲学的基本内涵，及其时代性的思想意义。

一　"天命"、"王道"、"大一统"

汉承秦制，然而它所面临的重建专制帝国政治统一与文化统一的历史任务却是前无古人的，汉"道"的确立、汉帝国的真正巩固，其实是探索并最终建成了建立在千差万别的民间乡俗、地域文化和民族传统之上，实行文化、政治统合的基本模式与机制。① 就是在这样一个历史过程之中，今文经学家广采先秦学术思想，依托春秋公羊学，形成了一套以儒家人伦之道为本的历史哲学与政治哲学，以创构儒家帝国的意识形态，其核心观念即"大一统"。笔者将据被后代尊为"汉家儒宗"的董仲舒思想展开论述。

而要梳理"大一统"的思想逻辑，首先要说明汉代思想中的"天"观。据冯友兰的研究，"天"一方面是指有意志、有性情、有智能的至上主宰，但是"天"又并不是人格化的上帝，而是整个气化宇宙系统，其阴阳五行四时的气化运动有着一定的客观规律性，所以说，"天"另一方面又是"自然"。汉代思想中的"天"就是这样合主宰性的天与自然法则性的天为一，而"天"的意志即"天命"通过规律性的"天道"作用显现出来。② 人是最具灵知的气化之物，能从"天道"运行推知神圣"天

① 参见陈苏镇：《汉代政治与春秋学》，449 页，北京，中国广播电视出版社，2001。

② 参见冯友兰：《中国哲学史》，下册，509 页，北京，中华书局，1961。

命",而与自然万物,与"天"交感互动。在整个宇宙系统之中,"王"的地位是极其关键和特殊的,他是"天道"的枢机关纽,即唯一自觉性的、能动性的力量,能通过政治活动使人类社会的变化参与、制动整个"天道"运动。所以"王"的天职就是继天理物,使民人遂生成性,使万物各适其宜,从而真正地完成"天道"。故"王道"本于"天道","天"覆载万物,以生成为本,"王"则应溥爱无私,任德教不任刑法。① 这一"天道——王道"观,继承先秦儒家政治思想,尤其是春秋公羊家"天下为公"的政治理念,诉诸一套宇宙论,确立着王权专制帝国所应遵循的政治伦理原则,对以暴力威慑为基础的现实政权加以转化,使之彻底革除秦朝暴政,实行崇德尚礼的国策方略。这是"为汉立法",也是为万世立法。

而所谓"大一统",用最简单的话说就是,王者之治,其大者要者在于使民人万物都在"王道"的统率之下,以遵行"天道",从而使整个宇宙的气化运动达到和谐通泰即"太平"之境。

"大一统"一词,出于《春秋公羊传》。《春秋》首书"元年春王正月",《公羊传》解释道:"元年者何?君之始年也。春者何?岁之始也。王者孰谓?谓文王也。曷为先言王而后言正月?王正月也。何言乎王正月?大一统也。"

何休注曰:"统者,始也,总系之辞。夫王者,始受命改制,布政施教于天下,自公侯至于庶人,自山川至于草木昆虫,莫不一一系于正月,故云政教之始。"②

董仲舒对"大一统"的解释与何休一致:"何以谓之王正月?曰:王者必受命而后王。王者必改正朔,易服色,制礼乐,一统于天下,所以明易姓,非继人,通以己受之于天也。王者受命而王,制此月以应变,故作科以奉天地。"③

董仲舒、何休均训"统"为"始",他们所说的"大一统",即以"一统"为大,是指王者受命布政施教的头一件大事乃是重建正朔,如夏以建寅之月为正,商以建丑之月为正,周以建子之月为正。与之相应,要易服色、制礼乐。"一统"即建正朔何以为大?按照天人一气相感、天

---

① 参见《汉书·董仲舒传》。

②《春秋公羊传注疏》,卷一,《十三经注疏》,北京,北京大学出版社,1999。

③《春秋繁露义证》,卷七,《三代改制质文》,北京,中华书局,1992。

道王道相应的宇宙观，创立新王朝的王必须通过建正朔来自觉地给予天地、民人、万物一个新的至正的开端始基，以此响应所承奉的天命，开辟人间历史的新时代，也开辟宇宙气运的新纪元，从而使以仁义为德的"天道——王道"流行贯通于自然、社会的方方面面。正如蒋庆所说："大一统思想的精髓是以德统天下，以仁治宇内。"① 所以，董仲舒向汉武帝建议独尊儒术、罢黜百家，根据的是"天地之常经，古今之通谊"的"大一统"义。王受命于天，在下统系万物万民，那么，王就是天下的大本、纲纪、核心，政教号令应该统一于王。从时间上讲的"一统"义就逻辑地导出从空间上讲的"统一"义。

"通三统"是"大一统"说的题中应有之义，这使"大一统"说成为一套相当成熟的历史观学说。面对春秋战国以来"高岸为谷，深谷为陵"的历史剧变，人们试图对不测的盛衰兴亡之变做出理性把握，探究历史过程的所以然之理。刘家和先生指出，历史理性的充分发展是古代中国文化的突出特征，这样的情况在历史学和哲学都相当发达的希腊还不曾发生过。② 据饶宗颐的考证，战国以来至于汉初，对"古今之变"的"通识"主要有互相关联的两种，一种是"三统说"，如《礼记·表记》中的夏"尚忠"、商"尚敬"、周"尚文"说；一种是以邹衍为代表的"五德终始说"③。董仲舒则结合二说，讲出一套"通三统"说，见于所著《春秋繁露·三代改制质文》。历史上盛衰兴亡之变的实质是"黑"、"白"、"赤"三统的相续、转易、循环。夏"正黑统"，其德为"忠"；商"正白统"，其德为"敬"；周"正赤统"，其德为"文"。周的衰败缘自"文敝之极"，秦承文敝之世而不改其政，反一任苛法、以乱济乱，故不能成一"统"。汉"继大乱之后"，必须行更化之治："若宜少损周之文致，而用夏之忠者。"④ "三统"的更替是人间历史变易的所以然之理（历史理性），亦是宇宙气运的客观必然法则（自然理性），而从根本上是儒家人伦道德之理（道德理性）。"天命"不私于一家一姓，必授予能遵天道仁德以立天下之统者，"天立王以为民，故天命靡常，有道伐无道，此天理也。""故天子命无常，唯命是德庆。"⑤ 夏、商、周"三王之教"

---

① 蒋庆：《公羊学引论》，294 页，沈阳，辽宁教育出版社，1995。
② 刘家和：《论历史理性在古代中国的发生》，《史学理论研究》，2003 年第 2 期。
③ 《中国史学上之正统论·通论》。
④ 《汉书·董仲舒传》。
⑤ 《春秋繁露义证》，卷七，《三代改制质文》。

所以有尚忠、尚敬、尚文的区别，那是因为前代的王在行道施政时必有"偏而不起之处，故政有眊而不行"，代之而兴的"后王"必然要"举其偏者以补其弊"，拨乱反正，改正朔、易服色、制礼乐，以正天统，以明天命。忠、敬、文"三统"各得"天道——王道"之一端，"道"正是在"三统"的因革损益、承敝通变中得其大全。历史上的改朝换代、"三统"的转易循环，其实就是"道"的鼎故纳新，围绕着不变的轴心，即以仁义为实质内涵的"天道——王道"。在"天"的主宰下，兴亡更迭循环绝非无意义的幻象，而正是要保证"道"的常新常在。历史的演化变易围绕着、通贯着不变的"统"，即以仁义为实的"天道——王道"，"道之大原出于天，天不变，道亦不变"，"久而不易者道也。"①

"大一统"说的形成，标志着中华文明为自身的发展确立价值原理，同时也是以文化价值原理为根本的对历史合理性的把握与规定，是对历史的根本定向，是为历史确立意义和目的。历史上所有难知难料的变故都有"一贯之道"，都要服从于统一的目标和意义，都要纳入"统"中。历史不再是无常的命运，而是实现"天道——王道"的必然历程，是自觉形成的有意义的传"统"。而一个国家一代王朝只有在不同的历史条件下承担起落实"道"、存续"统"的历史责任，其政权才具有合理性、正当性。也就是说，是与自然理性、道德理性合一的历史理性作为"正义"赋予政治权力以合法性。正是在这个意义上，"大一统"说论证着汉帝国"奉天承运"的神圣。

在董仲舒"大一统"说出世的同时，司马迁撰述《史记》，将自黄帝以来的文明历史建构成一套贯穿着"大一统"观念的中国通史体系：文明源自一"统"，所有的民族起源于共同的祖先黄帝。文明肇始，文明的精神基石仁义之道已然奠立，然后代代相传、承敝通变，历五帝、三代，经秦、楚以至汉，构成了"本纪"，这是历史时间的主干、纲纪，也是天下政教中心所在。基于"本纪"，司马迁的历史眼光遍及域内而成一"世界史"：以礼乐文明统系相传为中心，在空间上构成了以"华夷之辨"为基本秩序的差序格局。可见，在西汉时代，中国文化已经形成并确立了整合、通贯自我历史发展变化的"本质同一性"即"统"，其实质内涵是儒家的人伦礼教。同时，人伦礼教亦成为统合"中国"乃至包括"夷狄"在内的"天下"而为一大文化共同体的精神内核。在19世纪上半叶，当

---

① 《汉书·董仲舒传》。

西欧现代资本主义文明大势既成，向全球范围凯歌高进，黑格尔在他的《历史哲学》中，将自希腊、罗马以来的西方文明历史建构成一以"自由"、"理性"为本质同一性的时空统一体。差不多同时代的史家兰克为欧洲各主要民族撰写历史，确定着西方文明的轴心与边界，又撰写了以西方文明历史为中心的《世界历史》。这两个发生在不可类比的历史时空中的思想史事件，却似乎有着某种可以类比的含义。

自汉初以来，公孙臣、贾谊、兒宽、司马迁都主张汉为土德，以代秦之水德，根据的是邹衍"土—木—金—火—水"的五德相胜说①，而董仲舒的三统说是不以秦为一"统"的。汉武帝接受了董仲舒独尊儒术的建议，但并未采纳其三统说，仍主五德相胜说，以汉为土德以代秦之水德。② 西汉后期，刘向、刘歆父子创五德相生说，以"木—火—土—金—水"五行相生的宇宙气运规律来解说历史变迁，他们认为秦虽得水德，但气运、时运正从木德向火德转移，故秦不得天道之序，处于"闰位"③，从而彻底否定了秦的"法制"，也间接批评了汉承秦制，未能真正奉天承运以复兴王道。据饶宗颐考证，这是以"五德"论"正闰"之始。其后，班彪以五德相生说为理论根据著《王命论》，论证汉朝复兴的神圣性、命定性。这种"五德正闰"说，充斥着天命大圣的神话色彩，在宋以后即被斥为妖妄不经、取媚时君的"小技"。④ 然而，若脱掉其荒诞神怪的外衣，这种神话历史观的"内核"其实还是"大一统"说中合自然理性、道德理性为一的历史理性：历史是一出至善天命必将实现的喜剧。

二 "天命"的变异、"天人相分"、"贞符"

自魏晋以来，直到宋、金、元，历代帝王都以五德相生说论证自己受命应运之由，这一套神话历史观也就丧失了其申明"天道——王道"为历史一贯之道的"合理内核"，而彻底沦为现实权势自我神化的把戏。东晋习凿齿撰《汉晋春秋》，不以晋继魏，而主张直承汉统。顾炎武说：

① 《中国史学上之正统论》，21 页。
② 《汉书·武帝纪》。
③ 同上书，卷二十一，《律历志》；卷二十五，《郊祀志》。
④ 如杨维祯：《正统辨》，陶宗仪：《辍耕录》，卷三。

"正统之论，始于习凿齿，不过帝汉而伪魏吴二国耳。"① 其实以五德相生论帝王"膺当天之正统"乃东汉以来之恒言。② 不过，习凿齿所著《晋承汉统论》并非重复五德正闰的陈词滥调，其重点在于根据"平定天下"的功业之实以正晋"正统"之名，而不必用魏晋禅代的"必彰于后世"的谎言来论证自己的合法性。然而，五德正闰说的真正破产、具有新的思想面貌的"正统"论的兴起，乃是伴随着唐宋之际社会、文化转型而发生的重大思想史事件。

学界一般将唐宋文化转型推溯至中唐时代，以韩愈、柳宗元及啖助、赵匡、陆淳的新春秋学派为儒道复兴运动的代表人物。包括柳宗元在内的新春秋学派抉发汉今文经学"公天下"的王道大义，驳正以"一姓之永祀"为国家最高利益的政治原则——这本是具有浓厚门阀政权气味的唐王朝的"政治正确"，并据以指示唐王朝振兴中央集权的现实道路。③ 然而，以中唐春秋学与董仲舒的春秋公羊学相比，后者所论的天下为公、崇德尚礼的"王道"是法"天道"而行，并由而赞天地之化育；但在中唐春秋学诸子、尤其是柳宗元的思想体系中，重新揭明天下为公、溥爱无私的王道大义，却是以切断"天"与"人"的连续性，以"王道"独立于、无关于"天道"为前提的。这一"天"观的重大变化，乃是宋"正统"论作为"新儒家"历史哲学、政治哲学兴起的重要思想背景。④

在韩愈、刘禹锡、柳宗元之间，曾发生过一场关于"天道"的争论。从这场争论中，我们可以看到，在"残民者昌，佑民者殃"的社会现实中，能发谴告、降灾异以保障人间合理秩序的"天"，业已丧失其道义权威性。在当时的一般观念中，"天"已经成了一种非理性的、盲目的宰制力量，"不可得而知"，亦"不可得而必"，更接近于无常之命运的意思，人间道义在它面前是无可奈何的。阴阳五行、天人感应之说也蜕变成了

---

① 《日知录集释》，卷二十，《年号当从实书》。

② 《典引赋》，《汉书》，卷一〇〇，《叙传》。

③ 参见户崎哲彦：《关于中唐新〈春秋学〉——以其创始者啖助的学说为中心》、《柳宗元的明道文学——其与陆淳〈春秋〉学之关系》，《中国文哲研究通讯》（台湾），第 11 卷第 2 期。

④ 海内外中国思想史研究者多以"新儒学"泛指中唐以来兴起的儒道复兴思想运动以及包括理学在内的各思想流派。参见田浩：《儒学研究的一个新指向：新儒学与道学之间差异的检讨》，《宋代思想史论》，北京，社会科学文献出版社，2003。

通过某种神秘力量影响"气运"以服从于一己自私利益的巫术。这就是"人道驳，故天命之说亦驳焉"的社会、思想现实。① 当"天命"发生如此变异，丧失了道德理性之内涵，所谓天降符瑞、天命所归的"五德正闰"论简直是在说，"天"莫名其妙地偏私于一家一姓，而将天下极尊宝位厚赐给他。既然至高无上的"天"私于一姓，那么，一姓之永祀也就理所当然地成为国家最高利益，君主、社稷之利也就成了政治行为的根本准则。

面对这样的社会、思想现实，柳宗元以及新春秋学诸子力主"天人相分"，将"天"还原为自然界及其运动，其实就是要破解这种非道义性之命运的"天"对人间的宰制，破除人们对这种"天命"、"运数"的屈服和依赖。柳宗元在《贞符》、《封建论》中推原国家、君主、礼制的产生，指出人间"理道"出自人类社会生存发展的需要，是对内在自然与外在自然的克服与利用，是人为自身立法，无关乎"天道"。历史的自然之势、自然之理（历史理性）既是人类要生存要发展的"生人之意"，那么，只有顺乎此理，行保障民生之安利的"大公"之道，才能真正王天下。保障民生之安利的"仁德"才真正是唐王朝受命的"贞符"。② 于是，"生人之意"作为历史大势所趋意欲取代"无道"之"天命"成为专制权力的合法性依据。柳宗元的"贞符"论已经预示了宋代"正统"论兴起的基本思想方向：天下为公、选贤与能、以民为本的"王道"，而非五行相生的"运数"才是贯通兴亡更迭的历史之"统"，是与道德理性合一的历史理性，而非难测之"天命"才是判准王权合法性的理据。

在柳宗元的历史哲学中，"天人相分"即自然理性与道德理性的断裂，意味着再无超越性的永恒"天道"保证道德理性在人间的必然实现，柳宗元论证着历史的大势所趋终将与道德理性相符合③，然而，究之于史实，成者未必是，败者未必非，历史斗争的逻辑与道德理性常常悖谬矛盾。那么，欲使成败兴亡的结局体现善恶是非的道义逻辑，欲使历史理性

---

① 参见《柳宗元集》，卷十六，《天说》，北京，中华书局，1979；《刘禹锡集》，卷五，《天论》，上海，上海人民出版社，1975。

② 参见《柳宗元集》，卷一，《贞符》；卷三，《封建论》。

③ 柳宗元在《封建论》中曾论述无论历史行动者的主观意志怎样，历史大势终将合于"大公之道"："夫殷周之不革（封建制）者，是不得已也……夫不得已，非公之大者也，私其力于己也，私其卫于子孙也。秦之所以革之者，其为制（郡县制），公之大者也；其情，私也，私其一己之威也，私其尽臣畜于我也。然而公天下之端自秦始。"

与道德理性合一，就只能仰赖载"道"的圣贤君子成为人间政治斗争的胜出者，以主宰现实历史方向。当人间正义的实现完全、只能由人来承担，"道"仅仅是"人道"而非宇宙存在的自然大法，"道"也就有其不胜脆弱难凭之患：载"道"之圣贤君子一旦失位，"道"将焉存？当韩愈发出了古之史家"不有人祸，则有天刑"的慨叹，欲退而避祸时，柳宗元激切地质问道："今学如退之，辞如退之，好议论如退之，慷慨自谓正直行行焉如退之，犹所云若是，则唐之史述其卒无可托乎？"①明确了柳宗元的这一思想特质，我们也许就不难理解在他以人弘道的人生历程中，时时感发的慷慨愤激之情、穷愁怨嗟之叹，而最终还是在佛教中求得了精神安慰。这一思想困境似乎预示了"天"、"人"终将再次合一的趋势。

必须提到的是，在中唐儒道复兴思想运动中，韩愈门人皇甫湜著《东晋元魏正闰论》以申"夷夏之辨"。②贞观年间，将北魏、北齐、北周、隋、宋、齐、梁、陈诸史均称"八代正史"，李延寿撰《南史》、《北史》"编年以备南北"③，配合的正是唐初"胡越一家，自古未有也"、"自古皆贵中华，贱夷狄，朕独爱之如一"的一统盛世。④而在安史乱后，藩镇割据局面形成，据陈寅恪所论，由于当时藩镇皆是胡族或胡化之汉族，故思想敏感的士人自觉不自觉均有"攘夷"之意识，唯韩愈认识最清晰、主张最彻底，以佛教为"夷狄之法"，力排痛斥，以明夷夏大防。⑤皇甫湜一反本朝之恒论，持"攘夷"大义正东晋闰北魏，申明中国礼乐之教为历史正道以扶翼师说。这也是在宋以后的正统论中不断回旋的重音。

三 "天理"、"王霸之辨"、"正统"论的多元论争

关于唐宋社会、文化转型的性质以及其后的社会历史趋向，海内外

①《柳宗元集》，卷三十一，《与韩愈论史官书》。
②《皇甫持正文集》，卷二。
③《北史·序传》。
④《资治通鉴》，卷一九四，贞观七年；卷一九八，贞观二十一年。瞿林东先生于《史学家与政治——关于唐代史学与政治关系的考察》一文中论述了唐初修前代"正史"与当时"天下一家"的国策之间的关系。《中国史学散论》，长沙，湖南教育出版社，1992。
⑤参见陈寅恪：《论韩愈》，《金明馆丛稿初编》，北京，三联书店，2001。

学界历来有着不同角度的认识①，但一般都认为，在唐宋之际，随着社会经济结构的变化、科举制度的盛行，门阀政治势力衰弱，而新兴士绅阶层兴起。将北宋的儒道复兴思想运动置于这样一种历史状况之中，我们将会看到，最终以理学兴起为结果的北宋思想发展史，并不能简单定义为儒家思想从"外王"到"内圣"的内向化，而是一场更为广泛的、具有强烈政治关怀和经世指向的思想革新运动：新兴士绅阶级在新的历史条件下，重新探讨"天理"、"王道"，即新的宇宙观、新的人生理想与社会政治理想，重新规划历史大道，以指示时代社会、政治、文化重建的基本方向。②"正统"论的大兴及其多元论争，应该放在这一历史脉络之中，以理解其时代性的思想意义。

欲明了宋代"正统"论的思想内涵及其时代意义，还是有必要从"天理"观的形成谈起。北宋时代，柳宗元的天人相分论、自然性"天"观曾产生很大的影响，但天人重新合一的思想趋势越来越成为主流，当二程提出"天即理也"，一种新的"天人合一"的"天理"观成熟起来。③宇宙大本大原、阴阳五行的气运法则之所以然，不再是主宰性、意志性的"天道"、"天命"，而是抽象的、原理性的"天理"，"天"具有了以前无法想象的抽象性与合理性。阴阳五行的气运法则仍然贯通天人，天人之间的"阴阳不和"仍然能够互相感应，但这是"形而下"层面的"理"，不必也不可推求此理以测天意。"天理"内具于人的道德本性，人只需向内自求道德完善则"天理"呈现，社会、政治秩序也就循理自正了。贯通气化宇宙、天人之际的大"元"大"统"，由外在的、主宰性的

① 参见李华瑞：《20世纪中日"唐宋变革"观研究述评》，载《史学理论研究》，2003年第4期。

② 近20年来，对宋代思想史的研究突破了将理学的发生发展作为唐宋儒道复兴思想运动的主线的模式，伴随唐宋文化转型的儒道复兴运动日益被揭示为一个以重建合理的人间秩序为旨归的思想、政治、社会变革，且包含着多元的思想发展线索。参见邓广铭：《论宋学》，《邓广铭学术论著自选集》，北京，首都师范大学出版社，1992；余敦康：《内圣外王的贯通——北宋易学的现代阐释》，上海，学林出版社，1997；余英时：《朱熹的历史世界——宋代士大夫政治文化研究》，北京，三联书店，2004。

③ 参见沟口雄三：《论天理观的形成》，《学术思想评论》，第10辑，长春，吉林人民出版社，2003。

"天命"置换成了人心中那一点"殄灭不得"的"秉彝"。①

"正统"之辨，主要是在多个政权并存的情况下辨明哪一个"王"代表了正义，从而是当时的历史轴心。这一辨别依据着、也标示着历史演化的合理方向——正是历史理性作为"正义"赋予现实政治权力以正当性、合法性。我们不难想象，当理学成为思想主流乃至意识形态，历史变易的"贞一之理"、历经王朝鼎革而不可断绝的历史统绪、政治的正当性标准，是只能以"天理"即人心中的"秉彝"为旨归的。然而，在北宋思想界，"正统"论却并未被上述"天理史观"定为一统，在时代的激荡之下，围绕"正统"展开的论争使儒家历史哲学、政治哲学呈现出复杂的思想面貌，使后人得以领略儒家思想传统曾经内具的蓬勃创造力，以及回应时代问题所能达到的深度。

宋初仍流行天命正闰之说，"有司"推五德相生之运，以宋为火德。②欧阳修著《正统论》针对的正是这一思想背景。③欧阳修给"正统"明确地下了一个全新的定义："正者，所以正天下之不正也；统者，所以合天下之不一也。"从此，"统"从时间之开始义转成空间之统一义。④笔者要说明的是，这其实是一个自觉的误解，欧阳修深明正"统"的本义其实是"改正朔"，但他直斥改正朔以应天命"不务纯以德，而更易虚名"，为孔子所不言，皇家尊奉的"帝王之兴，必乘五运"乃一派"怪奇放诞"之说，背离了"王道"之实在于"仁德"的孔子之教。他为"正统"下的新定义，唯据"治乱之迹"、"功业之实"，而非虚幻难凭的"天命"，来衡评现实政权的正当性、合法性。⑤那么，什么是历史理应遵循的大治之道呢？政治正当性、合法性标准的实质内涵是什么呢？欧阳修的"正统"是一个真正二元论的指标。一方面他说："统天下而得其正，故系正焉。统而不得其正者，犹弗统乎尔。"⑥这似乎是以"正"为

---

① 《二程集》，《河南程氏遗书》，卷二上，《二先生语二上》，《元丰己未吕与叔东见二先生语》。

② 《宋史》，卷七十，《律历志三》。

③ 参见陈芳明：《宋代正统论的形成背景及其内容》，《宋史研究集》，第 8 辑，台北，中华丛书编审委员会，1976；陈学霖：《欧阳修〈正统论〉新释》，《宋史论集》，台北，台北东大图书公司，1993。二位学者重点论述了当宋王朝面对强大"敌国外患"之时，"正统"论为本国政权确立政治合法性的历史功能。

④ 《中国史学上之正统论·通论》。

⑤ 参见《欧阳居士集》，卷十六，《正统论》。

⑥ 《欧阳居士外集》，卷九，《正统辨上》。

本，统一天下而能得"正"方为"正统"。然而怎样才算是"正"，并未详论；另一方面，他又说："夫一天下而居上，则是天下之君矣，斯谓之正统可矣"①，并据此进秦、晋、梁为"正统"，这似乎又是以统一天下的事功为"正统"根本标准。对于这一矛盾，欧阳修自己的解释是，本应"功"、"德"合一才是"正统"，然而之所以"苟加诸人"，并非真以"正统"许之，而是为了责勉人君能自致"仁王义主"，使篡臣贼子不得以"顺天革命"为口实。② 就是在这二元论的"正统"观念中，人为历史规定的目的、意义，即历史理性的内在的深刻矛盾已呈现出来，成为历史斗争的胜利者而有一统天下之功却并非因其有"德"，有"德"而不必然成"功"。这是政治之理与道德之理的矛盾、是社会秩序与人心秩序的矛盾、是生存斗争的逻辑与文化价值理想的矛盾，或者说，是"得失成败"与"是非善恶"的矛盾。

在欧阳修之后，理学思潮渐成其势，"天理"既贯通、统合天人宇宙，历史之理就不允许有任何含混、矛盾，而必须定于一了。论及"天理史观"意义上的"正统"含义，必须阐明二程的"天理——王道"观。自孙复《春秋尊王发微》之后，"王霸之辨"遂成为庆历以来思想界的一个主题。在二程那里，"王道"、"霸道"分别指称两种政治伦理、指示两条历史道路。"王道"即"天理"流行人间之道，承载于圣人、王者之心，实质内涵是天下为公，王者首先立大公之心并笃行之，使民自养而不知谁养之，民自治而不知谁治之，以求得社会的高度和谐融通；"霸道"，则是"假仁义以霸天下"，本意以人民土地为一己私产，行仁政、尚礼教都是为了常保此私产，追求的政治目标是"富国强兵"、社会的高度整齐划一。③ 唐太宗"水能载舟亦能覆舟"的警喻，在程子看来，真正是霸者之言。而只有"王道"才是"天理人心"为历史规定的唯一正道。二程并未参与当时的"正统"论争，但他们有一套明确的"天理——王道"历史观及其指导下的"中国通史体系"。小程子曾为弟子讲说"百世可知之道"：从秦以至宋的中国历史，就是"天理——王道"衰

① 《正统论》。

② 参见《正统辨上》。

③ 参见《二程集》，《河南程氏文集》，卷一，《明道先生文一》、《论王霸札子》；卷五《伊川先生文一》、《代吕公著应诏上神宗皇帝书》；卷九，《伊川先生文五》、《答人示奏草集》。

以至盛、盛以至衰，而终至大明的规律性过程①；又说蜀汉君臣虽区区守一隅，但志在"王道"，故"三国之兴，以蜀为正"②。

在欧阳修之后，章望之推"王霸之辨"以论"正统"，在当时产生较大影响。他"分统为二名，曰正统、霸统。以功德而得天下者，其得者正统也"，"得天下而无功德者，强而已矣，其得者霸统也。"并强烈批评欧阳修将"正统"给予以"霸道"得天下者，实"非正名之道"③。但是，在整个北宋时代，这一"天理——王道"意义上的"正统"论都未能占据上风。直至南宋，随着时势和思潮的变化，"天理"视野下的"正统"论才终于胜出。

朱熹著《资治通鉴纲目》，纯以"天理人心之安"衡断"古今难制之变、难断之疑"④，从而将纷繁复杂的历史事象以道德性"天理"为轴心，贯穿成统一的历史体系。虽盛衰有变，然历史大势总是以"天理"为指归，总是必然地、自然地合于"王道"。朱熹的友人张栻更明确地将"理一分殊"之旨贯彻于历史思想之中，他进一步讲明历史的千变万化、无穷无尽的时间、任何具体特殊的事象皆是"天理"的具体形态，"天理"乃是历史的本然秩序、是超越时代的一贯之道。⑤ 当他们持"天理"论"正统"时，皆以蜀汉为三国之正；于两晋南北朝之际，疾斥"夷狄"不得为正。他们表示这样做，是要在时运艰危之中扶树正义，以彰明历史至正大道，于历史之中保存"贞下起元"、转衰而盛之几。其时，强大"夷狄"据有中土，得"道统"之传的南宋及其文化时有覆亡之虞，正是由于南宋士人真实感受着文化价值之逻辑与政治斗争之逻辑的矛盾、历史之理深刻的内在裂痕，他们才以强烈的焦虑和激愤之情，力主一以"天理"为定准的"正统论"："夫徒以其统之幸得，而遂畀以正，则自今以往，气数运会之参差，凡天下之暴者、巧者、侥幸者，皆可以窃取而安受之，而枭獐蛇豕豺狼，且将接迹于后世。为人类者，亦皆俯首稽首厥角，以为事之理之当然，而人道或几乎灭矣！天地将何赖以为天地乎？"⑥

---

① 参见《二程集》，《河南程氏粹言》，卷一，《论政篇》。
② 同上书，卷二，《圣贤篇》。
③ 参见章望之：《明统论》，饶宗颐辑：《中国史学上之正统论》，106 页。
④ 李方子：《资治通鉴纲目后序》，刊于《御批资治通鉴纲目》卷首。
⑤ 参见张栻：《〈经世纪年〉序》，《文献通考》，卷一九三。
⑥ 周密：《癸辛杂识》，后集，《论正闰》。

但是，在北宋的"正统"之辨中，这种一元"天理"正统论曾遭到强有力的对抗和批评。我们比较熟悉司马光的论调："臣愚诚不足以识前代之正闰，窃以为苟不能使九州合为一统，皆有天子之名而无其实也。"[1]这是明确地以统一天下之事功为政权合法性之标准。然而，笔者认为，更为发人深省的批判来自苏轼。他曾著《后正统论》三篇与章望之辩论，他首先将评价政权的标准与道德的标准明确地区分开来，指出，政治之"正义"仅在于"天下有君"，即建立统一而强大的中央政权，使天下有法有制可循，生民免于战争与暴乱以全其生，这是历史、文化存在发展的基本条件。所以"夫所谓正统者，犹曰有天下云尔。"按照这一标准，"天下无君，篡君出而制天下，汤武既没，吾安所取正哉？故篡君者，亦当时之正耳已。"然而，在"天下有君"的政治"正义"之上，还有"至公大义之为正"，"必也使夫正统者不得为圣人之盛节，则得之为无益；得之为无益，故虽举而加之篡君而不为过。"既然历史的真实状况是"天下之贤"与"天下之贵"未能合于一，那么，就有必要在权力与道德之间划出一个基本的分际，权力在价值等级上低于道德，但权力自有其功用，道德并不能取代之，"天下然后知贵之不如贤，知贤之不能夺贵，故不争。"[2]表面上看起来，这一"事功"正统论简直是目光短浅的秩序主义，将有秩序当作政治的根本标准，不讲政治的道义基础和目标，肯定甚至赞许政治的暴力性。然而，在另一方面，"贵"与"贤"的两分也展示了这样一种思想可能性：在历史之中，"治统"与"道统"各有逻辑，现实政治权威之合法性的评价标准，与道德之理并不能完全合一，政治应有相对独立的自己的"伦理"；而"人心之理"不必有赖于圣人为王、政治与道义与真理合一才能成为现实性，那么，现实政治权威不必也不可将文化价值理想的传承维系、"人道"、"天地"的存亡都肩负起来，并以此自我神圣化。

北宋时代，偏重统一功业的"正统"论与春秋学的"尊王"论相互应和，反映出当时中央集权强化的历史大势。而在南宋，民族矛盾尖锐，"攘夷"论调的"正统"论自然占据上风。然而，历史之中思想世界的丰富性与价值，并不能被当时的历史形势所完全说明。对于思想的历史来说，更重要的是，上述"正统"之辨表明，在唐宋社会、文化变迁所提

---

①《资治通鉴》，卷六十九。

②《苏轼文集》，卷四，《正统论》，北京，中华书局，1986。

供的时代契机之下，儒家思想内部对历史理性内在矛盾，即政治之理与文化价值之理的内在矛盾曾有着深刻的揭示，从而可能容纳对于政治、道德、历史更为复杂的认知，而当"正统"论定于一统，历史理性裂开的缝隙又重新弥合，经宋儒精心阐发的文化价值原理"天理"又重新统合了自然与社会、道德与政治，再次建构了"天理流行"的一元整体的历史世界。

宋以后，随着理学定为"国是"，"天理史观"及其正统论长期处于正统地位。[①] 从政治思想上看，对于圣人为王、天下大公、天理流行的至善政治的憧憬不绝如缕，不断有人持此义批判现实政治之无道；而另一方面，"天理"正统论肯定政治权力应该、必须并且能够与"天理人心"合一，这又是政教合一的专制政权的理论基础，是专制王权具有神圣性的思想原理。超越性价值与现实政治的合作，其结果总是后者借前者给自己披上神圣外衣，从而获得"神权"，不但管制人身更要统治人心。

从史学思想上看，一元性天理史观将"上圣惟微之心"即道德价值确定为历史的"贞一之理"、大中恒久之道，历史生活中最根本、最紧要的事就是此"理"的维系与传承，"虽尧舜之事亦只是如太虚中一点浮云过目。"[②]——一切功名事业皆因"天理"流行其中而有意义。朱熹批评以往史家如司马迁"也说仁义，也说诈力，也用权谋，也用功利，然其本意却只在于权谋功利"[③]，这是因为以往史家往往根据成败的效果来讲"仁义"之有用，这使"仁义"不过成了明智的考虑和计算，终究是"功利"。他把"仁义"与"功利"如此尖锐地对立起来，其实是要讲明，只有真正出于道德动机的"仁义"之举才真正有利于"天理人心"之常存常新，才真正对人类历史有长远的大用，故而要求史家能于"成"而见其不必"是"，于"败"而见其不必"非"，以坚定人们对至善历史理想的信心。近代史家钱穆曾经论道，在三国时代，历史文化命脉系于诸葛亮、管宁而非曹操。又大力表彰中国文化中能不惑于一时盛衰成败，而以坚忍弘毅的精神，于明夷之际有待贞下起元的历史智慧。[④] 从中不难看出天理史观及正统论的遗风余韵。

---

① 《中国史学上之正统论·通论》。
② 《二程集》，《河南程氏遗书》，卷三，《谢显道记忆平时语》。
③ 《朱子语类》，卷一二二，《吕伯恭》。
④ 参见钱穆：《中国文化传统中之史学》，《中国学术通义》，台北，学生书局，1964。

　　然而，另一方面，以"天理人心"为轴心形成的一套中国通史体系以及历史评价标准，往往使史家之"史识"简化成持一定的道德价值对具体历史处境下的人事作出或"君子"或"小人"、或"有道"或"无道"的二元评判。饶宗颐为正统论辩护，以为史家之职固在于行"素王之史权"，站在"超历史"的立场以定历史之正义而不为势利所动。然而，现代史学理论的研究已表明，对于生活在一定历史条件下的人们来说，"超历史"的永恒绝对的真理视阈永远遥不可及；另一方面，史家的历史性的价值立场又是历史认识的必要条件，价值评价内在于历史解释，不包含价值评价的历史解释既不可能也无意义。所以，问题也许并不在于史家是否应以一定的价值标准评价历史，而是对于变动中的历史事物的二元价值判断常陷于偏枯简陋之境，不能使人认识到一定历史境况中复杂而具体的动力关系，不能辨认识别具体历史处境中主要矛盾之所在，以及形势演化的多种可能性，更不能探讨辨析主体在具体环境下如何有信念，即坚持一定的价值立场，又负责任，即能权衡轻重，为客观后果负责地行动，以增强主体的政治实践智能。

四　余论："正统"论的现代命运

　　在作为历史观的"正统"论中，历史以儒家文化价值理想"天道"、"天理"为本质，是这一"本质"的"流行"与实现，全部历史的目标、走向、意义，皆由"天理"规定好了。于是，从空间上说，"天下"以"中国"为中心，成为华夷秩序的差序结构；从时间上说，一切复杂纷纭歧异差别的历史事项，有了本质同一性，成为"自从盘古开天地，三皇五帝到如今"的一元整体"宏大叙事"。正是在这个意义上，以"正统论"为历史观的中国传统史学对应、支撑的是以儒家文化价值理想为核心的"大一统"式、整体论的"中国文化"和"中国历史"观念，这一观念正是中华帝国正统意识形态的有机组成，支持着、论证着中华帝国普世性的、正义性的政治权威与文化权威。

　　中国历史学在其"现代化"的开端，梁启超即将批判矛头直指"正统"论的"专制"性格，"正统"论被视为建构民族国家所需之"国民意识"的观念障碍，必欲清除之。接着，在"新文化"运动"打倒孔家店"的口号声中，顾颉刚提出其"疑古"的四个基本结论："打破民族出于一元的观念"、"打破地域向来一统的观念"、"打破古史人化的观念"、"打破古代为黄金世界的观念"。从王国维到傅斯年,又以科学方法将三代的鼎革代兴证成了不同种族—文化的相争相灭,从此,"古史多元论"成为近现代中国史学一个重要的"规范认识"。[①] 我们不难理解,在中国文化、学术"现代化"的起点上,对"正统"论及其"通史体系"的批判,其实是以科学、进步观念解构着一元整体的"中国文化"、"中国历史"观念,从而解构着作为中国文化、历史之"统"的儒家文化价值理念,并通过恢复、解放中国文化、历史的多元线索、多样态、差异性,而从中汲取再造现代的中国文化、历史的多种思想资源。

(原载《首都师范大学史学研究专辑》,第2辑,首都师范大学出版社2006年版)

---

① 参见王汎森:《一个新学术观点的形成——从王国维的〈殷周制度论〉到傅斯年的〈夷夏东西说〉》,《中国近代思想与学术的系谱》,石家庄,河北教育出版社,2001。

赵梅春

辽、金史《国语解》的史学价值

　　由脱脱任总裁、欧阳玄等史官于元顺帝至正年间撰成的宋、辽、金三史，后人颇不以为然，认为《宋史》繁芜，《辽史》疏略，只有《金史》差强人意，繁简适中。然而《辽史》、《金史》中的《国语解》却是其编撰者所独创，也是二十四史中所特有的。《国语解》不仅反映了《辽史》、《金史》民族史的特色，同时也体现了其编撰者自觉把握历史特点所具的卓识。《四库全书》的编撰者虽然对《辽史》甚为不满，但对其《国语解》却赞扬有加："惟《国语解》一卷，仿古人音义之意，其例甚善。"①

　　史家要真实地记载历史，给后世留下信史，不仅要心术纯正，不虚美，不隐恶，而且在叙述史事时需采用体现时代特色的语言。因此，提倡直笔、反对曲笔的唐代史学理论家刘知几认为，史家应采纳当时的口语、方言，以体现时代风貌、历史特点。因为不同时代有不同的语言，而语言的变化反映时代的变迁，后人亦可从中了解历史的发展。"夫三传之说既不习于《尚书》，而两汉之词又多违《战策》，足验畎俗之替改，知岁时之不同。"② 对史学编撰中存在的刻意模仿古书语言和竭力文饰质朴言语的倾向，刘知几坚决反对，认为这样撰史只能使历史记载失真，是史家无卓识远见的表现。"而后来作者，通无远识，记当世口语，罕能从实而书，方复追效昔人，示其稽古。是以好丘明者偏模《左传》，爱子长者则全学史公。使周

---

① 《四库全书简明目录》，188 页，上海，上海古籍出版社，1985。
② 《史通通释·言语》，卷六，12 页。

秦之言辞见于魏晋之代，楚汉之应对行于宋齐之日。而伪修混沌，失彼天然，今古以之不纯，真伪由其相乱。"① 令狐德棻所撰之《周书》，刻意修饰文辞，变俚语为雅言。刘知几认为："其书文而不实，雅而无检，真迹甚寡，客气尤烦……遂使周氏一代之史，多非实录者焉。"② 而宋孝王的《关中风俗传》、王劭的《齐志》采当时口语，受到赞扬："惟王、宋著书，叙元、高时事，抗词正笔，务存直道，方言世语，由此毕彰。"③ 所以，刘知几提出史家载言应从实而书。他说："工为良史者，不选事而书，故言无美恶，尽传于后。若事皆不谬，言必近真，庶几可与古人同居，何止得其糟粕而已。"④ 后人对刘知几的这种主张予以很高的评价，张舜徽先生认为"非特为史家载言之准，抑亦文人属辞之律也"⑤。

　　辽、金皇朝是由我国北方的少数民族契丹族和女真族所建立，他们有自己的语言文字、历史文化传统。在其发展过程中，其民族文化不断地与以汉族为代表的其他民族文化融合，形成其独特的历史。史家要如实地记载辽、金史，则在语言文字的表达方面就应该体现其历史的特点，对其民族语言即"国语"应予以采纳，并避免妄加文饰，华而不实，使记载失真。《辽史》、《金史》的编撰者认识到了辽、金政权不同于历史上汉族皇朝的特点。他们说："辽之初兴，与奚、室韦密迩，土俗言语大概近俚。至太祖、太宗，奄有朔方，其治虽参用汉法，而先世奇首遥辇之制尚多存者。子孙相继，亦遵守而不易。"⑥ 为了反映其历史特点，他们认为应该采其国语入史。"故史之所载，官制、宫卫、部族、地理，率以国语为之称号。"⑦ 并且对其"国语"不能随意文饰，以免失真。"若其臣僚之小字，或以贱，或以疾，犹有古人尚质之风，不可文。"⑧《辽史》、《金史》的编撰者对辽、金历史特点的这种认识及从实而书的撰史态度，体现了他们的史识，也是他们接受刘知几采当世口语方言撰史主张的结果，这在我国的史学发展史上应该肯定。清代学者浦起龙说："元人采遗山史稿撰金源史，特载《国语

---

① 《史通通释·言语》，卷六，12 页。

② 《史通通释·杂说中》，卷十四，16 页。

③ 《史通通释·言语》，卷六，12 页。

④ 同上书。

⑤ 张舜徽：《史学三书评义》，63 页，北京，中华书局，1983。

⑥ 脱脱：《辽史·国语解》，1533 页，北京，中华书局，1974。

⑦ 同上书。

⑧ 脱脱：《金史·国语解》，2891 页，北京，中华书局，1974。

解》一册，其得子元氏之意欤。"①《辽史》、《金史》的编撰者不仅认识到需要采"国语"入史，以体现其历史特点，而且认为应对"国语"加以解释，方便后世读者，以免时过境迁，后世之人茫然不得其解。因此，《辽史》、《金史》中不仅保存了其"国语"而且撰有《国语解》对之进行训释。《辽史》作者阐述其作《国语解》的动机时说："不有注释以辨之，则世何从而知，后何从而考哉。今即本史参互研究，撰次《辽国语解》以附其后，庶几读者无龃龉之患。"②《金史》撰者说："今文《尚书》辞多奇涩，盖亦当世方言也。《金史》所载本国之语，得诸重译，而可解者何可缺焉。"③ 这说明他们充分认识到了对"国语"进行解释有助于读者阅读、理解辽、金史。在这一点上，他们比刘知几考虑得更周全。《国语解》从语言方面体现了《辽史》、《金史》民族史的特点。

在《辽史》、《金史》之前，有不少史家为少数民族政权撰史，如崔鸿的《十六国春秋》、魏收的《魏书》、牛弘的《周书》等。但这些史书的作者不是遗漏其"国语"，就是改夷音为华语，甚至一味模仿古人言语，妄加文饰。"而于期间，则有妄益文采，虚加风物，援引《诗》、《书》，宪章《史》、《汉》。遂使沮渠、乞伏儒雅比于元封，拓拔、宇文德音同于正始。华而失实，过莫大焉。"④ 而这种对少数民族语言的遗弃或文饰会使后人难以真切地了解其历史特点和社会变化。所以刘知几说："自二京失守，四夷称制，夷夏相杂，音句尤媸。而彦鸾、伯起务存隐讳，重规、德棻意在文饰。遂使中国数百年内，其俗无得而言。"⑤ 如此撰史，难成实录。继《宋史》、《辽史》、《金史》之后修成的《元史》，虽然保存了建立元朝的蒙古族的"国语"，但却未撰《国语解》，不免给读史者造成不便。曾对《史记》等二十四史进行过深入细致研究的清代学者赵翼对《元史》无《国语解》十分遗憾，故仿《辽史》、《金史》之例为之补作。他说："《金史》有《国语解》，译出女真语，令人易解。《元史》无之。且金官纯用汉名，元则仍其本俗之名者，益难识别。今就

① 《史通通释·言语》，卷六，12 页。

② 《辽史·国语解》，1533 页。

③ 《金史·国语解》，2891 页。

④ 《史通通释·言语》，卷六。

⑤ 《史通通释·杂说中》，卷十四。

其纪传所载，可以注释者列之。"① 可见，赵翼充分认识到了《国语解》对阅读有关少数民族史籍的重要性。

从与其他史书的比较中不难看出，《辽史》、《金史》的编撰者具有自觉把握历史特点的意识。

《辽史·国语解》置于书末卷一百六十，依照本书的叙事顺序，分别解释帝纪、志、表、列传中以契丹语形式出现的姓氏、地名、职官、称谓、国名、语词、风俗礼仪、制度、人名、物名、宫室、部族等。《金史·国语解》以附录形式附于书末，其与《辽史·国语解》的编撰方式略有区别，用以类相从的方法分官称、人事、物象、物类、姓氏五大类解说书中出现的女真语职官、地名、人名、称谓、物名、姓氏等。

《辽史》编撰者从历代学者为史书作注的必要性来说明其《国语解》的撰述，这是说《辽史·国语解》是仿史注而作的。"史自迁、固，以迄晋、唐，其为书雄深浩博，读者未能尽晓。于是裴骃、颜师古、李贤、何超、董冲诸儒，训诂音释，然后制度、名物、方言、奇字，可以一览而周知。其有助后学多矣。"故"撰次《国语解》以附后，庶几读者无龃龉之患云。"② 但与其笼统地说《国语解》是仿史注而作，倒不如具体地说明是仿史注中的自注而作。自注是史家为自己所撰之书而作注。刘知几在《史通·补注》中将史注划分为三类：以训释词义为主的传注体、以补充史事为主的补缺体、史家自作其注的自注体。他说："亦有躬为史臣，手自刊补，虽志存该博，而才缺伦叙。除烦则意有所吝，毕载则言有所妨，遂乃定彼榛楛，列为子注。"③ 刘知几在这里所说的自注是指史家以注的形式补充、保存史料，这只是自注的一种形式。其实，自注的内容十分广泛，史家可以之说明材料的取舍、考辨史实、训示名物制度和音义、补充正文资料、阐述自己的观点等。与他人所作之注的区别，仅在于其是史家自作之注。自注也并不是刘知几所说的那样，是史家惜鸡肋、无远识的表现，而是史家根据撰述的需要，以之与正文相辅而成，以便增强史著的表现力。唐代著名史家杜佑在《通典》中使用过自注的各种形式。释音义、名物制度是自注的重要内容之一，目的是帮助读者更好地理解史书的内容。辽、金皇朝是少数民族政权，其政治制度、风

① 赵翼：《廿二史札记》，卷二十九"蒙古官名"条，667 页，北京，中华书局，1984。

②《辽史·国语解》，1533 页。

③《史通通释·补注》，卷五，12 页。

俗礼仪、语言有自己的特点，《辽史》、《金史》的作者自撰《国语解》，以释氏族、语言、名物、风俗等，就是为了加深对辽、金历史的理解。《国语解》与其他史家自注的不同之处在于，自注一般置于正文之中，以字体的大小或颜色的不同以示区别，而《国语解》将注释集中起来置于书末。其实质却没有什么不同。

　　《辽史》、《金史》之《国语解》的诠释简明扼要，有助于读者阅读本书和对辽、金历史的认识。如"夷离堇"是辽初一个重要的职官，辽太祖耶律阿保机曾任此职。《辽史·国语解》解说"夷离堇"为"统军马大官。会同初，改为大王。"这样，"夷离堇"的职掌、沿革一目了然。《国语解》撰者对所作之解释态度较为审慎。如《辽史·国语解》对辽国两大姓耶律氏、萧氏起源的说明，就摒弃了无根据之说。有种说法认为辽始兴之地为世里，译者以世里为耶律，故辽国族皆以耶律为姓。欧阳修的《新五代史》、叶隆礼的《契丹国志》都持此说。《辽史·国语解》撰者认为金史家陈大任撰《辽史》时不取此说，故不采纳。又有一说认为以汉字书者为耶律、萧，以契丹书者为移剌、石抹，此说"亦无可考矣"，也不予以采纳。他们认为耶律、萧二姓渊源甚古，辽建国之初就已有了。"《本纪》首书太祖耶律氏，继书皇后萧氏，则国之初，已分二姓矣。"①

　　清乾隆时曾重修辽、金、元三史《国语解》。乾隆帝认为《辽史》、《金史》、《元史》三史人名、地名音译讹错，鄙陋失实者甚多，而其《国语解》尤多臆度失真。如勃极烈应是贝勒，意为管理众人之称号，但《金史·国语解》却解释为犹汉之冢宰，附会无当。于是，令史臣以满洲语改译《金史》"国语"、以索伦语改译《辽史》"国语"、以蒙古语改译《元史》"国语"，撰成《钦定辽金元三史国语解》四十六卷，并下令以新修的《国语解》对三史进行订正。乾隆对此举自鸣得意，认为其史臣"既有善通清书、兼习诸国字之人。则兹三史，必当及此时而改译其讹误者，则吾于辽、金、元三代，实厚有造而慰焉。"② 但后人对他的自我吹嘘并未首肯。中华书局标点本《元史》在"出版说明"中这样写道："乾隆四十六年，对辽、金、元三史译名进行了谬误百出的妄改。"而研究者也感到乾隆时改译的"国语"使其原义混淆不清，不利于对辽、金历史的认识。如《金史·国语解·物象》说："金曰'桉春'"，《钦定辽

───────────────

①《辽史·国语解》，1534 页。
②《清实录》，卷一一五四"乾隆四十七年四月辛巳"条。

金元三史国语解》改"桉春"为"爱新",又将"桉春"的本义"金"引申为耳坠。这样一来,女真语"桉春"的本义和所包含的历史信息也就暧昧不清了。① 从后人对乾隆时重修辽、金、元三史《国语解》的评价来看,《辽史》、《金史》中的《国语解》并非支离破碎,而是有较高的可信度和文献价值。

《辽史》、《金史》中的《国语解》也是研究契丹、女真文字和文献的宝贵资料。契丹族、女真族不但有自己的民族语言,而且创立了本民族的语言。辽朝在辽太祖时,曾令耶律突吕不、耶律鲁不古创造契丹文字。耶律突吕不等利用汉字偏旁改制出拼音文字,被称为契丹大字。辽太祖弟迭剌习回鹘文,依回鹘文创制契丹小字,太祖下令颁行天下。在辽朝,契丹文字和汉字同时使用,辽皇帝和契丹文人多精通两种文字,诸多的汉文典籍被译成契丹文。辽圣宗耶律隆绪仰慕汉族文化,好读《贞观事要》,对唐太宗、玄宗尤为钦佩。他还亲自将白居易的《讽谏集》译成契丹文,诏大臣习读。兴宗时曾诏著名史学家萧韩家奴译汉文典籍,萧韩家奴希望兴宗能知古今成败兴亡之迹以为之鉴,故译《通历》、《贞观政要》、《五代史》等史籍为契丹文。辽亡后,契丹文字仍未绝灭。金熙宗时,曾命女真人、契丹人和汉人各以本民族文字书写"诰命"。契丹字和汉字一样是当时官方通行的文字。金天会十二年(公元1134年)刻于陕西乾陵无字碑中央的《郎君行记》,是用契丹、汉两种文字书写的。所使用的契丹字,据学者考证为契丹小字。金朝在太祖完颜阿骨打时,完颜希尹参考契丹字、汉字创立女真大字。金熙宗时又创立了笔画简省的新字,称女真小字。女真文字、契丹文字、汉字三者皆为官方通行文字。但随着女真族不断汉化,其民族语言文字也逐渐地被汉语汉字所代替。到金世宗时,许多女真贵族已不能通晓本民族的语言文字。鉴于此,世宗曾下令强制他们说女真话、习女真文字,但收效甚微。随着历史的发展,时代的变迁,契丹、女真文字遂不为人所知。当契丹、女真文字与文献再次被发现时,已无人能识读。契丹小字被人们称为是最难读的死文字、"二十世纪之谜"。在探索和解读这些文字的过程中,《国语解》所提供的语言资料弥足珍贵,起了十分重要的作用。如刘凤翥在解读契丹小字山和"山"时就利用了《辽史·国语解》所提供的资料。他根据

---

① 参见陈学霖:《金国号之起源及其释义》,陈述主编:《辽金史论集》,第3辑,北京,书目文献出版社,1987。

潢水（潢水，今内蒙古自治区赤峰市的西拉木伦河）"在辽代，契丹人管它叫'袅罗没里，复曰女古没里……华语所谓湟河是也'"，得知"黄"在契丹语中读"女古"。据《辽史·国语解》"女古，金也"，得知"金"与"黄"在契丹语里是同音字。契丹小字是表音文字，当然可以用读音为"女古"的同一个"山"来表示"金"和"黄"。从而认为契丹小字"山"既可以当"黄"解，也可以释为"金"，在表示天干"戊己"时当"黄"解，而在《郎君行记》中当"大金国"的"金"字讲。① 刘凤翥对契丹小字的解读是否正确，应有研究契丹文字的专家来判定。他在解读的过程中利用了《辽史·国语解》所提供的语言资料，说明《国语解》有助于学者对这些失传的语言文字的研究。

《辽史》、《金史》中的《国语解》对学者深入研究辽、金史也有一定的作用。有些学者利用《金史·国语解》所提供的资料澄清了金朝在不断汉化过程中笼罩在其国号起源问题上的迷雾，说明女真族是"以本族固有文化传统、地缘特征，和考虑对契丹辽国在历史上的继承，建立以大金为国号。"② 学者研究契丹邻族奚族的历史时，也多次利用《辽史·国语解》的资料，阐述奚族在辽的发展历程。③

《辽史》、《金史》二史《国语解》也存在有不足之处。一些"国语"在史文中已经作了说明，《国语解》中又加以解释。如"算斡鲁尕"、"夺里本"等辽"国语"，《辽史·营卫志》已经解释，又复列入《国语解》，不免重复。

（原载《兰州大学学报》，2001 年第 5 期）

---

① 参见刘凤翥：《契丹小字山和"山"的解读及其他》，《宋辽金史论丛》，第 1 辑，北京，中华书局，1985。

②《金国号之起源及其释义》。

③ 参见李涵、沈学明：《奚族在辽代的发展》，《宋辽金史论丛》，第 1 辑。

周少川

试论许衡的历史思想

许衡（1209—1281 年），是元代著名的理学家、政治家。以往对许衡的研究已积累了一批成果，有些通史、元史著作分析了许衡在元初政治上的地位和作用；思想史、哲学史方面的论文则着重讨论了许衡理学思想的内容和特点。陈正夫、何植靖为《中国思想家评传丛书》所作的《许衡评传》在哲学思想、政治思想、经济思想、教育思想等多方面论述了许衡的贡献，并从哲学思想的角度探究了许衡历史观的天命论和王道思想。[①] 总的来说，以往的研究对许衡的理学思想和政治贡献讨论得多，对他丰富的历史思想论者甚少。然而，应该看到，许衡在传播理学，为元世祖忽必烈规划治国方略的过程中，从历史中吸取营养、总结经验，确实反映出深邃、广博的历史思想。因此，本文拟对他的这些思想内容试作阐析，以就教于方家。

一 对历史盛衰变化之理的思考

古往今来对于历史的认识，总是有一个基本的看法，比如，历史是如何运动的，历史为什么是这样或那样地运

---

① 以上综述主要可参见白寿彝总主编：《中国通史》，第 14 册，220 ~ 228 页，上海，上海人民出版社，1997；唐宇元：《论许衡的哲学思想在中国哲学史上的地位》，载《哲学研究》，1982 年第 7 期；徐西华：《许衡思想探索》，《中国哲学》（九），北京，三联书店，1983；陈正夫、何植靖：《许衡评传》，南京，南京大学出版社，1995。

动，是什么在其中起了决定的作用？这是历史观的问题。许衡历史思想的一个重要内容，就是从理学的基本命题出发，展开对历史盛衰原因的理性思考。

理学的核心是理，以理或天理作为宇宙本体是宋元理学最基本的命题。许衡继承了宋代理学思想原则，以理作为其哲学的最高范畴，他说："太极之前，此道独立。道生太极，函三为一，一气既分，天地定位。"① 道是最先存在的本体，道生太极，太极包含天、地、人三才，故太极又可生天地万物。他所说的"道"，就是"理"。"只有一个理，到中间却散为万事，如达道达德九经三重之类，无所不备。"② 理作为绝对的本体，它决定了事物产生的所以然和发展的所当然，"其所以然与所当然，此说个理"③，"所以然"是指事物发生的本原和根据，"所当然"是指事物发展的规律和法则。许衡正是从理出发，探求万事万物的"所以然"和"所当然"，并依据所处时代的客观条件，形成了自己独立的历史观。

首先，许衡看到历史过程运动变化的必然性，他说："尝谓天下古今一治一乱，治无常治，乱无常乱，乱中有治焉，治中有乱焉。乱极而入于治，治极而入于乱。乱之终，治之始也；治之终，乱之始也。"④ 这种一治一乱，治极而乱，乱极而治的历史观包含了相互对立、相互转化的辩证法因素，而这样的辩证法因素又与他论阴阳消长，"消之中复有长焉，长之中复有消焉"⑤ 的思想密切相关。因此，许衡观察社会历史运动时，就能注意到治乱双方是对立统一、相互依存，"乱中有治，治中有乱"的关系。它们的相互转化，是一个渐进转换，由量变到质变的过程，"世谓之治，治非一日之为也，其来有素焉"；"世谓之乱，乱非一日之为也，其来有素焉"。许衡看待历史过程运动变化的眼光是辩证的，但是他未能说明社会历史一治一乱的运动结果，究竟是前进了还是后退了，因此他像古代许多具有辩证思想的思想家一样，他没有跳出历史循环论的窠臼。

社会历史总是由治而乱、由乱而治不断交替的，然而是什么原因造成这种变化呢？其中的"所以然"和"所当然"是什么呢？许衡曾尝试

① 许衡：《鲁斋遗书》，卷九，《稽古千文》，明万历二十四年（1596）刻本。
② 同上书，卷二，《语录下》。
③ 同上书，卷一，《语录上》。
④ 同上书，卷九，《与窦先生》。
⑤ 同上书，卷六，《阴阳消长》。

对此进行解释，他说：

> 治乱相寻，天人交胜。天之胜，质掩文也；人之胜，文胜质也。天胜不已则复而至于平，平则文著而行矣……人胜不已则积而至于偏，偏则文没不用矣……析而言之，有天焉；有人焉。究而言之，莫非命也。命之所在，时也；时之所向，势也。势不可为，时不可犯，顺而处之，则进退出处、穷达得失莫非义也。古之所谓聪明睿智者，唯能识此也。所谓神武而不杀者，唯能体此也。①

在这里，许衡以一套"天人相胜"的道理来解释治乱相寻之"所当然"，他继承司马迁"一质一文，终始之变"的说法，把尚质、尚文作为不同的社会特征。他认为，天是尚质的，人是尚文的；天胜则质掩文，乱世渐"平"而转为治世；治世尚文，于是文胜质、人胜天，治世渐"偏"而转为乱世，这便是一治一乱的变化规律。应该说，许衡对于治乱相因的分析是具有辩证因素的；但是他将治世乱世"所以然"的探究归结为"莫非命也"，认为人们只要尚质无为、顺从于"天"，就可达于治世，从而把人的主观能动作用看成无用甚至有害，则是明显的缺陷。在这一段文字中，他用了天、人、文、质、命、时、势等许多概念，显得比较混乱。其实，所谓的天、命、时、势，他这里说的是表里相关的一回事，总的意思是要说明"天命"对于历史治乱的决定意义。这是宋元理学唯心社会史观不可避免的错误结论。

应该指出，许衡的天命史观又与以往空洞虚诞，依靠天命神意、五行灾祥进行说教的天命观不同，他的天命观重在强调封建纲常秩序的合理性，是以理学王道德治的政治目标来衡量治世或乱世的；王道德治要靠人来实现，因此许衡的天命史观其实也不完全排斥人事，这一点在下边的相关问题中还有详细的分析。这里可以看出，许衡虽将治乱成因归于"天命"，但他毕竟联系到社会变动中的"时"与"势"，他主张人之所为要顺应时势、合乎时宜的思想是合理的。尤为重要的是，他能论史而求理，注意探索历史运动的法则和历史变化的成因，尽管其结论终归错误，但这种哲学思考对于元代历史观的纵深发展是十分有益的。

---

① 《鲁斋遗书》，卷九，《与窦先生》。

二 讲王道德治，爱心公心

许衡历史观所折射出来的理学色彩还有很突出的一面，就是以是否实行王道德治，作为治乱盛衰的历史标准。

王道和德治是儒学古老的命题，早在孔子时就提出"为政以德"[①]的政治构想，主张以道德标准作为政治统治的指导方针。从德治的要求出发，孔孟提倡推行"王道"，以德治国，以仁义治理天下。与王道相反，先秦法家提出了"霸道"的政治模式，即凭借威势，利用权术、刑法来达到统治的目的。元代学者基本继承了朱熹的王道德治学说，在宋代史学总结"德政"治国、"礼义"兴邦等历史经验的基础上，进一步以王道德治为标准考察历史的盛衰治乱，更为系统地阐述了王道德治对于治世兴邦的实质意义和重要作用。应该看到，元代思想家、政治家的王道德治理论并不是对程朱理学的简单继承，它的思考与发展是与元代特定的社会环境有紧密联系的，一方面，它是元初儒臣劝导元朝统治者改变蒙古时期多事武功、残酷杀掠政治方针的理论基础；另一方面，元代王道德治理论在理学领域和史学领域的总结发展，也适应了元朝中期统治者重视"文治"的需要。

许衡王道德治的历史盛衰观包含若干内容。首先是从历史考察的角度誉"王"毁"霸"。强调王道德治为治世之坦途，霸道是乱世的祸端。他曾纵论春秋五霸相争历史，极言王道式微、霸道横行之弊端，然后总结说：

> 世之诋霸者，犹以尚功利为言，殊不知霸者之所为，横斜曲直莫非祸端。先儒谓王道之外无坦途，举皆荆棘；仁义之外无功利，举皆祸殃。[②]

只有王道德治才是达到盛世的唯一坦途，除此之外，"举皆荆棘"、"举皆祸端"。由此看出，他誉王毁霸、以王道为治世标准的态度是非常明确

① 孔子：《论语·为政》，见《四书五经》，上册，18 页，长沙，岳麓书社，1991。
②《鲁斋遗书》，卷八，《子玉请复曹卫》。

的。他还认为，霸道这种政治模式的问题不仅仅是追求功利，而是存在于国家政治中的方方面面，触处皆成祸端，因此单从功利角度去批评霸道是远远不够的。他一面深责霸道，另一面则将王道德治抬高到至理至善的地位，他说："唯仁者宜在高位，为政必以德，仁者心之德，谓此理得之于心也。"① "诚敬之德是以感人，不用偿赐人而人自然相劝为善，亦不用嗔怒人而人自然畏惧不敢为恶。"② 按照他的说法，王道德治从感化入手，自可人心咸服，无往不胜了。许衡的这些思想成为元代史学从王道德治出发，总结历史盛衰经验的基调。

　　第二，突出"仁政"这一王道德治的核心。元代史臣、儒士针对蒙古统治者在长期征战中对社会生产造成破坏，给人民带来灾难等问题，为了帮助元朝统治者从征战杀掠的武功转移到施行德治、巩固封建统治秩序的轨道上来，在总结历史上王道德治经验时，突出了以"仁政"为核心的思想。比如，许衡就借用《易大传》的内容，提出了"元"即"仁"的观点。《周易·乾卦·文言》在解释卦辞"元亨利贞"四字时曰："元者，善之长也。亨者，嘉之会也。利者，义之和也。贞者，事之干也。君子体仁足以长人，嘉会足以合礼，利物足以合义，贞固足以干事。君子行此四德者，故曰：乾，元亨利贞。"这段文字的主要意思是说"元亨利贞"代表着"仁礼义正"四德，君子能行四德便可大吉。许衡巧妙地抓住了"元"与"仁"相配并称的关节点，用以阐述行仁政便得治世的思想。他说：

> 仁为四德之长，元者善之长。前人训元为广大，直是有理。心胸不广大，安能爱敬？安能教思无穷，容保民无疆？仁与元俱包四德，而俱列并称，所谓合之不浑，离之不散。元者四德之长，故兼亨、利、贞；仁者五常之长，故兼义、礼、智、信。③

应该看到，许衡煞费苦心地寻绎经典，反反复复强调"仁"与"元"的密切关系，绝非一般的解经说义，而是意在暗喻，元朝仁政，是早在圣贤经典中就有了定数的。当然，许衡没有停留在引经据典的说教，他又

---

① 《鲁斋遗书》，卷二，《语录下》。
② 同上书，卷五，《中庸直解》。
③ 同上书，卷一，《语录上》。

从历史总结的角度，多方阐明了为君治国推行"仁政"的重要。他说："孔子道：'一家仁，一国仁。'如尧帝、舜帝行仁，天下皆行仁；桀王、纣王不行仁德，政事暴虐，待教天下行仁，百姓每怎生行得仁？"① 不仅五帝三代时如此，秦汉的历史亦然，"秦楚残暴，故天下叛之；汉政宽仁，故天下归之"②。许衡从历史盛衰的正反结果，提倡以"仁政"为治国之本，这对于元朝稳定统治秩序，推动多民族统一国家向前发展，是具有重要意义的。因此苏天爵说："昔我世祖皇帝既定天下，淳崇文化……而文正（许衡）之有功于圣世，盖有所不可及焉。"③

第三，如何才能更好地实行王道德治呢？许衡运用理学的心性学说，在社会历史领域里，阐明了一系列正君心、求民心的思想。他继承了朱熹在社会政治和历史领域的心性学说，认为三代帝王心术正，天理流行，故成王道盛世，后世帝王先要正君心，方能治天下。因此，他强调人君担天下重任，要正身心，不可贪图享乐，务必勤勉谨慎，许衡说：

> 盖天从至难任之，非予之可安之地而娱之也。尧舜以来，圣帝明王莫不兢兢业业，小心畏慎，日中不暇，未明求衣，诚知天下所畀，至难之任。④

君王不仅要勤勉，还要"小心畏慎"，畏慎的理由一方面是因为天下大事乃"至难之任"，须小心对付；另一方面当然是要小心自己的言行，因为"一句言语有差失足以败坏了事，人君一身行得好时，便可以安定其国"⑤。人君的身心言行关系国家成败，关系到天下风气的好坏。

那么，人君如何在复杂的环境下坚持"正心"，"正心"的基本内容又是什么呢？仍在兵马倥偬、四方未定的元朝初年，许衡就从历史观察的角度，为忽必烈提出了"正君心"的基本内容和治国方略。其曰：

> 古今立国规模虽各不同，然其大要在得天下心。得天下心无他，爱与公而已。爱则民心顺，公则民心服，既顺且服，于

---

① 《鲁斋遗书》，卷三，《大学要略》。
② 同上书，卷七，《时务五事》。
③ 苏天爵：《滋溪文稿》，卷五，《伊洛渊源录序》，北京，中华书局，1997。
④ 《鲁斋遗书》，卷七，《时务五事》。
⑤ 同上书，卷四，《大学直解》。

为治也何有。然开创之始，重臣狭功而难制，有以害吾公，小民杂属而未一，有以梗我爱，于此为计其亦难矣。自非英睿之君，贤良之佐，未易处也。势虽难制，众虽未一，必求其所以一。前虑却顾，因时顺理予之、夺之、进之、退之，内主甚坚，日戛月摩，周还曲折，必吾之爱、吾之公达于天下而后已。至是则纪纲法度施行有地，天下虽大可不劳而理也。①

许衡的治国方略简要明确，说到底就是以爱心和公心得天下心，他认为这个"爱"和"公"就是君心所应具体的基本内容。所谓"爱"，便是爱民，"为人上的爱养那百姓，每当如那慈母保爱小儿一般"②。许衡还把"爱"和"仁"联系在一起，他说："仁者性之至而爱之理也，爱者情之发而仁之用也。"③ 这么说，爱就是仁，就是仁爱之心。

    "爱"归于仁，那么"公"是什么呢？许衡说："公者，人之所以为仁之道也……仁者，人之心所固有，而私或蔽之以陷于不仁。故仁者必克己，克己而公，公则仁。"④ 根据他的说法，"公"就是要克己之私欲以行仁，因此"公"也即仁。许衡将爱心和公心都归结于"仁"，这就正如他所说过的："为人君止于仁，天地之心仁而已矣。"⑤ 爱心、公心归于仁，说明"正君心"的目的是要人君行仁政。这样，许衡在社会历史领域的"正君心"思想就和他所主张的以王道德治为盛衰标准的思想达成一致，从而形成合乎逻辑发展的完整体系。即人君有爱心和公心，便能施行仁政，仁政得以实施，自可臻于盛世。应该看到，许衡这些历史思想的阐发，不仅是对宋儒理学思想的继承和发展，而且是元初政治形势的迫切需要，因此他在论述"正君心"的基本内容后，特别分析了开国之初，"重臣狭功而难制"、"小民杂属而未一"等困难环境，强调人君在恶劣环境中修身正心需"内主甚坚"，要有"日戛月摩，周还曲折，必吾之爱、吾之公达于天下而后已"的毅力。由此看来，他对于开国之君和守成之君的"正心"环境和要求是有不同设定的。

    许衡提出以爱心、公心得天下心，天下心即民心。因此，他在讨论

---

① 《鲁斋遗书》，卷七，《时务五事》。
② 同上书，卷一，《语录上》。
③ 同上书。
④ 同上书。
⑤ 同上书。

"正君心"的时候，常常把能否"得民心"看作是否"正君心"的标准。他说：

> 必知古者《大学》之道，以修身为本，凡一言也，一动也，举可以为天下法；一赏也，一罚也，举可以合天下公，则亿兆之心将不求而自得，又岂有失望不平之累哉？奈何此道不明，为人君者不喜闻过，为人臣者不敢尽言，合二者之心，以求天下之心，则其难得亦固宜。①

他把"民心"得失作为"君心"正否的标准，"君心"正则"民心"不求自得；"君心"不正则"民心"欲求亦难。他还用历史事实来证明这种联系的必然性，比如秦失民心，是由于始皇残暴，"秦之苦天下久矣"；汉得民心，尤其文帝时更是人心翕然，为什么呢？他分析道：

> （文帝）专以养民为务。其忧也，不以己之忧为忧，而以天下之忧为忧；其乐也，不以己之乐为乐，而以天下之乐为乐。今年下诏劝农桑也，恐民生之不遂；明年下诏减租税也，虑民用之或乏。恩爱如此，宜其民心得而和气应也。②

许衡在这里想着重说明汉文帝能得民心，是由于"君心"正，他以天下之忧为忧，以天下之乐为乐，关爱民生民用，所以宜其得民心也。

总的来说，许衡历史思想中的心性说将"得民心"和"正君心"联系起来，使"得民心"这一儒家政治理论的理想目标有了更为具体的实施内容；另外，将"民心"得失作为正"君心"的检验标准，也是从心性学说的角度，对于统治者进一步提出了重民的要求，这是它具有积极意义之处。

第四，强调伦理纲常是决定历史盛衰的基础。儒家的纲常名分思想是王道德治理论的根基，宋元理学把这种纲常名分的等级秩序上升为天定的自然秩序，是"不易之理"。许衡说："天尊地卑，乾坤定矣，贵贱位矣。在上者必尊之，然后事可得而理。为君长，敬天地、祖宗、鬼神；

---

① 《鲁斋遗书》，卷七，《时务五事》。
② 同上书。

为百执事，敬事君长；此不易之理也。舍此便逆，便不顺。"① 他强调上尊下卑的关系是一种不可改变的理的规定，违反这种规定就会出现逆乱。为了更详尽地说明纲常名分对历史盛衰的决定作用，他还说：

> 自古及今，天下国家惟有三纲五常，君知君道，臣知臣道。则君臣各得其所矣。父知父道，子知子道，则父子各得其所矣。夫知夫道，妇知妇道，则夫妇各得其所矣。三者既正，则他事皆可为之。此或未正，则其变故有不可测知者，又奚暇他为也。②

许衡总括古今历史，论证只有三纲五常正才可为国为政，否则"其变故有不可测知者"，更何谈有治世安邦了。许衡的观点颇具代表性，元中期的儒臣虞集对此也有类似的阐释，他归纳《春秋》经传所述史实说："《春秋》道名分，实尽性之书也。分上下不辨，则民志不定，乱之所由生也。必君君臣臣、父父子子、夫夫妇妇之分定，则王道行矣。"③ 他把维护三纲五常的名分等级看成是推行王道的基本保证，只有尊卑上下之位分辨清楚，各行其常，王道才能实行，天下才能得治，否则民志不定，便会生乱。元末编撰辽、金、宋三史时也特别注意突出纲常名分在历史盛衰中所起的重要作用，认为"贵贱为而后君臣之分定，君臣之分定而后天地和，天地和而后万化成"④。为了"扶纲常，遏乱略"⑤，三史分别用大量的篇幅设立《忠义传》、《逆臣传》、《叛臣传》和《奸臣传》，强调"天尊地卑"、"贵贱位矣"、"君臣之分定"，以纲常伦理、君臣大义等道德价值为标准，褒贬善恶，以为治乱兴衰之戒。

许衡在总结王道德治历史盛衰标准时，一方面通过强调"仁政"，肯定了历史上施行仁政的积极作用，揭露了封建制度不仁的弊端；一方面结合历史事实，讲"正君心"而"得民心"之要，发挥了儒家的重民思想，对君王提出了严于律己的要求。这些不仅有助于从历史观上逐步认

---

① 《鲁斋遗书》，卷二，《语录下》。

② 同上书，卷一，《语录上》。

③ 虞集：《道园学古录》，卷三十一，《送饶则民序》，上海，上海书店出版社，1989。

④ 脱脱等：《辽史·逆臣传》，北京，中华书局，1974。

⑤ 脱脱等：《宋史·叛臣传》，北京，中华书局，1976。

识社会盛衰治乱的原因，也为元朝政治向好的方面转化提供了有益的借鉴。然而，许衡在强调王道德治历史意义的同时，则依然未能走出理学社会观中"三代胜于汉唐"的思想误区；在强调德治仁政和人的历史作用的同时，却又常常偏离历史实际，陷入理学以道德评判标准衡量一切社会问题的错误逻辑关系，最终得出天理纲常支配历史盛衰的唯心结论，这也是他积极的历史思想中存在的某些局限。

三　通变以合理，总结"行汉法"的历史经验

通变思想是中国史学家和思想家对于思想界的一个突出贡献，通是连接、联系和因依，变是运动和变化；通与变两者结合起来成为一个范畴，说明了事物不断变化的基本原则，以及事物从一个方面向另一方面转化时对立双方互相联系，可以因势利导的条件。通变思想的重要意义在于说明了历史过程运动变化的必然趋势，以及人们在变化过程中因势而行，发挥主观能动作用的可能性。《周易》最早提出了中国古代的通变思想，它说："刚柔相推，变在其中矣。""易穷则变，变则通，通则久。"① 它强调变的普遍性和通的必要性。《周易》的通变思想在司马迁的《史记》和后来的史学家、思想家中得到贯彻和发展。

许衡的历史思想中，具有鲜明的通变史观。他在理学认识的基础上，从求理与合理的要求出发，提出了通变以合理的思想。许衡在探求历史盛衰之理时，虽然表现出明显的天命史观色彩，但从总的思想认识来看，他并不认为人在历史运动过程中是完全被动和无所作为的，而以为，在合理的前提下，人们只要以通变精神行事，是可以发挥历史作用的。许衡说：

> 五帝之禅，三代之继，皆数然也。其间有如尧舜有子之不肖，变也。尧舜能通之以揖逊，而不能使己之无丹朱、商均。汤武遇君之无道，变也。汤武能通之以征伐，而不能使夏商之无桀、纣。圣人遇变而通之，亦惟达于自然之数，一毫之己私无与也。②

①《周易正义·系辞下》，《十三经注疏》，北京，中华书局，1980。
②《鲁斋遗书》，卷一，《语录上》。

他认为社会历史过程具有规律性和必然性，这便是"数"，所谓"数"其实就是决定事物发展"所以然"和"所当然"之"理"。"变"是变异，历史的变动发展过程是不以人的意志为转移的，就如尧舜不能避免不肖之子，汤武不能避免无道之君一样。但是在历史变动转化的大势下，人又不是完全束手无策的，他们可以顺应社会变动的趋势，"遇变而通之"，推动社会向着有利的方向转化。尧舜通过禅让，保证了五帝时期盛世的延续；汤武发动对桀、纣的讨伐，分别建立了强大商朝和周朝。许衡在列举历史上遇变而通的事实时，特别强调了通变的依据在"达于自然之数"，也就是说，通变不能杂以"一毫之己私"、不是在个人意愿驱使下的盲目行动，而是顺应发展大势的合"理"变革。许衡通变以合理的思想指出了社会历史变化的绝对意义，同时也说明了人们在"理"的规范下，顺应潮流，及时变革的重要作用。他的历史观不仅是观察历史的思想，又是思考时代变革的观点，特别是在元朝这样一个民族新组合，社会大变革的时代，这种思想显得尤其可贵。

从通变史观出发，许衡总结历史经验，结合当时的社会实际，向元朝统治者阐述了"行汉法"的必要性和具体内容。应当指出，许衡总结"行汉法"的历史经验，是以民族平等的思想为基础的。早在中统之前，许衡就追随忽必烈，后虽因王文统的排挤，几进几退，但他对当时的政治形势和历史背景一直有深入的思考和分析，对于蒙汉之间的民族关系也有比较正确的看法。他以同父母兄弟间的争吵为喻，批评民族间的分裂、隔阂，他说："元者善之长也，先儒训为大，徐思之意味深长。盖不大则藩篱窘束，一膜之外，使为胡越，其乖隔分争，无有已时何者。所以善大，则天下一家，一视同仁，无所往而不为善也。二小儿同父母兄弟也，或因小事物相恶骂，即咒其爷娘令死，不知彼父母亦我父母也。"①这里从"至元"或"元朝"的"元"入手训释引申，表达了不分胡越，民族团结；天下一家，一视同仁之义，浅显明了而蕴意深刻。许衡正是在"天下一家"、"一视同仁"等民族平等的思想基础上，决意辅助崇礼好儒的忽必烈，积极推行"汉法"的。在忽必烈第四次召见他时，许衡经过深思熟虑，在长篇奏疏中引古证今，从历史的角度论述了"行汉法"的必要性和重要意义。他说：

---

① 《鲁斋遗书》，卷二，《语录下》。

国朝宇土旷远，诸民相杂，俗既不同，论难遽定。考之前代，北方奄有中夏，必行汉法，可以长久。故魏、辽、金能用汉法，历年最多，其他不能实用汉法，皆乱亡相继，史册具载，昭昭可见也。国朝仍处远漠，无事论此，必若今日形势，非用汉法不可也。陆行资车，水行资舟，反之则必不能行。幽燕以北，服食宜凉，蜀汉以南，服食以热，反之则必有变异。以是论之，国家当行汉法无疑也。①

首先，许衡认为国朝土宇辽阔，民各有俗，孰优孰劣，实难论定，这是从平等的眼光来看待民族风俗的差异。但是如果从政治制度来讲，即"奄有中夏，必行汉法"，为什么呢？他以历史事实为证，指出北魏、辽、金等朝能用汉法，于是"历年最多"；相反，不用汉法者，"皆乱亡相继"，这种事例，不胜枚举，十六国时除前秦之外，不行汉法诸国无不短祚。因此，行不行汉法关系到国家兴亡，其重要意义岂非"昭昭可见也"。接着，许衡又从一般事理由浅入深地说明行汉法的必要性。他指出，国朝远在漠北时，自可不用汉法；但如今"奄有中夏"，就不能用原来统治蒙古部落的方法来统治中原汉族的广大地区了。其中道理就如陆路靠车子、水路靠舟船、北食凉性、南食热性一样，适者能行、适者生存；如果违反事理，不仅行不通，而且可能出现"变异"。许衡的分析是符合当时历史的客观实际的，由于蒙古族从漠北兴起的时间还不太长，虽然他们在较短的时间内基本完成了封建化，但还存在着奴隶制残余，相比中原和江南积累千余年的政治、经济和文化水平来说，蒙古族的各个方面还是比较落后的。如果一定要按照原来的生活方式和生产方式来管理汉族统治区，如"悉空其人以为牧地"，将中原已有的先进农耕生产技术退回到生放的游牧生产；或者"孥人妻女，取财货，兼土地"②，将原本有较多人身自由的封建农民驱掠为奴；或者仍以简单的千户、断事官制度代替宋金已有的百官制度，应付日理万机的军政事务和民事诉讼，这不仅行不通，而且必然引起汉地人民强烈的不适应和反抗，出现所谓的"变异"和动荡，其结果不但会使中原地区的历史倒退，也会使蒙古族业已取得的封建化成果损失殆尽。北魏、辽、金的历史证明，落后民族在征服先

---

① 《鲁斋遗书》，卷七，《时务五事》。
② 宋濂等：《元史·耶律楚材传》，北京，中华书局，1976。

进民族以后，如果能在发挥本民族特长的基础上，大力吸收中原汉族的先进制度和文化，则不仅能使本民族的文明程度大大提高，而且可以促进多民族统一国家的不断进步和长治久安。所以，许衡在吸取历史经验的基础上，提出"行汉法"的主张是符合蒙元社会发展的实际状况，是有益于蒙汉等多民族文化的不断融合与共同提高的。

当然，许衡也充分考虑到民族习惯势力对于变易旧章，施行汉法的阻挠，注意到不同民族文化之间的磨合需要一个过程，不能急于求成：

> 然万世国俗，累朝勋贵，一旦驱之下从臣仆之谋，改就亡国之俗，其势有甚难者。苟非聪悟特达，晓知中原历代圣王为治之地，则必咨嗟，怨愤喧哗，其不可也。窃尝思之，寒之与暑，固为不同，然寒之变暑也，始于微温，温而热，热而暑，积百有八十二日，而寒气始尽。暑之变寒，其势亦然。山木之根，力可破石，是亦积之一验也。苟能渐之摩之，待以岁月，心坚而确，事易而常，未有不可变者。①

许衡预计到让蒙古"累朝勋贵"接受变易"万世国俗"、施行"亡国之俗"的改革，"其势有甚难者"。事实上，"汉法"的推行是遇到极大阻力的，守旧的蒙古贵族总是念念不忘"旧章"，他们反对儒术，"屡毁汉法"②，一些西北藩王曾气势汹汹地责问忽必烈："本朝旧俗与汉法异，今留汉地，建都邑城郭，仪文制度，遵用汉法，其故何如？"他们公开把尊崇儒术的主张贬为"诡滥"③。那么如何对待这些困难呢？许衡认为首先要看到事物的转变总是有一个过程的，他以"寒之变暑"为例，说明了事物的变化由量变到质变的渐进过程，带有朴素辩证法的眼光。其次，他要求蒙古统治者在"行汉法"的渐进过程中，要有"渐之摩之，待以岁月，心坚而确"的态度，坚持不懈，以达其成。按照他的考察，"以北方之俗，改用中国之法，非三十年不可成功"，然而，只要"笃信而坚守之"，则"致治之功，庶几可成也"④。移风易俗，乃至政治、经济的各种制度，甚至思想观念的转变，不可能一蹴而就，而是需要长时间的逐步转化，需要足够的耐心和恒

---

① 《鲁斋遗书》，卷七，《时务五事》。
② 《元史·许衡传》。
③ 《元史·高智耀传》。
④ 《鲁斋遗书》，卷七，《时务五事》。

心。因此，许衡主张采取长期的、渐进的方式来施行"汉法"，是符合当时实际情况的，是对于不同民族间文化交融过程的客观总结。

所谓"汉法"，并不仅仅指中原的汉官仪制度，实质上是指与中原地区发达的封建经济基础相适应的上层建筑。为了在新的历史条件下完善这个上层建筑，当时的儒士从各个方面为蒙元统治者的行汉法提出了许多具体制度和措施，这些制度和措施，确有大部分集中了中原地区王朝统治的先进历史经验，有益于治世。许衡在向忽必烈奏请行汉法的《时务五事》中，就以史为鉴，总结了"立国规模"、"中书大要"、"为君难六事"、"农桑学校"、"慎独"等五事十几项措施，包括了上层建筑的许多方面。例如，他要求蒙元统治者为君要先"修德"，"从古者《大学》之道，以修身为本，凡一事之来，一事之发，必求其所以然与其所当然"，以德治为指归。他指出历史上"秦楚残暴，故天下叛之；汉政宽仁，故天下归之"，因而统治者要注意"养民"，只有"养民"才能得民心，进而真正拥有天下。他特别提倡君相治道重"农桑"和"学校"，以为重农桑使民有"仓库之积"，重学校使民知"父子君臣之大伦"，这两条是"自古圣君贤相平天下之要道"，"能是二者，则万目皆举；不能此二者，则他皆不可期也"。他说这个道理出自《尚书》的《尧典》、《舜典》，以史为证，"参诸往古，而往古贤圣之言无不同；验之历代，而历代治乱之迹无不合"。许衡所总结的如"修德"、"养民"、"农桑"、"学校"等历史经验，充分体现了中原汉法治道的精粹，对于蒙元的国家建设显然有极为重要的实践意义。

要言之，许衡的通变史观，及其从历史总结中提出的"行汉法"主张，反映了他历史思想的积极性。他的这些历史思想，以务实、通变的态度，通过总结历史经验，为化解民族矛盾、促进民族合作找到了比较合适的途径。这不仅有益于蒙汉等多民族文化的不断融合与共同提高，对于元朝多民族统一国家的建设也发挥了积极的促进作用。

（原载《史学月刊》，2005 年第 9 期）

乔治忠

明代史学发展的普及性潮流

中国的古代传统史学，自两汉时期奠定牢固的基础之后，即处于持续发展的状态，而在各个历史时期、各个朝代，由于政治、经济和文化的社会背景有所不同，史学发展会具有不同的特点和不同的主流趋势。迨至明朝，史学现象虽然发展得支脉繁多，光怪陆离，但渐渐出现一个主导的趋向，从而形成有别于其他朝代的史学特征。抓住明代史学的主要特征，才能更准确、深刻地认识明代史学状况及社会文化状况。这个主要的特征，就是史学发展呈现出越来越强的普及性潮流，贯彻到明末，波及于清朝。

一 普及性史书的兴起

一批史书，如果具有满足社会各阶层了解、学习历史知识的功能，且具备相当的流布程度，可称之普及性史书。普及性史书的流布，加以一部分史家以传播历史知识为宗旨而撰史，从而具有明确的史学普及意识，二者相结合，即构成一定社会历史时期的普及性史学。按照上述定义，普及性史学形成的基本表征，其一是社会动机，即具有比较普遍的欲使历史知识广为传播的史学意识；其二是社会效果，即历史著述达到了相当广泛的传播。史学普及意识是在史学发展的进程中产生和扩大的，历史著述能否广泛传播，则取决于多种社会的因素，如社会上文化需求的水平、书籍发行的技术手段等。

在宋代，是中国普及性史书的萌发时期。我国唐代，雕版印刷术即得到了推广应用，但多为刻印佛经、字书、历书及家训、诗歌、文集类书籍，至宋代才比较广泛地刻印史书，这为历史知识的传播提供了必要条件。宋朝重视儒学教育，社会文化较前发达，农业、手工业与商业经济也比较繁荣。中国古代史学的长足发展，至宋代已经积累了大量史籍，历史文献的文字浩瀚，成为突出的问题，欧阳修等撰述《新唐书》，即将"事增文省"作为目标，而独力纂修的《五代史记》则"文省而事略"，篇幅"减旧史之半"①。司马光撰《资治通鉴》，亦出于"每患迁、固以来，文字繁多，自布衣之士，读之不遍，况于人主，日有万机，何暇周览"，因而"欲删削冗长，举撮机要，为编年一书"②。这种史书尚简的观念，自东汉末年荀悦撰《汉纪》即已产生，其目的是为了上层统治者阅读方便，《资治通鉴》就是提供给皇帝"时赐省览"的。因此，简明扼要的史书，虽然原则上更适合于历史知识的普及，有助于史书读者的扩大，但编撰简明的史书，却不一定具备史学普及的意识。

北宋时期产生许多十分简要的史书，例如宋仁宗时，宋庠撰《纪年通谱》十二卷；宋英宗时，司马光撰成《历年图》五卷；宋神宗时，章衡撰《编年通载》十卷；宋徽宗时，江贽撰《资治通鉴节要》。其他如《十史类要》（李安上撰）、《观文鉴古图记》（宋仁宗御撰）、《历代帝王绍运图》（诸葛深撰）、《稽古录》（司马光撰）、《续纪年通谱》（毕仲荀撰）等，皆为简明通史类著述，数量甚多。但《纪年通谱》、《历年图》、《编年通载》等成书后，仍是进献朝廷，江贽的《通鉴节要》则留于家塾自用，其作者在史学普及问题上均处于无意识状态。章衡的《编年通载》进献于宋神宗，十年之后，族人认为其书"得居简执要之术"而谋求刊印，章粢为之写《序》称："募工镂版以广其传，庶几读之者用力甚少而收功弥博……博学多识之君子，览之无忽也"。这里"以广其传"的提法，接近于普及历史知识观念。而在民间，如《历代帝王绍运图》之类篇幅甚简的史籍，则有所刊印流播。司马光撰《历年图》初成，本来"聊以私便于讨论"，却被熟识者私下"摹刻于板传之"，且书名、内容皆有改动。对此，司马光极其不满，于是修订其书，将之进献于皇帝。③ 这一方面说明像司马光这样的学者，尚未意识到史学需要普及；另一方面

① 欧阳发等：《先公事略》，《欧阳文忠公集·附录》，明嘉靖三十四年刊本。
② 司马光：《进资治通鉴表》，载《资治通鉴》，中华书局标点本，卷首。
③ 参见《记历年图后》，《司马文正公传家集》，乾隆六年刊本，卷七十一。

也表明社会上产生了对普及性史书的需求，普及性史书的流行已经悄然起步。

南宋时期，对普及性史书的需求有所增长，这从编辑与刊印的史籍即可以大致看出。陈梦协《十七史蒙求》、晁公迈《历代纪年》、朱绘《历代帝王年运诠要》、南宫靖一《小学史断》、黄震《古今纪要》等，均属简明扼要、适于流行的历史著述。自司马光著成《资治通鉴》后，他"尚患本书浩大，难领略"，曾撰《通鉴举要历》八十卷。① 后来出现江贽的《通鉴节要》，是最早的缩写《资治通鉴》之书。至南宋，取资《资治通鉴》而予以简化改编的撰述活动接踵而行，胡安国《资治通鉴举要补遗》、史炤《资治通鉴释文》、袁枢《通鉴纪事本末》、沈枢《通鉴总类》等，著述宗旨各异，要皆力图简要，便于历史知识传播。值得注意的是：南宋吕祖谦不仅编撰了《十七史详节》，而且删节《资治通鉴》，《宋史艺文志》著录有《吕氏家塾通鉴节要》，今仍存有宋刻元修本《吕成公点校集注司马温公资治通鉴详节》，题吕祖谦撰。② 这带动了一股以缩编《资治通鉴》为主的编辑、刊印普及性史书的风气，现可确知者有陆唐老《增节音注资治通鉴》③、《增入名儒集议资治通鉴详节》、《吕大著点校标抹增节备注资治通鉴》、《入注附音司马温公资治通鉴纲目》、《省元林公集注资治通鉴详节》、《李侍郎经进六朝通鉴博议》、《分门史志通典治原之书》、《永嘉先生三国六朝纪年总辨》等。④ 这些书籍皆为私家或书坊刻印，有的不标明作者，而其书名往往具有为了促进售卖的广告性征。关于最后一种，《四库全书总目·史部史评类》指出：该书为南宋建阳书商魏仲举刻印，"盖以刊书射利者"。是南宋时期刻书售卖已形成商业运作，史书既然可以用来射利，表明社会对历史知识普及的需求，已发展达到一定的程度。

元朝承南宋之绪，缩编的《资治通鉴》各书，多有重编与翻刻，特别是江贽（人称"少微先生"）《通鉴节要》，曾以《少微家塾点校附音

---

① 参见《直斋书录解题》，影印《文渊阁四库全书》史部目录类，卷四，《编年类》。

② 参见《中国古籍善本书目·史部编年类》，上海，上海古籍出版社，1996。

③ 参见《四库全书总目·史部编年类存目》。按：据王重民《中国善本书提要·史部编年类》（上海古籍出版社 1983 年版）考订，陆唐老之书于南宋宁宗庆元三年（1197 年）有蔡氏家塾刻本。

④ 以上见于《中国古籍善本书目》史部编年类、史评类、史抄类。

通鉴节要》等商业性名称刊印，对后来普及性史书的发展影响很大。元人亦编辑一些适于普及历史知识的书籍，如胡一桂《十七史纂古今通要》、陈栎《历代通略》、王幼学《资治通鉴纲目集览》、察罕《帝王纪年纂要》等。而宋遗民曾先之撰《古今历代十八史略》一书，具有简明生动的特点，最初仅为课蒙教本，后大为流行，又为普及性史书开一新境。

总之，普及性史书流行于社会，是在宋代社会经济、文化和印刷技术达到一定水平的基础上，由传统史学发展出来的现象，特别是《资治通鉴》的撰著成功，起到有力的促进作用。由于《资治通鉴》的影响，史书编纂形成两种取向，一是如《续资治通鉴长编》那样鸿篇巨制的编年史，二是简化、缩编的普及之书。南宋及元朝，普及性史书在书坊的商业性刊印发行中占有一定份额，这标志着它在整个社会需求中运转开来，渐成气候。但史家中尚缺乏明确的史学普及意识，因此完整意义的普及性史学还有待后日。至于宋元时期的讲史话本、历史杂剧等，虽也有增加某些历史情趣的效果，但应属于文艺作品，不在史学的范畴之内。那些文艺作品的产生并立足于民间，得益于历史知识一定程度的传布，是文艺取资于史学而求其自身发展的表现。有人将之视为史学活动或具有什么样的史学意义，乃是本末倒置、经纬不分。

二　关于明代私修史的主要特点

关于明代史学发展的主要特征，学界历有评断，而多认为明代中叶之后以私修当代史为主。例如商传即曾认为："不仅是私人修史，而且是修本朝史，成了明中叶以后史学的一大特点。"① 笔者认为：明代私修当代史的固然很多，但若以此概括明朝史学史的主要特点，则理据皆为不足。首先，就私修史而言，明人私修的当代史数量上并不占压倒的优势。在《明史·艺文志》史部，除去官修之书②，正史类明当代史 36 种，通史与前代史 38 种；杂史类明当代史 202 种，前代史 15 种；史抄类 34 种

① 商传：《明代文化志》，406 页，上海，上海人民出版社，1998。
② 历朝历代之官修史，数量皆以本朝史为多，明朝亦然。此不足视为明代史学特点。

皆不是明当代史；故事类明当代史 35 种左右，通史、前代史 25 种左右，另有如《通漕类编》、《海运编》、《南船记》等，难以凭书名确认，故未计入；传记类明当代史 53 种，通史、前代史 85 种；政书类本多为官方律令、则例、规章，即使私家撰写，亦多以所任官职署名修纂，如李化龙《邦政条例》之类，为准官书性质，又非正规著述；地理类以方志居多，一般皆通贯古今，体例使然，亦不必计入。因此，从《明史·艺文志》分析明代私修史，当代史占明显优势者仅为杂史类，而这类书籍中，官员、学者的随手札记诸如费宏《武庙出所见事》一卷、申时行等皆有《召见纪事》一卷、杨士聪《枚卜始末》一卷之类，根本不成著述规模者为数甚多。相反，私修通史和前代史则大多部帙较大，比私修当代杂史有一以当十、一以当数十的篇幅。应当指出：《明史·艺文志》收载史籍时遗弃极多，查《中国古籍善本书目》史部，明人史抄类著述仅今存者即有 142 种，全属前代之史；史评类中则有今存 120 多种为《明史·艺文志》未加著录，也都是评议前代史事。在《中国古籍善本书目》史部编年类，有今存 87 种从《资治通鉴》、《资治通鉴纲目》及其续编、节编衍生出的编年史，至于每一种中附加题评、批注而形成的变种，则不可胜记。当然，明当代杂史也有大量未登录于《明史·艺文志》者，但大多为明末国变之际产生，其社会影响在时间段上应归之于清初。有明一代史籍繁多杂乱，各类书史很难作出确切统计，但通过上述分析，明朝私修当代史对于其他私修史并无明显优势，这是不成问题的。那么，学者对于明代史学为什么多注目于私修当代史呢？这是因为明人私修当代史在明史研究中具有一定的史料参考价值，明人所纂通史、前代史，则多为抄撮旧书，在历史研究中史料价值极小，治史者不予关注。然而，从史学史角度观察，则别有洞天，那些没什么史料价值的纂辑之史，能够在明朝广泛流行、反复刊印，这是一种值得注意的文化现象。实际上明代私修史中的当代史与非当代史并不是互相排斥的，二者具有撰著宗旨上的共同点，即著书是为了在社会上广泛流传，使更多的人了解其中所记之事、所持见解。明代著史之人、所撰之书，皆多得无法确计，无论撰写当代史还是通史、前代史，绝大多数人都不再像前代史家那样去谋求朝廷的认可，而是面对社会上的广大读者，在整个社会文化氛围中表现出浓厚的史学普及意识，这一点，容当后文集中论述。总之，明人对于当代史、通史、前代史编纂宗旨上的共同性取向，表达了明代史学的主要特点，是包括当代史在内的普及性史书大为流行，从而普及性史学的发展、兴盛而渐渐形成潮流。这样概括明代史学的特点，涵盖了有明一代所撰写、刊印各种史籍的状况，而避免了只注意到明代私修当代史的片面性。

瞿林东先生论及明代史学，认为有"走向社会深层"的特点，并提出明代"史学的通俗形式"问题。[①] 愚意"走向社会深层"不如改作"走向社会基层"为确，至于"史学的通俗形式"提法，"通俗"一词非不可用，瞿先生认为明代史学的通俗形式表现于节选、摘抄、改编旧史之书，以及历史教育的蒙学读本，虽篇幅所限而未深入细致地阐发，然议论严谨，富于学术启发性。

可是，学界一些人打起"通俗史学"的旗号，怪论迭出，例如李小树即认为明代是"通俗史学"兴盛，而他所谓的"通俗史学"，是指起自宋代讲史话本的《三国志演义》、《隋唐演义》等小说系列。[②] 钱茂伟的文章摹仿李小树的思路而变本加厉，认为"通俗史学是城市娱乐文化的产物"，"史学色彩很浓的历史演义是一种预示着史学改革的新史体"等。[③] 这些说法指鹿为马，淆乱史学与文艺作品的界限，谬误荒诞，莫此为甚。史学作为一种学术，其前沿必当日益走向精深，不可能也无必要完全对社会各界"通俗化"，不仅史学如此，其他各个学科概莫能外。这是学术与娱乐文艺、特别是商业性娱乐文艺的本质性区别。另一方面，史学研究所得出的准确知识，有必要向社会普及和宣传，正如自然科学既需要尖端性研究，也需要对社会进行知识普及一样。史学的普及、宣传完全可以采取简明、生动的史学著述方式，而且这是最可靠的普及方式。文学艺术作品也可以起到宣传历史知识的作用，但如果文艺作品宣传了准确的历史知识，它仍然属于文艺，是尊重历史的文艺而不是史学；如果文艺作品宣传歪曲了的、或虚实夹杂的历史事件，那么它与史学的准则背道而驰，更不容其鱼目混珠。鉴于"通俗"的旗号往往被用作走向低俗甚至庸俗的遮羞布，故笔者以"普及性史学"标示明代相关的史学意识和史学著述。就普及性史学著述而言，其体例遵从史学规范，而不是迁就娱乐方式；其历史内容是追求写实，而不是形象塑造；其见解为据事抒发的理性分析，而不是通过故事情节典型化、夸张化的加工描

---

① 瞿林东：《中国史学史纲》，第 7 章，北京，北京出版社，1999。

② 李小树：《封建传统史学的没落与通俗史学的兴盛：明代史学探论》，载《北京社会科学》，1999 年第 1 期。

③ 钱茂伟：《从庙堂之高到江湖之远：历史知识在民间的传播》，载《光明日报》，2000 年 9 月 1 日。

绘。在宋元普及性史书的基础上，明人对普及性史书撰写、刊印、传播、阅读，达到了空前繁盛的局面。

三　明代的普及性史学

古代传统史学至于宋代，发展到一个高峰，而社会基层则萌发了普及性的史书。元朝承袭南宋的史学水平，在普及性史书上有所进展但成就不甚卓著。明朝的建立，则给普及性史书由附庸蔚成大国提供了发展契机。

（一）明代普及性史书的发展进程

明太祖建国伊始，即将"兴学校"与"劝农桑"置于同等重要地位。洪武二年（公元1369年），明太祖颁发《命郡县立学校诏》曰："自胡元入主中国，夷狄腥膻污染华夏，学校废弛，人纪荡然；加以兵乱以来，人习斗争，鲜知礼义。今朕一统天下，复我中国先王之治，宜大振华风，以兴治教。今虽内设国子监，恐不足以尽延天下之秀，宜令天下郡县并建学校以作养士类。"① 从此明朝官方大力兴办学校，陆续扩大生员额数。明朝奖劝读书，取得最初级功名的生员，即给予以优厚待遇："生员之家，依洪武年间例，除本身外，户内优免二丁差役。"② 这不仅促进官学兴旺，也刺激私塾教育的发展，特别明英宗时"通行天下学校，今后增广生员不拘额数，但系本土人民子弟自愿入学读书，听府州县正官与学官公同考选，俊秀者即收作增广生员"③，更令人读书向学，趋之若鹜，使明朝中后期学人剧增，出现"冠履遍天下"④ 的景象。这么多的学人却只有少数人可以进入仕途，大部分则沉积于社会，形成较大规模的读书人和撰书人队伍，撰写与阅读普及性史书者为其中大宗。刻书业随之兴旺，相互推动，是为明朝普及性史学繁盛的社会条件。

---

① 《明太祖实录》，卷四十六，洪武二年十月辛卯，上海古籍出版社据台湾历史语言研究所校印《明实录》影印本。
② 《大明会典》，江苏广陵古籍刻印社1989年印本，卷七十八，"风宪官提督"。
③ 《明英宗实录》，卷一五一，正统十二年三月癸酉。
④ 朱谋㙔：《邃古记》，明万历刻本，卷首，董应芳《序》。

　　明初官方的史学举措，一定程度上也促进了史学普及意识的形成与发展。洪武六年三月，采摭汉、唐以来藩王善恶可为劝诫者，纂成《昭鉴录》一书，颁赐诸王。此后，这种惩戒性史书陆续编纂，若《臣戒录》、《相鉴》、《志戒录》、《武士训诫录》、《醒贪录》、《逆臣录》、《永鉴录》等，皆为明太祖朝编纂，或有针对性地颁赐，或广泛地予以颁发。例如纂辑历代悖逆不道王侯、宗戚、宦官事类的《臣戒录》"颁布中外之臣，俾知所警"①，《志戒录》"采辑秦、汉、唐、宋为臣悖逆者，凡百有余事，赐群臣及教官、诸生讲诵，使知所鉴戒"②。这固然有着强化君主专制的宗旨，而编辑此种简明的历史事类之书，做法上也是历史知识的普及行为。明宗室宁献王朱权，太祖朝奉敕撰《通鉴博论》二卷、《汉唐秘史》二卷，永乐四年又撰成《天运绍统》一卷（记历代帝王传授、谱系、年号），皆为普及性史书。洪武十一年，明廷还编撰分国记述春秋时期史事的《春秋本末》一书，体现"尊王攘夷"精神，"敕内官刊梓禁中，以传示四方"③，这不能不认为其中带有普及历史知识的意识。明成祖时编纂并颁发《古今列女传》（解缙撰）、《孝顺事实》，明宣宗时撰集《外戚事鉴》、《历代臣鉴》等书，均祖述了太祖朝的做法，明朝官方的史学活动对普及性史学的发展具有鼓励、启发的作用，影响力不可低估，后来私家纂辑的史书如魏显国《历代守令传》、黄汝亨《廉吏传》、毛调元《镜古录》、李腾芳《宦寺考》④ 等，数量甚多，与上述官修史符节若合，在明代普及性史书中占有一定的份额。

　　明初的私家学人，很早即已十分关注普及性史书，特别是元初宋遗民曾先之的《十八史略》这一撰史形式，得到格外重视。洪武五年七月，江西临川（今江西省临川县）人陈殷，为《十八史略》作音释（注音和注释），将之釐为七卷，其序言称《十八史略》"开卷一览，古今之迹粲然，上自一人，下及黎庶，凡所以立身行己之间，皆足以为鉴戒云，其所以垂裕后来之心，可谓仁且远矣。"这看到了《十八史略》适于历史知识的普及，并且通过音释促进传布，呼吁"士君子与我同志修而饰之，

---

　　①《明太祖实录》，卷一三二"洪武十三年六月"。

　　② 同上书，卷一九四"洪武二十一年冬十月乙丑"。

　　③ 宋濂：《春秋本末序》，载《宋学士全集》，影印《文渊阁四库全书》集部别集类，卷五。

　　④ 以上各书撰写者皆明人，见于《中国古籍善本书目·史部传记类》著录。

庶斯文之出色也"①，其史学普及意识是相当强烈的。洪武十七年，张九韶撰成《元史节要》，两年后梁寅撰《元史略》，都是仿《十八史略》的接续之作。张九韶为休致的翰林官，梁寅为隐居的儒学名人，而二人均接续《十八史略》撰史，表明了该书当时影响之大与流传之广，至今各地图书馆尚存有《古今历代十八史略》明初刻本。② 从明宣宗宣德年间起，《十八史略》经民间学者的校订、注解和改编，衍生出多种版本刊行，广泛传播。

采取宋元的普及性史籍重新刻行，是明初普及性史学起步的重要方式之一。元人王幼学的《资治通鉴纲目集览》59 卷，于洪武二十一年刊行。随即有明人瞿佑、陈济为其书考订正误，今尚存永乐八年刻行的《资治通鉴纲目集览镌误》（瞿佑撰）和宣德四年刻行的《资治通鉴纲目正误》（陈济撰）。经陈济正误的 59 卷本曾由明内府刊行，可以想见当时的流行与影响。③

宋江赘的《通鉴节要》（书名多有加"少微"字样，即作者称号）一书，在明初亦为流行史籍，今日本内阁文库存有明宣德三年刊本，此本经明民间学者王逢"辑义"、刘剡"增校"，可知非明代最早的流行之本。刘剡还撰写《资治通鉴节要续编》30 卷述宋、元史事，今可见最早刊本为朱氏尊德书堂于宣德九年刻行的《增修附注资治通鉴节要续编》，其中有"增修附注"字样，说明并不是最初流行之本。此后，《少微通鉴节要》及刘剡的《续编》皆有多种版本畅行，且皆有司礼监刊本，成为明代一种重要的普及性史书。此外，宋黄震《古今纪要》今仍有明初刻本，④ 日本内阁文库今存元胡一桂《十七史纂古今通要》的明永乐二十二年刊本，表明这些适于普及的史书都曾于明初流行。

从上述官方史学活动以及明宣德、正统年间《十八史略》、《资治通鉴纲目集览》、《少微通鉴节要》、《通鉴节要续编》及其他类似史书的流行状况来看，明初普及性史书已呈现强劲的发展势头，此后，普及性史书的刊行与撰写即持续增长。一方面，搜罗宋元史籍而刻印的活动仍在继续，如明景帝景泰六年翰林院编修黄谏，将元人察罕的《帝王纪年纂

---

① 《立斋先生标题解注音释十八史略》，日本摹刻明正统六年刊本，卷首，《史略叙》。

② 参见《中国古籍善本书目·史部史抄类》登录。

③ 以上各书见《中国古籍善本书目·史部编年类》登录。

④ 参见《中国古籍善本书目·史部史抄类》登录。

要》稍加修订付刻，其序言称该书"撮群籍之要，撮万事之统，损繁就简，约编年而为之"，适于历史知识的普及。① 元人郑镇孙《历代史谱》、《直说通略》等也在明成化年间刻行。② 另一方面，明人新撰之书亦稳步增加，仅从现今尚存之书来看，景泰年间有晏璧的《史铖》刻行，后反复重刊，成化年间有蒋谊《续宋论》刊行，弘治年间且有《历代世谱》、《历代纪年甲子图》（李旻撰）刻行，正德年间有王承裕《厚乡录》刊行、邵宝《学史》反复刊刻等。另外，从景泰至正德年间，经过增补、附注的《通鉴节要》、《通鉴节要续编》、《资治通鉴纲目集览》等书仍以各种版本刊行。③ 普及性史书的流行状况，从《新集分类通鉴》一书的刊行可见一斑：弘治年间曾任河间知府的顾佐，发现一部无作者姓名的《分类通鉴》，竟抄录带回，准备刻印。因离任将之留于官邸，继任者谢道显"乃儗工刻之"。似这种分事类抄撮《资治通鉴》的毫无创树之书，却被称赞为"最便学者之观览"④，得到官员器重而刊刻，这并非孤例，正德年间"不知何人所集"的《唐策》也被"命工重锓梓以传"⑤，说明当时普及性史书的流行已成社会风气，社会需求量甚大。一些地位很高的学者、官员也投入普及性史书的编纂，例如翰林学士、礼部侍郎丘濬于成化十七年撰《世史正纲》32 卷，对明代普及性史学的发展推波助澜，影响颇大。至明嘉靖朝以降，普及性史书的编纂和刊行已成千帆竞发之势，万历朝达于极度繁盛，直至明末。这些史书，后文我们还当予以分析，此处从略。要之普及性史学是从明初至明末，基本上是一个持续增长、形成潮流的发展进程。

（二）明人的史学普及意识

明朝普及性史学发展的显著特点，是明人的史学普及意识远远超越

---

① 明刻本《帝王纪年纂要》卷首，黄谏《序》，《四库存目丛书》，史部第 6 册，济南，齐鲁书社，1996。

② 参见《中国古籍善本书目》史部编年类和史抄类著录。

③ 以上参见《中国古籍善本书目》史部史评类、编年类、传记类著录。

④ 顾佐：《分类通鉴引》，载《新集分类通鉴》卷首，《四库存目丛书》，史部第131 册。

⑤《唐策》卷首，汪灿《原序》。按：此书今存日本东京大学东洋文化研究所，内容为抄纂唐朝政治议论。

宋元时期。明初官修《明史》告成之后，张九韶编纂《元史节要》，自称："惟是正史浩瀚冗繁，篇帙重大，未易可得，则夫元之一史，吾惧不能家传而人诵之也……于是取《元史》正文，仿曾先之所编《史略》例，节其要者为一书，以便观览。"① 则他的著书宗旨是为了"家传而人诵"，即最大限度地普及。梁寅撰《元史略》也提到官修《元史》"篇帙浩繁，闾阎庶士，未能快睹"，同样从"闾阎庶士"的需要着眼。梁寅还撰有《历代叙略》一书，建文年间刻行时，瞿佑极力称赞这种"锓梓以广其传"、"出而广于世，俾人人皆得而见之"② 的做法，可见明初就有不少学者具备了明确的史学普及观念。

成化年间，丘濬撰成《世史正纲》，他在《自序》中称：

> 人之生也，禀赋不齐，贤者、知者恒少，而愚者不肖者恒多。圣贤之书用意深而立例严，非贤人君子不能知也，是以知之者恒鲜。愚为此书，直述其事，显明其义，使凡有目者所共睹、有耳者所共闻，粗知文义者，不待讲明思索，皆可与知也。苟或因是而驯致夫贤人君子之地，则夫圣贤婉而正之书，亦可由此而得之矣。

丘濬的这段论述文简意赅，鲜明地提出普及性史学的理论性见解，即撰述史书要做到浅显易明，将阅读对象定位于"凡有目者"、"凡有耳者"、"粗知文义者"，同时也不排斥较高层次的读者。撰写普及性史书的目的和作用之一，就在于将读者向高层次史学作出引导，从而"圣贤婉而正之书，亦可由此而得之矣"。嘉靖年间顾应祥著《人代纪要》30 卷，亦为简明通史，《自序》道其撰述宗旨："使善者知其为善，恶者知其为恶，篡弑者知其为篡弑，中国知其为中国，夷狄知其为夷狄，穷乡下邑之士，无书可考者，一览而得其概矣。"③ 崇祯时王光鲁撰《阅史约书》，言本书"以'阅史约书'名之，'约'者，不尽之词也，用以快贫而多务、数迁徙、善遗忘如予者也"④。这种史学普及意识，已经将眼光投向社会

---

① 《元史节要》卷首，《元史节要序》，《四库存目丛书》，史部第 131 册。

② 《历代叙略》卷首，《历代叙略题辞》，日本据明建文三年序刊本，日本内阁文库存。

③ 顾应祥：《人代纪要·自序》，见《四库存目丛书》，史部第 6 册。

④ 王光鲁：《阅史约书·自序》，见《四库存目丛书》，史部第 32 册。

的底层，考虑如何最广泛地普及历史知识。

明人的史学普及意识，与史学的劝诫、教化等观念并不矛盾，而是相得益彰的。例如：《古今人鉴》一书刊行，据称"重其书而广其传"的目的是"悬不磨之鉴以照愚蒙"，"使人知所法复知所惧"①；《忠孝别传》的撰述目的是"但使得人人唤醒，光明洞达，不肯牵补度日而为半死半活之虫，则予辑《别传》意也"②。这里，史学的教化与史学的普及意识是融为一体的。明代不违反名教思想与政治原则的史学普及意识，得到朝廷的认可，明初颁发《春秋本末》、《古今列女传》、《孝顺事实》等书，本具备一定的史学普及意识。明官修《续资治通鉴纲目》告成，明宪宗御制序文曰："仍命梓行，嘉惠天下。于戏！……所谓以人文化成天下者，有不在兹乎！"③ 这种"嘉惠天下"的意图，与民间的史学普及意识相仿。明武宗曾为《少微通鉴节要》作《序》，称其书"详不至泛，略不至疏，一开卷间，首尾俱见，盖读史者之捷径也"④，对其普及历史知识的作用大加赞扬，令司礼监予以刊刻。正德年间完成的官修《历代通鉴纂要》一书，其体式与流行的《少微通鉴节要》等书别无二致，是官修本的编年通史类普及性史书。可见明朝官方不仅认同史学的普及意识，而且刊行、编纂，参与于普及性史学的潮流之间。

明私修当代史同样具有史学普及的意识，例如：顾充《皇明一统纪要》万历刻本《序》认为《大明一统志》"第其书浩富，非人人所易窥"，本书"分为数卷，使一统之盛、舆图之广，不出户庭天下事悉在目睫间矣，观者得无称为简便也欤"；《皇明纪略鼎脔》节略陈建《皇明通纪》，编纂方法是删刘繁芜、"从俗简明"，其《凡例》声称要使本朝业绩、典章"在上耳提面命，在下家喻户晓"⑤；薛应旂《宪章录·自序》言其目的是"汇为斯编，与经世者共之"。这些史籍实际是将读者定位于"在下"的普通人，力求"人人所易窥"。因此，明代绝大多数私家著史，无论何种内容，都淡化乃至摒弃了进献朝廷的意图，而普遍以"授之剞劂，传

---

① 《古今人鉴》卷首，杜鹤年《古今人鉴序》，明崇祯刻本，日本内阁文库存。
② 《忠孝别传》卷首，吴震元《忠孝别传小引》，明崇祯刻本，日本内阁文库存。
③ 《明宪宗实录》，卷一五九，成化十二年十一月乙卯。
④ 以上见王重民：《中国善本书提要·史部编年类》，上海，上海古籍出版社，1983；《中国古籍善本书目·史部编年类》。
⑤ 以上二书分别存日本早稻田大学图书馆、内阁文库。

之博雅君子"① "已编既竣……遂梓以惠天下"② 为意念。丘濬的《世史正纲》大旨是要严华夷之分、明君臣之义，立正统观念，按其立意以及他的官位，可以进献皇帝，博得嘉奖，然而他却宁可以普及历史知识为宗旨。《威暨录》一书是明朝将领林兆鼎记述其显赫战功之书，按说该进献于朝廷，谋求宣付史馆，但林氏却将之刻印，声言"爰摭其在蜀在黔两地约略者付之剞劂，敢曰粉饰见闻，为喜事边疆者嚆矢也，诸先生其有以进而教之！"③ 当然明代还存在个别的撰史而进献朝廷的现象，但上述事例足以表明：撰史为了广泛传播、撰史欲使更多的人得以观览的史学普及意识，已强劲地风行于社会，形成一种文化氛围。这致使一些史家虽不欲刊行其书而不得，如王世贞《弇山堂别集》的刻印，就是"好事者见而异之，固请付剞劂"④，李贽《藏书》也因"无奈一二好事朋友，索览不已"⑤ 而刊印。明崇祯时舒弘谔撰《通鉴纪略》（又名《古今全史集要》）备教学之用，其师曹勋见之，强令刊行，遂成广泛传播之书。此等世人与史家皆看重史书刊行、皆促进史书广泛传播于社会的价值取向，是明代与前代迥然有别的主导性观念，致使史学风气发生了重要的变化，体现出史学在明代新的发展趋势，即形成一个史学的普及性潮流，在中国史学史上卓具特色，值得认真研究。

（三）明代普及性史书的几个主要支派

明代的普及性史书种类繁多，体式冗杂，但为了便于分析，可以按其体裁及内容范围而择要划归几个支派：

第一，以《资治通鉴》、《通鉴纲目》衍生出的撰述为代表的编年体通史，在明代普及性史书中占据最主要的地位。如上文所述，这种史书宋元两代即已产生，明代最初是以刊印、修订、增补宋元时期旧史起步，随后则一往不收，花样翻新而层出不穷。其中《少微通鉴节要》在明初至正德期间刊印的基础上，演变出许多读本，今存而著录于《中国古籍善本书目》者，嘉靖、隆庆间刻印的约有六、七种，如《新刊古本少微先生

① 《咸宾录》卷首，刘一焜《序》，民国南昌《豫章丛书》本。
② 茅一桂：《史汉合编题评》卷首，董份《序》，明万历十四年金陵刻本。
③ 《威暨录》卷首，《自序》，明崇祯九年序刊本，日本国会图书馆存。
④ 王世贞：《弇山堂别集》卷首，《弇山堂别集小引》，清《广雅丛书》本。
⑤ 李贽：《藏书·世纪列传总目前论》，北京，中华书局，1959。

资治通鉴节要》、《新刊宪台考正少微通鉴全编》等。此类刊本，有的是与明刘剡《续通鉴要》合刻为一书，而各种名目的《续通鉴节要》单行本亦刊刻多种。嘉靖年间，还出现了题名唐顺之删定的《新刊翰林考正纲目点音资治通鉴节要会成》。有名文人被题名于坊刻本普及性历史读物，唐顺之是最早的典型。万历之后，内容相同但变幻名目的刻本反复出现，今存约有十种，如《新刊高明大字少微先生资治通鉴节要》以及由题名唐顺之删定之书变化而来的《新刊翰林考正纲目批点音释少微节要大全》、《重刻翰林校正少微通鉴大全》等。这些史书绝大多数是坊间刊本，刻卖者有"就正斋"、"书林克勤斋"、"刘弘毅慎独斋"、"兴正书堂"、"新贤堂""书林宗文堂"等。

明人自撰编年通史以及自行改编《资治通鉴》之书，除上文所述《世史正纲》等著述外，嘉靖年间刊行有金㻞的《诸史会编大全》、薛应旂《甲子会纪》、顾应祥《人代纪要》、诸燮的《新编通鉴集要》等。诸燮之书初刻 28 卷，后来被改刻为 10 卷，书名也变为《新镌通鉴集要》、《新镌通鉴会纂》等，仍题诸燮之名。万历朝开始，作品行世者明显增多，如姜宝《稽古编大政记纲目》、沈尧中《治统会要》、顾充《通鉴纂要抄狐白》、宗臣《通鉴要删》、题归有光的《通鉴标题摘要》、苏文韩《新镌通鉴节要》、吴守谟《新刻通鉴集要》、钟惺《通鉴纂》、舒弘谔《通鉴纪略》、杨仲鲁《新裁编年通考》、姚允明《史书》、陈士元《世历》、夏洪基《历代帝王统系》[①] 等。

在上述各书流行的同时，朱熹《资治通鉴纲目》也大量印行，此书仅 59 卷，颇便于传播。然而明人逐渐踵事增华，陆续在原文之下散入有关解释、阐发、考订的内容，如宋尹起莘"发明"、元刘友益"书法"、汪克宽"考异"、明冯智舒"质实"等，坊刻书名也有诸如《文公先生资治通鉴纲目》、《新刊资治通鉴纲目大全》、《新刊紫阳朱子纲目大全》等，纳入当时流行史书之列。

仿照这种在编年叙事中插入多项相关内容的编书方法，明代出现了"纲鉴"一类普及性史籍，隆庆年间，题名"唐顺之辑"的《新刊古本大字合并纲鉴大成》，由书林归仁斋刊行，可能是现今所能见到最早的"纲鉴"之书。万历朝及其后，以"纲鉴"为书名的坊刻普及性史书大量涌现，其势如潮，形成明后期一道特别的文化风景线。例如题名王世

---

① 以上见《中国古籍善本书目·史部编年类》登录。

贞的《凤洲纲鉴》、《王凤洲先生纲鉴正史全编》等，今存即有八九种，应属冒名伪托。其他诸如《鼎锲叶太史汇纂玉堂纲鉴》（题叶向高撰）、《新锲国朝三元品节标题纲鉴大观纂要》（题焦竑辑）、《新刻九我李太史编纂古本历史大方纲鉴》（题李廷机辑）、《鼎锲赵田了凡袁先生编纂古本历史大方纲鉴补》（题袁黄撰）、顾锡畴《纲鉴正史约》等，前两种或许亦为冒名伪托。"纲鉴"之书的变种之作名目极多，仅《中国古籍善本书目·编年类》著录今存者即 30 多种，尚未包括同书反复刊刻的不同版本。"纲鉴"类史书部帙不大，一般 20 余卷至 40 余卷，除《新镌献莨乔先生纲鉴汇编》（乔承诏撰写并自刻）91 卷为特例外，最多不过 70 多卷，也有仅十几卷者。不同名目的"纲鉴"之书，叙事大同小异，内容结构上大书事项为纲，纲下细书史事原委，类若《通鉴纲目》，而史事之后罗列前代与当代多人的解说、评论，是其特色，各书及各种版本对解说和评论则有十分不同的取舍和组合。

普及性编年通史为明代普及史学的主力，最为普遍地使用了广告性的书名，公然伪托名人所作，目的是为了推销售卖。在社会上的流行，乃主要依靠商业性运作。如此变换花样、反复刊印，应有利可图，说明其需求量巨大，普及面宽阔，传播广泛。这种史书赖常变常新招徕关注，保存价值不大，加之后代历史原因，因而佚失惨重，笔者在日本东京即发现国内未见的"纲鉴"之书 6 种，其他类别则不遑估算。因此，上文对现存普及性史书的统计都定然大大低于实际数量。

第二，史抄、史评及各种杂史著述，在明代相当庞杂。《十八史略》的各种翻新演变版本，曾在明代有所流行，是史抄中很有影响的普及性读物。明宣德年间，江西民间学者王逢重视《十八史略》，在其书页天头加写内容提示性的标题，以便于教学使用。弟子刘剡取明初陈殷的音释与王逢的点校、标题合编一起，今可知有正统六年刻本，即《立斋先生标题解注音释十八史略》七卷。刘剡还删略梁寅《元史略》而合编之，成"十九史略"，从而又演变出各种版本，如《标题事义明解十九史略大全》、《古今历代标题注释十九史略通考》等，今存有成化到嘉靖年间的刻本。万历年间，保定知府张卤编辑、刻印了《浒东山房批校庐陵曾氏十八史略》。这一类史书东传日本，风靡于世，影响极大，是中国普及性史学的一份辉煌业绩。①

---

① 详见拙著《〈十八史略〉及其在日本的影响》，载《南开学报》，2001 年第 1 期。

史抄类史书亦容易佚失，而据《中国古籍善本书目》的登录，今存者仍数量可观。明初至正德年间刊行10种左右，嘉靖、隆庆时期14种左右，万历到明末78种左右，另有约40种未注明刊印年期，大体上呈现与时俱增的状态。明人史抄篇帙大小悬殊，小者如朱权《天运绍统》、饶汝梧《历代史正》仅2卷，大者唐顺之《历代史纂左编》142卷、马维铭《史书纂略》222卷，但十几卷到三十多卷者为绝大多数。其编纂者一则留取备忘，二则便于他人阅览，旨趣合于历史知识的普及，有些书名即题为《读史备忘》（范理）、《雪庐读史快编》（赵维寰）、《阅史约书》（王光鲁），也有一些采用促进推销的广告性书名，如《新镌鳌头历朝实录音释引蒙鉴抄》（张崇仁）、《精摘古史粹语举业前茅》（杨九经）、《檇李曹太史评镌古今全史一览》（舒弘谔）等。

明人重视历史评论与史书评论，唐刘知几《史通》在明代得到校订、注解和评释，刻本甚多，流传广泛。宋、元两朝史论之书如《唐鉴》、《读史管见》、《小学史断》、《史义拾遗》等皆多次翻刻，大为畅行。明人自行撰著的史评、史论之书，《中国古籍善本书目》登录一百多种，在明代起到普及历史见解和史学观点的作用。明人自撰之书，最值得注意的是顾充（字回澜）撰写的《历朝捷录大成》2卷，该书以史论夹载史事的方式，融叙事于论说之中，基本按时间顺序依次评论自西周至南宋的历代政治得失，明代学者称其"约而不削，该而不迂，直可凌驾以前诸史"①。万历年间一经刊行，立即广为传布，更由此衍生出许多注释、评议、补编、续作之书。例如《重刻顾回澜增改历朝捷录大成》、《新刻开基翰林评选历朝捷录总要》、《校刻历朝捷录百家评林》、《新镌全补标题音注历朝捷录》、《元朝捷录》、《皇明捷录》、《重锓合并评注我朝元朝捷录》等，摈去同名重复翻刻之数，今存仍有36种②，简直自成一个普及性史书系列。

杂史的归类标准难以掌握，各书著录差距很大。这里聊将内容纷杂、体式不齐的史书一并揽入。明人撰写的杂史，多为记载亲身所历或得之传闻的当代史事。记述前代史事较成功者如杨慎《滇载记》、倪辂《南诏野史》、钱吉训《百夷传》、廖道南《楚记》等，多涉及边远地区、少数

---

① 钟惺补编本《历朝捷录大全》，卷首《原序》，明末陈长卿刻本，日本东洋文库存。

② 参见《中国古籍善本书目·史部史评类》登录。

民族、以往地方政权，简明扼要介绍了一些人们平时不经意的历史知识，在普及性史书中别具一格。

第三，明代私家撰写前代和通代历史人物传记，《中国古籍善本书目》登录今存者110多种。大部分为编写同类人物而汇合为一书，如《女范编》、《硕辅宝鉴要览》、《历代守令传》、《廉吏传》、《儒学嫡派》、《元儒考略》等，主旨是贯彻道德教化，但多数是树立正面人物榜样，不像明初官修之书那样以惩戒为主。传记类史书讲述历史人物的典型事迹，故事性较强，富于感召力或警示性，而且将历代人物分类编纂汇合，方便于随时阅览，在普及历史知识上的作用不可忽视。

另外，明朝当代史著述，大部分也具备普及性史书的特点。在众多读者需要了解古今史实的社会状况下，卓有特色的当代史著述往往会融入普及性史学潮流。陈建《皇明资治通纪》问世后，广泛流行，隆庆年间虽然遭到明廷下令禁毁，却"海内传诵如故"①。而且各种增补、删节、接续、批点、仿撰之书出若春笋，例如《新锓钞评校正标题皇明资治通纪》12卷、《重刻校正增补皇明资治通纪》10卷、《皇明通纪集要》60卷、《皇明续纪》3卷（卜大有撰）、《皇明通纪法传全录》28卷、《新锲李卓吾先生增补批点皇明正续合并通纪统宗》12卷附录1卷等，不胜枚举，形成一股普及当代历史的风潮。②

（四）明代普及性史书体现的史学特点

明代的普及性史书虽支派不同，体式各异，但具有一些基本相同的史学特点。

首先，明代普及性史书遵循史学规范，采取史书体式撰写编纂。总体上做到不凭空虚构史事，不故意采用已知是虚幻失实的内容。即使靠商业运作牟利的坊间刻本，亦不以夸张情节、塑造形象的文艺手段取悦读者。这种记述上不违史实的出发点，是史学规范的底线。明人的史识参差不齐，不可能对记载的内容一一严密考订，但除去个别党同伐异的当代史撰述之外，绝大多数作者主观上是要如实记述的。这些史书，特

---

① 沈德符：《万历野获编》，卷二十五"禁焚通纪"，《元明史料笔记丛刊》，第1册，北京，中华书局，1959。

② 明人私修当代史的具体状况，学界已有论述，此处从略。

别是编年通史著述，极少神异情节，就此而言，超过许多正史，体现明代史识所达到了的水平。而《三国志演义》等小说作者，对诸如"空城计"之类的虚幻传闻，则明知已经被陈寿所舍弃、被裴松之所辩驳，但因喜其新奇遂添枝加叶、大肆渲染，甚至不惜编造神异怪诞情节吸引读者。二者对比，泾渭分明，根本原则完全不同。

其次，明代的普及性史书十分注重传布历史见解，史论地位突出。特别是编年通史"纲鉴"一类撰述，纪事之后罗列多人的有关史论，也常常加入作者自己的见解，令读者阅读比较。一书卷首，往往以序言论史，或采取前人已有的史论。在明代普及性史书中，被采用最多的是元初宋遗民潘荣的《通鉴总论》。潘荣未载于正史，今已鲜有人知，而在明朝中后期却是名声显赫、红极一世的史家。潘荣，桃溪人，字伯诚，自号节斋。一生隐居，博通经史。南宋灭亡，秉节不履元地，楼居二十载。除《通鉴总论》外，还撰文百篇。① 他的《通鉴总论》被冠于多数编年体及其他普及性史书卷首，其文总结历代治乱兴亡，笔势雄健，语言通畅，成为传布历史评论的力作。

再次，明代的普及性史书在注重历史见解的基础上，必然要求历史观点在整体上的一致性。早在宣德年间，民间学者刘剡即立意纠正陈寿、司马光的影响，将《少微通鉴节要》、《十八史略》进行修订，在三国时期改以刘备蜀汉政权为正统②，这为后来所有普及性史书所采纳。强调正统论、同时大讲华夷之辨，是明代中后期占统治地位的历史思想，普及性史书亦把元朝称作"胡元"，往往用"夷狄"、"虏"等字样称谓历代的少数民族政权，说明民间的普及性史学并不具备独特的历史观念，它不过是传统史学以浅易形式走到社会基层而已。

有明一代，特别是明代中后期，普及性史书在民间广为流行。早在明英宗正统十二年，范理《读史备忘·自序》即言："史学之繁，浩乎不可胜记，少微先生《节要》所以述也……《节要》固已家传而人诵之矣"。这"家传而人诵"一语，也透露出各种普及性史书总的畅行状况。弘治年间学者祝允明以批评口吻叙述当时学界状况说："今人自幼则以近

---

① 据乾隆二十二年改正定本《婺源县志》，卷十五，《人物·儒林》，台北，台湾成文出版有限公司《中国地方志丛书》影印本。

②《立斋先生标题解注音释十八史略》卷三载刘剡按语："……曾氏仍陈寿之旧，以魏称帝而附汉、吴。剡即尊朱子《纲目》义例而改正《少微通鉴》矣，今复正此书，以汉接统云。"据此，则两书皆经刘剡所改订。

人所类故事等，迨为学业"，读史取便捷者"若所谓《少微通鉴》、《史略》之类"①。由此可见，这些普及性史书已成为各阶层人员学习历史的阶梯。万历时周希孔《史学千一弁语》②认为："人即不能博览载籍，至如邓待诏《函史》下编及坊间所刻《纲鉴会编》者，必不可不阅"。按邓元锡《函史》下编仅21卷，贯通古今历代典章制度，等同于普及性史书，这里提到《函史》而仅言下编，可见史书的普及性能在时人心目中的地位。至清初，左昊《读史纲·凡例》仍认为："至于'大方'、'少微'、'玉堂类编'、'正史约'、'纲鉴补'、纪事本末、《函史》、'快编'诸集，前辈俱有成书，学者所当奉为科律。"这里"大方"、"玉堂"、"纲鉴补"，应是上文所述题名李廷机、叶向高、袁黄的"纲鉴"之书，"少微"即《少微通鉴节要》，"正史约"乃顾锡畴《纲鉴正史约》，"快编"即赵维环《雪庐读史快编》，均为明代普及性史书中颇享盛誉者。将这些书籍"奉为科律"，充分反映出明代史学的普及性潮流所具有的强劲声势和深刻影响。

明代的普及性史学潮流，未能发展完善，普及性史书整体上存在许多严重缺陷：其一是内容互相抄撮，面目雷同，极少力作；其二是在商业牟利因素制约下，图新鲜、抢速度，编纂草率，多浮躁之气，这对史学传统的严谨学风亦有所冲击；其三是大多纸张粗劣、装订简陋，容易随手损坏。但尽管如此，其普及历史知识的作用仍不可抹杀。普及性史学潮流，是中国史学发展史的一个阶段，由于它的缺陷，使明代的传统史学貌似出现衰退，实际上却正是这一史学潮流，给史学的进一步发展夯实了基础。因此，对明代史学的整体评价，不能无视那大量的普及性史书的存在。

四　普及性史学在清朝的历史命运

明朝灭亡之后，普及性史书仍在流行，而且又产生许多新的作品。例如"纲鉴"之书有叶沄《纲鉴会编》、潘永圜《续书堂纲鉴定本》，朱

① 祝允明《怀星堂集》，卷十二，《答张天赋秀才书》，影印《文渊阁四库全书》集部别集类。
② 日本静嘉堂文库所藏抄本《史学千一》卷首。

璘《历朝纲鉴辑略》、吴乘权《纲鉴易知录》等。其他如李清《正史新奇》、魏裔介《鉴语经世编》、李渔《古今史略》、左昊《读史纲》等，数量颇多。至乾隆初年，旷敏本还撰有通史性《鉴撮》四卷流行于世。乾隆二年刊行的王大烨《历代帝王纪要》2 卷①，卷首昌天锦《序》称："世之观史者，莫不病耳目之有限；耳目广矣，又莫不虑心思之遗忘。今王君是篇一出，贤而淹洽者固可得其一而会其全；陋而浅狭者亦可举其略而识其要，其有补于涑水、紫阳也实多，是不可不公之世也。"这里，史学普及的意识仍然是十分浓重的。

然而，明朝灭亡的教训，促使学者反思和批判明代的空疏、浮躁学风，民间流行的浅显史书渐为学术界所鄙视，学风已不利于普及性史书的发展。逐渐形成的考据学呈现为具体、深入、严密、扎实的治学风格，当考据学于乾隆间形成主流，普及性史书已经退居不受人关注的次要地位。最后又给久已流传的普及性史书以猛烈一击者，是乾隆中《四库全书》之编纂。

《四库全书》的编纂过程，也是清朝官方清查、禁毁"违碍"书籍的过程，从乾隆四十年始，查禁违碍图书活动在全国展开，明代盛行的普及性史书，因为皆具有贬斥"夷狄"倾向，故多列入被禁毁图书之中。据雷梦辰《清代各省禁书汇考》② 所载，上文提到的王世贞、李廷机、袁黄以及各个种类的"纲鉴"之书，皆在查禁之列，特别是其中载有潘荣《通鉴总论》者，一经发现，即列入禁书。例如乾隆四十五年陕甘总督奏缴的查禁书目中，列"纲鉴"类十种，注明"内有潘氏《总论》，并《明纪》，应铲除"，乾隆四十六年湖北奏毁之书中有《纲鉴金丹》二部，注明"内载潘氏《总论》，语有违碍，应销毁"。他种史书若收载《纲鉴总论》，亦在禁毁或抽毁之列，如湖南奏缴的《通鉴汇编》、《通鉴约义》，其下注明"内有潘荣《总论》，应销毁"。

在清朝查禁之书中，顾充《历朝捷录大成》及其演变之书类，值得注意。山东、陕西、甘肃、湖北、湖南、江西、江苏、福建、浙江等省均有收缴其书的上奏，山东奏缴书目中对此特别注明"内语多狂悖"、"语多悖诞"。其书被查缴的数量颇大，如江西一次即查缴 23 部，江苏一

---

① 此书今存日本东洋文库。

② 据书目文献出版社 1989 年 5 月版。本文此处引述该书资料，恕不再一一备注。

次查缴《历朝捷录大成》48 部、《历朝捷录》58 部、《历朝捷录法原》
14 部,又一次查缴《历朝捷录大成》32 部、《历朝捷录直解》10 部、
《历朝捷录》8 部、《历朝捷录法原》14 部、《捷录真本》2 部、《捷录原
本》13 部,浙江则一次收缴 84 部。这一方面说明直至清初,普及性史书
的流行仍然十分兴盛,另一方面也显示出清朝的查禁违碍图书给普及性
史学造成严重的打击。

乾隆年间列为禁书的明代潘光祖《纲鉴金丹》、无名氏《龙门纲鉴》、
张鼐《必读纲鉴》等,今已完全佚失,苏浚《纲鉴纪要》则国内已佚,
今仅存于日本内阁文库。其他普及性史书被查禁者如《少微通鉴节要》、
《续通鉴节要》、赵维寰《读史快编》、舒弘谔《古今全史集要》等,是
我们上文涉及到的,还有大量诸如题名王凤洲《鉴纪古今合录》、陈仁锡
《通鉴辑要》、陈瞿石《廿一史约编》、徐奋鹏《历史一览》、许重熙《历
代通略》等,被列为禁书者不可胜计,无法一一枚举,其中多有已不能
得见的佚书,普及性史书因清朝查禁受到的损失是无可挽回的。不过,
普及性史学既然在明代形成热潮,说明了它存在的必要,在清代虽然衰
退,而其社会的需要性并未完全丧失。即使在考据学兴盛达到学术统治
地位之际,普及性史书仍未消失,康熙晚期出现的吴乘权《纲鉴易知录》
虽然也曾列于查禁书目,却以其超越明代同类普及性史书的水平而依然
行世。《纲鉴易知录》这部著述,是明朝以来"纲鉴"类史籍长足发展的
硕果,是清代普及性史书也走向精湛化的代表作。真正精湛的图书,官
方的查禁是不容易使之绝迹的。清官方也不得不编辑如《历代帝王年表》
之类的图书,以便对历代史事执简驭繁。今《中国古籍善本书目·史部
编年类》登录有乾隆时的官员于敏中抄写的《历代帝王统系纪年》、刘墉
抄本《天位德元》,其他如乾隆末年许鸿磐有抄本《读史前抄甲本》、嘉
庆年间官员潘世恩撰《读史镜古编》,今皆存世。① 因此,清官方和官僚
也并非完全不需要浅易简明的史籍。但是,普及性史书的地位在清代经
此摧折,则回复到类似宋代的状况,人们可以像司马光由阅读《高氏小
史》入门史学那样来利用普及性史书,却不予以重视,仅看作治史之敲
门砖而已。

总之,明代出现的普及性史学潮流,因清初学术学风的转变而开始
回落,乾嘉年间达于低谷。这既有清朝官方查禁的历史因素,也更由于

————————

① 见《中国古籍善本书目·史部史抄类》登录。

大多数此类史籍质量低下。今天，为实施历史教学和提倡普及历史知识，编写一些历史教科书及历史读物，当然十分必要。但应当总结与汲取明代普及性史学发展中的教训，避免因只求数量、速度，而低水平反复抄撮，以至于有那种一时间汗牛充栋、再回首荡然散失的结果。

（原载《中国社会历史评论》，第 4 辑，商务印书馆 2002 年版）

周文玖

顾炎武论史书编纂

顾炎武是明末清初著名的史学家、思想家，对后世学术影响巨大。关于史书编纂，顾炎武有许多精辟的论述。从对史料的处理，到史书编纂的语言，个别史书体裁的作用等，他都提出了独到的见解。今天看来，这些见解，仍然不乏重要的学术意义和借鉴价值。

一　论直书与信史

顾炎武认为，撰写信史，既要坚持直书的原则，又须在史料上下工夫。而直书的原则与对待史料的态度和方法是分不开的。这方面，他不仅提出了自己的认识，而且还身体力行地予以实践。

（一）"两造异同之论，一切存之"

这是清初开明史馆时，顾炎武提出的修撰明史的建议。也就是说，编纂史书，遇到相互矛盾的史料，不要轻易抹删，要两者并收，以备后人进一步论断。清初开明史馆，熊赐履主持其事。康熙十年（公元 1671 年），顾氏到京都，住在其外甥徐元文家。熊赐履宴请顾氏和徐元文，其间熊氏有意荐顾氏"佐其撰述"明史，顾氏当即回答："果有此举，不为介推之逃，则为屈原之死矣"①，断然拒

①《蒋山傭残稿》，卷二，《记与孝感熊先生语》。

绝了熊氏的推荐。虽然如此，顾氏对明史修纂还是提出了自己的观点。他在给以后负责和参与修《明史》的徐元文和潘耒的信中，表示了他的主张。他说："窃意此番纂述，止可以邸报为本，粗具草稿，以待后人，如刘昫之《旧唐书》可也……惟是奏章是非同异之论，两造并存，而自外所闻，别用传疑之例，庶乎得之。"① "今之修史者，大段当以邸报为主，两造异同之论，一切存之，无轻删抹，而微其论断之辞，以待后人之自定，斯得之矣"②。这两封信，均提到了"邸报"，提到了遇到难于决断的史料如何处理的问题。邸报，是明朝官方刊载时事的报纸，是较为原始的史料，顾炎武认为更为可信。编撰明史，应以此为主。即是说，撰写历史，要重视原始资料。对第二个问题的回答，则表明撰著史书，应当注意正反两个方面的史料，即占有资料要全面。

中国历史上隐恶虚美的现象很多，致使后世作史者难以清楚地分辨史料之真假。即使"实录"，也未必可信。顾氏在《日知录》中录有唐朝宰相李德裕的一个奏章，就反映了这种情况："宰臣及公卿论事，行与不行，须有明据。或奏请允惬，必见褒称；或所论乖僻，因有惩责。在藩镇上表，必有批答，居要官启事，自有记注，并须昭然在人耳目。或存舍于堂案，或与夺形于诏敕。前代史书所载奏议，罔不由此。近见《实录》多载密疏，言不彰于朝听，事不显于当时，得自其家，未足为信。今后《实录》所载章奏，并须朝廷共知者方得纪述，密疏并请不载。如此则理必可法，人皆向公，爱憎之志不行，褒贬之言必信。"③ 顾炎武对李德裕的话表示赞同，说"此虽出于李德裕之私心，然其言不为无理"。这是说，《实录》的内容，须朝廷所共知，记载真实与否，受众人的监督，史官不能怀有私心，所记褒贬之言方可令人相信。否则，"多载密疏"多数人不知，所记的"史实"就未必可信。顾炎武对明代的社会风气深有体察，曾亲眼目睹过妄改疏草的现象："予尝亲见大臣之子追改其父之疏草，而刻之以欺其人者。欲使盖棺之后，重为奋笔之文，诒遗议于后人，佟先见于前事，其为诬罔，甚于唐时。"④ 在这种情况下，"褊心之辈，谬加笔削，于此之党，则存其是者去其非者；于彼之党，则存其非者去其是者。于是言者之情隐，而单辞得以胜之"。"此国论之所以未

---

① 《亭林文集》，卷三，《与公肃甥书》。
② 同上书，卷四，《与潘次耕书》。
③ 《日知录》，卷十八，《密疏》。
④ 同上书。

平，而百世之下难乎其信史也"①。可见，顾炎武主张的"两造异同之论，一切存之"，具有很强的针对性，正如他说的："章奏之文，互有是非，作史者两收并存之，则后之君子如执镜以照物，无所逃其形矣。"②

顾炎武对明史素有研究，自云："自舞象之年，即已观史书，阅邸报，世间之事，何所不知。五十年来存亡得失之故，往来于胸中，每不能忘也。"③ 他积累了大量的明代史料，并借予潘柽章、吴炎二人。潘、吴二人因庄廷鑨案罹难，资料被没收，此后他就没有继续系统研究。（《亭林文集》卷五，《书吴、潘二子事》）然从他编写的有关明朝的史书，像《三朝纪事阙文》、《熹庙谅阴记事》、《明季实录》、《圣安本纪》等，仍显示他在明史研究上的功力，且编纂方法贯穿着"两造异同之论，一切存之"的思想。如《明季实录》记录了起义军攻入北京、明王朝倾覆的经过，所采资料都是当时人见闻的记述。顾炎武对这些记述没有删削，而是根据时间的先后编辑在一起。沈梽真跋之曰："亭林先生具良史才，就当时见闻汇一编，名曰《实录》，未尝参赞一词。岂惟柱下之信史，盖将使后之览者，憪然知君子之可为而小人之必不可为，庶几世道人心日归于正与！"④ 也就是说，《明季实录》虽是一个资料汇编，却也体现了他的历史编纂主张。

（二）"采铜于山"

顾炎武把编纂著作比作"采铜于山"。他说："尝谓今人纂辑之书，正如今人之铸钱。古人采铜于山，今人则买旧钱，名之曰废铜，以充铸而已。所铸之钱既已甚恶，而又将古人传世之宝，舂剉碎散，不存于后，岂不两失之乎？承问《日知录》又成几卷，盖期之以废铜。而某自别来一载，早夜诵读，反复寻究，仅得十余条，然庶几采山之铜"⑤。

所谓"采铜于山"，就是要掌握第一手资料，对第一手资料进行"去伪存真、去粗取精，由此及彼，由表及里"的加工，在此基础上编修史书。《日知录》是他采铜于山，反复冶炼的成品，顾炎武自称是"采铜于

① 《日知录》，卷十八，《三朝要典》。
② 同上书。
③ 《蒋山佣残稿》，卷二，《答李紫澜》。
④ 见顾辑《明季实录》。
⑤ 《亭林文集》，卷四，《与人书十》。

山"，是他一生心血之所在，自云"平生之志与业皆在其中"①，"上篇经术，中篇治道，下篇博闻"。② 对于该书，顾氏生前并未定稿，坚持要不断修改，精益求精："《日知录》再待十年，如不及年，则以临终绝笔为定"③。《日知录》问世后，受到多方面的赞誉。潘耒从经世的角度称赞它，说"是书也，意惟宋、元名儒能为之，明三百年来殆未有也"④。《四库全书总目提要》从考据的角度称赞："炎武学有本原，博赡而能通贯，每一事必详其始末，参以证佐而后笔之于书，故引据浩繁而抵牾者少"⑤。以后，学者纷纷注释之，仿效之，对该书之研究，几成专门之学。

顾氏提出"采铜于山"的作史方法，并在《日知录》中切实贯彻之，反映了他对第一手资料的重视。他对明人好改篡前人之书而为自作，极为反感，说"若有明一代之人，其所著书，无非盗窃而已。"⑥ "得明人书百卷，不若得宋人书一卷也"⑦。为矫正这种浮躁学风，他甚至引用其祖父的话，提出"著书不如抄书"。他编纂《天下郡国利病书》，"历览二十一史以及天下郡县志书，一代名公文集及章奏文册之类，有得即录，共成四十余帙"⑧。编纂《肇域志》，"先取《一统志》，后取各省府州县志，后取二十一史参互书之。凡阅志书一千余部，本行不尽，则注之旁；旁又不尽，则别为一集曰备录。"⑨ 这其实就是一种抄书的工作，即通过抄录大量的第一手资料，为撰著"成一家之书"打基础。这样的治学工夫，就是勤于考据的钱大昕，也深为叹服："识先生手迹，蝇头小楷，密比行间，想见昔人用心专勤"⑩。由于生活所迫，顾氏没有将《肇域志》最后删订，但以此为基础，却完成了《山东肇域志》。⑪ 此书史料丰富，考证精详，体例严整，史论结合，深得研究者赞许。⑫

① 《亭林文集》，卷三，《与友人论门人书》。
② 同上书，卷四，《与人书二十五》。
③ 同上书，卷四，《与潘次耕书》。
④ 《日知录·原序》。
⑤ 《四库全书总目提要·日知录》。
⑥ 《日知录》，卷十八，《窃书》。
⑦ 《亭林文集》，卷二，《抄书自序》。
⑧ 同上书，卷六，《天下郡国利病书序》。
⑨ 同上书，卷六，《肇域志序》。
⑩ 《天下郡国利病书·钱大昕题词》。
⑪ 《蒋山傭残稿》，卷二，《答叶嵋初》。
⑫ 参见沈嘉荣：《顾炎武论考》，423 页，南京，江苏人民出版社，1994。

顾炎武强调第一手资料，故对金石文字异常重视。他的著作有《金石文字记》、《求古录》、《石经考》、《京东考古录》等，认为金石文字"可以阐幽表微，补阙正误，不但词翰之工而已"。他"周游天下，所至名山、巨镇、祠庙、伽蓝之迹，无不寻求"[1]。他重视实地调查，不主张闭门读书，"频年足迹所至，无三月之淹，友人赠以二马二骡，装驮书卷，所雇从役，多所步行，一年之中，半宿旅店"[2]。"所至扼塞，即呼老兵退卒询其曲折，或与平日所闻不合，则即坊肆中发书而对勘之。"[3]必至归当而罢休。这些都是他"采铜于山"思想在史书编纂活动中的反映。

"采铜于山"还包括对史料的考证。在考史方面，顾炎武极其用功，并有自己的理论，此不赘述。要之，顾炎武不仅提出了这一理论，而且还在这方面树立了典范。

（三）"信则书之，疑则阙之"

撰著史书，必有史事不明之处，在这种情况下，顾炎武主张"信则书之，疑则阙之"。他说："孔子生于昭、定、哀之世，文、宣、成、襄则所闻也；隐、桓、庄、闵、僖则所传闻也。国史所载，策书之文，或有不备，孔子得据其所见以补之。至于所闻，则远矣；所传闻，则又远矣。虽得之于闻，必将参互以求其信，信则书之，疑则阙之，此其所以为异辞也。"[4] 即是说，写史书，"信"是关键，无论是闻，还是传闻，求"信"是目的。"疑"则宁阙。"阙疑"、"异辞"于撰史并非无益，而是修撰信史必须采取的方法。他给徐元文和潘耒关于修《明史》的信中，都提出了"阙疑"之法。

（四）年号当从实书

自习凿齿提出正统之论，史家往往把年号与正统结合在一起，以什么年号纪年，就表明以谁为正统。顾炎武不同意这种笔法，认为年号当

---

① 《亭林文集》，卷二，《金石文字序》。
② 同上书，卷六，《与潘次耕书》。
③ 全祖望：《鲒埼亭集》，卷十二，《亭林先生神道表》。
④ 《日知录》，卷四，《所见异辞》。

从实书，是什么年号，就写什么年号，与正统无涉。他说："故如《三国志》，则汉人传中自用汉年号，魏人传中自用魏年号，吴人传中自用吴年号。推之南北朝、五代、辽、金，并各自用其年号，此之谓从实"①。他还以孔子作《春秋》为例，进一步说明这一观点："周平王四十九年，而孔子则书之为鲁隐公之元年，何也？《春秋》，鲁史也，据其国之人所称而书之，故元年也。"② 顾炎武对"名教"和"礼"是很重视的，应该说，他是一位比较正统的学者，但在纪元上他却能超越正统观的束缚，认为应从实而书，反映了他重视从史料出发，在直书认识上的深化。

自史学产生以来，中国历代史家都把撰写信史作为最高追求。所谓信史，就是写的历史与客观的历史相符合。历史是过去的社会发展过程，一经发生，就具有一去不复返的特点，怎样才能做到二者相符？历代的史学批评家重视从加强史家的主观修养来实现这一目标。如孔子说："董狐，古之良史也，书法不隐。"③ 刘向、扬雄称赞司马迁"有良史之才，服其善序事理，辨而不华，质而不俚，其文直，其事核，不虚美，不隐恶，故谓之实录"④。刘知几撰《史通》，专列《直书》、《曲笔》两篇，爱憎分明，鞭辟入里。到清朝章学诚，又更加明确地提出"史德"即"著书者之心术也。"从"书法无隐"到"史德"之提出，说明史家主体意识在不断地自觉。章学诚还把史德与天、人联系起来，说欲为良史，"当慎辨于天人之际，尽其天而不益以人也。尽其天而不益人，虽未能至，苟允知之，亦足以称著书者之心术矣"⑤。这一认识，可以说已经接近了科学历史认识论的边缘，但章学诚没有找到解决"天""人"矛盾的正确途径，总是在气、情、理、性当中打圈子，最终也不能使其"直书"论摆脱"名教"的局限。在他之前的顾炎武也强调直书，如在《日知录》中，他说："崇祯帝批讲官李明睿之疏曰：'纂修《实录》之法，惟在据事直书，则是非互见。'大哉王言，其万世作史之准绳乎！"⑥ 然顾炎武在"直书"前面强调了"据事"二字，并且把重点放在了史料上。这样，虽然顾氏在其经世思想中比较重视"名教"的作用，可在直书问题上却

---

① 《日知录》，卷二十，《年号当从实书》。
② 同上书。
③ 《左传》宣公二年。
④ 《汉书·司马迁传》。
⑤ 《文史通义·史德》。
⑥ 《日知录》，卷十八，《三朝要典》。

很少受"名教"的影响。关于史家的修养，顾炎武提出了很高的要求，而其着重点则是在史料掌握方面。他说，为人立传，并不是任何人都能做的，须史家来完成，否则就是侵犯史家的职责。作为史的组成部分，志状不可妄作："不读其人一生所著之文，不可以作。其人生而在公卿大臣之位者，不悉一朝之大事，不可以作。其人生而在曹署之位者，不悉一司之掌故，不可以作。其人生而在监司守令之位者，不悉一方之地形土俗、因革利病，不可以作"①。他所主张的"两造异同之论，一切存之"，反对"偏心之辈，谬加笔削"，"门户之人，其立言之指，各有所借"等，也包含对撰史者主体修养方面的要求，即要以公允之心对待史料。他在史料问题上的这些主张以及把史家的主体修养与处理史料的能力和态度统一起来，对撰写信史具有更加客观可靠的理论意义。

二 论史文当"辞主乎达，不论其繁与简也"

编著史书，在语言表述上，顾炎武认为最根本的原则是表述准确、清楚，而不在繁简。他说："辞主乎达，不论其繁与简也。繁简之论兴而文亡矣。《史记》之繁处，必胜于《汉书》之简处。《新唐书》之简也，不简于事而简于文，其所以病也"②。

关于史文繁简，这是个争论很久的问题。晋人干宝评论各家史书，推崇《左传》，说它"以三十卷之约，括囊二百四十年之事，靡有孑遗。斯盖立言之高标，著作之良模也"③。即以"简约"作为评价史书之标准。张辅作《班马优劣论》，说："迁之著述，辞约而事举，叙三千年事唯五十万言。班固叙三百年事，乃八十万言，烦省不同，不如迁"④。这就发展成完全以文字的繁简作为评价史书优劣的标准了，难免片面。此后，刘知几、洪迈等都对史文繁简作过论述，对前人的认识有所补正。顾炎武认为作史之语言要"主乎达"，不在于繁简，可以说道出了历史文学的根本要求。

撰史无谓的冗长，是顾炎武所反对的。在《日知录》卷十九"文不

① 《日知录》，卷十九，《志状不可妄作》。
② 同上书，卷十九，《文章繁简》。
③ 见《史通·二体》。
④ 《晋书》，卷六十，《张辅传》。

贵多"条中，他写道："秦延君说《尧典》篇目两字之说十余万言，但说'曰若稽古'三万言。此颜之推《家训》所谓邺下谚云'博士买驴，书券三纸，未有驴字'者也。"也就是说，"博士买驴"的文风是不足取的，写史须力戒之。

另一方面，一味尚简，致使叙事不明确、不准确也是一病。顾氏多次将新旧唐书相比较来说明这一问题。他说《旧唐书》"虽颇涉繁芜，然事迹明白，首尾该赡，亦自可观"①，而《新唐书》"文虽简而事不核矣。"②"当时《进新唐书表》云：'其事则增于前，其文则省于旧'，《新唐书》所以不及古人者，其病正在此两句也"③。他还举了许多例子，如《旧唐书·太宗长孙后传》："安业之罪，万死无赦，然不慈于妾，天下知之"。《新唐书》改曰："安业罪死无涉，然向遇妾不以慈，户知之"④。意思没有变，但"户知之"让人不可理解。还有因省文把意思改变的，如《史记·樗里子传》："母，韩女也，樗里子滑稽多智"。而苏轼《古史》改曰："母，韩女也，滑稽多智"。省去了三字，意思改变了："似以母为滑稽矣，然则樗里子三字其可省乎?"⑤可见，"文不可以省字为工"。还有的为了求简，须作注才能让人明白。顾炎武同样对此进行了批评，说："作书须注，此自秦汉以前可耳，若今日作书而非注不可解，则是求简而得繁，两失之矣。"⑥

那么，历史语言是不是不需要讲究文采?顾炎武也不这样认为。他曾借孔子的话说："言之无文，行而不远"。他批评一些人"于下学之初，即谈性道，乃以文章为小技，而不必用力"⑦。但他认为语言的繁简，不能刻意追求，要顺其自然，该简即简，该繁即繁。他引刘器之的话说："文章岂有繁简耶?昔人之论谓如风行水上，自然成文。若不出于自然，而有意于繁简，则失之矣。"⑧

顾炎武关于史书繁简的论述，是正确的。白寿彝主编的《史学概

① 《日知录》，卷二十六，《旧唐书》。
② 同上书，卷二十六，《新唐书》。
③ 同上书，卷十九，《文章繁简》。
④ 同上书，卷二十六，《新唐书》。
⑤ 同上书，卷十九，《文章繁简》。
⑥ 同上书。
⑦ 同上书，卷十九，《修辞》。
⑧ 同上书，卷十九，《文章繁简》。

论》，在讲历史文学时，把准确作为历史文学的第一要素，与顾氏之论述是一致的，顾炎武反对刻意讲究文章繁简，但并不反对详略之分，他说："史家之文，例无重出，若不得已而重出，则当斟酌彼此，有详有略，斯谓之简。"① 即是说，史书中，不宜有重复之文，但迫不得已，必须重复时，那也要从整体出发，相互照应，详略得当。他评论《金史》说："《金史》大抵出刘祁、元好问二君之笔，亦颇可观。然其中多重见而涉于繁者。孔毅父《杂说》谓：自昔史书两人一事，必曰语在某人传。《晋书》载王隐谏祖约弈棋一段，两传俱出，此为文繁矣。正同此病。"② 这是说，对同一事件的叙述，在一书中重复出现，此则失之于繁。

"辞主乎达"还表现在撰写史书要写得生动、传神、情尽。这方面，顾炎武对《史记》的称颂尤多。他指出的"《史记》于序事中寓论断"，除了表明著史要重视史料之外，也有这方面的意思。他专列一条"《汉书》不如《史记》"，即是从历史文学角度来评论的。他说："班孟坚为书，束于成格，而不得变化。且如《史记·淮阴侯传》末载蒯通事，令人读之感慨有余味。《淮南王传》中伍被与王答问语，情态横出，文亦工妙。今悉删之，而以蒯、伍合江充、息夫躬为一传，蒯最怨，伍次之，二淮传寥落不堪读矣"③。顾炎武对《资治通鉴》评价很高，说它"所载兵法甚详"，战争写得精彩。但与《史记》相对照，仍有逊色之处，他举例说："《史记·万石君列传》：庆尝为太仆，御出，上问车中几马，庆以策数马毕，举手曰'六马'。庆于诸子中最为简易矣，然犹如此。太史公之意，谓庆虽简易，而犹敬谨不敢率尔即对，其言简易，正以起下文之意也。《通鉴》去'然犹如此'一句，殊失本指。"④ 也就是说，《通鉴》将《史记》中的点晴之笔删去，就有点乏味，缺少了生动。

顾炎武对孟子叙事也很欣赏，曾举数例指出孟子用词之妙。其一则云："有馈生鱼于郑子产，子产使校人畜之池。校人烹之，反命曰：'始舍之，圉圉焉，少则洋洋焉，悠然而逝'。子产曰：'得其所哉！得其所哉！'校人出曰：'孰谓子产智？予既烹而食之，曰：得其所哉，得其所哉'。此必须重叠而情事乃尽，此孟子文章之妙"⑤。如果像《新唐书》

① 《日知录》，卷二十六，《新唐书》。
② 同上书，卷二十六，《金史》。
③ 同上书，卷二十六，《汉书不如史记》。
④ 同上书，卷二十六，《通鉴》。
⑤ 同上书，卷十九，《文章繁简》。

为了求简，"于子产则必曰：校人出而笑之"，其效果就差多了。顾氏这里用了"情事乃尽"说明达的意义。

顾炎武还反对写文章专用古人的语言和文法，说那些专用古地名、古官名的文人"俚浅"，有"求古之病"。他认为历史上文章风格出现变化，是必然的："三百篇之不能不降而《楚辞》，《楚辞》之不能不降为而汉、魏，汉、魏之不能不降而六朝，六朝之不能不降而唐也，势也"[1]。后人专仿古人作诗，他认为不合时宜："今且千数百年矣，而犹取古人之陈言一一而模仿之，以是为诗，可乎？"[2] 他批评当时文人的模仿之病，说："近代文章之病，全在模仿。即使逼肖古人，已非极诣，况遗其神理而得其皮毛者乎？""《曲礼》之训，毋剿说，毋雷同，此古人立言之本"[3] 这些批评，自然也包括写史书的"求古之病"。

从顾炎武对史书写作的评论，可以看出，顾炎武所主张的"辞主乎达"有多方面的内涵，既要求写得准确、明晰，又要求写得生动、传情；既反对无谓之冗长，又否定不顾具体情况而一味求简。这里面就有一个如何把握的"度"的问题。这个度，实际上就是要求具体情况具体对待，也就是顾氏所说的"自然"。"若不出于自然，而有意于繁简，则失之矣"。这样论述史书编纂，很有辩证法的思想因素。

三 论表志与"完史"

顾炎武研读历史，注意考察历史盛衰。后人评论他说："其言经史之微言大义、良法善政，务推礼乐德刑之本，以达质文否泰之迁嬗，错综其理，会通其旨"。"凡关家国之制，皆洞悉其所由盛衰利弊，而慨然著其化裁通变之道，词尤切至明白"[4]。而最能反映历史盛衰的，莫过于纪传体史书中的表和志。"表以纪治乱兴亡之大略，书以纪制度沿革之大端。"[5] 因此，他对表、志，尤其重视。

他对历代正史表、志的有无情况进行了评述，从中可以看出他对表、

---

① 《日知录》，卷二十一，《诗体代降》。
② 同上书。
③ 同上书，卷十九，《文人模仿之病》。
④ 黄汝成：《日知录集释·叙》。
⑤ 《日知录》，卷二十六，《作史不立表志》。

志的兴趣。他说，司马迁撰《史记》，设十表八书。班固改书为志，比《史记》更为详尽。表、志与纪、传相配合，能够比较全面地反映历史面貌。传的篇幅有限，不能把那些没有大功也没有显过的大臣都写入传中，然"姓名爵里存没盛衰之迹，要不容以遽泯。"这样，表就可以将这些人列入其中。再者，"其功罪事实，传中有未悉者，亦于表乎载之。年经月纬，一览了如，作史体裁，莫大于是"。然而，陈寿作《三国志》无表，范晔《后汉书》也阙表，以后作史的人，都仿范晔之例，缺略年表，"良可叹也"。直到欧阳修作《新唐书》，设《宰相表》、《方镇表》、《宗室世系表》、《宰相世系表》，始复"班马之旧章"。

陈寿《三国志》、习凿齿《汉晋春秋》皆无志，沈约《宋书》补之。姚思廉《梁书》、《陈书》、李百药《北齐书》、令狐德棻《周书》也没有志，于志宁等人修《五代史志》并入《隋书》。顾炎武对志得到补充甚是赞赏，称道："古人绍闻述往之意，可谓弘矣"①。

关于表的作用，历代史家都有比较精辟的论述，如刘知几说："观太史公之创表也，于帝王则叙其子孙，于公侯则纪其年月，列行萦纡以相属，编字戢𪘚而相排。虽燕、越万里，而于径寸之内，犬牙可接；虽昭穆九代，而于方寸之中，雁行有序，使读者阅文便睹，举目可详，此其所以为快也"②。郑樵也说："《史记》一书，功在十表。"③ 吕祖谦称赞：《史记》十表，意义宏深。与前人相比，顾炎武对表、志的重视之原因，主要是由于它们对表现历史之治乱兴衰有特别意义。他说："纪、传，一人之始末；表志，一代之始末，非闳览博物者不能为。其考订之功，亦非积以岁月不能遍"④。所以，有没有表、志，亦是评价一部史书优劣的重要标尺。"夫无志不得为完史，有志而不淹贯，不得为良史矣"⑤。

另外，顾炎武还涉及史书体例的问题，如关于称谓、记时、征引、标目、断限等，他的论述也颇详尽，提出了一些很好的建议。顾炎武在史书编纂上的这些主张，在今天看来还是极其可贵的，值得我们批判地继承。

（原载《史学史研究》，2000 年第 2 期）

---

① 上引皆见《日知录》，卷二十六，《作史不立表志》。

② 刘知几：《史通·杂说上》。

③ 郑樵：《通志·总序》。

④ 顾炎武：《救文格论》。

⑤ 同上书。

向燕南

从"主于道"到"主于事"
——晚明经世史学的实学取向

      随着社会危机的压迫日深，经世致用也几乎成了晚明士人的普遍话语，其影响所趋，那些从事史学撰述的士人，已不再仅仅追求"立言"以求不朽的终极意义，而是更多地转向"欲为当世借前著筹之"①，即将史学的经世致用的社会价值置于更为突出的位置，并因此而形成颇具声势的经世史学思潮。值得注意的是，晚明这股经世史学思潮不同于其他时期经世史学的特点，是它已从"主于道"的经世途径，逐渐转向"主于事"的经世路线，在依然赋予经世思想形上意义的同时，开始注意到其形下的实践意义，表现出"体用并重"、"内圣外王兼治"的学术思想路径，形成涌动一时的实学思潮。以往对于实学的研究，大都就单纯思想的材料进行探讨，很少有人关注史学的变化。孰不知实学者，实事之学也。史学乃实学的具体落实之处，是实学的具体体现。因此本文不揣梼昧，试对晚明史学的实学取向予以一些探讨，庶几会对晚明实学和史学的认识有所裨益。

一 一个有必要澄清的问题

      涌动于晚明的经世史学思潮，具有明显的实学取向。从一定意义我们甚至可以说，它的形成与发展，就是明中叶以来形成的实学思潮的一个重要组成部分，是整个实学

---

① 陈建：《皇明通纪》卷首，《序》，明刊本。

思潮在学术领域的具体反映。

实学思潮,是20世纪80年代,在有关明清思想和文化的讨论中提出的概念。然而时至今日,学术界对于实学思潮的研究,虽然已经取得了相当多的成果,但是对实学思潮的理解,仍存在有很大分歧。① 因此有必要提出我们的观点,对有关实学的认识所引起的歧义予以澄清。

我们认为,明中叶以后出现的实学思潮,应当从这样两个层面来理解:第一,它是传统儒学里固有的成分。传统的儒家思想,本来就是充满现实关怀的有体有用之学,包含有"内圣"与"外王"两个方面的内容,"实学"思想即属于儒家思想中"外王"思想的体现。第二,它是在明中叶以来社会矛盾发展压迫下,社会思潮"因环境之变迁与夫心理之感召"②,向"体用并重","内圣外王兼治"思想路径的回归。

从明代中叶以降,受社会危机不断深化的影响,无论是崇尚程朱理学的学者,还是信奉陆王心学的学者,尽管对心性问题认识的思想取径不同,但是都在一定程度上表现出实学思想的取向。因此,那些所谓"从思想发展的逻辑看,心学的没落是实学思潮兴起的原因;实学思潮的兴起是心学没落的归宿"③,将心学与实学视为相互对立的观点是不恰当的。这是因为一方面,这是一种将丰富的中国古代晚期社会思想史简单谱系化的反历史的做法。事实上,从宋、元、明的思想实际看,在程朱理学和陆王心学之间,仍存在相当大的思想空间和知识空间可供士人选择,绝不是非此即彼。另一方面,仅就心学的理论本身来说,心学与实学不仅不是相互对立,而且在促使学者注重具体事物方面,反而具有一定促进作用,甚至还可以说也是实学思潮的思想渊源之一。

关于这第二个方面,我们可以从这样两个方面展开说明:第一,由于王阳明的心学体系为弥合程朱理学理论中性与情、道心与人心的二元紧张,将二者合而为一,统一落实于"心"——"所谓汝心,却是那能视听言动的,这个便是性,便是天理"④ 的同时,也构成了体现理性的

① 关于各家对实学思潮理解的主要观点和分歧,可参见台湾李宜茜女士《近十五年两岸"明清实学思潮"研究评介》一文,载《台湾师范大学历史学报》,第26期。

② 梁启超:《中国近三百年学术史》,11页,北京,中国书店,1985。

③ 参见张显清:《晚明心学的没落与实学思潮的兴起》,《明史研究论丛》,第1辑,307页、338页,南京,江苏人民出版社,1982。

④ 王守仁:《王阳明全集》,36页,上海,上海古籍出版社,1992。

"道心"与体现感性的"人心"纠缠为一体的理论困境，其结果是为走向"天理即在人欲中"，"理在气中"的唯物主义之途提供了可能。第二，在王阳明的心学体系中，"致良知"与"知行合一"是一个整体——"知之真切笃实处，即是行；行之明觉精察处，即是知，知行工夫本不可离。"① "圣学只一个功夫，知行不可分作两事。"② 尽管从王阳明整个心学的思想体系看，这里的所谓"知行合一"更多的是从道德的立场立论，即按王阳明的解释："我今说个知行合一，正要人晓得一念发动处，便即是行了"③，而非认识论意义的"行"。然而在阐述此命题的同时，王阳明又常常将"行"置于日常世界的具体展开之间，认为"凡谓之行者，只是着实去做这件事"，并且一再说："凡可用功可告语者皆下学，上达只在下学里"④，"我何尝教尔离了簿书讼狱，悬空去讲学？……簿书讼狱之间，无非实学，若离了事物为学，却是著空。"⑤ 从逻辑的演进看，王阳明对知行合一这种表述的结果，极易将所谓的"知"导向对纯粹实用知识的追求，而与具体实践的"行"结为一体，导致原本道德意义的"知行合一"，转向认识论意义的"知行合一"，由心性问题的探求转向外在世界的实践，形成对日常生活积极干预或参与的理论依据。例如后来王艮之"圣人经世只是家常事"，"百姓日用条理处，即是圣人之条理处"⑥，薛应旂之"入神之妙不外于洒扫应对之间也。"⑦ 而唐顺之则更明确地提出："至于道德性命技艺之辨，古人虽以六德六艺分言，然德非虚器，其切实用处即谓之六艺。艺非粗迹，其精义致用处即谓之德。故古人终日从事于六艺之间，非特以实用之不可缺而姑从事云耳。盖即此而鼓舞凝聚其精神，坚忍操练其筋骨，沉潜缜密其心思，以类万物而通神明。故曰洒扫应对，精义入神，只是一理。艺之精处，即是心精；艺之粗处，即是心粗，非二致也。但古人于艺，以为聚精会神极深研几之实；而今人于艺，则以为溺心玩物争能好胜之具，此则古与今之不同，而非

---

① 《王阳明全集》，42 页。

② 同上书，13 页。

③ 同上书，96 页。

④ 同上书，13 页。

⑤ 同上书，95 页。

⑥ 王艮：《王心斋全集》，卷一，《语录》，5 页、10 页，南京，江苏教育出版社，2001。

⑦ 薛应旂：《宋元通鉴》卷首，《义例》，北京师范大学图书馆藏明天启六年刻本。

所以为艺与德之辨也……历象、礼乐，艺也。修五玉如五器，彰施五采，在玑衡独非艺哉？则尧舜亦屑屑矣。孟子曰：尧舜之知而不徧物，急先务也。若在羲和，则历象便为先务；在夔，则击石拊石为先务，又安得以尧舜之所不徧者而遂不急也！……儒者务高之论，莫不以为绝去艺事而别求之道德性命，此则艺无精义而道无实用，将有如佛老，以道德性命为上一截，色声度数为下一截者矣。"① 可见这些王学学者都或多或少有一些把形而上的"道"，与日常实务之"器"联系在一起，把为学的工夫，落实于日常的人伦物理之上的倾向。尽管这些思想家的认识存在着差别，但是他们都涉及了不脱离民生日用来追求心性良知的意蕴。而这些观点也确实在客观上为人们关注日常实务，"切于人事"，为经世致用史学中实学思潮的兴起，提供了理论依据。这也是王阳明以及后来许多王门学者，或受王学熏染的学者、官僚，如唐顺之、薛应旂、徐阶、张居正、冯应京等，讲求实学，富有事功的原因之一。

通过上述的分析，我们完全有理由说，晚明经世思潮的实学倾向，实是一个超越理学派别的社会思潮，是在当时社会政治、经济、军事全面显现危机的压力下，富有社会担当精神的思想学术界提出的普遍欲求。至于王门中一些激进学者，因强调良知的见在性，而削弱践履工夫的意义，以致社会一些乡愿执之招摇，扰乱社会视听，则是另一回事。此外，这里还应提出的是，清人对明人学风的批评，实际更多的是从经典研习与意义探求层面进行的，即是站在"智识主义"（Intellectualism）的立场，针对明人，尤其是王门学人贬低"读书"对于道德修持价值的"反智识主义"（Anti-intellectualism）学风进行的批评。然而追求"学问"之实与追求"致用"之实，虽然有一定的联系，但是毕竟还是有所不同。这里关键是有一个以什么作为"智识"的问题。明人，尤其是明代王门"左派"学者，在经典研习与意义探求方面，因强调"尊德性"而确实具有重"信仰"轻"知识"的"反智识主义"倾向，但是这却并未妨碍他们在经世致用中对实学的追求。相较之下，一些清人汲汲于饾饤考据，于求知固然为实，于经世致用之实，则反不如明人。晚明实学这种追求现世致用，追求"举而措之天下，能润泽斯民"的形下意义的特点，在史学中表现得格外突出，几已构成晚明史学发展的最重要的特点之一。

---

① 唐顺之：《荆川先生文集》，卷五，《答俞教谕》，四部丛刊本。

二 晚明史学撰述的实学转向

宋代以来，士人现实关怀表现的途径存在着相当的分歧：其中一是走"内圣"，以"内圣"控"外王"，将道德政治化的经世之途。即一方面通过"格君心之非，正心以正朝廷"，将本体化意义的道德虚构悬为"治道之本"，用之以制约君权和维系官僚体制运转；一方面通过"明天理灭人欲"的宣扬，以准宗教性的道德理念训导百姓，将社会上下纳入稳定的纲常秩序之中，进而达到平治天下的目的。一是走"外王"，以"外王"辅"内圣"，将道德置于政治之下考量的经世之途。即以技术性制度的操作发展事功，达到平治天下的目的。关于士人经世致用的这两种途径，晚明王学"左派"的健将王畿曾有这样的概括："儒者之学务于经世。然经世之术约有二端：有主于事者，有主于道者。主于事者以有为利，必有所待而后能寓诸庸；主于道者以无为用，无所待而无不足。"① 显然，王畿也认为儒者经世是必然的，但经世的途径则有"主于道"与"主于事"的区别。所谓"主于道者"，就是经世致用的"内圣"之途；所谓"主于事者"，就是经世致用的"外王"之途。

关于这两条经世之途孰以为主，学者们虽然一直争议不休，但是总的来说，自宋元程朱理学成为国家意识形态以后，以内圣控外王的经世之途得到的是更多的强调，并影响到社会的政治与学术。至于这种取向在史学中的体现，则是朱熹《通鉴纲目》的广泛流播，和"君子"、"小人"之辨类的泛道德化的历史批评泛滥。至于鼓吹外王经世之途的史学，这时显然不是主流。但是到了明代中叶，社会危机的显现，使得这种致用的经世史学思想逐渐被重新唤起。开始是琼山丘濬，力倡"儒者之学，有体有用"②，认为"（真德秀氏之）《（大学）衍义》之四要，尚遗治平之二条"，遂撰《大学衍义补》，"将以致夫治平之效，以收夫格致诚正修

---

① 王畿：《龙溪王先生全集》，卷十四，《赠梅宛溪擢山东宪副序》，北京师范大学图书馆藏清光绪海昌朱氏重刻本。又，关于宋明学术思想的演进及其转向，可参见余英时：《从宋明儒学的发展论清代思想史》、《清代思想史的一个新解释》等文，文载余氏著《中国思想传统的现代诠释》，南京，江苏人民出版社，1989。

② 丘濬：《大学衍义补》卷首，《大学衍义补序》。清道光十七年重刻本。

齐之功"，① 而成为明代实学思潮的嚆矢。此后，在政治、经济、军事危机对社会压力日深的情况下，这种主于事的外王经世路线受到越来越多的士人关注。

思想的变化直接影响于士人对知识资源和知识传统的索取，因此，对于晚明的实学思潮来说，作为"政学之指南"②，即政治知识主要资源的史学，也就很自然地成了士人关注目光最集中的领域。于是，当初丘濬强调的"兼本末，合内外，以成夫全体之大用"的实学思想，在渐渐得到士林肯定的同时，也使史学关怀的重心发生转向，从强调对历史作道德价值判断，斤斤于"君子""小人"心术之辨的道德化史学，逐渐转向以总结典章制度，以及可资鉴戒的政治成败史实为旨归的史学。例如王门泰州学派健将赵贞吉曾经表示，其"拟作《二通》以括古今之书。内篇曰《经世通》，外篇曰《出世通》。内篇又分二门：曰史、曰业。史之为部四：曰统、曰传、曰制、曰志。业之为部四：曰典、曰行、曰艺、曰衔……"③ 而江右王门的重镇冯应京，甚至将其编纂的历史著作，直接命名为《经世实用编》，历史性地第一次将"实用"与"经世"明确纽系在一起，以强调自己史学撰述的实学取向。经世史学的这种实学转向，导致晚明史家关注的编纂重心及编纂形式发生变化，而史学也因此与社会建立起了更紧密的联系。

晚明经世史学实学倾向的一个很重要的表现，是经世文集的大量编纂。这就使我们可以这类撰述为中心，展示这时期史学的一些特点。

所谓"经世文集"，是以经世致用为目的编辑的史学著作，笼统讲应属于传统史学中"记言"一类的纂著。这类史学撰述的大量大规模编纂是在晚明。德国明代文献学研究专家傅吾康（Wolfgang franke）曾指出："16 世纪后期历史著作新趋势的一部分是个人和多人的经世文的辑录。""奏议和其他经世文的选编始于 16 世纪下半叶，并且是这个时期一项真正的新发明。"④ 据统计，晚明时期仅书名明确标明经济、经世、实用、

---

① 《大学衍义补》卷首，《进大学衍义补表》。

② 冯应京：《经世实用编》卷首，《实用编纂修姓氏叙由》。明万历三十二年刊本。

③ 《明儒学案》，卷三十三，《赵贞吉传》，368 页，北京，中国书店海王村古籍丛刊本，1990。

④ 参见《剑桥中国明代史》，818～819 页，北京，中国社会科学出版社，1992。

适用等字样的"经世文"著作多达 20 余种①。其中在嘉靖时期的 45 年间，刊刻的经世文有黄训《皇明名臣经济录》、万表《皇明经济文录》等约 3 种；隆庆时期的近 6 年间，刊刻的经世文有郑善夫《经世要谈》等约 1 种；万历时期的 47 年间，刊刻经世文的有黄仁溥《皇明经世要略》、冯应京《经世实用编》等约 11 种；天启时期的近 7 年间，刊刻的经世文有陈其愫《经济文辑》、张文炎《经济文钞》等约 7 种；崇祯时期的 17 年间，刊刻的有吕纯如《学古适用篇》、陈子龙等《经世文编》等约 2 种。这种情况说明，随着晚明社会危机压迫的加深，士人对现实的关怀与对前途的焦虑也不断加深，因而作为经世知识资源的经世之文，也越来越广泛地受到了重视。

为了更好地说明经世文集的编纂与实学的关系，我们可以进一步分析它们的具体内容。对于晚明的经世文编来说，一般内容都比较庞杂，所以传统的文献分类方法很难对其进行准确分类。其中既有纯粹的"文编"，即人们讨论政治、经济、军事、文化事务的论文、奏疏等文章的分类裒辑，如黄训《皇明名臣经济录》、陈其愫《经济文辑》及陈子龙等编辑的《经世文编》等。也有基本属于政书类，但是记言、记事各有侧重的经世文编著作，如冯应京《经世实用编》、冯琦《经济类编》等。更有上括帝王训令，下及名臣议论，泛揽诸子百家、农圃工艺、医卜星相、星历方技等内容的类书型经世文编著作，如陈仁锡《经世八编类纂》等；此外像探讨身心修养，总结与人接物立身处世经验的经世文编，如郑善夫《经世要谈》等；总结政治和涉世谋略的经世文编，如钱继登《经世环应编》、俞象筮《经世奇谋》、吕纯如《学古适用篇》等，也可算作一类经世文编著作。总的来看，这些经世文编著作的内容虽然庞杂，但是其编撰却具有共同特点，就是都强调一个"用"字，即直接围绕现实实际问题，极有针对性地总结历史，探讨具体现实政治策略、政府管理、政府组织以及政府的经济、军事乃至日常生活等方面的问题，具有十分鲜明的实用性和对策性。例如黄训《皇明名臣经济录》53 卷，分开国、保治、内阁、吏部、户部、礼部、兵部、刑部、工部、都察院、通政司、

① 参见区志坚：《从明人编著经世文编略探明代经世思想的涵义》，载《中国文化研究》1999 年春之卷。但是区志坚统计的仍有一些遗漏，事实上还要多一些。需要说明的是，晚明以前经世文的著作很少，似乎只有宋末万季机的《经济文衡》、元李士瞻《经济文集》等极少的几部著作。这类史著的大发展应是在晚明。

大理寺等 10 门，"辑集洪武至嘉靖九朝名臣经世之言"① 其缤细者如户部分图志、田土、赋役、给赐、黄册、屯田、婚姻、粮运、禄俸、盐法、茶法、课程、赈恤等达 12 类之多。如冯琦《经济类编》100 卷，分帝王、政治、储宫、掖臣、谏净、铨衡、财赋、礼仪、乐、文学、武功、边塞、工虞、天、地、人伦、人品、人事、道术、物、杂言等 23 类，"杂采秦汉以下鸿儒著作、名臣奏对，旁及诸子百家呟议眇论，有关经济者共成之，自帝王至杂言，为类二十有二，俪之凡三百余条，几三百万言。"② 如陈其愫《经济文辑》32 卷，乃取明"朝诸先正文，择其有裨于实用者，汇而读之，大抵本经史而约之以时制，光明正大，博古通今，妄谓事业文章无逾此者，日久成帙，乃遂上自圣子、储宫，下至九边，四夷，其间宗藩、官制、财计、漕挽、天文、地理、礼制、乐律、兵政、刑法、河渠、工虞、海防，各以类分，总二十三卷，题《皇明经济文辑》，梓以公之有志者"③。如冯应京《经世实用编》28 卷，"首载明太祖心法祖训，以迄取士、任官、重农、经武、礼乐、射御，而终之以诸儒语录、正学考。大都禀祖训为律令，而以历朝沿革附之。"④ 而经世文编集大成之陈子龙等《经世文编》，共 504 卷补遗 4 卷，以"明治乱"、"存异同"、"详军事"为原则，分时政、礼仪、宗庙、职官、国史、兵饷、马政、边防、边情、边墙、军务、海防、火器、贡市、番舶、灾荒、农事、治河、水利、海运、漕运、财政、盐法、刑法、钱法、钞法、税课、役法、科举、宗室、弹劾、谏净等类，裒辑相关奏疏及论述。此外像辛全《经世硕画》3 卷，裒辑"前代事迹议论有关治道者，分为二门，一曰'圣典采据'，皆纪明太祖至英宗朝善政；二曰'定论采据'，皆宋明诸儒之说，而以北魏至唐共四条附之"⑤。吕纯如《学古适用编》91 卷，"采前代至明，凡前事之可为后法者，分类编次为九十一门，亦间附以论断"，仿照当世冯应京《经世实用编》、冯琦《经济类编》及万表《经世要略》等三

① 《四库全书总目》，卷五十五，黄训《名臣经济录》提要，北京，中华书局，1965。
② 冯梦祯：《经济类编序》，见冯琦《经济类编》卷首，北京师范大学图书馆藏明万历三十二年吴光义等刻本。
③ 陈其愫：《皇明经济文辑自序》，《四库全书存目丛书》集部 369 册，影印明天启七年自刻本，济南，齐鲁书社，1997。
④ 《四库全书总目》，卷八十五，冯应京《经世实用编》提要。
⑤ 同上书，卷九十六，辛全，《经世硕画》提要。

书之体，"而所列事迹则以适于用者为主"①。从上列诸书的内容看，其"主于事"的实学取向是相当明显的。当然，除了题名明确标明经济、经世、实用、适用等字样的"经世文"编外，晚明更多的是一些专题类的文编著作，其中如至今还存世未佚的周堪赓《治河奏疏》、毕自严《饷抚疏草》、陈子龙《兵垣奏议》、熊廷弼《经辽疏牍》等专题文献的辑集，实际上也仍可看作是某种经世文编。

除了经世文编外，晚明时期还有其他一些体裁的史学撰述也表现出一定的实学思潮影响。例如唐顺之的《右编》以为"古今宇宙一大棋局也"，而"奏议者弈之谱也"，至于其所"纂《右编》，特以为谱之不可废"而为之的记言著作。② 陈仁锡评纂、刊于天启的《皇明世法录》92卷，分为"维皇建极"、"悬象设教"、"法祖垂宪"、"裕国恤民"、"制兵敕法"、"浚河利漕"、"冲边严备"、"沿海设防"、"奖顺伐叛"、"崇文拔武"等10目，在详细地记载了明代典章制度沿革的同时，也大量记载了帝王谟训、臣子议论等经世文编所记述的内容。此外如朱健编纂的《古今治平略》33卷，依卷次记述了历代田赋、户役、国计、农政、屯田、水利、贮籴、漕运、钱币、盐课、杂征、赈恤、治河、官制、铨选、考课、贡举、荐辟、学校、律吕、历法、天文、地理、兵制、边兵、边防、驭夷、弭盗等典章制度的史实，意在使"学者既不苦于无征，而当官亦不踬于罔据"，认为只要了解了历代典章制度之利弊，"虽致治平亦思过半矣"③。显示了作者意在济当世之用的编纂旨趣。

正是在这种实学意识的驱动下，传统士大夫"在官言官"的传统也开始被激活。为应对所司衙属事务、总结职能制度运行利弊而编纂的各种专门志书，开始在这时大量出现。例如有关经济类的志书，据《千顷堂书目》统计，计有19类238种之多；有关边防的志书，据王庸《明代北方边防图籍录》、《明代海防图籍录》及吴玉华《明代倭寇史籍志目》三书统计，共著录了有关南北边防图籍436种之多④；此外晚明的兵书也很多，据许保林《中国兵书知见录》统计，明代兵书多达1023部，居于

---

① 吕纯如：《学古适用篇》提要，《四库全书总目》，卷一三二。

②《荆川先生文集》，卷十，《右编序》，又见北京师范大学图书馆藏明万历三十三年南监刻本《荆川先生右编》卷首。

③ 朱健：《古今治平略》卷首《序》，北京师范大学图书馆藏明崇祯刊本。

④ 参见王庸：《中国地理图籍丛考》，北京，商务印书馆，1956。

历代之冠，其中大部分撰述于晚明。① 至于像李贽在其《藏书》、《续藏书》中设立“富国名臣”、“经世名臣”、“经济名臣”等类传，邓元锡在其《明书》中设“经济名臣”类传等，则多少也可以视为肯定实学的史学思想表现。

可以看出，晚明经世史学在种种社会危机压迫下的实学转向，已大大改变了史家关注的重心，以致以往在泛道德化史学居主导地位时被视为“小道”的兵、农、工等内容，开始从学术的边缘进入到史家关注的视野。按照重刊《福建运司旧志》的龚用卿之《序》所说：“或曰盐一细务耳，而先王若是其重之与？余曰不然也。孟子论王道，而及于鸡豚狗彘之蓄，鱼鳖材木之利，以为可以致王者。其基实本于此。则盐政也者，较之鸡豚鱼鳖之类，不为尤切乎？使其行之便于民，推之裕于国，是亦先王之仁政也，而可概以刀锥之末少之哉！”② 就这样，许多形下意义的丛脞琐细之“事”，逐渐取代了史学所一向高自标榜的形上意义的“道”的追求，逐渐走向史学关注的中心。

三 晚明经世史学反映的实学思想

值得注意的是晚明经世史学中反映的实学思想。这些富有思想史意义的思想内容，可惜在以往讨论明清实学思潮时大多未能予以注意。概括来说，从晚明经世史学表述中流露的实学倾向，大致有这样几方面值得注意的思想。

第一，强调“实”是“虚”存在的基础。

这种论述最系统的是冯应京。作为史学史上明确将“实用”与“经世”联系在一起作为书名，直接表述撰述宗旨的冯应京曾在其《经世实用编》的《叙》中，对实学进行理论阐述说：“夫古而今，今而后，绳绳不穷者世也。以天下之才，兴天下之治者，经世也。”认为所谓“世”，就是绵亘不绝的人类历史，调动天下人才治理社会，使天下达到治平，就是“经世”。冯应京认为，个人是社会的基本构成，经世如同治身，所以经世也要从每一个人做起。对此他论述说：“人认七尺为身，不知遍世

---

① 参见许保林：《中国兵书知见录》，北京，解放军出版社，1988。

② 龚用卿：《福建运司旧志序》，玄览堂丛书本《福建运司志》卷首。

皆身。知遍世之皆身，则经世正所以修身矣。"但是由于作为个体存在的
"身"，与作为社会存在的"世"，是一致的，即"遍世皆身"，所以修身
的根本目的就是在现实社会中实实在在的"行"。至于"身"，冯应京则
以《易》理为依，认为："身，乾体也。"即作为主体的"身"，也必然
是具有"乾"之刚健和自强不息之性的实体，也必然具有"乾"之
"元、亨、利、贞"等所谓"四德"的属性、品质及功用。其中："体仁
以长人，嘉会以合礼，利物以和义，贞固以干事。"① 而最终是"妙用于
是乎行焉"，即依君子此"四德"所以法天行之健自强不息，而归结于君
子的实行与实事。显然，本为江右王门学者的冯应京的这些观点，与王
学理论中"万物一体"以及"知行合一"的学说有密切的渊源关系。②
而它的推衍，则又是循着王阳明"致良知"的原初思路，向着新的方向
作出发挥，从所谓的"乾"——君子的"四德"，落实于世事的践履——
"行"上。于是因"实事"、"实行"的经世致用，而强调经世致用的实
心、实行、实务和实用。对此冯应京的结论是："大都言为虚，动为实；
心为虚，行为实。实之不存，虚将焉傅！孔无乐乎空言，孟无取乎徒善，
要归于尚实而已。挽近取士以文词，任官以资格，莅政以簿书，讲学以
空寂，四者皆涉于虚，然斯世泰宁无事，有为敷菑垣墉朴斫者存焉尔？"③
这里，冯应京所谓"实之不存，虚将焉傅"，也就是把具体的物质性的
"实"，作为抽象的精神性"虚"的存在基础。"实"也是使"斯世泰宁
无事"的保证。也正因此，与冯应京一起编纂《经世实用编》的戴任等
提出，"实不实在我，用不用在人，用而不实，君子耻之；实而不用，君

① 《周易·文言》："元者，善之长也；亨者，嘉之会也；利者，义之和也；贞
者，事之干也。君子，体仁足以长人，嘉会足以合礼，利物足以和义，贞固足以干
事。君子，行此四德者，故曰：乾，元亨利贞。"阮元《十三经注疏》，15 页，北京，
中华书局，1980。

② 按："万物一体"是王阳明心学理论的一个重要的方面，在王氏言论中有许多
这方面的论述。如云："仁者与天地万物为一体，使有一物失所，便是吾仁有未尽
处。"云："夫圣人之心，以天地万物为一体，其视天下之人，无内外远近，凡有血
气，皆其昆弟赤子之亲，莫不欲安全而教养之，以遂其万物一体之念。"云："盖其
心学纯明，而有以全其万物一体之仁，故其精神流贯，志气通达，而无有乎人己之
分、物我之间。譬之一人之身，目视、耳听、手持、足行，以济一身之用。……盖其
元气充周，血脉条畅，是以痒疴呼吸，感触神应，有不言而喻之妙。"等。分见《王
阳明全集》，25 页、54 页、55 页，上海，上海古籍出版社，1992。

③ 《经世实用编》卷首，《经世实用编叙》。

子伤之。”即经世必须求实，炫华耀虚只能为君子所耻、所伤。只有具备了实学、实用、实才的人，才是真正的君子。戴任强调说：“编何以实用名也，匠金宪公（冯应京）之实心也”，冯应京“与乡之士、楚之士、同狱之士”等，“切劘融会”，共同讨论，共同编纂的《经世实用编》，“岂与彼空谭清议，绚奇抉玄而不婴时任者竞浮尚哉”！绝不是无裨实政实用的空谈之作，而是充分体现实学精神的经世之作。甚至认为，“矧是编也，霈圣祖心法，晰孔门正传，固史林之玄圃，而政学之指南哉。”①

冯应京等史学求实的编纂旨趣，也是晚明那些意欲经世的史家从事史学撰述时的一般思路。例如《皇明世法录》的作者陈仁锡便称：“夫务实得，则不逐末以遗本，不徇古以卑今，上以佐君，下以正学，较之繁词缛采，无裨理道者，奚啻天渊矣。”故其按照丘濬《大学衍义补》的思路“著为《皇明世法录》，首辑二祖之谟烈，以为万世法，而又明礼乐以和神人，辨历象以示修省，恤民以固邦本，积储以裕国用，明罚敕法以厚俗，稽漕河、记海防以通水利，纪元辅、录名臣以彰景范，诘戎兵以严武备，考四夷以示怀柔，俱原始要终，或耳目之所亲历，或軺轩之所睹记，稍为网罗，以补丘氏之未备，要使二祖列宗之讨谟硕画，瞭若列眉”②。这种思路表明，当时士人在社会危机压迫下，亟欲从历史中为寻求应对危机对策的现实诉求。

将“实”作为“虚”存在的基础，也就是把具体之“事”作为抽象之“道”存在的基础。这种带浓重实学色彩的观点，在一定意义上也是对王阳明“道即事，事即道”，“道事合一”，“道”统一于“事”的心学观点向着唯物主义方向的发挥。晚明史学家的这种实学思想，对于经世史学发展的实学取向具有重要的影响。

第二，推崇有用之才，提倡济事之作。

由于理论认识上将形上之道置于形下之事的基础之上，强调道器合一，其结果是对实用的肯定。晚明具有实学倾向的史学家，大多推崇那些有裨于实用的学术文章，认为应该以实心求实用，而睥睨那些无裨于用的文士之文，认为“学者所以为天下谋也，学而无补于天下国家，则

---

① 《经世实用编》卷首，《实用编纂修姓氏叙由》。
② 陈仁锡：《皇明世法录》卷首，《皇明世法录叙》，北京师范大学图书馆藏明刊本。

无所事学矣"①。"学佟博洽，而谙于当世之故，其以语于识时务、达国体远矣。"② 例如焦竑曾说道："余惟学者患不能读书，能读书矣，乃疲精力于雕虫篆刻之间，而所当留意者，或束阁而不观，亦不善读书之过矣。夫学不知经世，非学也；经世而不知考古以合变，非经世也。"③ 而《皇明大政记》的作者雷礼，则在为郑晓《吾学编》所作的序中说："自昔人第立言与立德、立功为三不朽，于是诵法孔子者知所以修词矣。然言不足以明性道、纪典故，兀兀穷年，取楚骚、汉文、唐律而模拟之，求工于一字一句以炫人，而无补于世用。少知惩其弊者，又窃佛经上乘之旨，以附濂洛主静工夫，而千言万语，终亏实践。将孔子所以删述《六经》为万世标的者，固如是耶！"④ 此外《经世文编》的凡例说："儒者幼而志学，长而博综，及致治施政，至或本末眩督，措置乖方，此盖浮文无裨实用，拟古未能通今也。"……都是把于国于世有用视为学者的第一要旨，而于原被高悬于一切之上的道德意义的"道"，则似大有被冷落的情势。⑤

在晚明具有实学倾向的史学家看来，经济之家不同于文士，而国家、社会则更需要经济之家。例如徐孚远《皇明经世文编序》云，"天下有文章淹雅之家，有经术干理之家，二者其致不同，当其执卷操笔所趣各殊矣。"而于张居正等有经世作为的大政治家，"自释褐以后，即弃去所业文词，尽取国朝典故诵之"。所以他们能"及其当国，沛然施之，无不如意"。冯明玠《皇明经世文编序》也说："有经世之才，必济以经世之学；有经世之识，始抒为经世之文。才与学与识兼备而人重焉，虽无文，可也。"⑥ 将刘知几揭橥的史家"三长"，转喻于对国家人才的要求。甚至提出只要是经世之才，有用之才，有没有文采亦无所谓。吴光羲《经济类编叙言》也提到了这个问题。他说："羲窃有慨于大臣之用心与文人殊

---

① 陈仁锡：《重刊大学衍义补序》，见北京师范大学图书馆藏清光绪三畏堂重刻《经济八编类纂》卷首。

② 朱之蕃：《刻两朝闻见录题辞》，见《两朝闻见录》，《四库全书存目丛书》影印明刊本卷首。

③ 焦竑：《澹园集》，卷十四，《荆川先生右编序》，141页，北京，中华书局1999。

④ 明万历金陵刻本《吾学编》卷首。

⑤ 陈子龙等：《明经世文编》卷首，《凡例》，北京，中华书局，1962。

⑥ 中华书局影印《明经世文编》卷首。

矣。先正之言曰：五经为藏府，六籍为庖厨，三坟为金玉，王典为琴竽，言理道之，各适勇于用也。顾载籍不殊，掺量自别，仁见为仁，智见为智。文人用之则文生，大臣用之则道大。彼梦花吐凤之辞，缛绣繁弦之韵，截蒲编柳，累黍为多，飞影敷珍，见者阁笔，何不足以自表著，然无当用处。经国大计，在文人奉为骇犀青犊，而具大臣之度者，且视为蠛蠓，焦明过而不问者也。噫！大臣之用心，讵可寻常测哉？……而范文正蚤岁受经，以天下为己任。会之大臣，操虑造化，宜别有处分。当其定危疑，临险艰，众方气慑，肤栗莫敢措声，而镇静从容，卑词立剖，非素具胡以应卒？则居恒挟持可知已，岂徒纂句钩玄，结绳累瓦，只以鬐帨自耀者哉！"① 所以晚明的史学家大都推崇具有经济才干之人，而指责无裨于世用的文人，陈仁锡在《皇明世法录叙》中说："古之君子，出吾之精神，以与天地万物之境会而始有言。是言也者，将以阐圣经，明理道，纪典故，甚哉其不可已也！然今雕镵文词，驰骋波涛而无当于治忽，不衷于理道，又或有意乎天下国家之故？而所操非其要，不能原始以要终，详本以措末，古未必约其精，今未必核其备，于损益废置先后得失之情，未能周知而无遗，于四海九州帝王万世之业，未能灼然若列之堂户之上，以是为立言也可乎？其于学疏矣！"② 认为如果对于现实没有裨益，立这样的"言"又有什么用呢？诚如焦竑评价汉相桑弘羊的理财之政时所云："自世猥以仁义、功利歧为二涂，不知即功利而条理之乃义也。……藉第令画饼疗饥，可济于实用，则贤良文学之谈为甚美，庸讵而必区区于此哉？"③

由于抱着黜虚求实的经世态度，其中一个结果就是对空谈心性之学的道学家持批判态度。如陈仁锡的《重刊大学衍义合补序》在谈到"学者所以为天下国家谋也，学而无补于天下国家，则无所事学矣"的同时，就尖锐指出那些空谈心性的道学家有"三弊"云："后之儒者有三弊焉。其曰：吾惟求之身心，而天下国家非吾责也。则是耕石田、织空机，而不知其饥与寒之且不免也。其曰：吾惟求之身心，而天下国家将自理也。则是谈耕以疗人之饥，谈织以御人之寒，而不知谷与丝之犹未睹也。三代而下，天下国家岂尽不齐、不治、不平哉？而又指其齐、治、平者病

---

① 明万历刊冯琦《经济类编》卷首。
② 明刻本《皇明世法录》卷首。
③ 《澹园集》，卷二十二，《书盐铁论后》。

之曰不闻道。则是食其食，衣其衣，而又追论其耕与织有未善也，皆非圣人之论也。"① 依照是否有用于世的原则，陈仁锡《重刊大学衍义合补序》还比较了宋真德秀的《大学衍义》和明丘濬的《大学衍义补》，认为"真氏书严于格心，略于议治。而丘氏书则纪纲法度、财赋、兵戎、礼乐、刑政，靡不井然棋布，灿然星列也"。因此，从"主于事"的意义看，丘氏《大学衍义补》作为有用之文，它的价值，自然也就要远在真德秀《大学衍义》之上了。

除了批判道学家空谈心性外，晚明有的史家还把批判的矛头指向以科举为代表的选官制度。认为秦汉以后的选官制度是造成儒、吏"分镳而骛"的重要原因，是造成士人脱离实际学风的重要原因。而且这种弊端愈积愈深，至明代已经到了非改变不可的地步。对于这一点，朱健《古今治平略·序》谈得最深刻。该序云："故学问明而事业著，有繇然也。至秦政废弃儒学，两汉精于吏事，于是士循章句，吏谙笺奏，分镳而骛，穷年不相语情，王仲任所以有事胜忠负，节优职劣之叹也。嗣是骈藻淫于六朝，训诂讼于唐宋，取士非明经、孝廉则贤良，制举非帖经、墨义则诗韵、策括，无怪乎才者以阅历之寡，执经术以贼世，而不才者以空疏之质，腼爵位以戕躯，其无益国家均焉耳！明兴，高皇帝睿渊谟，卓越万古。初科荐并行，文品兼重，久渐拘于资格、科举，习胜至有以单词只语搏取终身无穷富贵。而前者幸捷，后者希冀，遂庋阁经史，惟三年程墨房牍，是准是绳，比及通籍。一旦膺兵农财货之任、礼乐虞衡之务，无以异牧儿骤入大家，视其榱题藻棁，台盂杯案，惘然不识为何物。于是沿革不得不徇之前官，律算不得不假之胥吏，蒙头覆面，挨排岁月。故今世鲜通材，非独气运，亦功令使然耳！"

可以看出，朱健之所以要撰述《古今治平略》，总结历代典章制度，就是有意要改变秦汉以后，尤其是唐宋实行科举以后"士循章句，吏谙笺奏，分镳而骛，穷年不相语情"，以至士大夫"事胜忠负，节优职劣"，"一旦膺兵农财货之任、礼乐虞衡之务，无以异牧儿骤入大家，视其榱题藻棁，台盂杯案，惘然不识为何物。于是沿革不得不徇之前官，律算不得不假之胥吏，蒙头覆面，挨排岁月"的弊端，而使"学者既不苦于无征，而当官亦不踬于罔据"，最终使国家走向繁荣治平。也正因此，晚明史学家格外注意典章制度和具体政治、经济、军事等实务历史及现状的

---

① 清光绪三畏堂重刊《经济八编类纂》卷首。

研讨，例如唐顺之便在《江阴县新志序》中说："……《禹贡》、《周职方》岂非志国邑者之所权舆也哉？然自后世观之，则见其有琐细而俚俗者矣。夫其田赋高下之异等，坟垆黎赤之异壤，九镇九泽之异名，而五戎八蛮之异服，其列而载之可也。至于筱荡箘簵、淮蜃江龟、海错之纤细，则类于草木虫鱼之书；而多男少女，多女少男之纪，则近于闾井村俗之谈，古人何若是之琐琐也？盖苟有切于利器用而阜民生，辨阴阳而蕃孳息，则固不得以其秽襟而略之，而况其大且重者乎？其所载而详者固然，则其所不载者亦可知矣。后之所谓地志者，则异是矣。其叙山川也，既无关于险夷潴泄之用，而其载风俗也，亦无与于观民省方之实，至于壤则赋额民数，一切不纪，而仙佛之庐，台榭之废址，达官贵人之墟墓，词人流连光景之作，满纸而是。呜呼，此何异于家之籍专记图画狗马玩具为状缀，而租氜钱贯所以需衣食之急者，漫不足征也，其亦何取于为家也与！知家之有籍，本以治生，而非以观美；国邑之有志，本以经世，而非以博物，则得之矣。"认为史志就像家里的账簿，是稽以经国用世的依据，史学家"譬如辛苦起家之人"，必须"斥绝耳目之玩，而毕力于家人生事之间，一钱粟之盈缩，一臧获之奸良，与夫镉钥间户之守，虽其缁铢隐赜而聪明智算举无遗者，于是一切以其精神思虑之所及而登之于籍"，务使"前人以其所用心而著之籍记，后人因其所籍记而得前人所用心而守之"，才会使"家道能常兴而不坠"①。联系到焦竑在信中对友人所说："居官以明习国朝典制为要，衙门一切条例既能洞晓，临事斟酌行之，猾胥自无所措其手矣。此外治经第一，诗文次之……"② 以及其几次主持乡试时，都是以"华实相副"作为取士的标准，并申明说："岂臣之好文与众异哉？窃念国初之人，讷于口而实则有余；近日之人辨于文，而实则不足。实有余者，难在身而利归于国；实不足者，难在国而利归于身。士至利归其身也，世何赖焉？臣诚不自揆，思与世还淳也，必自士始。"③ 说明当时强调实学的经世意识，在士林的思想中已是相当的普遍。也正是这种推崇"举而措之天下，能润泽斯民"的有用之才有用之作的意识，推动了晚明经世史学，从泛道德的史学转向可济于世的实学致用的史学。

---

① 《荆川先生文集》，卷十，四部丛刊本。
② 《澹园集》，卷十三，《答乐礼部》。
③ 同上书，卷十五，《顺天府乡试录后序》。

　　《明经世文编》的编纂者更进一步提出："俗儒是古而非今，文士撷华而舍实。夫保残守缺，则训诂之文充栋不厌，寻声设色，则雕绘之作永日以思。至于时王所尚，世务所急，是非得失之际，未之用心，苟能访求其书者盖寡，宜天下才智日以绌，故曰士无实学。"① 而编纂《明经世文编》，则是他们扭转"士无实学"的颓风、兴经世实学"以资实用"的具体实践。从这样的目的出发，《明经世文编》所收录人物文章的进退标准，"一为实用之准"②。例如上节提到的《明经世文编》对王阳明等人之文章的处理，就是典型的例子。此外，与此编纂目的相应，《明经世文编》的编纂者，还从现实的角度对选文内容予以点评，论说作者政治见解的价值和利害。

　　第三，取鉴历史，探求"治术"、"治法"。

　　所谓的"治术"与"治法"，就是治理国家的方法，其中既包括帝王驭臣用人之术，应对事变的经术权谋，更包括保证国家各种职能有效运作的管理技术以及相应的典章制度的完善，而后者尤其重要。

　　按照正统理学家的观点来讲，所谓"治术"、"治法"因归于"霸道"之属而决不可提倡的。但在明中期以来社会危机日益深化的压力下，士人对于时局发展的焦虑也日益紧迫。从王阳明之"今天下波颓风靡，为日已久，何异于病革临绝之时"③，到陶望龄之"今天下之势，如漏舟泛江海"④、冯梦龙之"方今时势，如御漏舟行江湖中"⑤，都流露出士人这种对时局认识的焦虑。而在这种焦虑的同时，一些士人也开始隐约感到泛道德主义的儒家学说，以及以其为核心形成的选官知识体系，因缺乏实效性而于事无补："一旦膺兵农财货之任、礼乐虞衡之务，无以异牧儿骤入大家，视其楦题藻棁，台盂杯案，惘然不识为何物。"而值此之时，子学亦呈现复兴之势，于是遂使士人于正宗儒学之外，获得了新的思想资源，尤其是讲求"治术"、"治法"的管、商、申、韩之学进入士

　　① 《明经世文编》卷首，《明经世文编·序》。

　　② 同上书，《明经世文编·凡例》。

　　③ 《王阳明全集》，卷二十一，《答储柴墟二》，814 页。

　　④ 陶望龄：《歇庵集》，卷十二，《因旱修省陈言时政疏》，台北，伟文图书出版社有限公司，明代论著丛刊第 2 辑。

　　⑤ 冯梦龙：《甲申纪事》卷首，《自序》，玄览堂丛书本。

人视野，为一些士人探讨解救时弊，提供了新的思路。① 于是史学在转向追求一种偏向实用知识，改变"讲求无术，经画无策，上无道揆而下无法守"② 之局面的同时，探求"治法"、"治术"的问题也被提了出来，并反映到史学之中。

总结包括治人理事之制之术的历代"治法"、"治术"，是晚明史学撰述旨趣的一个重要方面，其在晚明史家的思想表述中，有许多清楚的自我剖白。例如唐顺之的《左编·自序》开篇便明确申明："《左编》者，为治法而纂也，非关于治者勿录也。"③ 故"是编自周秦以迄胜国，任士之所劳，谋臣之所画，凡为医国计者，班班在焉"。④ 饶天民刻《经济录·叙》对"治法"的强调则更是明确，即："《经济录》者，录经济也。录之者传之也。曷传乎？余闻诸夫子文武之政，布在方策。今考《周礼》一书，周官之政详矣。如《仪礼》、《司马法》、《政典》、《九刑》诸书，无非方策，则亦无非政。其方策存，则其政存，不然何以传诸后而垂诸久？……盖文不载道者，拟之虚车；其不经济者，夫尽师月露风云，而无益理乱之数，将焉用之？"⑤ 将体现"治法"、"治术"的"方策"提高到关系政治存亡的高度，认为"其方策存，则其政治存"。至于钱继登，则甚至径云"经世就是要经术"。他所撰述的《经世环应编》8卷，厘先几、应卒、图大、心计、决疑、解纷、用谲、料事等门类，"所采皆史籍权变之术"⑥。钱继登认为经世如弈棋："古人之成局，皆古人之灵变为之也。吾心之灵变有限，玩古人之成局而灵变生焉，余乃悟经世之学何以异此。"说王安石变法之所以失败，是因为王安石"学有余而智不足"。因此他批驳所谓"经术所以经世务是强辩"的观点说："夫经术不经世务，安用经术？经而非术，亦不足妙员通之应，而济世务之穷矣。混蒙之气日开，圣哲代出，豪雄辈生，古今之奇变异遭，与之突兀相争而应之者，裕如也。其灵窍亦尽灿布于人间矣。"认为："今天

---

① 关于晚明子学复兴的情况，参见陈宝良：《悄悄散去的幕纱：明代文化历程新说》，139~148页，西安，陕西人民出版社，1988。

② 龚用卿：《福建运司旧志序》，玄览堂丛书本《福建运司志》卷首。

③ 唐顺之：《历代史纂左编·自序》，北京师范大学图书馆藏明嘉靖四十年刻本；又《荆川先生文集》，卷十，《左编附序》，四部丛刊本。

④ 《澹园集》，卷十四，《荆川先生右编序》。

⑤ 陈九德：《皇明名臣经济录》卷首，明嘉靖二十八年饶天民刻本。

⑥ 钱继登：《经世环应编》提要，《四库全书总目》，卷一三二。

下之窘，人应者多矣，外警内讧，兵痈财诎，忧世者方思得沉雄明决之才，镇定其危摇之局"的时候，那些"心计精悍者，持筹以佐其后"，驭御危局的经术方策尤其重要。① 钱继登这番议论简直就是法家的腔调。

由于由实学而关注"治法"、"治术"，探讨权谋，其结果是使一些晚明史家对历史的认识和思考的路径发生了一些新的变化。例如晚明一些史学家常把社会发展比喻为变化谲诡的"棋局"，而把历史比喻为"棋谱"，强调习谱而不能拘泥于谱，若握经术而驭世事，典型者如唐顺之《右编·自序》云："古今宇宙一大棋局也，天时有纵逆，地理有险易，人情有爱恶，机事有利害，皆棋局中所载也。古圣人经天纬地，画野肇州，设官分职，正外位，内幽明，人鬼不相渎扰，奸良淑慝、鸟兽戎夷，各止其所，所以界棋局也。至于弈数之变，纵横翻覆，纷然不齐。虽其纷然不齐，而至于千百亿局，则其变亦几乎尽，而其法亦略备矣。自三代之末至于有元，上下二千余年，所谓世事理乱，爱恶利害，情伪凶吉，成败之变，虽不可胜穷，而亦几乎尽经国之士，研精毕智，所以因势而曲为之虑者，虽不可为典要，而亦未尝无典要也。语云人情世事古犹今也，岂不然哉? 奏议者弈之谱也，师心者废谱，拘方者泥谱，其失均也。"②

当然，晚明更多的史家是把经世谋国喻之为医，将历史喻之为方。例如焦竑评唐顺之《右编》云："古之善医者，于神农、黄帝之经方，秦越人之《难经》、《灵枢》、《甲乙》，葛洪、陶隐居之所缀缉，咸洞其精微。其于简策纷错，《黄》、《素》朽蠹，老师或失其读，与曲士或窜其文者，无不贯穿而辨晰之矣。又必乐义耐事，急于生人而亡虞主人之夺楯。斯能动而得意，攻邪起仆，如承蜩而掇之也。藉令不由经论而以情揆疾，曰古法新病不相能也，而第多其药以幸有功，则相率以趋于毙而已! 是编自周秦以迄胜国，任士之所劳，谋臣之所画，凡为医国计者，班班在焉……"③ 董应举《学古适用编序》云："观吴门司马吕公孟谐所辑《学古适用编》，博采群籍，旁及国朝近事，取其切于实用者，条分品类，斟酌而评骘之，以开人意识。譬如国医开列古方，听病者之所自取，使方

① 《经世环应编》卷首，《经世环应编引》，《四库全书存目丛书》子部，第144 册。
② 《荆川先生右编》卷首，明万历三十三年南监刻本；又《荆川先生文集》卷十，四部丛刊本。
③ 《澹园集》，卷十四，《荆川先生右编序》，141 页，北京，中华书局，1999。

与脉相适，而不至费人。”①

但是不管以弈棋为喻，还是以医人为喻，这些史学家都认为治国经世不能没有经术方策，而历史就是“棋谱”、“医方”。而与此相应的，是对识时、知机、察几与持权等有过理论的探讨，如冯应京《经世实用编》卷一引段然论曰：“机者，圣贤之所研审，而治世豪杰之所凭而依者也。人心之机间不容发，有用之揣摩者则为机智，有用之无事者则为真机。”《古今治平略》的作者朱健亦云：“人人有机，事事有权。德而无机，西伯不王；圣而不权，尼山不帝。”② 这种有关“治法”、“治术”，有关权谋的关注与探讨，显然已经溢出了儒家固有的思想传统。

总之，晚明经世史学从“实”的强调，到具体“用”的实践，无不打上实学思想的烙印。晚明经世史学思潮中的这些实学思想，对于晚明史学内容的拓展，向更广阔的社会范围展开具有重要意义，它的背后实质体现着晚明深刻的社会历史变化：既有社会政治、经济的发展变化，也有人们价值观念的变化；既是在晚明社会政治、经济、军事危机的情况下人们改革要求在史学中的体现，也是社会向前发展后对国家管理机器及其职能进一步制度化的要求在史学中的体现。同时，从史学自身发展的角度讲，由于对具体“事”之意义的强调，无意间也使史学的地位获得了前所未有的提升，为清代章学诚从“道不离器”、“道器合一”的角度提出的“六经皆史也”的命题做出了理论和实践的铺垫。从晚明一些史家的论述看，其之所以鼓吹经史不二的用意，大有为史学，为实学寻找理论依据，说明其合理性的意思。这点，在唐顺之《杂（稗）编·序》中有一定的表露。该《序》云：“《易》不云乎言天下之至赜而不可恶也。曾子论道之所贵者三而归笾豆，于司存以反本也，论者犹以为颇析道器而二之。庄生云：道在稊稗、在瓦砾、在尿溺，其说靡矣。儒者顾有取焉，以为可以语道器之不二也。语理而尽于《六经》，语治而尽于《六官》，蔑以加之矣。然而诸子百家之异说，农圃工贾、医卜堪舆、占气星历，方技之小道，与夫六艺之节脉碎细，皆儒者之所宜究其说而折衷之，未可以为赜而恶之也。善学者由之以多识蓄德，不善学者由之以溺心而灭质，则系乎所趋而已。史家有诸志杂编者，广诸志而为之者也，

---

① 《学古适用编》卷首，《四库全书存目丛书》子部，第 137 册。

② 朱健：《苍崖子·善学篇》，北京师范大学图书馆藏明刊本。

以为语理而不尽于《六经》，语治而不尽于《六官》也。"① 也正因为这一点，使这些具有实学倾向的史学思想，给晚明的史学多少染上了一些思想解放的色彩。当然，从所谓规定性与限定性同时存在，规定性越明确限定性越大的辩证逻辑思想来看，晚明史学的这种因时局的危机压力而形成的实学取向，必然地具有其自身不可摆脱的局限性，而这种局限性的表现，就在于它把史学的目标过于明确地定位于具体之用，导致史学关注的目光完全聚焦于形而下的事物，而忽略了史学除了具体致用的意义外，还应有的更高的形而上的"道"的追求，于是便构成了晚明史学整体发展的理论局限。

（原载《史学理论与史学史学刊》，2006 年卷，社会科学文献出版社2006 年版）

---

① 《新刊唐荆川先生稗编》卷首，明万历九年文霞阁刻本；又《荆川先生文集》，卷十，《杂编序》，四部丛刊本。

王记录

清代史馆的人员设置与管理机制

　　清代史馆是中国古代官方史学机构发展的最后阶段，尽管它们不是完整意义的国家行政机关，但是，它们在自身的建置过程中，充分吸收了此前历代官方设馆修史的经验，并结合清朝历史文化的特点，在人员设置、组织管理等方面都有着严密的制度，具备一套与专制官僚体系相适应的运作方式，在史馆建设的方方面面都达到了古代社会的最完备状态。

一　清代史馆的人员设置

　　人员设置是史馆建设最为重要的方面，是他们——史馆中的纂修人员——修纂了数以千万卷计的各类史书，为后世留下了宝贵的历史资料。

　　尽管清代史馆种类不同，数量众多，规模不等，归属不一，在管理上面也存在一定的差异。但是，从总体上看，清代史馆在制度建设上基本是相互比照进行的，一旦一种史馆中出现有效的管理方法，其他史馆便会认真仿效，从而成为一种模式，以相对稳定的状态固定下来。

　　就清代史馆的人员设置来看，各史馆之间大同小异，明显是相通的。具体来讲，各史馆编纂人员的设置按分工不同，可分为四大部分。那就是管理人员、纂修人员、佐修人员和勤杂人员。下面我们就分类进行讨论。

（一）管理人员

管理人员是史馆的上层，是修史活动的具体组织者和领导者。就清代史馆的情况看，主要有监修总裁、总裁、副总裁、提调等。

1. 监修总裁

在清代史馆中，监修总裁一职并非所有史馆都有，只在实录馆、《明史》馆等重要史馆中设立。实录馆设立监修总裁，始于康熙六年（公元1667年）编纂《世祖实录》，此前纂修《太祖实录》和《太宗实录》，俱见总裁官，而未见监修总裁官。① 康熙六年九月，"纂修《世祖章皇帝实录》，命大学士班布尔善为监修总裁官，大学士巴泰、图海、魏裔介、卫周祚、李霨为总裁官……"② 自此以后，每次开馆纂修实录，都要设立监修总裁之职。《明史》馆设立监修总裁始于康熙十八年，"命内阁学士徐元文为《明史》监修总裁官，掌院学士叶方霭、右庶子张玉书为总裁官"③，从此开始了《明史》大规模的修纂。监修总裁是实录馆与《明史》馆的最高长官，最受皇帝信任，额设一人。④ 监修总裁负责史馆的全面管理工作，向史馆传达皇帝的谕旨，向皇帝汇报史馆的工作情况，提出与修史有关的建议，审定史馆各项规章制度、写作计划以及史书稿本、定本等。监修总裁例由内阁大学士监充。⑤ 一般而言，监修总裁并不真正参与史书的修纂，"故事，监修官不与编纂"⑥。因为监修系朝廷重臣，外间事务繁多，有时兼领多个史馆，故而对史馆的管理不可能非常细致，

---

① 今中华书局所出《清实录》之《太祖实录》、《太宗实录》卷首修纂官名录中俱有监修总裁，乃康熙时重修两朝实录时所设，并非原设。

②《清圣祖实录》，卷二十四，康熙六年九月丙午，北京，中华书局，1986（以下清代各朝《实录》均为该版本）。另外，康熙八年六月甲戌，康熙帝又以大学士巴泰为《世祖实录》监修总裁，取代了班布尔善，故而《世祖实录》卷首修纂官名录中监修总裁署名巴泰而不是班布尔善。

③ 同上书，卷八十一，康熙十八年五月己未。

④ 也有例外，编纂《圣祖实录》时监修总裁就设有3人，编纂《宣宗实录》时设有4人。

⑤ 但《明史》馆总裁徐元文却是以学士担任监修的，这可能源于两个原因，一是徐元文个人才华出众，二是徐氏与明代遗民联系密切，清廷想借徐氏的遗民背景，以修史为契机拉拢汉族学人。

⑥ 李元度：《国朝先正事略》，卷六，《徐立斋相国事略》，上海书局石印本。

其主要的任务是保证官修史书在政治问题以及历史人物的评价问题上与统治者的思想保持一致，协调史馆与各衙署之间的关系。监修总裁擢官他任或免职致仕，其职由后继者补任。

2. 总裁、副总裁

在清代所有史馆中，都有正副总裁一职。按清代规定，设馆修史，内阁大学士、学士、翰林院掌院学士以及各部尚书、侍郎例充正、副总裁官，由皇帝钦命。但是，由于史馆的隶属不同，总裁、副总裁的来历也不同。就大多数史馆来讲，总裁、副总裁来自内阁和翰林院，但像方略馆，总裁由军机大臣兼充，没有副总裁。玉牒馆，正副总裁由宗人府宗令、宗正以及内阁大学士、学士、礼部尚书等组成。不管怎样，他们都对皇帝负责。

清代史馆中的正副总裁均由满汉官员组成。不同史馆中总裁、副总裁的数量是不相同的。像国史馆，"总裁，特简，无定员"①，到咸丰以后，逐步形成国史馆总裁满汉各一员的规制，惟副总裁尚无定员。光绪时期，最终形成了总裁、副总裁各二员，满汉员缺对等的定制。② 再如方略馆，"总裁无定员，以军机大臣领之"③。再如实录馆，每次纂修，正副总裁从七、八人到二十余人不等。还有会典馆，其总裁人数一般保持在四人左右，有时是二、三人不等，比如嘉庆《大清会典》，总裁满汉四人，副总裁满汉五人，但其中变化很大，嘉庆六年（公元1801年）以大学士王杰、庆桂、刘墉、董诰为总裁官④，然以后保宁、朱珪、戴衢亨、刘权之、托津、曹振镛先后补任总裁官。这其中有病逝者，有调离者，嘉庆《大清会典》最后成书时总裁只有托津和曹振镛二人。一些特开的史馆，在正副总裁设置上也数量不一，像《明史》馆，由于前后迁延时间过长，先后任命的总裁就有几十人，康熙二十一年一次就任命阿兰泰、王国安、牛钮、常书、孙在丰、汤斌、王鸿绪七人为总裁。⑤ 乾隆八年康熙《大清一统志》刻成，奉旨开裁的总裁就有蒋廷锡、尹继善等九人，而修纂《八旗通志》，只任命鄂尔泰一人为总裁官。凡此都说明，在史馆

---

① 嘉庆《大清会典》，卷五十五，台北，台北文海出版社，1992。

② 参见乔治忠《清朝官方史学研究》，34页，台北，台北文津出版社，1994。

③ 梁章钜、朱智：《枢垣纪略》，卷十四，《规制二》，155页，北京，中华书局，1984。

④《清仁宗实录》，卷九十，嘉庆六年十一月辛巳。

⑤《康熙起居注》，"二十一年六月十八日甲午"，北京，中华书局，1984。

的实际运作中，总裁、副总裁的数量并不是固定的，而是视修纂史书的重要程度和工作量来变化的。

在没有设立监修总裁的史馆里，总裁实际上就是史馆的最高领导，正副总裁一般情况下也不参与史书的修纂，对史馆的管理也是相对松散的。他们主要审定书稿，满人总裁还要负责满文本的校订。凡制定史馆章程、修史计划，督促在馆人员赶办功课，考核在馆人员等，均由正副总裁负责。在担任正副总裁期间，他们原则上专司馆事，不再到原署视事，道光间杜受田任职实录馆，咸丰帝谕内阁："现在实录馆纂辑稿本，渐次成书，杜受田专司勘办，著毋庸赴刑部办事。"① 就说明了这一点。正副总裁任职史馆，如有升转，"著仍兼理行走，若有升转外省者，其员缺，著即奏闻"②。另外，在清代，一人可以同时兼领多个史馆的总裁或副总裁，像张廷玉、鄂尔泰等人，都是如此。

3. 提调

提调是史馆中负责处理具体事务的官员，凡调拨馆内人员，督催功课，文书往来，以及人事、经费、业务等诸事，皆由提调处理。所谓"提调掌章奏文移，治其吏役"③，"凡一切往来文移咨查事宜及考核各员功课，实为提调官专责"④。

在大多数史馆中，提调一般由内阁侍读学士、侍读以及翰林院侍读等兼任，也往往从纂修官中升任。提调属于文辞之士，熟悉史书修纂，在管理史馆事务方面是内行，有时还要亲自参加修史。当然，在有些史馆中，提调官不是由内阁和翰林院官员兼任，而是另有他途。比如方略馆，提调官"俱由军机章京内派充"⑤；玉牒馆，提调官必须有一人是宗人府理事官；各部院修纂则例，提调官则由各部院自己派充。

各史馆的提调官一般都由满汉官二至四人组成。像国史馆，"提调，满洲二人，以内阁侍读学士、侍读派充；汉二人，以翰林院侍读等官派充"⑥，到宣统年间，才又增加蒙古提调二人⑦。实录馆，嘉庆四年（公

---

① 《清文宗实录》，卷十九，"道光三十年十月丙寅"。
② 同上书，卷二十，"雍正元年正月癸巳"。
③ 嘉庆《大清会典》，卷五十五。
④ 《清会典馆奏议》，国家图书馆分馆藏。
⑤ 《清史稿》，卷一一四，《职官志一·军机处》，北京，中华书局，1977。
⑥ 嘉庆《大清会典》，卷五十五。
⑦ 《国史馆档案·人事类》，案卷号977，中国第一历史档案馆藏。

元 1799 年）纂修《高宗实录》，根据监修总裁、总裁的提议，"拟定满、蒙、汉提调各一员"①，而这种预先拟定的数目与实际数目相差甚远，《高宗实录》纂修实际所用的提调官为满汉提调五人，蒙古提调七人②。会典馆，光绪会典馆开馆以前，"拟设满提调二员，汉提调一员"③。其他如玉牒馆，提调二人；方略馆，"提调，满洲二人，汉二人"④。三通馆，提调二人⑤，等等。

提调升迁以后，一般还要在史馆纂办，而且，在清代，还经常发生两个史馆共用同一提调的现象。乾隆《清会典馆奏议》载："会典馆提调官二员，积德已升授都察院左副都御史，仍留馆兼办。另一提调官世臣升授内阁学士，仍留兼办。另外世臣亦系国史馆提调，可否令其一体兼办"⑥。

提调官虽然地位不如总裁显赫，但却是史馆中办实事的官员，他承上启下，提协调度，位置非常重要，所谓"总其成于监修，专其责于提调"⑦，就是对提调事权和地位的很好的说明。

（二）纂修人员

纂修人员是史馆修史直接的承担者，是史馆编纂队伍的主体组成部分。主要有总纂、纂修、协修等。

1. 总纂

总纂一职，最早出现在实录馆中，嘉庆六年（公元 1801 年）三月，任命内阁学士吉伦、玉麟、都察院左都御史恩普、太常寺卿刘凤诰为总纂官⑧。这是清代史馆中首置此职，此后国史馆、会典馆仿效添设。方略馆职务设定中没有总纂，但光绪年间编纂《钦定平定陕甘新疆回匪方

---

① 《内阁档案·各房各馆档案·行移档》，全宗号 2，房 711，中国第一历史档案馆藏。

② 参见《清高宗实录》卷首，《修纂官》。

③ 光绪《大清会典事例》卷首，台北，台北新文丰出版股份有限公司，1976。

④ 梁章矩、朱智：《枢垣纪略》，卷十四，《规制二》，155 页，北京，中华书局，1984。

⑤ 《钦定续通典》卷首，《职名》，贯吾斋缩印本。

⑥ 《清会典馆奏议》，国家图书馆分馆藏。

⑦ 刘凤诰：《存悔斋集》，卷六，《实录馆覆奏折》，道光庚寅刻本。

⑧ 《清仁宗实录》，卷七十九，嘉庆元年二月乙亥。

略》，出现总纂字样，当是根据修史需要而设置的。

总纂有一定的数额，从档案材料看，实录馆额设总纂满汉各二员，但实际上数额一直在变化，每次开馆都不相同。国史馆"总纂，满洲四人，蒙古二人，汉六人"①。而实际情况也在不断变化。

总纂是从纂修官中选拔的，与纂修一样，都要参与编纂。但总纂在完成自己的功课时，还须通改纂修、协修编纂的史稿，划一体例，修改字句等。

2. 纂修、协修

纂修官是史馆修史的主力军，就绝大多数史馆来讲，纂修官主要来自翰林院、詹事府、内阁及其他衙门。比如国史馆，"纂修、协修无定员"②，满洲总纂、纂修以内阁侍读学士、侍读中书及部署、科道等官派充，汉总纂、纂修、协修以翰林院侍读、编修、检讨学士以下各官派充③。从实录馆档案来看，实录馆额设满蒙纂修官各十人，由内阁等衙门于六品以上官员内挑选精通满蒙文字者一、二员，理藩院挑选蒙古纂修官八员，保送到馆，考试录用。汉纂修官二十人，由翰林院、詹事府充补。但实际数字远远不止这些。光绪年间纂修光绪《大清会典》及《事例》时，额设满汉纂修官三十六人。玉牒馆纂修官，额设十一人，分别由宗人府理事、满主事、汉主事、翰林院官、内阁侍读、礼部司官组成。一些特开的史馆，纂修官人数不等，康熙十八年以博学鸿儒五十人充《明史》馆纂修官，其后又不断充补。康熙《大清一统志》纂修官多达一百一十三人④。而三通馆职名载三通馆纂修官有四十五人⑤，经王锺翰先生补释为五十人⑥。可以这样说，各个史馆之间纂修官数目有很大差异。同一史馆额设的纂修官数目与实际参与纂修的数目也存在很大不同。这些，都需要对史书所载每一史馆纂修官的情况进行具体分析。

尽管清代史馆在纂修人员的组成上，主要有翰林院官员、内阁官员，还有其他政府机构派充的官员，但有些史馆纂修官的组成富有特色，比

---

① 《清史稿》，卷一一五，《职官志二·翰林院》，北京，中华书局，1977。
② 同上书。
③ 光绪《大清会典》，卷七十，台北，台北新文丰出版股份有限公司，1976。
④ 王会均：《大清〈一统志·琼州府〉研究》，《国立中央图书馆台湾分馆馆刊》第3卷，第2期。
⑤ 《钦定大清会典》卷首，《职名》，台北，台北新文丰出版股份有限公司，1976。
⑥ 王锺翰：《清三通之研究》，《史学年报》，1938年12月，第2卷第5期。

如方略馆，纂修官几乎完全由军机章京派充，只汉纂修内由翰林院咨送一人，史载"纂修满洲三人，汉六人，俱由军机章京内派充，汉纂修缺内由翰林院咨送充补一人"①。再如会典馆，其纂修官以吏、户、礼、兵、刑、工诸部署官员为主，翰詹官员为辅。尤其是光绪会典的纂修官，竟全部由内阁中书、部院司员、京堂及个别御史充任。我们知道，方略馆所修多为记载战争的专史——方略，军机处官员对此比较熟悉，会典所记乃各部院衙门的典章制度，部院官员对此比较了解，以他们充任纂修官，实际上体现了清代史馆以内行修史的指导思想。

协修官在清代很多史馆中都存在，是因为馆中额定纂修官不敷使用而增设的纂修人员，主要由一些官职较低而又具备修史才能的人组成。协修官数额不定，视修史需要而增减。如纂修嘉庆《大清会典》，纂修官不敷任用，于是就增加了协修官，他们"不领公费，本无定员，各衙门……所送之员多寡不齐"②。协修的来源，一般由史馆向内阁、翰林院行文咨取，有时也采用招考的办法录取。协修与纂修一样，都要勤勉修书。

在实录馆中，还有效力纂修官、效力收掌官以及效力校对官等名目，这些人数量很少，是暂时安排在馆中效力的受到降职处分的官员。如国子监祭酒法式善，在国子监内声名狼藉，又论旗人外出屯田，令嘉庆帝非常不满，责令他"在实录馆效力行走"③。再如尚书那彦成，"在外不能决胜千里，在内不能运筹帷幄，洵为无用之物"，于是，"著革去尚书都统讲官花翎，格外施恩，用为翰林院侍讲，在实录馆效力行走"④。这些人会很快离开史馆，改派他职。之所以安排在史馆，实乃带有停职反省的意味。

还有，在史馆中，满、蒙纂修不需要进行"原创"，"俟汉书纂成后方能起稿"⑤。实际上是将汉文文本译成满文、蒙古文，与翻译没有什么两样。

---

① 《清史稿》，卷一一四，《职官志一·军机处》，北京，中华书局，1977。
② 嘉庆《大清会典事例》卷首，保宁奏折，台北，文海出版社，1992。
③ 《清仁宗实录》，卷五十六，"嘉庆四年十二月乙酉"。
④ 同上书，卷六十八，"嘉庆五年五月丁未"。
⑤ 《清仁宗实录馆奏折档》，《文献丛编》，第36辑。

（三）佐修人员

佐修人员是指史馆中的校对、翻译、誊录等，他们不直接纂修史籍，在史馆中地位较低，但由于涉及到史书的善后工作，故不可忽视。

1. 校对

校对掌校勘之事，一书修完，必有校对官根据需要，对汉、满、蒙三种文本的史稿中的文字进行校勘。各史馆的校对一般都有额设数人，如国史馆，"校对，满、蒙、汉俱各八人"①，嘉庆朝修《高宗实录》，奏定校对官满、蒙、汉各十四人。但实际人数往往是随着工作量的大小而增减的。像国史馆，道光年间有校对官 68 人，到光绪十四年（公元 1888 年）就增至 348 人②。在一些史馆中，如国史馆、实录馆等，还设有清文总校一职，总负责史稿满文本的校订，反映出统治者对满文文献的重视。随着历史的发展，到清代后期，清文总校的地位越来越高，这大概是与文武大臣中精通满文的人越来越少有关。还有的史馆又有总校、详校等名目，将校对人员的职责细化。

在没有专职校对的史馆中，校对由纂修官兼办，像三通馆中就是这样。

2. 翻译、誊录

翻译负责史稿的满、汉、蒙文之间的转译，誊录负责以工整字体抄录所修史稿。在各个史馆中，这两种人员也有额设之数，但往往也是根据修史需要进行调整。

校对、翻译、誊录一般都是由史馆向内阁和吏部咨取，但由于需要量大，其主要来源就是落第举子、贡生、监生等，从他们当中简选，所谓"从前各馆修书，需用誊录，多由落第之举贡生监中考取、挑取"③。乾隆八年还规定统一由吏部举行考试，在举人、拔贡、监生等人员中选取翻译、誊录等官充补史馆④。有一份道光六年（公元 1826 年）的档案，是玉牒馆"为纂修考取满誊录笔帖式行各衙门事"⑤，说明通过考试选取

---

① 《清史稿》，卷一一五，《职官志二·翰林院》，北京，中华书局，1977。
② 邹爱莲：《清代的国史馆及其修史制度》，《史学集刊》，2002 年第 4 期。
③ 《存悔斋集》，卷六，《实录馆覆奏折》，道光庚寅本。
④ 《清高宗实录》，卷一九八，"乾隆八年八月壬子"。
⑤ 《玉牒馆点单簿》，"道光六年十二月初六"，国家图书馆分馆藏。

史馆佐修人员已成定制。

另外，像会典馆等史馆中还有画工，也属于佐修人员。

（四）勤杂人员

史馆中还有一部分处理日常杂务的勤杂人员，他们为史书的顺利修成提供后勤保障。其名目有收掌、供事等。

1. 收掌

收掌是史馆中负责保管、收发书籍、资料的人员，绝大多数史馆都有此职。在中国第一历史档案馆的内阁档案、国史馆档案、方略馆档案等修书档案中，经常看到收掌官签名的咨取、咨送书籍、资料的档案。收掌官有一定名额，但各馆数额不同。国史馆定额为四人，间用满汉；方略馆定额也是四人，满二人，汉二人；玉牒馆定额为十二人，主要为满人；实录馆名额不定，一般为满汉十八至二十人，蒙古六至八人，等等。收掌一般由内阁、翰林院、詹事府中书、笔帖式及各衙门小京官、笔帖式充补。

2. 供事

供事是史馆中办理日常杂务的勤务人员。他们由提调分派到史馆内各个机构上执勤，登记考勤、记录功课、收发文件等一应杂役，均由供事办理，事务繁杂。供事有时也抄写史稿。笔者所见到的一份史馆官员功过等第册中就有供事"抄写最多，行走最勤"[1] 的记载。

除了收掌、供事外，不同史馆中还有一些名目不同的勤杂人员，像方略馆中的"承发"，会典馆中的纸匠等各色匠役，不一而足。

从上面的分析可以看出，清代史馆在人员设置上有严密的体系。从管理人员、纂修人员、佐修人员到勤杂人员，层层分工，责任分明，防止了史馆修史组织不力，效率低下，书出众手，"分割操裂"[2] 的弊端，保证了史书的顺利修成。可以说，在中国古代设馆修史的历史上，清代史馆的纂办能力是最强的。

同时，还要注意到：其一，从清代史馆人员结构上看，汉人、满人、蒙古人都占一定的比例，特别是汉人和满人，数量大体相当。这与清朝

---

① 《（乾隆七年）三朝实录馆馆员功过等第册》。

② 方苞：《方望溪文集》，卷十二，《万季野墓表》，四部丛刊本。

以少数民族立国的现实是相适应的。其二，从清代史馆的编制来看，虽然皆有定额，但实际上变动和流通很大。体现出稳定性与灵活性相结合的特点。其三，从史馆内部人员权力的变动来看，不同人员在史馆中的地位沉浮，与其在馆中的贡献密切相关。比如实录馆总纂官，初设权力较大，但到后期日渐脱离纂修工作，位在提调之下。再如国史馆供事，本是勤杂人等，但由于其参与馆务越来越多，甚至像誊录一样抄录资料，竟然有了"总办供事为阖馆领袖，事务较繁"① 的说法。这样的变动实际上是一种良性的变化，有利于史馆修史的正常运转。

二　清代史馆的管理制度

清代史馆内部机构的组成，各类史书并无明文记载。故只能从档案资料中了解一些情况。在《国史馆档案》中，可看到国史馆的机构有总纂处、满总纂处、校对处、誊录处、承发处、翻译股、长编处、大臣传处、画一传处、十四志处、奏议处、满堂、蒙古堂、前堂、后堂、书库等，显得杂乱无章，名称也不统一。这恐怕与国史馆存在时间较长，各机构增减、名称变更频繁，档案记载只按当时情形笔录有关。和国史馆类似，会典馆设有汉总纂处、汉誊录处、汉文总校处、汉校对处、满总纂处、满誊录处、清文总校处、满校对处、画图处、纸库、书库等②。实录馆与方略馆等史馆也有着与之大致相同的机构设置，诸如纂修处、誊录处、校对处、文移处、翻译处、书库、纸库、档案库等，实录纂修因系用满、蒙、汉三种文字缮写为三种文本，故而在机构设置上就有了满、蒙、汉三个并列的系统，诸如满纂修处、汉纂修处、蒙古文纂修处等。其他一些规模小些的史馆在机构设置上也仿效这些大的史馆。不管怎样，这些机构各有专职，既互相分工，又密切配合，其中纂修、校对、誊录、翻译四处专司史籍的编纂、校对、缮写与满汉转译，责专任重，是史馆的核心机构。其他或为辅助性机构，或为临时性机构，都是围绕核心机构而设立的。

组建一个史馆，涉及官僚机器各个部门，房屋由内务府提供，桌饭

①《国史馆档案·编纂类》，案卷号525，中国第一历史档案馆藏。
②《会典馆来付档》，"光绪二十五年"，国家图书馆分馆藏。

银两由户部支领，修史所用桌柜、笔墨，以及修理、裱糊等由工部负责，开馆由钦天监选择吉日，修成后恭进御览必须由礼部参与①。至于史官的选任，资料的征集，又涉及吏部、内阁、军机处、翰林院以及各个部院、科道、地方督抚、八旗、蒙古等，虽然没有独立人事职权，涉及面却相当广泛。

就清代史馆来讲，内部，设有不同机构；外部，和各个部门都有联系，特别是史官，由不同部门简派，大部分属于"兼职"，并且流动性较大，各馆总裁等，又多是朝廷大员，事务繁忙，职所不专，这就使得史馆自身必须有一套管理制度，以保证史书修纂的顺利进行。

（一）制定"馆规"，按章行事

有清一代，凡较大的史馆，都制定有一套规章制度，或曰"规条"，或曰"章程"，或曰"条例"，对馆内各机构的职责、纂修任务、事务协调等都有明确规定。所谓"在馆办事宜有成规。总裁官督率纂修各官，每日必及辰而入，尽申而散。庶几在馆办事，俱有成规。不独勤惰易稽，年限便于核定，且互相讨究，可以斟酌得宜，彼此观摩，亦见智能交奋"②。国史馆为清代最重要的史馆之一，它的有关条例，早期未见记载，光绪三十四年（公元 1908 年），制定了《改定史馆章程条例》③，宣统三年（公元 1911 年），又有《厘定史馆章程》④。其中有人员安排、经费使用、督察纂修以及查阅资料等各方面的规定，表明清代比较注意对史馆的制度管理。但由于这些规定出台之时，已是清朝即将灭亡之日，为了解盛世之下史馆修史的制度规定造成了遗憾。好在笔者看到了道光三十年（公元 1850 年）的《实录馆新定规条》，虽然亦非盛世产物，但毕竟年代稍早，且清廷在组建史馆时本来就是相互参照的，窥一斑而见全豹，还是可以从中窥知史馆制度建设的一些侧面。

《实录馆新定规条》共有 12 条，对馆内各个部门的职责、各部门办事的程序、纂修的进度、考勤等都做了具体规定。

比如，涉及各部门职责：文移处是馆中职事总汇之处，"各股均有行

---

① 《玉牒馆点单簿》，"道光六年至七年"，国家图书馆分馆藏。
② 《清高宗实录》，卷二八二，"乾隆十二年正月丙申"。
③ 《国史馆档案·编纂类》，案卷号 1，中国第一历史档案馆藏。
④ 同上书，案卷号 470，中国第一历史档案馆藏。

查行领之件，每月核算支领桌饭银两数目，均不容稍有遗漏舛错"。书库收藏朱批谕旨、红本、记注以及各处档案书籍和随时纂出之实录正副本，"收掌官一员，率供事二员专司档簿，注明某书于某日由某处收到，计若干本。馆中有人领看，亦即收取领条，逐日记明，每届十日提调官查点一次，倘有遗失破损，惟该收掌等是问"。纸库负责收发领到纸张、红黄绫缎及管理界划匠、装订匠等工价，规定专司人员"注明某日领到某项纸若干张，某日发某项纸若干张，作何项使用……誊录恭缮实录时，应用纸张，每发十张照上届例准给备页两张，有错校过多者，即责令该誊录赔补。或收掌等徇情滥给以及收发不谨、遗失损坏者，查出均惟该收掌官等是问，仍责令照数赔补"①。

再如，涉及纂修程序和进度：纂修史籍是史馆的中心任务，"满汉纂修官每员名下应照上届，各以供事二员敬值，并派总敬值供事二员。凡汉纂修认定应纂每月书，先令该供事将此一月各项档案按日分类汇抄成帙，略如长编之例，交纂修官纂辑，以致事半功倍。成卷后先呈监修总裁、总裁恭阅。其汉本未成时，满纂修先将清字谕旨及应载事件敬谨译出，务与原本清文吻合，交与汉纂修汇辑。书成后若系汉文遗漏，惟汉纂修是问，若系原奉清文未经译交，致有遗漏者，惟满纂修是问。满汉本应派收掌官四员专司其事，逐日记明档簿，提调不时检查，至纂书体例及书内有应斟酌之处，并请监修总裁、总裁指示，纂修官与提调毋庸搀越"。誊录官缮写史稿，"汉誊录官每人每日写一千字"，"满洲、蒙古誊录，每人每日各写五百字"，"凡誊录领书交书时均记明档簿，令本员自行画押。有字画草率及控补过多者，书即驳回另缮。若如式者，收掌官收送校对处细校"②。

另外还规定收掌官要轮流值班，各尽其职，不准帮办，等等。

（二）考勤考绩制度

清代史馆，特别重视考勤考绩，馆中都设有"考勤簿"和"功课册"，督促馆中人员按时到馆，加紧纂书，不能懈怠。如实录馆规定，"凡总纂、纂修、协修、收掌、校对等官，毋令擅入擅出。每日到馆，勿

① 《实录馆新定规条》，"道光三十年"，国家图书馆分馆藏。
② 同上书。

使旷误，逐日画到，由提调官加押存查"①。国史馆的考勤几经变化，开始时议定纂修官每月必须到馆十四、五日，月月统计。后来改为半年一统计到馆天数，凡半年到馆不满七十日者，下半年补足。全年到馆不足一百四十天的，按日扣除其桌饭钱②，以示惩罚。再后来则采用"堂期考勤"，即规定每月三、六、九为堂期，届时到馆由考勤人员登记在册。除此之外，国史馆还设立"卯簿"，在每月朔、望日点卯，登记在册③。另有"加班考勤簿"，记录加班人员到馆时刻。

日常考勤是为了督促馆中人员及时到馆纂办史书，功课考绩则是为了督促纂书进度。为了避免修书"旷日持久"，"赶办之法，在勤考课，考课密则勤惰易稽，功效日见"④。修书各馆对考绩都很重视，比如国史馆，就设有各种"堂期功课档"和"月功课表"，登记编纂、校对等人员交来的史稿数量、内容，"在功课上注明某日交功课若干页。仍不时核对，以免舛错"⑤。在国史馆的档案中还可看到立限完成某项功课的记载，如"此次派抄一统志副本之供事等务，须赶紧缮写，立限八月内交齐，并派承丛、方溥、徐锦、王成富、沈钟英、秦熙成、杨大钧督催，不得违限"⑥。再如实录馆规定，"除总纂、纂修、协修功课应缴监修总裁、总裁查核外，凡收掌、校对、翻译、誊录及供事人等，功课疏密，差使勤惰，应行记功记过之处，比责成提调官记明加押，候书成议叙呈堂公核"⑦。又如玉牒馆，"每月均将本月功课上报上谕处（即稽察钦奉上谕事件处）"⑧。还有，乾隆时期开会典馆，上谕处规定纂修官每员每月须成二十篇，总裁张廷玉感到按月计数，过于仓促，提出按年计数，"一年内取足二百四十篇，凡有短少者，系何员名下之书，即指名参奏，将所领公费按数追赔"⑨，得到乾隆帝认可。此虽有所变通，但纂写数量并没有减少，目的仍是督促修书进度。另外，皇帝对修书进度也屡有催促，

① 《实录馆新定规条》，"道光三十年"，国家图书馆分馆藏。
② 《国史馆档案·庶务类》，案卷号 1068，事宜单，中国第一历史档案馆藏。
③ 《国史馆档案·人事类》，案卷号 945，中国第一历史档案馆藏。
④ 嘉庆《大清会典事例》卷首。
⑤ 《国史馆档案·编纂类》，案卷号 1，中国第一历史档案馆藏。
⑥ 同上书，案卷号 3，中国第一历史档案馆藏。
⑦ 《实录馆新定规条》，"道光三十年"，国家图书馆分馆藏。
⑧ 《玉牒馆点单簿》，国家图书馆分馆藏。
⑨ 《清会典馆奏议》，国家图书馆分馆藏。

乾隆十八年（公元 1753 年）十二月，清高宗上谕内阁，催促会典修纂，"纂修会典，开馆已届七年，而所纂之书，尚未及半。每次进呈，诸帙多经朕亲加改定，是时既迟延，书复草率，该馆总裁官所司何事耶？著交部察议具奏，定限一年告竣。如届限不完，必将伊等严加议处"①。

（三）奖惩制度

为了保证修书质量和速度，史馆订有严格的督察处分制度和奖励机制。清代对修书过程中出现的错误，处罚相当严厉，"各馆修书，纂修官文理错误者，罚俸三月，总裁罚俸一月。校对官不能对出错字，校刊官板片笔画错误，不能查出者，亦罚俸一月"②。乾隆十六年（公元 1751 年），清高宗披览国史馆所修国史，对其中的错误非常不满，指出"各馆进呈之书，皆经总裁阅定。况国史传信万世，更非纂辑词章可比，乃一经披览，开卷即有大谬之处，初非文义深奥，难于检点，并非朕过为吹求，但使该总裁等稍一留心，何至于此？着将总裁官傅恒等交部察议"③。嘉庆十年（公元 1805 年）二月，会典馆在纂修会典之时，抬头处将清世宗庙号写错，嘉庆帝大为光火，严厉批评馆臣"诸事漫不经心"，将总裁保宁、庆桂、董诰、朱珪、刘权之、德瑛、戴衢亨、长麟八人革职留任，总纂汪德钺、协修杨树基、校对边延英均革职④。嘉庆二十三年，《明鉴》馆馆臣在修纂《明鉴》时，仿照《御批通鉴辑览》叙次，"凡书内御批之关涉明代者，全行恭载"，但当"纂至万历、天启年间，又不请旨，以致按语措辞乖谬"，侍讲朱珔在复校时不加改正，受到由侍讲降为编修的处分⑤。对于修纂史书消极怠工的人员，同样予以严肃处理，乾隆十八（公元 1753 年）年四月，工部主事魏梦龙充会典馆纂修官，派办工部则例，但八个月过去了，仅交书三页，殊属迟延，结果"停其公费，勒令在馆加紧赶办，如再延迟，即行严参外相，应请旨将魏梦龙交部察

① 《清会典馆奏议》，国家图书馆分馆藏。
② 光绪《大清会典事例》，卷一一二，《吏部·处分例》。
③ 《乾隆起居注》，十，"乾隆十六年九月十二日"，南宁，广西师范大学出版社，2002。
④ 《清仁宗实录》，卷一四〇，"嘉庆十年二月癸酉"。
⑤ 光绪《大清会典事例》，卷一〇四六。

议，以为旷日误工者戒"①。因办书迟缓、错误较多，还影响到书成之后对纂修官的议叙。乾隆二十一年，《大清会典》完成，总裁提出议叙，乾隆上谕云："纂修会典，以逾数载，复经展限两次，迟缓已甚。且每次所进书内，屡有叙次舛错、行文纰缪之处，必经朕逐条指示，亲加改正，始克成书。总裁官自无可议叙，即纂修各员，给与议叙之处，亦属有忝。"② 表示了对纂修官的不满。

与惩罚相对的是激励。乾隆三十八年（公元 1773 年），由于纪昀、陆锡熊等在《四库全书》馆"撰述提要，粲然可观"，"著加恩均授为翰林院侍读，遇缺即补，以示奖励"③。道光三十年（公元 1850 年）十月，咸丰帝看到实录馆人员的辛苦，给予激励，云："现值天气严寒，实录馆人员朝夕恭纂书籍，著加恩于例支柴炭外，十一月、十二月、正月，每月赏银五十两，在广储司支领。"④

除了平时的奖励以外，激励纂修官的主要还是议叙。议叙是清朝文官的行政奖励制度，它与处分一起构成了清朝文官的行政赏罚体系，体现的主要是文官的劳绩⑤。清代史馆的议叙，有临时议叙者，有修若干年议叙者，有书毕议叙者，而以书毕议叙者为最多。有清一代，各史馆议叙略有不同，国史馆实行所有人员五年一次考课议叙制，在堂期考勤、月功课考绩基础上进行议叙⑥。实录馆在嘉庆时实行中期议叙与书毕议叙相结合的方式，往往给以优叙。嘉庆六年（公元 1801 年），实录馆总裁庆桂因清高宗在位久长，实录编纂卷帙浩繁，提出每纂修十年事迹议叙一次，嘉庆帝感到十年一议叙，太过频繁，等全书告竣议叙，则又周期太长，纂修人员易生懈怠之心，于是折中为"每遇纂成二十年之书，即无论年限，奏请议叙一次"⑦。嘉庆七年，二十年事迹纂毕，清仁宗非常满意，"该馆人员，纂办尚为迅速，并无舛漏，当即降谕俯允，用示鼓

① 《清会典馆奏议》，国家图书馆分馆藏。

② 同上书。

③ 光绪《大清会典事例》，卷一〇四六。

④ 《清文宗实录》，卷二十，"道光三十年十月庚辰"。

⑤ 关于文官议叙的办法、事由、程序，参见艾永明著《清朝文官制度》，第 4 章第 1 节，北京，商务印书馆，2003。

⑥ 邹爱莲：《清代的国史馆及其修史制度》。

⑦ 《清仁宗实录》，卷八十三，"嘉庆六年五月丁酉"。

励"①，给予优叙。嘉庆十二年，《高宗实录》告成，照例给以议叙。清代史馆议叙，监修总裁、正、副总裁一般不予考虑。此次实录馆议叙，监修总裁等俱恳辞，嘉庆帝虽照例应允，但还是将总裁庆桂等人在办书过程中所受处分取消，予以"开复"，即恢复其原官或原衔。像庆桂因失察书吏导致升选舞弊被革职留任，董诰因呈递本章日期违例被降五级留任，德瑛因恭进会典抬头处缮写错误被革职留任，玉麟因提调等办事朦胧未经查出被降一级留任，刘凤诰因有修书错误被降一级留任，英和因失察致使有人冒领赏银被降一级留任等，均"准其开复"②。

（四）史馆管理上的缺陷

虽然清代史馆的管理制度较为健全，但仍然存在明显的问题。史馆并非实际的权力机关，对在馆人员缺乏有效的激励机制，所订规章甚好，但形同具文，没有得到很好执行。

自清代撤内三院而设内阁和翰林院以后，在制度上并不存在一个专以修史为务的国家机关。清代史馆没有财权和人事权，史馆人员均非专职。他们来自各个不同的部门，以原衔兼任修史，一经进入史馆，暂停在原衔署任事，由史馆分派任务，专力修史，但薪俸仍在原衔署领取，史馆只发给少量的补贴性桌饭钱，有的史馆在馆人员不享受公费，甚至有的自备斧资入馆效力，等同于无偿劳役。对于本馆人员，史馆只向其所属衔署提供考勤、考绩情况和申请议叙，除在史馆内部调整工作外，无权升降其在馆人员的官职。史馆各级官员的调迁、任免和黜陟，均有朝廷责成原衔署和吏部协同处理。再加上主持馆务的总裁、副总裁，身为朝廷大员，任事甚多，职责不专。这就势必导致史馆缺乏实际有效的激励机制，在实际管理上也比较松散。

乾隆时期，官方修书兴盛，史馆开设甚多。但也就在这一时期，史馆在管理上存在的问题日益暴露出来。其表现之一就是誊录官不自行誊录史稿，而雇书手代抄；管理人员借优叙之名，索贿受贿；借自身权利咨取亲故到馆，以求补缺等。对此，乾隆皇帝已有觉察："朕闻修书各馆誊录人员内，竟有不能缮写之人，贪缘而进，及上馆之后，转行倩募，

---

① 《清仁宗实录》，卷一〇七，"嘉庆八年正月庚寅"。

② 《咸丰同治两朝上谕档》，285 页，南宁，广西师范大学出版社，1998。

以致承修各书，不能刻期告竣"①，提出通过考试录用誊录官。虽然很快吏部就制定出在举人、恩拔岁副贡生及捐纳贡监等人中考试录用汉誊录官的办法，并要求史馆马上甄别在馆誊录是否符合要求，将不能书写之人逐出史馆②，但这些做法似乎并未起到什么作用，誊录雇人缮写史稿之风愈演愈烈。嘉庆初期修纂《高宗实录》，总裁刘凤诰就说"此历来各馆办书实在情形，臣到京三十年来所熟闻也"③，可见这是一种常见现象。之所以如此，是因为管理疏漏。提调官在验收誊录功课时，"止取字画端楷，功课足数，并不计其是否本生亲笔，抑系雇人替写"。按史馆规定，凡誊录缮写不工，要驳回重写，甚至罚令赔写，"誊录多系贫苦书生，既恐误公，又惧赔累，不得不出赀雇请好手缮写"④，很有些被逼无奈的意味。

誊录雇人代抄尚不是最严重的事件，更有甚者，嘉庆时期编纂《国朝宫史续编》，提调官施杓令誊录官凑银八千两以求优叙，接受贿赂，以致物议沸腾，受到宗人府府丞陈崇本的弹劾⑤。后经刑部审理，施杓虽无"贿嘱情弊"，但"将未经办书之供事列于优叙"⑥，且与另一提调官昆山任意添派协修官，而所咨取之人，非亲即故，昆山之侄珠隆阿就在其中，目的是为了使那些未经得缺的亲故，"咨取到馆，以为压班补缺之计"⑦，完全是利用职权舞弊。这些情况，总裁竟全然不知。其管理上的疏漏，于此可见一斑。

管理不善导致的另一个结果就是规章制度越来越不起作用，就国史馆来讲，考勤制度不为不善，但实际考勤结果却不很理想，从《国史馆档案》中所存的道光朝之后的"卯簿"可以看到，国史馆缺勤人员越来越多。光绪十九年（公元1893年）十二月，翁同龢被任命为国史馆副总裁，当他至国史馆到任时，只见到部分满蒙提调、纂修、收掌和供事，

---

① 《清高宗实录》，卷一九五，"乾隆八年六月戊寅"。
② 同上书，卷一九八，"乾隆八年八月壬子"。
③ 《存悔斋集》，卷六，《实录馆覆奏折》，道光庚寅本。
④ 同上书。
⑤ 《军机处录副奏折》，嘉庆朝，"嘉庆十二年正月初六"，胶片号2081，中国第一历史档案馆藏。
⑥ 《清仁宗实录》，卷一七三，"嘉庆十二年正月己酉"。
⑦ 《军机处录副奏折》，嘉庆朝，"嘉庆十二年正月初六"，胶片号2081，中国第一历史档案馆藏。

"汉股无一人来者"①。国史馆另一总裁额勒和布在奏章中谈到誊录官缺勤的情况："近年吏部送到誊录，员数既已寥寥，其业据咨送者，又或永不投到，或甫经到馆，随即告假，实在入馆当差者不过十之二三。是以光绪十五年至十九年考课，所有誊录员数不及往届四成之一……若不设法鼓舞，实属竭蹶万分。"② 玉牒馆的一份档案也显示，很多誊录官根本不到馆工作，使得史馆不得不另想办法。③ 可以说，馆中人员修史的积极性并不高，尸位素餐者大概也不乏其人。

总之，清代史馆在管理组织上有诸多不完善的地方。史馆没有财权，修史所需一切物质条件，都实行供给制。史馆编制庞大，但却没有自行支配的经费。虽然是一个单独的机构，却没有自己的印信，多数要借用内阁典籍厅的关防。史馆没有人事权，无法真正靠行政手段激励纂修官的修史热情。馆中工作人员待遇菲薄，甚至有不少誊录、供事自备斧资在馆中修史。那些史馆中的下级官员和誊录、供事人员，所向往的并不是"藏之名山"的修史事业，而是想通过修史，获得议叙辟用，聊为晋身之阶。如此这般，这些庞大的修史机构出现各种问题，也就在所难免了。

（原载《史学史研究》，2005 年第 4 期）

---

① 《翁同龢日记》，第 5 册，2660 页，"光绪十九年十二月廿二日"，北京，中华书局，1997。

② 《光绪朝东华录》，四，总 3572 页，北京，中华书局，1958。

③ 《玉牒馆点单簿》，国家图书馆分馆藏。

龚书铎

清代理学的特点

清代理学沿承宋、元、明，但有着自己的特点。

一　无主峰可指，无大脉络可寻

关于清代理学，钱穆在《〈清儒学案〉序》中曾说："至论清儒，其情势又与宋、明不同；宋、明学术易寻其脉络筋节，而清学之脉络筋节则难寻。清学之脉络筋节之易寻者在汉学考据，而不在宋学义理。"又说："清儒理学既无主峰可指，如明儒之有姚江；亦无大脉络大条理可寻，如宋儒之有程、朱与朱、陆。"① 论断精到。诚如钱氏所言，清代于顺治、康熙朝虽有一批理学名儒名臣，但多守成而少创获，实无可与明代发展陆九渊心学之王守仁相比肩，更不能与宋代理学开派者、集大成者的程颢、程颐、朱熹和陆九渊相比拟。"无主峰可指"，"无大脉络大条理可寻"，洵为有清一代理学的一个特点。

二　学理无创新，重在道德规范

清代理学，总的说来，陆王心学一系趋于衰颓，程朱理学一脉则多在于卫护、阐释程、朱之说，于学理无甚创

①　钱穆：《〈清儒学案〉序》，《中国学术思想史论丛（八）》，361～362页，合肥，安徽教育出版社，2004。

新发展，而作为清政府的官方统治思想，更为突出的是纲常伦理的道德规范，强调躬行实践。康熙帝称"自幼好读性理之书"，将朱熹从原配享孔庙东庑先贤之列升于大成殿十哲之次，颁行《朱子全书》、《四书注释》、定朱熹《四书章句集注》为科举考试的必考内容。但他对理学有自己的解释，二十二年十月二十四日（公元 1683 年 12 月 11 日）与讲官张玉书、汤斌等人谈论理学时说："朕见言行不相符者甚多，终日讲理学，而所行之事全与其言悖谬，岂可谓之理学？若口虽不讲，而行事皆与道理符合，此真理学也。"张玉书回应说："皇上此言真至言也。理学只在身体力行，岂尚辞说。"① 三十三年（公元 1694 年），又以"理学真伪论"为题考试翰林院官员。五十四年十一月十七日（公元 1715 年 12 月 12 日），康熙帝在听取部院各衙门官员面奏后训诫说：

> 尔等皆读书人，又有一事当知所戒，如理学之书，为立身根本，不可不学，不可不行。朕尝潜玩性理诸书，若以理学自任，则必至于执滞己见，所累者多，反之于心，能实无愧于屋漏乎？……昔熊赐履在时，自谓得道统之传，其没未久，即有人从而议其后矣。今又有自谓得道统之传者，彼此纷争，与市井之人何异？凡人读书，宜身体力行，空言无益也。②

可以看出，康熙帝对于理学并不关注哲理层面，认为"空言无益"；如果"所行之事与其言悖谬"，就是伪理学，只有"行事与道理相符合"，才是真理学。他所重视的是按照理学的道理去"身体力行"，"道学者必在身体力行，见诸实事，非徒托之空言。"③ 所谓真理学、身体力行，说到底就是对皇帝的忠诚。康熙帝指责已故的理学名臣汤斌所说的话就很明白，他说："使果系道学之人，惟当以忠诚为本，岂有在人主之前作一等语，退后又别作一等语者乎？"④ 雍正年间，云南巡抚杨名时是个讲理学的清官，他曾做过一些减轻农民负担的事，却遭到雍正帝的痛骂，斥责他"只图沽一己之名，而不知纲常之大义"，是逆子、逆臣，天理难

---

① 《康熙起居注》，第 2 册，1089～1090 页，北京，中华书局，1984。

② 同上书，第 3 册，2222 页。

③ 同上书，第 2 册，1194 页。

④ 《清圣祖实录》，卷一六三，18 页，北京，中华书局，1985。

容，罪不能恕①。乾隆帝所关注于程朱理学者，也在于其"实有裨于化民成俗、修己治人之要"，他说：

> 有宋周、程、张、朱子于天人性命、大本大原之所在，与夫用功节目之详，得孔、孟心传，而于理欲、公私、义利之界，辨之至明。循之则为君子，悖之则为小人。为国家者，由之则治，失之则乱。实有裨于化民成俗、修己治人之要，所谓入圣之阶梯，求道之涂泽也。②

作为封建帝王尊崇的程朱理学，无非是其统治术中所需要的工具，他们并不喜欢那些抽象谈论性理的空言，而是看中其有利于维护封建统治秩序的纲常伦理，让臣民们忠诚于君主，为之身体力行。而"理学名臣"们自然领悟皇上的意图，表示理学不尚"辞说"，"只在身体力行"。清代理学在哲理上无所创新，只在纲常伦理规条的应用，不可避免会趋于偏枯。

三　理学于西学既抵拒又有会通

明末清初，随着欧洲耶稣会士来华传教，西学也在中国传播。西方自然科学技术在皇帝和士大夫中产生了一定影响，如康熙帝、李光地、陆世仪、陆陇其等对西方的技艺颇为赞赏。但在士大夫中也不乏排拒西教、西学的。其著者如康熙初年杨光先以程朱理学立论排斥西教和西历，从一定意义上说，反映了理学与西学的冲突。

道光二十年（公元 1840 年），爆发了鸦片战争。此后，中国从一个封建社会逐步沦为半殖民地半封建社会。随着资本帝国主义的入侵，西方文化在中国大量传播，并与包括理学在内的中国固有文化发生碰撞。面对西方文化的冲击，一些宗程朱理学者强调要"严夷夏之大防"，有的甚至提出"用夏变夷"，将中国之"圣道"推行于西方，以免西方人

---

① 《雍正朝汉文朱批奏折汇编》，第 11 册，860～861 页，南京，江苏古籍出版社，1990。

② 《清高宗实录》，卷一二八，876 页，北京，中华书局，1986。

"终古沦为异类",而其焦点即在于纲常伦理。

程朱理学是一种道德实践哲学,但也讲"内圣外王"。在西方文化的冲击下,面对着内忧外患,宗程朱理学者也在分化,这就是所谓理学经世和理学修身的分野。前者主"中学为体,西学为用",后者则连"西学为用"也予以抵拒。不过,二者在维护纲常伦理上是一致的。曾国藩虽主经世而办洋务,但认为:

> 彼外国之所长,度不过技巧制造,船坚炮利而已。以夷狄之不知礼义,安有政治之足言。即有政治,亦不过犯上作乱,逐君弒君、蔑纲常、逆伦纪而已,又安足法。①

至于理学名臣倭仁等人,则更是以维护纲常伦理为己任,甚至认为以此就可以治国。同治六年(公元1867年),他在反对同文馆增设天文算学班招收科举正途出身人员入馆学习时倡言:"立国之道,尚礼义不尚权谋;根本之图,在人心不在技艺。"②"欲求制胜,必求之忠信之人;欲求自强,必谋之礼义之士。"③以为靠理学所倡导的忠信礼义就可以"立国"、"自强",实属迂阔之论。及至戊戌维新运动,宗程朱理学的文悌虽不反对西学为用,但强调"必须修明孔、孟、程、朱《四书》、《五经》、《小学》、《性理》诸书,植为根柢,使人熟知孝弟忠信、礼义廉耻、纲常伦纪、名教气节以明体,然后再习学外国文字、语言、技艺以致用。"④

宗程朱理学者维护的封建纲常伦理,遭到维新人士和革命党人的批评。如谭嗣同以西方的民权、自由、平等思想"冲决伦常之网罗",对君为臣纲的批判尤为尖锐。维新人士指斥"三纲五伦之惨祸烈毒","官可以无罪而杀民,兄可以无罪而杀弟,长可以无罪而杀幼,勇威怯,众暴寡,贵凌贱,富欺贫,莫不从三纲之说而推。是化中国为蛮貊者,三纲之说也。"他们认为这是由于汉之儒者"既以灾祥之说胁其君,又以三纲之说制其民。宋儒庸劣,复张其焰而扬其诐,竟以道统所存即在于是,

---

① 《东方杂志》,第7年第12期。
② 《同治朝筹办夷务始末》,卷四十七,24页,民国十九年故宫博物院影印本。
③ 同上书,卷四十八,11页。
④ 《文仲恭侍御严劾康有为折》,《翼教丛编》,卷二,30页,上海,上海书店出版社,2002。

遂令历古圣贤相传之心法晦盲否塞，反复沉痼者二千余年。"① 革命党人对程朱理学的纲常伦理也多有批评，提出"三纲革命"、"孔丘革命"，这里不多赘述。

陆王心学在晚清的情况与程朱理学有所不同，它没有经历过一段时间的"复兴"，但却受到维新人士和革命党人的青睐，他们当中不少人喜陆王心学而薄程朱理学。早期维新人士王韬称赞"阳明经济学问，为有明三百年中第一伟人。"② 维新派的领袖康有为曾师从岭南名儒朱次琦，据梁启超《南海先生传》说，朱次琦的理学"以程、朱为主，而间采陆、王"，康有为则"独好陆、王，以为直捷明诚，活泼有用，故其所以自修及教育后进者，皆以此为鹄焉。"③ 梁启超受其师的影响，也"服膺王学"，认为"子王子提出致良知为唯一之头脑，是千古学脉，超凡入圣不二法门。"④ 辛亥革命党人中也多有推崇王学者，如宋教仁虽认为阳明心学只得"圣人之道之半部分"，即只讲心而遗物，但"吾人可以圣人之道一贯之旨为前提，而先从心的方面下手焉，则阳明先生之说，正当吾膺之不暇者矣。"⑤ 刘师培也认同阳明心学，他在《中国民约精义》一书中认为王阳明的"良知"说和卢梭的"天赋人权"说相同，"天赋人权"是说人的"自由权秉于天"，而"良知亦秉于天"，所以可以说"良知即自由权"，"阳明著书虽未发明民权之理，然即良知之说推之，可得平等、自由之精理。今欲振中国之学风，其惟发明良知之说乎！"⑥ 他在《王学释疑》一文中说：

> 阳明以大贤亚圣之资出于学术坏乱之后，而德行功业彪炳三百年。当其盛也，其学固风靡天下，然数传以后，宗朱者力诋之，至拟之洪水猛兽，此固所谓蚍蜉撼大树者矣。⑦

① 何启、胡礼垣：《〈劝学篇〉书后》，载《新政真诠》，354～355 页，沈阳，辽宁人民出版社，1994。

② 王韬：《弢园文录外编》，261 页，北京，中华书局，1959。

③ 梁启超：《饮冰室合集·文集之八》，61 页，北京，中华书局，1989。

④《饮冰室合集·专集之二十六·德育鉴》，24 页。

⑤ 宋教仁：《我之历史》，《宋教仁集》，下册，575 页，北京，中华书局，1981。

⑥ 刘师培：《刘师培全集》，第 1 册，585 页，北京，中央党校出版社，1997。

⑦ 同上书，第 3 册，333 页。

蔡元培也称赞阳明心学，认为：

> 孔子所谓我欲仁斯仁至，孟子所谓人皆可以为尧、舜焉者，得阳明之说而其理益明。虽其依违古书之文字，针对末学之弊习，所揭言说，不必尽合于论理，然彼所注意者，本不在是。苟寻其本义，则其所以矫朱学末流之弊，促思想之自由，而励实践之勇气者，则其功固昭然不可掩也。①

他对朱子学说虽也给以肯定，但多指摘其弊端，认为朱学"尤便于有权势者之所利用，此其所以得凭科举之势力而盛行于明以后也。"② 蔡元培对朱、王学说的评价明显不同，实为扬王抑朱。他的《中国伦理学史》出版于 1910 年，是以新思想新体裁撰写的，它标志着理学从官方统治思想转为学者学术研究的对象。

四　汉宋之争与兼采

宋学与汉学既互相贬抑又兼采并蓄的关系问题，出现于清代，明代无之。明代的问题在理学内部，即陆王心学与程朱理学"同室操戈"。二者之间的互相排斥延续到清代，晚清罗泽南书撰《姚江学辨》，以尊朱黜王。

谈到清代汉学、宋学的关系，很容易想到所谓"汉宋之争"。的确，宗宋学者与宗汉学者之间存在着门户之见，甚至互相诋讥。如姚鼐视"程、朱犹吾父师"，为卫护程、朱，不仅攻驳非议程、朱之说者，且加以人身攻击："其人生平不能为程、朱之行，而其意乃欲与程、朱争名，安得不为天之所恶。故毛大可、李刚主、程绵庄、戴东原，率皆身灭嗣绝。"③ 但也不能因此情绪化之言辞而认为姚鼐完全排拒汉学。他攻驳程廷祚（字绵庄），却为其文集作序，序中虽仍不满其非议程、朱，但称赞他为"今世之一学者"，"观绵庄之立言，可谓好学深思，博闻强识者

---

① 蔡元培：《蔡元培全集》，第 2 卷，100 页，北京，中华书局，1984。
② 同上书，第 2 卷，93 页。
③ 姚鼐：《再复简斋书》，《惜抱轩全集》，78 页，北京，中国书店，1991。

矣。"认为"绵庄书中所论《周礼》为东周人书，及解'六宗'，辨《古文尚书》之伪，皆与鄙说不谋而合。"① 如所熟知，姚鼐主张合义理、考据、辞章三者为一事，不过其间有"大小"、"精粗"之别。他在《复蒋松如书》中说："夫汉人之为言，非无有善于宋而当从者也。然苟大小之不分，精粗之弗别，是则今之为学者之陋。……博闻强识以助宋君子之所遗则可也，以将跨越宋君子则不可也。"② 可见姚鼐虽认为汉学"有善于宋而当从者"，但只能从属于宋学，不能跨越宋学。这种宋学为主汉学为辅的主张，反映了一般宗宋学者的思想。

对于汉学家来说，其思路恰相反。汉学家如戴震也主张"合义理、考核、文章为一事"③，于此而论，与姚鼐所言相同。但汉学家强调的是考核，即训诂名物制度。戴震反对"歧故训、理义二之"，认为二者为一事，其进路在由明故训以明理义，指出："故训明则古经明，古经明则贤人圣人之理义明，而我心之所同然者，乃因之而明。贤人圣人之理义非它，存乎典章制度者是也。"④ 戴震的弟子段玉裁秉承师说，也认为"义理、文章，未有不由考核而得者。"⑤ "余以谓考核者，学问之全体，学者所以学为人也。"⑥ 另一位汉学家钱大昕也认为："穷经者必通训诂，训诂明而后知义理之趣"⑦；"六经者圣人之言，因其言以求其义，则必自诂训始。"⑧ 训诂明则义理明，为宗汉学者遵奉的信条，却是宗宋学者所不能接受的。汉学家认为：

---

① 姚鼐：《程绵庄文集序》，《惜抱轩全集》，206～207 页，北京，中国书店，1991。但程廷祚《青溪集》卷首载姚鼐之序，与此内容甚有差异。姚氏《青溪集》序多称赞程廷祚，无不满其非议程！朱之辞，谓："其心胸阔大，气魄雄毅，直欲自立于汉、唐、宋、明之后，以上接孟子之传。读之使人奋然而兴，信孟子所谓豪杰之士，绝去后来甚远。其学虽与伊川、元晦有异，而究当于圣人之意旨，合乎天下之公心，非若舛异交争，好立纲宗者也。"二序所署时间均为嘉庆十五年，或收入《惜抱轩全集》时作了改易？

② 姚鼐：《惜抱轩全集》，73 页，北京，中国书店，1991。

③《戴东原先生年谱》，《戴震全书》，第 6 册，709 页，合肥，黄山书社，1995。

④ 戴震：《题惠定宇先生授经图》，同上书，505 页。

⑤ 段玉裁：《戴东原集序》，《戴震集》，452 页，上海，上海古籍出版社，1980。

⑥ 段玉裁：《〈娱亲雅言〉序》，《经韵楼集》，卷八，光绪十年秋树根斋刻本。

⑦ 钱大昕：《〈左氏传古注辑存〉序》，《潜研堂集》，卷二十四，387 页，上海，上海古籍出版社，1989。

⑧《臧玉林〈经义杂识〉序》，同上书，391 页。

爰及赵宋，周、程、张、朱所读之书，先儒之疏也。读义疏之书，始能阐性命之理，苟非汉儒传经，则圣经贤传久坠于地，宋儒何能高谈性命耶！后人攻击康成，不遗余力，岂非数典而忘其祖欤！①

而宗宋学者则不以为然，认为孟子之后孔子之道晦而不明，端赖宋儒才得以传孔、孟不传之学。康熙年间熊赐履撰《学统》，以孔子、颜子、曾子、子思、孟子、周敦颐、程颢、程颐、朱熹九人为正统，而周敦颐"上续邹、鲁之传，下开洛、闽之绪"，程颐"卒得孔、孟不传之学"，朱熹则"集诸儒之大成"。② 谁是得圣人之真传，系宋学、汉学二家分歧之所在。而其焦点则如皮锡瑞所说，"戴震作《原善》、《孟子字义疏证》，虽与朱子说经牾，亦只争一'理'字"③。从宗宋学的方东树所撰的《汉学商兑》来看，尽管他在书中点名指责许多汉学家，而其最不满者则是戴震的"厉禁言'理'"：

顾（炎武）、黄（宗羲）诸君，虽崇尚实学，尚未专标汉帜。专标汉帜，则自惠（栋）氏始。惠氏虽标汉帜，尚未厉禁言"理"；厉禁言"理"则自戴氏始。自是宗旨祖述，邪大肆，遂举唐、宋诸儒已定不易之案，至精不易之论，必欲一一尽翻之，以张其门户。④

方东树甚至斥责其"较之杨、墨、佛、老而更陋，拟之洪水猛兽而更凶。"⑤ 此外，宗宋、宗汉二者之互攻，也含有意气之争。如纪晓岚在《四库全书总目·经部诗类总叙》中所说："然攻汉学者，意不尽在于经义，务胜汉儒而已；伸汉学者，意亦不尽在于经义，愤宋儒之诋汉儒而

① 江藩：《国朝宋学渊源记》，《国朝汉学师承记》附录，153 页，北京，中华书局，1983。
② 见熊赐履：《学统》，卷六，《正统·周濂溪先生》；卷八，《正统·程伊川先生》；卷九，《正统·朱晦庵先生》，经义斋刻本。
③《经学历史》，313～314 页，北京，中华书局，1959。
④ 钱钟书主编：《汉学师承记（外二种）》，259～260 页，北京，生活·读书·新知三联书店，1998。
⑤ 同上书，401 页。

已。各挟一不相下之心，而又济以不平之气，激而过当，亦其势然欤！"①
翁方纲也认为，当时治汉学者、治宋学者所存在弊端的"受弊之由，曰
果于自是，曰耻于阙疑。是二者皆意气之为也，非学也。"②

宗宋学者与宗汉学者之间的互相攻讦，见于他们的文章、书信中。
嘉、道之际，江藩先后撰《国朝汉学师承记》、《国朝宋学渊源记》，扬汉
抑宋；其后，方东树起而回应，撰《汉学商兑》力加攻驳，扬宋抑汉，
则都著为专书。这大概成为人们所说的"汉宋之争"的标志。其实两人
也没有进一步争论，《汉学商兑》刊行时，江藩已病故，他未能看到该
书，也不可能给予反驳。皮锡瑞对二人作了评论：

> 平心而论，江氏不脱门户之见，未免小疵；方氏纯以私意
> 肆其谩骂，诋及黄震、顾炎武，名为扬宋抑汉，实则归心禅学，
> 与其所著《书林扬觯》，皆阳儒阴释，不可为训。③

方东树所著是否"皆阳儒阴释"，可以探究，但皮氏对二人的批评，尚属
公允。

乾隆、嘉庆、道光年间，宗宋学者与宗汉学者确存门户之见，互相
诋讥。不过对于他们的立门户、争道统，也不宜过于夸大，把它绝对化，
应全面看待清代宋学、汉学的关系。无论江藩的《汉学师承记》、《宋学
渊源记》，还是方东树的《汉学商兑》，都带着强烈的门户之见，各扬所
扬，各抑所抑。他们在论述宗汉者或宗宋者的治学时，都只及一点，不
计其余，突出对己有利的，回避、掩盖对己不利的。例如，江藩在《汉
学师承记》刘台拱传中称："君学问淹通，尤邃于经，解经专主训诂，一
本汉学，不杂以宋儒之说。"④ 然而同为汉学家的王念孙，对刘台拱治学
的评论却与江藩不同，他说："端临（刘台拱字）邃于古学其于汉、宋诸
儒之说，不专一家，而惟是之求。"⑤ 江藩囿于门户之见，排拒宋学，不
如王念孙实事求是江藩的偏见，明显体现在《汉学师承记》将黄宗羲、
顾炎武"附于册后"，不入正传，理由是："两家之学皆深入宋儒之室，

① 《钦定四库全书总目》（整理本），上册，186 页，北京，中华书局，1997。
② 翁方纲：《巽斋记》，《复初斋文集》，卷六，光绪三年重校本。
③ 《经学历史》，313～314 页。
④ 《国朝汉学师承记》，116 页，北京，中华书局，1983。
⑤ 王念孙：《刘端临遗书序》，《王石臞先生遗文》，卷二，高邮王氏遗书本。

但以汉儒为不可废耳。多骑墙之见、依违之言，岂真知灼见者哉！"① 方东树在《汉学商兑》中也是着力攻驳汉学家的"厉禁言'理'"、"由训诂以求义理"等，于其肯定宋学的言论或汉宋兼采者均避而不谈。二家所说，都不是全面反映当时汉学、宋学的关系。

乾、嘉之时，汉学盛而宋学衰，虽有门户之见，但并不绝对互相排斥。尽管宋学的学术地位在下降，然而程朱理学毕竟是官方统治思想，科举考试必以朱熹的《四书章句集注》为据，"儒者从小就濡染于是"而程朱理学所强调的纲常伦理，是儒者所遵行的。所以，汉学家惠士奇手书楹帖："六经尊服、郑，百行法程、朱。"钱大昕对朱熹也很敬仰，在《朱文公三世像赞》中称："孔、孟已远，吾将安归？卓哉紫阳，百世之师……立德不朽，斯文在兹。"② 他之尊重宋儒，在于德行：

> 濂溪氏之言曰："实胜，善也；文胜，耻也。"儒者读《易》、《诗》、《书》、《礼》、《春秋》之文，当立孝弟忠信之行。文与行兼修，故文为至文，行为善行，处为名儒，而出为良辅。程、张、朱皆以文词登科，惟行足以副其文，乃无愧乎大儒之名。③

段玉裁晚年曾追悔专注于训诂考据，"寻其枝叶，略其根本，老大无成"。他所说的"根本"，即程朱理学关乎身心伦理者。段玉裁在《博陵尹师所赐〈朱子小学〉恭跋》一文中推崇朱熹说：

> 盖自乡无善俗，世乏良材，利欲纷挈，异言喧豗，而朱子集旧闻，觉来裔，本之以立教，实之以明伦敬身，广之以嘉言善行，二千年贤圣之可法者，胥于是在。④

即使深持门户之见的江藩，在制行上也称许宋学，且指责于汉学"有一知半解者，无不痛诋宋学。然本朝为汉学者始于元和惠氏，红豆山房半农人手书楹帖云：'六经尊服、郑，百行法程、朱。'不以为非，且

① 《国朝汉学师承记》，133 页。
② 钱大昕：《潜研堂集》，卷十七，274 页。
③ 《崇实书院记》，同上书，卷二十，325 页。
④ 段玉裁：《经韵楼集》，卷八，光绪十年秋树根斋刻本。

以为法，为汉学者背其师承何哉!"① 治经宗汉，制行宗宋，这是当时许多汉学家奉行的宗旨。

清代汉学、宋学的关系，治汉学者除去"百行法程、朱"外，在学术上也有对汉学、宋学持平、兼采的。在顺治、康熙年间，汉学始萌生，尚不存在汉、宋门户之见，即如方东树也认为黄宗羲、顾炎武等人"尚未专标汉帜"，论者以为其时为汉宋兼采。江藩《汉学师承记》说：康熙朝，"凡御纂群经，皆兼采汉、宋先儒之说，参考异同，务求至当。"② 纪晓岚则从另一角度来说明："国家功令，《五经》传注用宋学，而《十三经注疏》亦列学官"，"以宋学为宗，而以汉学补苴其所遗"③。

乾嘉汉学盛行之时，被称为"汉学家大本营"的四库全书馆，其馆臣如纪晓岚、戴震等，对于汉学之短并不回护，对于宋学也不一概排斥。戴震认为："圣人之道在《六经》，汉儒得其制数，失其义理；宋儒得其义理，失其制数。"④ 纪晓岚则说：

> 夫汉儒以训诂专门，宋儒以义理相尚。……至《尚书》、《三礼》、《三传》、《毛诗》、《尔雅》诸注疏，皆根据古义，断非宋儒所能。《论语》、《孟子》，宋儒积一生精力，字斟句酌，亦断非汉儒所及。盖汉儒重师传，渊源有自。宋儒尚心悟，研索易深。汉儒或执旧文，过于信传。宋儒或凭臆断，勇于改经。计其得失，亦复相当。⑤

戴、纪二人对汉学、宋学长短、得失的评论是实事求是的。在《四库全书总目》中，对很有影响的汉学家惠栋治经泥古之短也不回护，在评其《左传补注》时说："盖其长在博，其短亦在于嗜博；其长在古，其短亦在于泥古也。"⑥《四库全书总目》对于宋儒之书，如朱熹《四书章句集注》也予以称许：

---

① 《国朝宋学渊源记》，《国朝汉学师承记》附录，154 页，北京，中华书局，1983。

② 同上书，4 页。

③ 纪晓岚：《丙辰会试录序》，《纪文达公遗集》，卷八，嘉庆十七年刻本。

④ 戴震：《与方希原书》，《戴震全书》，第 6 册，375 页。

⑤ 纪晓岚：《阅微草堂笔记》，9 页，上海，上海古籍出版社，2001。

⑥ 《钦定四库全书总目》（整理本），上册，380 页，经部二十九，春秋类四。

《中庸》虽不从郑注，而实较郑注为精密。盖考证之学，宋儒不及汉儒；义理之学，汉儒亦不及宋儒。言岂一端，要各有当。……观其去取，具有鉴裁，尤不必定执古义相争也。……大抵朱子平生精力殚于《四书》，其判析疑似，辨别毫厘，实远在《易本义》、《诗集传》上。读其书者，要当于大义微言求其根本。明以来攻朱子者务摭其名物制度之疏，尊朱子者又并此节而回护之，是均门户之见，乌识朱子著书之意乎！①

乾、嘉之时的汉学家中，主汉宋兼采者不乏其人。如程晋芳治经"综核百家，出入贯串于汉、宋诸儒之说。"② 翁方纲批评当时学者"稍窥汉人涯际，辄薄宋儒为迂腐，甚者且专以攻击程、朱为事"③，强调"以考订为务，而考订必以义理为主。"④ 许宗彦对汉学、宋学偏失皆有批评，阮元在为其撰写的传中说："集（指《鉴止水斋文集》）多说经文，其学说能持汉、宋儒者之平。"⑤ 阮元自己必是"持汉学、宋学之平"，认为"两汉名教得儒经之功，宋、明讲学得师道之益，皆于周、孔之道得其分合，未可偏讥而互诮也。"⑥ 龚自珍称阮元是"汇汉、宋之全"⑦。刘宝楠治经受从叔刘台拱的影响，治汉学，也推崇朱子。其子刘恭冕在《〈论语正义〉后叙》中称刘宝楠"不为专己之学，亦不欲分汉、宋门户之见，凡以发挥圣道，证明典礼，期于实事求是而已。"⑧ 胡承珙以治汉学名，但主张"治经无训诂、义理之分，惟取其是者而已；为学亦无汉、宋之分，惟取其是之多者而已。汉儒之是之多者，郑君康成其最也；宋儒之是之多者，新安朱子其最也。"⑨

---

① 《钦定四库全书总目》（整理本），上册，461~462 页，经部三十五，四书类一。
② 翁方纲：《戴园程先生墓志铭》，《复初斋文集》，卷十四。
③ 《送卢抱经南归序》，同上书，卷十二。
④ 《与程鱼门平钱、戴二君议论旧草》，同上书，卷七附录。
⑤ 阮元：《浙儒许君积卿传》，《揅经室集》，上册，402 页，北京，中华书局，1993。
⑥ 《拟国史儒林传序》，同上书，37 页。
⑦ 龚自珍：《阮尚书年谱第一序》，《龚自珍全集》，上册，227 页，北京，中华书局，1959。
⑧ 刘宝楠：《论语正义》，下册，798 页，北京，中华书局，1990。
⑨ 胡承珙：《求是室文集》，卷四，道光十七年刻本。

其时，主张汉宋调和、兼采的不独汉学家，宗宋者亦有之。前面提到的姚鼐，即倡合义理、考据、辞章为一事。即如方东树虽不满于治汉学诸家"欲以扫灭义理"，但也肯定其音韵训诂的成就："考汉学诸人，于天文、术算、训诂、小学、考证、舆地、名物、制度，诚有足补前贤，裨后学者。"① 认为"训诂名物制度实为学者所不可阙之学"，其《汉学商兑》也不离汉学考据方法。其他如姚鼐高第弟子刘开，在其《学论》一文中，提出了"尊师程、朱"，"兼取汉儒，而不欲偏废。"② 接近桐城派的夏炘，曾肆力于汉学，后专宗宋学，攻击治汉学诸家，但也认为"许、郑、程、朱之学，皆确然不可易之学。"③ 潘德舆由宋学入辞章，也不废汉学，认为：

> 儒者有三（指郑、孔，程、朱，陆、王），圣一而已。诚以孔子之言为准则，三儒者皆可以相通而可以相。……夫郑、孔之诂名物，博雅详核，而不免于碎而杂；陆、王之言心性，简易直捷，而不免于虚而浮，各得孔子之道二三而已。程、朱之研义理也，持其大中，本诸心性，不废名物，其于人也，如日用之布帛菽粟焉，特其诠解群经，识大略小，自信而好断，不能合乎经之本旨赫然有之，孔子之道殆得其五六焉。……学者诚能以程、朱之义理为宗，而先导以郑、孔，通其训诂，辅导以陆、王，求其放心，庶有以程、朱之小失，而道学真可见。④

潘德舆兼采的不仅是汉学与程朱理学，还有陆王心学，合三者为一，而以程朱理学为宗。与潘德舆见解类似的，有林则徐的门生戴绹孙。他说：

> 以训诂之学入圣，十得其四五焉，其失也凿。以程、朱王氏之学入圣，十得其八九焉，其失也窒。以陆、王氏之学入圣，十得其七八焉，其失也荡。夫学之从圣，将以从于道也，去其

① 《汉学师承记（外二种）》。
② 刘开：《刘孟涂文集》，卷二，道光六年檗山草堂刻本。
③ 夏炘：《夏仲子集·自记》，民国十四年铅印本。
④ 潘德舆：《养一斋集》，卷十三，道光二十九年刻本。

失，取其得，则与道一矣。①

宗汉学、宗宋学者于汉宋调和、兼采，各有所偏。宗宋者以宋学为根本，以宋贯汉，汉为宋辅，汉学是从属的。宗汉者则汉学为根柢，义理由训诂而衍生。

由上所述可以看出，宗汉学与宗宋学者之间既互相贬抑，又调和、兼采。汉学家对汉学、宋学的特点和得失的论断不失公允，对于时人治汉学的弊端也多有批评。至于宗宋学者如姚鼐，对治汉学者的批评也很尖刻，不是无人敢撄汉学之锋。方东树的《汉学商兑》在道光六年（公元1826年）曾将书稿呈送时任两广总督的阮元，阮元助其刊行。方氏在书中点名攻驳阮元的次数最多，阮元应是了解的，但并没有以权势加以压制，反而助成其事，亦见其雅量。况且此时汉学也已是由盛而衰，学术氛围也在变化，其趋势是汉宋调和、兼采，《汉学商兑》的出版说不上是"石破天惊之举"。

乾嘉汉学兴盛时，扬汉抑宋，宋学的学术地位受损。然而宋学的衰颓，不能仅归因于汉学的"垄断"，主要是其自身的原因。如前所述，其时无论程朱理学还是陆王心学，在学理上都无甚创新，只是在重复宋、明儒之说，难免枯萎。道光、咸丰、同治年间的所谓理学"复兴"，不过是落日的余晖。而汉学由于琐碎、脱离实际的弊端，也趋于衰微。汉学盛时，很难说是一元的垄断，程朱理学作为官方的统治思想，仍有其相当的地位；况且，乾隆时庄存与开启了复兴今文经学之端。嘉庆、道光年间，刘逢禄上继庄存与，下启龚自珍、魏源。龚、魏以今文经学议政，开晚清风气之先，流风及于康有为。康氏借今文经学宣传维新变法，其弟子梁启超、欧榘甲等都张其师的学说。谭嗣同、唐才常受康有为的影响，也接受今文经学。湖南人皮锡瑞在长沙参与维新活动，也以今文经学言变法。正是救亡、维新的需要，使今文经学兴盛一时。晚清汉学、宋学虽存而衰，影响大的是今文经学。这一学术多元的格局，本已存在，不是由《汉学商兑》打破汉学一元垄断而造成的。

清代理学虽于学理无甚创新，但在政治上、思想文化上仍有其重要地位和作用。首先，程朱理学是有清一代的官方统治思想，康熙帝等封建统治者着重强调的是其有利于维护封建统治秩序的纲常伦理。而科举

---

① 戴绹孙：《味雪斋文钞》，甲集，卷一，道光三十年刻本。

考试必以朱熹的《四书章句集注》为据，官宦、士大夫从小就受其影响，所遵行的就是程朱理学强调的纲常伦理。乾嘉汉学盛时，理学地位受损，然而汉学家们的修身仍以程朱理学为宗，所谓"百行法程、朱"。即使到了晚清，西学传播，新学萌发，如崇古文经学的张之洞，也还是"制行宗宋学"。他在纲常伦理受到民权、平等思想冲击时，出而卫道，说"圣人所以为圣人，中国所以为中国"，就在三纲。光绪二十六年十二月（公元1901年1月），慈禧太后颁布的变法谕旨中强调三纲五常是"万古不易之常经"，"昭然如日月之照世"，可见程朱理学的地位。其次，程朱理学对社会文化的影响深远。程朱理学不仅是科举考试的依据，也是学校教育之要。清代历朝皇帝不断颁发谕旨，明令书院私塾昌明正学，"一以程、朱为归"。程朱理学在文艺领域也深有影响，如居清代文坛主流的桐城文派，即以崇尚程朱理学为旨归。尤其值得注意的是，清朝统治者极力将程朱理学的思想推行于城乡居民。如同治帝于元年颁布的谕旨中，即饬令"各教官分日于该处城乡市镇，设立公所，宣讲《圣谕》，务使愚顽感化，经正民兴，正学昌明，人才蔚起。"[①] 再次，总体而言，程朱理学在清代毕竟是走向衰颓，尤其是在晚清，在社会经济、政治的变革中，在西方与中学、新学与旧学的争论中，程朱理学遭到很大冲击，随着清皇朝被推翻，其正统地位随之失落。

（原载《史学集刊》，2005年第3期）

---

① 《清穆宗实录》，卷五十二，1423页，北京，中华书局，1986。

张 越

20世纪前半期中国史家对古代史学理论的总结与认识①

一 20世纪前期中国史家阐发古代史学理论的简要情况

近年来的研究表明，中国古代史学不仅具有自己的理论，而且其理论具有独特的表现形式。② 用现代史学观念审视与阐发中国古代史学理论，与接受和借鉴西方史学理论有着直接的关系，或者说，重视总结中国传统史学中蕴含的史学理论，是与西方史学理论不断传入中国而相始相伴的。

从20世纪初到五四前后，对西方史学理论与方法的引入和介绍渐呈高涨之势。其引入途径有二，一是转徙日本学术界输入的欧美史学理论到中国，一是由留学生对西方史学理论观点的直接引进。其介绍的方式也多有不同，或直译，或转译，或译介。西方史学理论无疑大大开阔了中国史学家的理论视野，也引起他们对中国古代史学理论

---

① 本文所称之史学理论，主要指人们对历史学自身的理论性认识，而非人们对客观历史的理论性认识，尽管二者有着一定的联系，但是在研究上作相应的界定和区分仍然是十分必要的。

② 参见瞿林东：《中国古代史学理论发展大势》，载《历史研究》，1992年第2期；杨翼骧、乔治忠：《论中国古代史学理论的思想体系》，载《南开学报》，1995年第5期。

以及在古代史学理论方面有建树的史学家的重视，如胡适作《章实斋先生年谱》（上海商务印书馆，1922 年）①，梁启超在《中国历史研究法》及《补编》中对刘知几、郑樵、章学诚等古代史家的史学观点的阐扬，何炳松对刘知几、章学诚的研究等。另一方面，在 19 世纪后期传入的进化史观影响中国史学日趋深入的情况下，用新的历史观点撰述中国历史、通论中国史学的著述也纷次出现，这些著述一般都或多或少地涉及古代史学理论，而理解与认识的途径则与传统有异，表明古代史学理论在史学转型的过程中依然可以体现出其自身价值。这些著述包括曹佐熙《史学通论》（湖南中路师范学堂，1909 年）、朱希祖《中国史学通论》（重庆独立出版社，1943 年）②、李泰棻《中国史纲·绪论》（1922 年）、刘咸炘《史学评林》和《治史绪论》③ 等。此外，在五四时期倡言“科学”的背景下，用“科学”的标准看待古代史学，也是古代史学理论得以重视的原因之一，如顾颉刚关于郑樵的研究，认为“郑樵的学问，郑樵的著作，综括一句，是富于科学的精神的”，郑樵“最富的精神就是中国学术界最缺乏的精神”④。上述著述与论说，或以阐发中国古代史学理论为重点，或旨在以西方史学理论方法的基本理念来整合中国古代史学理论。各家虽旨趣不同，但古代史学理论在沟通中西史学的过程中重获重视，并一定程度的取代了世纪之初对古代史学全面否定的取向，则是不争的事实。

进入三四十年代，一批史学概论与史学史类著述相继面世，在试图对历史学的学科范围、目的、功能、意义以及中国史学发展历程等作全面论述的同时，以刘知几、郑樵、章学诚等人为代表的有关古代史学理论的论说，在这些著述中被反复提起和阐发，对中国古代史学理论的认识和借鉴成为其中的主要内容之一。史学概论、史学概要、史学通论性的著作多着眼于横向论述，分史学之意义、史学之目的、史书之体裁体例、史学方法、史家之修养等项，把古代史学理论分别概括于这些专题下综合论述，反映了时人对古代史学理论的新认识，而经此重新整合，

① 胡适此作，据他在序中所言，受日本学者内藤湖南的影响甚大。该书后经姚从吾增补，于 1931 年由上海商务印书馆再版。

② 此为 1919、1920 年间朱希祖在北京大学史学系的讲稿，1943 年重庆独立出版社将此讲稿出版。

③ 均见刘咸炘：《推十书》，成都古籍书店影印，1996。

④ 顾颉刚：《郑樵著述考》，《国学季刊》，第 1 卷第 1 号，1923 年 1 月。

以往分散于各家或某些史书中有关中国古代史学理论的单独、个别的论述，也可能初步以较为系统的方式表现出来，如卢绍稷《史学概要》（上海商务印书馆 1930 年）、李则纲《史学通论》（上海商务印书馆，1935年）、杨鸿烈《史学通论》（商务印书馆，1939 年）、蒋祖怡《史学纂要》（正中书局，1944 年）等。该类著述一般都会简要述及中国史学的发展过程，而在这方面论述更为详尽的就是中国史学史类的专书，由于其内容是纵向考察中国史学的发展过程，其中凡涉及在史学理论方面有建树的史家（如刘知几、章学诚）及相关史著（如《史通》、《通志·二十略》、《文史通义》）都会予以专门且较为深入的论述，更可见那些有价值的对史学自身的观点与看法在古代史学发展中所产生的积极作用，也利于后人更加明确深刻地体味其内涵，如金毓黻《中国史学史》（重庆商务印书馆，1944 年），魏应麒《中国史学史》（重庆商务印书馆，1944 年）等。另外，柳诒徵的《国史要义》（中华书局，1948 年）分史原、史权、史统、史联、史德、史识、史义、史例、史术、史化等十篇，这里的史德、史识、史义、史例等都是古代史家提出过的，其余诸篇也多少涉及有古代史学理论方面，这部著作是这个时期讨论古代史学理论的代表性著作之一。

二　20 世纪前期中国史家总结古代史学理论的主要内容

刘知几、章学诚等人在古代史家中都以归纳总结史学发展中出现的种种问题、进而上升到一定层次的理论认识并著有专书予以讨论见长，《史通》和《文史通义》是古代史学理论与史学批评的代表性著作，前者经过千余年的史学检验已证明其价值，后者亦如作者所言："中间议论开辟，实有不得已而发挥，为千古史学辟其蓁芜。"① 20 世纪 20 年代以后，对古代史学理论的认识与阐发，主要集中在刘知几、章学诚等人的理论观点方面，与刘、章等人在史学批评方面的。如卢绍稷认为，"已往之中国史学界，人才虽甚多；然可称为'史学家'者，则仅有刘知几、郑樵、章学诚三人。盖惟三人著有'批评史学'之专书，始有史学通论，述作史方法；其他诸人，著有'批评史迹'之书矣，而无论'作史方法'之

---

① 章学诚：《文史通义·与汪龙庄书》。

文字也。"①

在 20 世纪前期西方史学理论和方法在中国史坛产生广泛影响的情况下,刘、章诸人的史学思想仍可展示其内在活力,在新史家看来,堪与西方史学理论相提并论。陈训慈说:"刘君生当八世纪,即章君亦先于德国大史家兰克数十年;而其陈词立说,颇有与新史学默契之点。从可见吾国过去史学之发达,初不仅在史书之丰备。"② 李思纯翻译法国史家朗格诺瓦和瑟诺博司的《史学原论》,在"译者弁言"中同样持此观点:"吾国旧史繁赜,史学之发达较他学为美备,关于咨访搜辑校雠考证之事,与夫体例编次文辞名物之理,莫不审晰入微,措施合法。刘知几氏《史通》,章学诚氏《文史通义》、《校雠通义》,其最著之作也。二氏所作,其间探讨之道,辨晰之事,东西名哲,合轨符辙,无有异致。"③ 可见,古代史学理论受到重视,与西方史学理论传入对当时中国史学家的影响大有关联,其中有内在原因,也有外在原因,而"旧史学的价值,亦有不可磨灭者在"④,则应当是基本原因之一。

新史家重点论及刘知几和章学诚等人的史学理论,可大致概括为以下数端:

第一,对通史撰述理论异常关注。通史撰述历来为中国史学家所重视,先秦时期就已经有"疏通知远"的基本认识,司马迁的"通古今之变"、郑樵的"会通"等治史旨趣等,都是古代史学理论的重要组成部分。20 世纪初以来,以夏曾佑为开端,用新的观点、方法撰述中国通史的著作不断涌现,这些著作在观点、体裁等方面多有新意,而对通史撰述的诸多理论认识也成为新史家讨论的重点,这就涉及到了古代史家有关通史的理论观点。何炳松于 1928 年著《通史新义》一书,指出"吾国史家之见及通史一体者,当仍首推刘知几为树之风生,至郑樵而旗帜鲜明,而章学诚为最能发扬光大"⑤。他认为章学诚对郑樵、袁枢的肯定及其与增撰别录等建议都与其理想的通史境地有关。魏应麒在《中国史

① 卢绍稷:《史学概要》,57 页,上海,商务印书馆,1930。
② 陈训慈:《史学蠡测》,《史地学报》,第 3 卷第 5 期,1925 年 6 月。
③ 李思纯译:《史学原论·译者弁言》,《史学原论》,2 页,北京,商务印书馆,1926。
④ 胡哲敷:《史学概论》,44 页,上海,中华书局,1935。
⑤ 何炳松:《通史新义·自序》,《何炳松文集》,第 4 卷,81 页,北京,商务印书馆,1997。

学史》中概括郑樵史学理论的要点为实学论、通史论和褒贬论三端，其中"郑樵于史学之贡献最大者为主张'通史'之体"①。他同样认为："通史与断代史，体例不同，优劣互见，学诚力主通史，语多精辟，足为后来言通史者张目。"② 由古代通史观念，到古代史学理论，再到新型通史撰述，新史家对通史撰述理论的关注是有其明确目的的，如罗元鲲亦所言，"近代新史家，且主张通史不必断代，务使史事脉络相连，显出时间上因果之关系。盖必如是，然后可以证明进化之迹也。"③

第二，非常看重古代史家关于记注与撰述的理论。刘咸炘强调"欲究真史学（不止考证事实品评人物，一切治史之功力不能为真史学），须读真史书（不止编纂材料记载事实，一切记事书不能皆为真史书）"，"若真史书必有寻常记事书所无之素质，记注、撰述皆史职而真史书，惟撰述足以当之。此义章君始发之，昔人未明也。"④ 何炳松说，"我以为章氏对于中国史学上的第一个大贡献就是记注和撰述的分家。换句话说，就是他能够把中国两千年来材料和著作畛域不分的习惯和流弊完全廓清了，而且因此并能够把通史的旗帜树得非常鲜明夺目。这是章氏独有的特识。"⑤ 金毓黻就此评论说，"分析之当，议论之精，后有述者，无以尚之。"⑥ 区分记注与撰述两大门类，是在理论上对史书性质的界定，在新史家看来，这样的界定与"科学"的分类相合。

第三，肯定"六经皆史"说的积极意义。"六经皆史"是章学诚在继承前人的基础上，于《文史通义》的开篇即提出的著名观点，用史学来解释长期以来居于特殊地位的"六经"。尽管此说的含义与意义至今在学界仍存在争议，但是20世纪前期新史家对此一直着重予以申扬。魏应麒说，"章学诚以'六经皆史'、'盈天地间凡涉著作之林皆是史学'，虽未能如今日国人认识史料范围之广漠，但较古人之徒以史书为史者之眼光，实高出数倍。"⑦ 金毓黻则认为，"谓《尚书》、《春秋》为史，可也，谓

① 魏应麒：《中国史学史》，185 页，重庆，商务印书馆，1944。

② 同上书，238 页。

③ 罗元鲲：《史学概要》，209 页，武昌，亚新地学社，1931。

④ 刘咸炘：《史学述林·史体论》，《推十书》，第 2 册，1410 页，成都，成都古籍书店，1996。该文为著者 1928 年 7 月为学生讲解《文史通义》之笔录。

⑤ 何炳松：《增补章实斋年谱序》，226 页。

⑥ 金毓黻：《中国史学史》，314 页，石家庄，河北教育出版社，2000。

⑦ 魏应麒：《中国史学史》，238 页。

《易》、《诗》、《礼》、《乐》为史，不可也，谓《易》、《诗》、《礼》、《乐》为史料，可也，径谓为史著，不可也，此吾夙日所持之论也。"①

第四，充分重视古代史家提出的德、才、学、识等史家自身修养的理论。譬如，梁启超在《中国历史研究法补编》中辟专章论述"史家四长"，并"予以新意义，加以新解释"②。柳诒徵对史识有着更加深刻的看法，他说："治史之识，非第欲明撰著之义法，尤须积之以求人群之原则。由历史而求人群之原理，近人谓之历史哲学。"③ 魏应麒也说："学诚于史识与史德问题，尤具特识。今观其所论，则信于其自称独得'史意'之言之不谬。主观与客观，在今日史家虽已耳熟能详，而在当时之章氏，则毫无依傍而且能剀其言，宜乎何炳松氏之极致推崇也。"④

以上主要就新史家对古代史学理论认识与阐发的几个主要方面略作叙述，其他如史书的体裁体例、撰史的文字表述、直书与曲笔的论述、关于史学功能的探讨等方面，新史家也有论及，兹不一一列举。

三　20 世纪前期中国史家对古代史学理论的认识与评价

阐发古代史学理论的目的，是为了在史学转型的过程中探索如何借鉴西方史学以建设中国史学理论。这在 20 世纪前期中国史学家那里是有着比较明确的认识的。如柳诒徵著《国史要义》的宗旨是："发皇迁、固，踵蹑刘、章，下逮明清，旁览域外。抉摘政术，评骘学林，返溯古初，推暨来叶。"⑤ 为此，新史家在着力阐发古代史学理论的同时，还积极地对古代史学理论进行批评、评价，用近现代史学的认识视野看待古代史学，并将古代史学理论与西方史学理论相对应，借鉴西方史学来审视古代史学理论，致力于将古代史学理论的积极内容纳入史学理论的建设中去。

在新史家看来，郑樵、章学诚等人对通史撰述的推崇固然有其道理，但是断代史却不可因此而被忽视。杨鸿烈指出："断代史并非是有根本不

---

① 金毓黻：《中国史学史》，314 页。

② 梁启超：《中国历史研究法补编》，《饮冰室合集·专集之九十九》，12 页，北京，中华书局，1989。

③ 柳诒徵：《国史要义》，193 页，上海，华东师范大学出版社，2000。

④ 魏应麒：《中国史学史》，242 页。

⑤ 《国史要义》，1 页。

如通史的地方……只要能有特识，把握着时代演变的枢纽，从而有头有尾的详加叙述，其能使读者透彻明白的功用且驾拙劣平凡空洞的通史而上之，所以从这一点上看来，断代史和通史都可并存。"① 刘咸炘分析说："近西人谓史事本相续，以一代兴亡为断，及强分时代者皆非，此亦过其之论。前代之末日，与后代之始日，诚非顿异，顾记事者，不能不断，若必谓不可断，则史将待世界末日，而后可为矣。风气事实，由一朝之兴亡而变改者固多，作史者诚有知远之识，递相更续，何犹不贯。通史之善，章先生已详言之，然不遂谓断代为非也。"② 这些看法，对于全面认识通史与断代史的短长，强调史书撰述中贯彻"通"的含义，都是有意义的。

金毓黻认为，应当辩证地看待记注与撰述二者之间的关系，"窃尝论之，记注、撰述之分，变动不居者也，前日视为撰述者，正为今日之记注，后日视为记注者，亦即今日之撰述。"③ 他特别指出记注撰述不可偏废其一，"近贤竞言修史，而于撰述记注之分，殊嫌忽略，似一言及撰述，即足以举修史之职而无愧。愚谓不然。记注为修史之始功，撰述为修史之终事。二者相为因果，而有其先后之序。若谓记注不立，撰述即能精善，是司马光不待二刘范氏之有长编，即能勒成通鉴定本也，有是理乎？……近人忽视记注，竞言撰述，实为一种错误，吾特起而证之。"④ 这或可看作是当时重视史料与考证的史学研究倾向的反映。

用新的观点解释古代史学理论，是新史家认识古代史学理论，进而探索建设中国史学理论途径的主要目的。朱希祖把史学分为两大派别：记述主义和推理主义。在朱希祖看来，"记述主义为《左氏春秋传》，推理主义为《公羊春秋传》《穀梁春秋传》"，可以看出，其依据是从古文经学与今文经学的分野而来，就是说，前者以史料考证为特征，后者以史义阐发为主旨。这种认识并不十分准确，因为无论是所谓记述主义还是推理主义，其在史书上的表现形式并不能明显区别出两派史学的特征，将历史编纂学方面的发展仅视为"记述主义"史学，显然是不妥的，然而这种理论概括的尝试仍然是可取的。

---

① 杨鸿烈：《史学通论》，180 页，上海，商务印书馆，1939。

② 刘咸炘：《治史绪论》，《推十书》，第 3 册，2390 页，成都，成都古籍书店，1996。

③ 金毓黻：《中国史学史》，334 页。

④ 金毓黻：《释记注》，《国史馆馆刊》创刊号，1947 年 12 月。

　　结合于新的时代环境，新史家对古代史学理论的论述是比较广泛的。譬如，刘知几等古代史家主张详今略古的撰史原则，朱希祖说："史学要义，以最近者为最详，良以当代各事，皆由最近历史递嬗而来，其关系尤为密切，吾国史家，颇明斯义。"① 何炳松联系当时正在进行的整理国故运动评论说："现今整理国故之说，甚嚣尘上；而对于现代事迹，未尝注意及之。昧今博古，谓之陆沉；眼高手疏，岂称学者。间尝谓研究古史，固属要途，比次时事，亦属急务。与刘氏当时后日之说正同。"② 又如，用进化史观或"科学"观念来看待古代史学理论。胡哲敷指出：刘知几、崔述、章学诚的"史学议论，都能以科学方法，隐隐相合，如刘知几所谓从时之议，正是现代所谓时代精神……崔述的意思重在参互考订，而归于一是……此正处要拿证据来，虽今日史家，何以过之？章实斋的言论，则更有历史进化的意义，他主张后人要有补于前人，他主张打破前人的绳墨类例，以通古今之变，而成一家之言。我们现在对新史学的要求，亦不过如是而已"③。可以看出，新史家努力发掘古代史学理论遗产并试图用新观念予以整合阐释，其用意是非常明显的，其成果给予今人以很好的启示。

　　借鉴西方史学探讨中国古代史学理论，是 20 世纪前期史学理论研究的又一努力方向。胡哲敷指出："现在国中颇不乏新史学的研求，关于新史学的著作，虽尚未多见，但译述西人的历史学说，已经日见其多；虽西人的著作，未必尽合于我们的需求，然必有此借镜，才能晓得我们的长短得失。"④ 不过，这方面更多的观点还是停留在比附彼无我有或先彼而有的初级阶段。如金毓黻称，"现世史籍之分类，其法不一，而以史料、史著分为两类，为最新之方法，或谓此受远西史学传来之影响，与中国无与，不知百余年前，有若章氏，已为之阐发无遗，此较六经皆史之说，尤为可贵而有据，故治史之士，乐为述之。"⑤ 柳诒徵也有相同观点，他说："吾国古无所谓历史研究法，然《三传》之于《春秋》，各有师说，以解析《春秋》之法。则世之有史学研究法者，莫先于吾国

---

① 朱希祖：《中国史学通论》，77 页。
② 何炳松：《史通评论》，《何炳松文集》，第 2 卷，102 页。
③ 胡哲敷：《史学概论》，43～44 页。
④ 同上书，9 页。
⑤ 金毓黻：《中国史学史》，331 页。

矣。"① 20世纪前期对古代史学理论的重视，可以说是与积极引进西方史学理论的大背景有密切关系，然而中西史学结合的途径究竟是什么，怎样借鉴西方史学理论建设中国史学理论系统，这方面的探索还仅仅是一个开始。

四 结 语

回顾上世纪前期新史家对古代史学理论的认识与借鉴情况，其中所存在的问题可略作总结。新史家对古代史学理论尚缺乏全面系统的梳理与研究，除梁启超、柳诒徵等少数几位史家是有意识地努力从整体上综合古代史学理论外，多数人注重的仍在几个人（刘知几、郑樵、章学诚等）或几本著作（《史通》、《文史通义》等）上，而于整体上仍十分有限，这是其一；其二，20世纪前期对古代史学理论作论述的史家及著述为数不少，但是细究其观点看法，真正在见解上表现突出的史家或相关著作并不是很多，多数人只是对梁启超、何炳松等人的观点重复引述，新意寥寥；其三，如上文所述，新史家重视古代史学理论，受西方史学理论的影响是主要原因之一，两相比较，很容易形成中西之间谁有谁无、孰早孰迟的简单攀比，如果没有深入研究二者丰富理论内涵的前提，仅用某些论点进行简单对比，这其实局限了对古代史学理论的阐发，也对中西史学间的沟通产生有消极影响，同时也造成了用西方史学衡量中国古代史学理论的单向标准，如此之认识路径存在着一定的问题，至少是不全面的。

20世纪前期中国史家对古代史学理论的重视，有着诸多的原因，其中古代史学理论所具有的长久的、经得起时间检验的内在理论价值，是最基本的原因。从这个时期对古代史学理论的认识与借鉴的过程和内容来看，古代史学理论之于近现代史学的重要意义经过一个阶段的波折之后，愈来愈明确地显示出来；古代史学理论中的许多重要命题与观点均得到了不同程度的阐发；借鉴西方史学理论整合古代史学理论，结合时代的学术需求引申古代史学理论，亦成为新史家不约而同地探索和努力方向。以梁启超、柳诒徵、何炳松、刘咸炘等人为代表，20世纪前期中

---

① 《国史要义》，168页。

国史家对古代史学理论的探讨是有建树的，也是具有开创性意义的，他们所取得的成就，为后人进一步探研古代史学理论打下了比较坚实的基础，创造了比较充分的条件。

20 世纪前半期是西方史学传入并被中国学者异常重视的时期，恰恰是在这样一个时期，中国古代史学理论也得到了新史家的阐发，这说明中国古代史学理论的内在价值，也说明了新史家不约而同地有着借鉴西方史学应最终将其落实到建立中国新史学的目标，而其过程中所反映出的问题则令人深思。中西史学的结合如果是仅仅比附中西间谁先谁后、谁有谁无，其意义是有限的。不可否认，中西间史学发展的背景、内容、途径是完全不同的，但这不是中西史学之间不能比较、不可借鉴的理由；同样不可否认，近代以来中国史学的发展步履蹒跚，落后于西方史学，但这也不是中国史学就必须跟随西方史学、中国史学就必须全盘否定自我才能获得"新生"的理由。近代以来，中国史学经过了一个重要的转折，尤其是在西方历史观、史学理念与方法的影响下，加之当时改良与推翻专制政体（戊戌时期和辛亥革命时期）、打倒孔家店（五四时期）等外部社会政治状况的强烈影响，对古代史学（包括史学理论）采取的态度一度十分过激，这以梁启超的《新史学》提出"史界革命"、批判旧史学为主要特征。虽然矫枉需要过正，但是，如此激烈的批评态度，确实对于真正认清古代史学的价值产生有消极的影响。借鉴西方史学是大势所趋，也是十分必要，但是在相当长的一段时期，人们多不由自主地用西方学理去套用、观察、探讨古代史学，两个背景迥然不同的文明文化体系，在研究中相互借鉴与互相交叉是必要的，而如果用一方被动地比拟另一方或者用一方的价值标准简单地衡量另一方，这本身就会产生失衡的现象。用西方的相关理念去看待中国史学，特别是看待古代中国史学，会不会一开始就造成对古代史学中相关的命题、概念、范畴的理解与阐释的偏差，会不会出现使用以西方理论为参照系的所谓"现代眼光"去曲解古代史学理论的现象，如果是这样的话，那么古人真正的意思是什么？因此，对古代史学理论的认识同样存在一个是否准确和到位的问题，这是现代人诠释古人的过程中同样应该加以重视的问题。

在接受西方学理的过程中，究竟在多大程度上理解和掌握了西方诸多学术观点的内涵，假如没有准确地领会他人的思想，就用来"借鉴"中国史学，这其中会不会产生误读和偏差？况且，即使是西方学术思潮与流派，他们也是在不断地变化着的，如同梁启超在 19 世纪末 20 世纪初笃信进化史观，而经过游历欧洲之后发现进化论在西方已经不再"引领潮流"，他受此影响回国后便提出对进化论、对"公理公例"、对因果律的怀疑；再譬如五四时期科学一词在中国"神圣无比"，同时期发生在中国思想学术界的"科玄论战"以玄学落败而结束，而当时的西方思想领域却已经提出了对科学主义的批评。中国人积极学习西方，这是近代史的主流之一，但是如何才能够真正全面深入地了解西方学术思想，如何突破这种跟在别人后面无休止"追逐"的局面，是沟通中西史学的一个难点。

古代史学及其理论，在 20 世纪一直未能有效地得到发掘与阐述。这是历史现象，事实上也肯定要走过这样一个过程。在中国古代，史学发达是事实，古人重视史学的目的在于总结历史经验、汲取历史智慧，其中就包含了大量的理论，这不一定仅仅表现在《史通》、《文史通义》中，还反映在其他经、史、子、集部书里面，这就需要进行大量艰苦细致的研究工作。20 世纪前半期新史家的探索固然存在问题，但是他们的努力仍然是有成效的，至少可以给后人留下许多可以吸取的经验和教训，而新史家所具有的传统学术的扎实功底，则更是今人所难以企及的，从这个意义上说，他们在 20 世纪前半期的努力，更值得我们去研究。

中西史学的沟通途径应当是多样的，时间也肯定是长久的。20 世纪前期中史家借鉴与阐发古代史学理论的努力，值得我们认真研究。既要准确认识与发掘古代史学理论的真正内涵，还要对西方史学有全面深刻的了解；既要考虑到学习与借鉴西方史学理论，更要立足于对中国古代史学遗产的深入研究和促进现代史学发展的目的。

（原载《人文杂志》，2006 年第 9 期）